Irene Götz, Klaus Roth, Marketa Spiritova (Hg.)
Neuer Nationalismus im östlichen Europa

Ethnografische Perspektiven auf das östliche Europa Band 3

Editorial

Die tiefgreifenden Transformationsprozesse, die die Gesellschaften des östlichen Europas seit den letzten Jahrzehnten prägen, werden mit Begriffen wie Postsozialismus, Globalisierung und EU-Integration nur oberflächlich beschrieben. Ethnografische Ansätze vermögen es, die damit einhergehenden Veränderungen der Alltage, Biografien und Identitäten multiperspektivisch und subjektorientiert zu beleuchten. Die Reihe **Ethnografische Perspektiven auf das östliche Europa** gibt vertiefte Einblicke in die Verflechtungen von makrostrukturellen Politiken und ihren medialen Repräsentationen mit den Praktiken der Akteurinnen und Akteure in urbanen wie ländlichen Lebenswelten. Themenfelder sind beispielsweise identitätspolitische Inszenierungen, Prozesse des Nation Building, privates und öffentliches Erinnern, neue soziale Bewegungen und transnationale Mobilitäten in einer sich umgestaltenden Bürgerkultur.

Die Reihe wird herausgegeben von Prof. Dr. Irene Götz, Professorin für Europäische Ethnologie an der LMU München.

Irene Götz, Klaus Roth, Marketa Spiritova (Hg.)

Neuer Nationalismus im östlichen Europa

Kulturwissenschaftliche Perspektiven

Bibliografische Information der Deutschen Nationalbibliothek
Die Deutsche Nationalbibliothek verzeichnet diese Publikation in der Deutschen Nationalbibliografie; detaillierte bibliografische Daten sind im Internet über http://dnb.d-nb.de abrufbar.

Umschlagkonzept: Kordula Röckenhaus, Bielefeld
Umschlagabbildung: Agnieszka Balcerzak, Warschau, 2012
© Agnieszka Balcerzak
Lektorat: Dr. Hildegard Hogen
Satz: Tomislav Helebrant M.A
Druck: Majuskel Medienproduktion GmbH, Wetzlar
Print-ISBN 978-3-8376-3962-9
PDF-ISBN978-3-8394-3962-3

Gedruckt auf alterungsbeständigem Papier mit chlorfrei gebleichtem Zellstoff.
Besuchen Sie uns im Internet: *http://www.transcript-verlag.de*
Bitte fordern Sie unser Gesamtverzeichnis und andere Broschüren an unter: *info@transcript-verlag.de*

Inhalt

Identitätspolitiken

Wir und die Anderen: innere und äussere Fremde

Neuer Nationalismus im östlichen Europa. Kulturwissenschaftliche Perspektiven

Zur Einführung

Irene Götz

Neuer Nationalismus im östlichen Europa? Was ist eigentlich neu an diesem Nationalismus, der – nicht nur, aber doch besonders heftig und augenfällig – im östlichen Europa seit einiger Zeit auf dem Vormarsch ist? Diese Frage beleuchten die Beiträge des vorliegenden Bandes in unterschiedlichen Facetten. Die Publikation resultiert aus einer gleichnamigen internationalen Tagung, die von Irene Götz und Klaus Roth im Auftrag der Fachkommission Volkskunde des Herder-Forschungsrats in Kooperation mit dem Institut für Volkskunde/Europäische Ethnologie (Ludwig-Maximilians-Universität München) und dem Georg R. Schroubek Fonds Östliches Europa organisiert wurde. Sie fand vom 1. bis 3. Dezember 2016 am Internationalen Begegnungszentrum der Universität München statt und versammelte Kulturwissenschaftlerinnen und Kulturwissenschaftler, Soziologen und Historiker aus Deutschland und aus etlichen Ländern des östlichen Europa: aus Bulgarien, Kroatien, Mazedonien, Polen, Rumänien, Russland, der Slowakei, Slowenien, Tschechien, der Ukraine und Ungarn. Sie alle betrachteten aus ihrer jeweiligen Fach- und/oder Landesperspektive die einschlägigen Formen und Praktiken, die Intentionen, Ideologien und Inszenierungen der »Wiederentdeckung des Nationalen« (Götz 2011). Es ging dabei um Phänomene wie die wiederbelebten oder neu geschaffenen Traditionen, die Denkmodelle, Repräsentationen und Strategien nationaler Identitätspolitik – und damit verbunden auch der Geschichts-, Minderheits- oder Sprachpolitik. Zu betonen ist, dass diese Wiederkehr des Nationalen keinesfalls nur in den osteuropäischen Ländern zu beobachten ist. Und dass dieser Band keinen Anspruch erhebt, diese Wiederkehr des Nationalen vollständig und gleichmäßig zu bedenken.

Anders als von manchen wissenschaftlichen und politischen Akteuren gewünscht, zog im östlichen Europa nach 1989 kein postnationales Zeitalter auf; und schon gar nicht war, wie es der amerikanische Politologe Francis Fukuyama (1992) verkündet hatte, nun, nach dem Zusammenbruch des Staatssozialismus, »das Ende der Geschichte« gekommen. Die Neubesinnung auf das Nationale, auf nationale Geschichte und Mythen in Politik, Medien und Alltag kam nach dem Zusammenbruch des Sozialismus zurück mit den neu gegründeten beziehungsweise sich demokratisch souverän restrukturierenden oder sich neu konstituierenden Nationalstaaten – trotz oder vielleicht wegen der EU-Erweiterung. Die Wucht, mit der dies bisweilen geschah, richtete sich auch gegen die EU und die westliche Hegemonie, aber auch gegen eigene politische Kasten und Minderheiten. Die ethnischen Säuberungen und Vertreibungen im ehemaligen Jugoslawien in den 1990er Jahren waren nur die augenfälligsten und tragischsten Formen der Wiederkehr des Nationalismus.

Nach den jüngsten Entwicklungen (wie dem Brexit und der Wahl Donald Trumps), nach dem Erstarken der neuen rechten Parteien und Gruppierungen von Frankreich bis Ungarn, von Dänemark bis Italien sprechen manche bereits vom Zerfall des politischen Westens, seiner Bündnisse und demokratisch-freiheitlichen Werteordnung. Wenn wir ein »autoritäres« 21. Jahrhundert vor uns haben, wie der Soziologe Sighard Neckel vor einiger Zeit in der *Süddeutschen Zeitung* schrieb (Neckel 2016), dann relativieren sich die Unterschiede zwischen West und Ost bezüglich der Kräfte des Populismus und Nationalismus in tragischer Weise, ja die Entwicklung nimmt möglicherweise sogar globale Ausmaße an.

Selten waren die Medien so voll von Analysen, wie es zu Nationalismus und Populismus dieses Ausmaßes kommen konnte, wie nach dem Brexit oder der Trump-Wahl. Intellektuelle wie Noam Chomsky (2016) oder der Warschauer Historiker Włodzimierz Borodziej (2016) verweisen auf die sozialen Spaltungen in den Gesellschaften in Folge der ungebremsten Globalisierung, die von den staatlichen Institutionen und insbesondere von den traditionellen (sozialdemokratischen) Parteien nicht bekämpft, sondern durch ihre Deregulierungspolitik noch befördert wurde. Die Prekarisierung großer Teile der unteren Mittelschichten, die sich von der Politik nicht mehr vertreten fühlen, fördert Ressentiments gegen Migranten und Flüchtlinge, die als Konkurrenten um die knappen Transferleistungen und die Arbeitsplätze empfunden werden. Der Verlust von Wohlstand und Sicherheit in diesen Milieus in den OECD-Ländern fördert antidemokratische Haltungen und arbeitet den Populisten und ihren nationalistischen Rhetoriken in die Hände.

In den Višegrad-Ländern wiederum lastet man die »Verbitterung über den Neoliberalismus«, so Borodziej, besonders der EU an – »Brüssel ist das zweite Moskau« (Borodziej 2016: 8). Man nehme die EU-Subventionen, dulde aber ansonsten bitte keine Einmischung. Kurzum, in West und Ost gilt, wenngleich in unterschiedlicher Ausprägung, dass der empfundene Mangel von sozialer Gerechtigkeit in der Weltwirtschaft das Erstarken populistischer Kräfte und damit auch den Nationalismus ursächlich mit hervorbringt. Nach dem Brexit, dessen Befürworter vor allem in den verwüsteten Industrielandschaften Englands und Wales zu suchen sind, schlug Jarosław Kaczyński in Polen sogar die Auflösung der EU in einen lockeren Bund souveräner Nationalstaaten vor.

Der Harvard-Politologe Niall Ferguson »hat vor einiger Zeit fünf Faktoren benannt, die Populisten stark werden lassen: 1. ansteigende Einwanderungszahlen, 2. große Ungleichheit, 3. der Glaube, dass es korrupt zugehe und Eliten dies für sich nützten, 4. eine große Finanzkrise (wie die von 2008) und ein wirtschaftlicher Schock, 5. ein Demagoge, der die Unzufriedenheit der Masse nutzt« (di Lorenzo 2016: 1).

Nationalismus, also die Berufung auf eine ethnisch homogene Volksgruppe als einzig legitimer Trägerin des Staates und Empfängerin sozialer Rechte und Leistungen, wie auch das »Revival« der Kulturnation (etwa auch in Form der in Deutschland geführten Debatte über die Leitkultur), sind gewiss Krisenphänomene. Dies hat die Geschichte, auch bereits jene des 19. Jahrhunderts, immer wieder gezeigt. Doch hier gibt es, wie der bulgarische Politologe Ivan Krastev (2016) herausgestellt hat, durchaus Ost-West-Unterschiede, wobei allerdings keinesfalls das überkommene West-Ost-Gefälle erneut fixiert werden darf in dem Sinne, dass moderne, zivilgesellschaftliche, westliche Nationalstaaten dem ethnischen Nationalismus im östlichen Europa gegenüberstehen. Dies wäre zu vereinfachend und angesichts der aktuellen Entwicklungen doppelt falsch. Doch es gibt, gerade angesichts der »nationalen Egoismen« im Kontext der »Flüchtlingskrise«, bemerkenswerte Unterschiede.

Krastev diagnostiziert in seinem Artikel in der Reihe der *Frankfurter Allgemeinen Zeitung* »Zerfällt Europa?« im März 2016 (Krastev 2016) angesichts der sehr gebremsten Aufnahmebereitschaft von Flüchtlingen von Ländern wie Polen, Slowakei oder Ungarn »eine neue Ost-West-Spaltung«: Während die Flüchtlingsfrage die westlichen Staaten in Befürworter und Gegner der Aufnahme spaltet, würden die östlichen Länder durch ihre Ablehnung und über ihr Selbstbild als homogene ethnische Nationalstaaten geeint. Dieser neue alte ethnische Nationalismus wird von Krastev in Verbindung gebracht mit den späten Nationalstaatsgründungen im Osten seit dem Ende des 19. Jahrhunderts, mit den recht ambivalenten Erfahrungen mit Multikulturalität in den einstigen Großreichen und nicht zuletzt mit den Erfahrungen im Sozialismus und Postsozialismus. Stichworte wären hier demnach der Verlust von Vertrauen in staatliche Institutionen und Verwaltung (Roth 2011), aber auch die gescheiterte Integration etwa der Roma und anderer Minderheiten. Zentral sind auch, wie etwa die Kulturanthropologin Asta Vonderau in ihrer Studie über die neuen Eliten in Litauen gezeigt hat, die enttäuschten Hoffnungen auf ein krisenfreies Leben in Wohlstand durch den EU-Beitritt von jenen Mehrheiten, die nicht zu diesen Eliten gehören (Vonderau 2010). Die Spaltungen innerhalb der osteuropäischen Gesellschaften sind offensichtlich: etwa in entwickelte Städte und ein zunehmend verödendes Hinterland. In den städtischen Zentren setzen die Gewinner der Wende, die Superreichen, die Maßstäbe; sie wussten (und wissen), sich alte und neue Netzwerke nutzbar zu machen für einen westlichen Lebensstil und sich mit der politischen Kaste in korrupter Weise zu verbinden. Freilich gibt es hier gewisse Unterschiede zwischen den Ländern, doch begünstigt wird in jedem Fall der Rekurs auf das nationale Eigene. Hinzu gesellt sich eine wachsende Enttäuschung über den Westen besonders bei all jenen vielen, die sich den Euro und die teuren EU-Produkte in den gigantomanischen Supermärkten nicht leisten können; oder bei jenen, deren Landwirtschaft nicht mehr rentabel ist, die keine Arbeit für ihre Kinder erwarten dürfen und auswandern oder in den Westen auspendeln müssen – sie alle sind empfänglich für nationalistische Tröstungen und die Träume von einer großen kulturellen Vergangenheit. Demokratische Zivilgesellschaft und liberale Haltungen entwickeln sich leichter in Zeiten des »Wohlstands für alle«, wofür die Demokratisierung der Deutschen im »Nachkriegswirtschaftswunder« als eindrucksvolles Beispiel gelten kann. Hinzu kommt, dass die Europäische Union es – trotz mancher Versuche – bisher nicht geschafft hat, den Menschen ein befriedigendes Angebot der (emotionalen) Identifizierung zu machen, das die Identifikation mit der Nation ersetzen könnte.

Hiermit sind wir nach einer Sichtung der Ursachen für die Wiederkehr des Nationalen bei der kulturwissenschaftlichen Perspektive im engeren Sinn: Nationale Politik ist Identitätspolitik. Sie arbeitet mit wiederauflebenden historischen Mythen, der politischen Instrumentalisierung von »Volkskultur« und »ethnischen« Materialien. Sie nutzt religiöse Traditionen, mischt, wie etwa in Polen oder Russland, Politik mit Religion. Nationale Politik schafft oder nutzt des Weiteren Erinnerungsorte wie zum Beispiel nationale Sportereignisse und Heldenkulte. In diesen Zeiten multipler Krisen soll traditionale »Kultur« die Heterogenitäten und Pluralitäten der Gesellschaft auflösen oder unterdrücken. Die modernen Medien und die Populärkultur werden dabei oft zu willfährigen Vermittlern dieser nationalen Imaginationen.

So stellen sich gravierende Fragen, die in den Beiträgen dieses Bandes behandelt werden:

- Wie zeigen sich Formen des Nationalismus als Gegenbewegung gegen Europäisierungsprozesse in Politik, Medien und vor allem auch im Alltag? Wie werden sie – und durch welche Medien – vermittelt?
- Welche (empfundenen oder realen) tieferen Ursachen lassen sich für das Aufleben dieses neuen (alten?) Nationalismus im östlichen Europa ausmachen?
- Wie lassen sich die Debatten um Transnationalismus und den lange Zeit postulierten Bedeutungsverlust des Großraumes »Nation« mit den neuen symbolischen Rückbesinnungen auf das Nationale zusammen denken?
- Wie verbindet sich Minderheitenpolitik (in oft exkludierender Form) mit den nationalen Homogenisierungspolitiken?
- Wo sind neue nationale Leitbilder auf dem Vormarsch und wie verhalten sie sich zur Vorstellung und Realität der EU-Mitgliedschaft?
- Welche inneren und äußeren Feinde sind die Gegenbilder des nationalen Eigenen?
- Lassen sich nationale Rhetoriken und Symbolpolitiken auch als Strategien »kleiner Länder« gegen die »europäische Macht« verstehen?
- Welche Bedeutung wird dem Rückgriff auf tradierte Bilder des Nationalen von verschiedenen Akteuren und Gruppen zugeschrieben?
- Inwieweit findet das nationale Bekenntnis Einzug in neue populare Medien und Inszenierungen?
- Welche Rolle spielen soziale Spaltungen, neoliberale Politiken und Globalisierungsfolgen für das Erstarken der neuen Rechten?
- Wie verstärken die Flüchtlingsbewegungen in den globalen Norden auch die Spaltungen in Europas Westen und in den Osten, wo man sich weiter als ethnischer

Nationalstaat nach innen und untereinander zusammenschließt und gegen die EU-Politik der quotierten Aufnahme von Flüchtlingen wehrt?

Diese Fragen bündeln sich im vorliegenden Band in vier Schwerpunkten. Zunächst stehen *Populare Repräsentationen des Nationalen* im Mittelpunkt. Marketa Spiritova analysiert anhand von empirischem Material aus ihrer Habilitationsschrift über erinnerungskulturelle Inszenierungspraktiken in Tschechien nach der Wende Facetten der performativen Konstruktion des Nationalen in der Populärkultur. Dabei geht sie vor allem auf nationalistische Rockmusik und ihre Sogkraft ein, die durch ein ausgefeiltes Zeichenrepertoire und die Emotionalität eingängiger Texte mit einschlägigen erinnerungskulturellen Botschaften hergestellt wird. Der darauf folgende Beitrag Klaudija Sabos greift, basierend auf ihrer Wiener Dissertation, den »visuellen Kult der nationalen (Kriegs-)Helden in Kroatien nach Tito« auf, am Beispiel von Denkmälern, Filmen und Plakaten und Alexandra Schwell setzt sich mit der »Inszenierung nationaler Loyalitäten und Rivalitäten im östlichen Europa« während der Fußball-EM am Standort Poznań auseinander. Sie zeigt die Funktion von Nationalstereotypen in den Praktiken der Fans und hier besonders in den Formen der Orientalisierung.

Der zweite Schwerpunkt des Bandes widmet sich *Erinnerungsorten und Mythen*. Klaus Roths Beitrag demonstriert zunächst in der auf umfängliches Bildmaterial gestützten Analyse der »Konstruktion der Nation aus Antike und Mittelalter am Beispiel Mazedoniens und Bulgariens«, wie sich der Zuwendung der Menschen zu ihrer Volkstradition eine durch die Eliten forcierte Zuwendung zur »glorreichen Geschichte« an die Seite stellt, wobei reale und konstruierte Überreste aus Antike und Mittelalter und fiktionale Denkmäler die zentrale Rolle spielen. Ana Luleva stellt der stark positiven Besetzung des »Erbes der nationalen Volkskultur« für die nationale Identität die »unangenehmen« und umstrittenen Bereiche der Geschichte des Landes gegenüber, die aus dem »nationalen Erbe« ausgeblendet werden, beispielsweise die Arbeitslager der Zeit der kommunistischen Herrschaft. Małgorzata Świder untersucht in ihrem Beitrag, wie die PiS-Regierung in Polen und ihr nahestehende Medien den Mythos der »Verstoßenen Soldaten« – Partisanen aus dem Zweiten Weltkrieg, die nach 1945 bei ihrem bewaffneten Kampf gegen die Kommunisten auch vor Massakern an der Zivilbevölkerung und an ethnischen Minderheiten keinen Halt machten – heute als die »neuen Helden Polens« konstruiert. werden. László Matthias Simon-Nanko kann für Ungarn luzide aufzeigen, welche Bedeutung die Archäologie und die Sprachwissenschaft vom 19. Jahrhundert bis in die aktuelle Gegenwart hatten und weiterhin haben für die Formulierung zweier paralleler »politischer Mythologien« Ungarns: Da ist zum einen der idealisierte »Turanismus«, der die Ursprünge Ungarns in Mittelasien lokalisiert, zum anderen die faktische Zugehörigkeit des Ungarischen zur finno-ugrischen Sprachfamilie.

Ein dritter thematischer Fokus kommt zur Geltung in Beiträgen, die sich mit (staatlichen) Strategien der Umsetzung von *Identitätspolitiken* befassen. Simon Schlegel legt zu Beginn, auf der Basis intensiver Feldforschungen, dar, wie sich ethnische Minderheiten an der ukrainischen Peripherie, im ländlichen Bessarabien, erstaunlicherweise mit Stolz auf eine »Diversität ohne kulturelle Unterschiede« beziehen. Diese wurden in der Region mit wechselnden Titularnationen offensichtlich weitgehend eingeebnet und sind schon von daher, auch aus innerer (politischer) Notwendigkeit heraus, im Alltag wenig konfliktreich, auch wenn sie als Teil einer Gruppenidentität betont werden. Er untersucht, welche Rolle staatliche Politik, zum Beispiel auch die »überethnische, sowjetische Kultur« (Schlegel), spielt(e). Sara Reiths Beitrag richtet sich ganz gezielt auf die neuere Identitätspolitik Russlands, ethnische Russen aus dem Westen und vor allem aus den zentralasiatischen Republiken zur Remigration in ihr »Vaterland« zu bewegen. Auf Russland gerichtet ist auch der Beitrag von Julia Person, die anhand der Analyse von Hochglanzmagazinen, die nach dem Zusammenbruch der Sowjetunion aus dem Westen in die Russische Föderation eingeführt wurden, deutlich macht, wie die westlichen Vorbilder dieser Magazine zunehmend formal und vor allem inhaltlich »russifiziert« wurden und zur medialen Konstruktion des Nationalen beitrugen. Petra Steiger berichtet aus dem Kontext ihres Münchner Promotionsprojektes über die Kommodifizierung des Nationalen in der Slowakei und konzentriert sich dabei auf die Bildbotschaften der aktuellen *Nation-Branding-Kampagne* (»Good Idea Slovakia«), mit der dem Land ein neues Image verpasst werden soll, das vom Stereotyp der zurückgebliebenen ländlichen Slowakei wegführen und die ökonomische Potenz des Landes bewerben will.

Den vierten Schwerpunkt schließlich bildet – unter dem Titel »Wir und die Anderen: innere und äußere Fremde« – der Nationalismus als wirkmächtiges Mittel der Ausgrenzung. Noémi Sebők-Polyfka stellt ihre Masterarbeit über »Antiziganismus« als Teil des nationalen Selbstbildes der Slowakei vor und zeigt, wie die »Konstruktionen ›des Anderen‹« wiederum Einfluss auf Selbstbilder von Roma nehmen. Die Autorin, die vor allem mit Sozialaufsteigern sprach, stellt die Alltagsstrategien »erfolgreicher« Rom_nja heraus, die ihre Herkunft oft verbergen oder sich nur in geschützten Räumen zu ihr bekennen. Der Beitrag Margit Feischmidts basiert auf ihrer Feldforschung in ungarischen Dörfern an der Grenze zu Serbien und legt die Formen von handfestem Nationalismus im Umgang mit durchziehenden Flüchtlingen dar. Agnieszka Balcerzaks Aufsatz schließlich nimmt eine materialreiche Analyse des »Wiederaufleben[s] rechtsextremer Strömungen in Polen nach der Wende von 1989« vor. In ihrem Auszug aus ihrer fast abgeschlossenen Münchner Dissertation analysiert sie die medialen Bildbotschaften der im tief gespaltenen Polen besonders wirkmächtigen, in sich ausdifferenzierten national-konservativen Bewegungen.

Die Beiträge dieses Bandes wollen, angesichts der teilweise beängstigenden Befunde zum neuen Nationalismus in Osteuropa und weit darüber hinaus, weitere Forschungen anregen, vergleichende Forschungen vor allem, die auch die Grenzen der Disziplinen und der Länder überschreiten sollten. Zu diskutieren wäre auch, welche Handlungsmöglichkeiten unsere verstehenden Wissenschaften haben, ob es zielführend ist, die Darstellungen und Analysen durch Formen von Aktivismus zu ergänzen. Gewiss ist auf jeden Fall, dass die Erforschung all der neuen Formen des Nationalismus mehr denn je gefragt ist.

Besonderer Dank geht an den Georg R. Schroubek Fonds für die großzügige Förderung des Bandes wie auch der vorausgegangenen Tagung sowie an die Lektorin und den Lektor des Bandes, Hildegard Hogen und Philip Saunders, und an unseren Layouter, Tomislav Helebrant.

Zitierte Literatur

Borodziej, Włodzimierz (2016): Dem Pfau der Nationen. Ein Gespräch von Adam Krzemiński (Polityka) mit Professor Włodzimierz Borodziej über Stolz, Komplexe und Geschichtspolitik. In: Polen-Analysen, Nr. 181, 3. 5. 2016, S. 8–12, http://www.laender-analysen.de/polen/pdf/PolenAnalysen181.pdf (letzter Zugriff: 6. 5. 2017).

Chomsky, Noam (2016): Trump in the White House: An Interview With Noam Chomsky. In: Truthout, 14. 11. 2016, http://www.truth-out.org/opinion/item/38360-trump-in-the-white-house-an-interview-with-noam-chomsky (letzter Zugriff: 6. 5. 2017).

Fukuyama, Francis (1992): The End of History and the Last Man. New York.

Götz, Irene (2011): Deutsche Identitäten. Die Wiederentdeckung des Nationalen nach 1989. Köln, Weimar, Wien.

Krastev, Ivan (2016): Zerfällt Europa (3). Die Utopie vom Leben jenseits der Grenze. In: Frankfurter Allgemeine Zeitung online, 1. 3. 2016, http://www.faz.net/aktuell/politik/die-gegenwart/zerfaellt-europa-3-die-utopie-vom-leben-jenseits-der-grenze-14082761.html?printPagedArticle=true#/elections (letzter Zugriff: 6. 5. 2017).

Lorenzo, Giovanni di (2016): Wie viel Volk darf's denn sein? In: Die ZEIT, No. 28, 30. 6. 2016, S. 1.

Neckel, Sighard (2016): Aus Scham wird Rache. In: Süddeutsche Zeitung online, 21. 11. 2016, http://www.sueddeutsche.de/kultur/populismus-aus-scham-wird-rache-1.3259210?reduced=true (letzter Zugriff: 5.6.2017).

Roth, Klaus (2011): Zivilgesellschaft in Südosteuropa aus ethnologischer Sicht. In: ders./Hackmann, Jörg (Hg.): Zivilgesellschaft im östlichen und südöstlichen Europa in Geschichte und Gegenwart. München, S. 29–43.

Vonderau, Asta (2010): Leben im »neuen Europa«. Konsum, Lebensstile und Körpertechniken im Postsozialismus. Bielefeld.

Populare Repräsentationen des Nationalen

»Performing the Nation«

Inszenierung des Nationalen in der Populärkultur

Marketa Spiritova

»Europa ist anderswo«, bilanzierte die *Prager Zeitung* die niedrige Wahlbeteiligung bei der Europawahl in den neuen Beitrittsstaaten im Jahr 2014. In Slowenien (24,55 %) und Polen (23,83 %) ging nur jede(r) vierte zur Urne, in Tschechien sind über 80 Prozent der Wahlberechtigten den Wahlkabinen ferngeblieben, und in der Slowakei lag die Wahlbeteiligung gerade einmal bei 13,05 Prozent.[1] Nicht nur, aber besonders im östlichen Europa lässt sich eine zunehmende Abwehrhaltung gegen die Europäische Union beobachten. Diese geht einher mit einem vermehrten Rückgriff auf nationale Narrative. »Ein politisches System« wie die EU, argumentiert der Historiker Ronald Asch in diesem Zusammenhang, »das keine großen Erzählungen mit historischer Tiefendimension besitzt, die ein Zusammengehörigkeitsgefühl festigen können, bleibt eben doch fragil« (Asch 2016). Zwar berufe sich die »EU immer wieder auf ihren einen großen Gründungsmythos: dass sie einem Europa, das sich durch Kriege selbst zerstörte, den Frieden geschenkt habe« (ebd.), doch wird dieser Mythos, gerade im postsozialistischen Europa, eher selten erzählt. Demgegenüber erleben nationale und ethnisierende Ursprungs- und Geschichtserzählungen eine ungeahnte Wiederkehr. Da sind zum ersten Mythen und Erinnerungsorte, mit denen sich die ostmittel- und südosteuropäischen Nationen im 19. Jahrhundert im Zuge der Emanzipationsbewegungen als Kulturnationen im Herder'schen Sinne, also über Sprache, Geschichte, Kultur, erfanden (Gellner 1999; Hroch 2004). Zum zweiten werden, vor allem in Tschechien, Kontinuitätslinien zu den demokratischen Traditionen der Zwischenkriegszeit gezogen (Iggers 2004). Und drittens werden Narrative (re-)konstruiert, die das Leiden der jeweiligen Nation unter nationalsozialistischer Besatzung 1938/39–1945 einerseits und unter der kommunistischen »Fremdherrschaft« 1948–1989 andererseits erzählen.[2] In Südosteuropa sind ferner Opfererzählungen wirksam, die sich auf das sogenannte osmanische beziehungsweise türkische Joch beziehen (Baleva/Brunnbauer 2007). Welche Mobilisierungskraft und Akzeptanz all diese Erzählungen des Nationalen in der Gegenwart besitzen, zeigen nicht zuletzt

1 | http://www.ergebnisse-wahlen2014.eu/de/election-results-2014.html (letzter Zugriff: 6. 8. 2014).

2 | Siehe hierzu z. B. Flacke 2004; Fritz/Sachse/Wolfrum 2008; Troebst 2006; Troebst/Engel/Middell 2012.

auch die Erfolge national-konservativer Parteien in Polen (Prawo i Sprawiedliwość – Recht und Gerechtigkeit), Ungarn (Fidesz) und Kroatien (Hrvatska demokratska zajednica – Kroatische Demokratische Union).

Kultureller Nationalismus im östlichen Europa – einige Vorbemerkungen

Eine Wiederkehr des Nationalen, wie es Irene Götz in ihrer »Ethnografie des Nationalen« für das wiedervereinigte Deutschland und in Ansätzen für Ungarn herausgearbeitet hat (Götz 2005: 79), erlebt das postsozialistische Europa seit Beginn der 1990er Jahre. Die 1990er Jahre waren bestimmt von der Suche nach tragfähigen nationalen Geschichtsbildern, nach der Selbstvergewisserung durch ein historisches Erbe, auf das man sich in der postdiktatorischen Gegenwart beziehen konnte. Es brach, wie Karl Schlögel es formulierte, »die goldene Zeit des reprints« an, eine »Zeit, in der eine Flut lange zurückgehaltener oder in den Schubladen liegender Erinnerungen losbrach, eine Zeit der Selbstentdeckung, Selbsterkundung und Selbstbeschreibung« (Schlögel 2013: 268). Dabei spielten neben den politischen und ökonomischen vor allem soziale und kulturelle Neuorientierungen eine tragende Rolle. Althergebrachte Traditionen, nationale Erinnerungsorte und Mythen wurden wieder entdeckt und für die Gegenwart passend gemacht. Die (Re-)Formulierung post- oder vielmehr antikommunistischer Selbstbilder und Identitäten erfolgte zum einen durch den Rekurs auf die nationale Geschichte – wozu gerade in Polen, Tschechien und Ungarn die als Opfermythen konstruierten historischen Niederlagen gehören. Man denke hier etwa an den Stellenwert des Zweiten Weltkriegs in der polnischen Erinnerungskultur;[3] an das »Münchner Abkommen« im Jahr 1938, mit dem die Abtretung der überwiegend deutsch besiedelten Gebiete des sogenannten Sudetenlandes ohne die Unterzeichnung der Tschechoslowakei beschlossen wurde, in der tschechischen Erinnerungskultur (Schmoller 2008), oder an den »Friedensvertrag von Trianon« im Jahr 1920, der die Abtretung ungarischer Territorien zur Folge hatte, in entsprechenden Vergangenheitsbezügen Ungarns (von Klimó 2013). Besonders diese erinnerungskulturellen Neuorientierungen führten in den 1990er und 2000er Jahren zu einem zumindest vorübergehenden Boom der kulturanthropologischen Nationalismusforschung, wie sie Irene Götz und Wolfgang Kaschuba in der deutschsprachigen Europäischen Ethnologie etablierten.[4] Fragen zur Konstruktion, Verhandlung und Vermittlung kollektiver

3 | Vgl. Hölzlwimmer 2008; Kosmala 2004; Traba 2011, 2015.

4 | Wie Irene Götz in ihrem Forschungsbericht in der *Zeitschrift für Volkskunde* herausgearbeitet hat, ist es in den letzten 10 Jahren um die Nationalismusforschung im Fach wieder stiller geworden, vielleicht auch, weil man die Brisanz der Wiederkehr des Nationalen angesichts der Betrachtung postnationaler und transnationaler Zusammenhänge allgemein unterschätzt hat (Götz 2011b). Siehe auch Götz 2004, 2007, 2010, 2011a; Binder/Kaschuba/Niedermüller 2001; Löfgren 1989. Für Ostmittel- und Südosteuropa siehe auch Feischmidt 2002.

nationaler und ethnischer Identitäten wurden vermehrt ins Zentrum gerückt. Zum anderen basierte und basiert die politische und gesellschaftliche Neuerfindung gerade in Ostmittel- und Nordosteuropa auch auf europäischen Positionsbestimmungen. Jan Pauer hat das für die Tschechoslowakei treffend beschrieben: Das Land sei hin- und hergerissen gewesen zwischen einem nationalen und einem europäischen »Wir« (Pauer 2001: 270). Letzterem wurde bereits – wie auch in den anderen ostmitteleuropäischen Ländern – seit den 1960er Jahren der Weg bereitet in intellektuellen dissidentischen Kreisen. Im Umbruchjahr 1989 waren es dann diese europäischen, demokratischen, freiheitlichen und rechtstaatlichen Ideen und Ideale, die den Weg aus der »kontaminierten moralischen Welt«, wie Václav Havel sie nannte, weisen sollten (zit. n. Brodský 2001: 24). Doch wie sich bald gezeigt hatte, haben zum einen der fehlende Europadiskurs beziehungsweise die antieuropäische Propaganda der kommunistischen Parteien sowie mancherorts auch die Anti-Europa-Rhetorik nach 1989 zu einer zunehmenden Abwendung von der europäischen Idee geführt.[5] Zum anderen hat die Dissidentenbewegung in Ostmitteleuropa keine wirkmächtige politische Tradition hervorgebracht, sodass sie – und mit ihr oftmals auch das Jahr 1989 – in den gegenwärtigen Erinnerungspolitiken kaum eine Rolle spielt. »Populismus und Nationalismus« hingegen, stellt Jiří Brodský (2001: 24) fest, »sind Ressourcen, die leichter zu mobilisieren sind als intellektuelle Konzepte«.[6] Man erinnere sich etwa an die demonstrativ fehlende EU-Flagge auf der Prager Burg während Václav Klaus' Präsidentschaft (2003–2013) und an seinen symbolischen Auftritt am Vorabend der EU-Osterweiterung an einem der tschechisch-nationalen Erinnerungsorte schlechthin, dem Berg Blaník. Die vor allem im Zuge der Nationalen Wiedergeburt im 19. Jahrhundert erzählte Legende von den schlafenden Rittern im Berg Blaník, die in Krisensituationen zum Leben erweckt und der tschechischen Nation zu Hilfe eilen werden, ist nach wie vor ein funktionaler Erinnerungsort (Hojda/Pokorný 1996), der in vielerlei Kontexten, in politischen, gesellschaftlichen und populärkulturellen Zusammenhängen, eine Rolle spielt: Er ist Schullektüre in Form von Alois Jiráseks *Alten Tschechischen Sagen* aus dem Jahr 1894, es gibt einen Radiokanal Blaník, der mit dem Slogan »Wir lieben Tschechien« wirbt,[7] und einen rechtsextremen Bikerklub namens *Blaničtí*

5 | Die niedrige Wahlbeteiligung in Tschechien und der Slowakei bei der Europawahl 2014 hat in drastischer Weise vor Augen geführt, wie schwer es sei, so der Europaabgeordnete Libor Rouček in einem Gespräch mit Sarah Scholl-Schneider, die »Europaidee in Tschechien zu verbreiten aufgrund der jahrelangen Isolation des Landes« (zit. n. Scholl-Schneider 2011: 224, 230). In Bezug auf die Europaskepsis bis Europafeindlichkeit und die Wiederbelebung des Nationalen als Referenzkategorie in Ostmitteleuropa muss allerdings kritisch angemerkt werden, dass im Dissens der 1970er und 1980er Jahre mit der Befreiung von marxistischer Geschichtsdeutung eine Re-Nationalisierung der Geschichtsschreibung fortgeschrieben wurde (vgl. Hallama 2015: 309).

6 | »Nationalismus« wird hier in Anlehnung an Miroslav Hroch (2008: 99) als »eine Einstellung [verstanden], welche die nationale Identität allen anderen sozialen Interessen und Gruppenzugehörigkeiten überordnet und den Vorrang der Interessen der eigenen Nation verlangt«.

7 | http://www.radioblanik.cz/ (letzter Zugriff: 7. 4. 2017).

rytíři [Ritter von Blaník], um nur drei Beispiele zu nennen. Gerade der Motorradklub präsentierte sich laut eigener Website und Facebookseite zutiefst islam- und europafeindlich.[8] Kultureller Nationalismus spielte auch bei der friedlichen Trennung der Tschechoslowakei eine tragende Rolle. Die Teilung in eigenständige Nationalstaaten wurde hier in erster Linie kulturell begründet: Sprache und Geschichte sollten den Wunsch nach nationaler Autonomie legitimieren, wobei zum Teil weit in die Vergangenheit zurückgegangen wurde. Bei der Gründung des slowakischen Staates gewannen etwa das Großmährische Reich (8–10 Jh.) und die Slawenapostel Kyrill und Method an Bedeutung; so heißt es in der Präambel der slowakischen Verfassung:

»Wir, das slowakische Volk, in Erinnerung an das politische und kulturelle Erbe unserer Vorfahren und an die jahrhundertelangen Erfahrungen aus den Kämpfen um die nationale Existenz und die eigene Staatlichkeit, im Sinne des geistigen Erbes von Kyrillios und Methodios und des historischen Vermächtnisses des Großmährischen Reiches, [...] beschließen wir, [...] diese Verfassung.«[9]

Der Rückgriff auf solche historischen, weit zurückliegenden Traditionen fungiert, so argumentiert Péter Niedermüller, »als wichtigste Herrschaftstechnik«, die »Neuerschaffung von Vergangenheit und Geschichte [...] bildet den manifesten Kern der osteuropäischen Identität« (Niedermüller 1995: 143). Man denke in diesem Zusammenhang zum Beispiel auch an die Schlacht auf dem Amselfeld in Serbien (Djordjević 2007) oder auch, hoch aktuell, an das geschichtspolitische Projekt *Skopje 2014,* das bis zu Alexander dem Großen reicht (Roth in diesem Band).

Als »symbolische Unabhängigkeitserklärungen« hat Wolfgang Kaschuba diese nationalen Geschichtsmythen treffend bezeichnet, wozu Elemente der »Volkskultur«, Trachten, Tänze und Rituale, zählen sowie auch die Nationalsprachen (Kaschuba 1993: 262). Der Nationalismus im östlichen Europa war im 19. und frühen 20. Jahrhundert schließlich vor allem ein Sprach- und auch Kulturnationalismus (Hroch 2004). Die gegenwärtige Renaissance des essentialistischen Kultur- und Volksbegriffes lässt sich in unterschiedlichen Kontexten beobachten. So ist etwa das Tragen von Tracht einzelner gesellschaftlicher Gruppen bei den Europawahlen im Jahr 2009 in Ungarn als widerständige Praktik zu deuten, mittels derer einer als oktroyiert verstandenen EU-Herrschaft eine eigene, eine nationale Position entgegengestellt wurde. Ein anderes Beispiel stellen nationalistische Gruppierungen wie in Tschechien *Národní rada – skutečná demokracie* [Nationalrat – reale Demokratie] oder *Národní demokracie* [Nationaldemokratie] dar, die anlässlich des Jubiläums der »samtenen Revolution« gleich mehrere symbolische Orte in Prag besetzten und zu Konzerten einluden: Einmal traten sie auf dem Platz vor der Prager Burg auf (Abb. 1), ein an-

8 | Beide Seiten waren im Frühjahr 2017 nicht mehr verfügbar. Zur Demonstration »Bikers Against Islam – Eindringlinge kommen nicht durch« am 28. 9. 2015, dem Tag der Staatlichkeit (Staatsfeiertag), siehe die Motorradklubseite http://www.motorkari.cz/motoakce/akce/?aid=9279/ (letzter Zugriff: 7. 4. 2017).

9 | Deutsche Fassung auf: http://ungarisches-institut.de/dokumente/pdf/19920831-1.pdf (letzter Zugriff: 7. 4. 2017).

Abb. 1: Demonstration der Národní rada – skutečná demokracie *[Nationalrat – reale Demokratie] am 17. 11. 2014 auf der Prager Burg. Foto: M. Spiritova.*

deres Mal auf dem Altstädter Ring direkt vor dem Denkmal des böhmischen Reformators Jan Hus (1369/70–1415), der europafeindlichen, nationalkonservativen und rechtsextremen Vereinigungen als der Vorkämpfer der tschechischen Nation gilt. Im Falle Deutschlands ist das Beispiel von russlanddeutschen Spätaussiedlern zu nennen, die sich zu Pegida und anderen rechtspopulistischen Initiativen bekennen und gegen Zuwanderer und Flüchtlinge auf die Straße gehen. Sie tun dies auch, wie bereits zu Beginn der 1990er Jahre, um ihre Zugehörigkeit zur »deutschen Kulturnation«, um ihre deutsche Herkunft im Sinne von Abstammung in der Öffentlichkeit zu demonstrieren (Kaschuba 1993: 264).

Diese Identitätskonstruktionen finden in der Abgrenzung zu und Ausgrenzung von den Migrantinnen und Migranten, besonders den Muslimen, ihren sichtbaren Ausdruck. Mit der Wiederentdeckung der Nation geht also auch eine Anrufung einer bald verloren geglaubten Heimat eines »Volkes«, einer homogenen »Kulturgemeinschaft« einher.

Wenngleich die Berufung auf Volk, Kultur, Tradition, Sprache und Religion in manchen Teilen besonders des östlichen Europas im politischen und gesellschaftlichen Mainstream angekommen ist, lässt sich, wie es Péter Niedermüller bereits für die 1990er Jahre gefordert hat, »das politische oder gesellschaftliche Leben in Osteuropa […] nicht pauschal als nationalistisch bezeichnen. Nationalistische politische Bewegungen stehen nur in einzelnen Ländern im Zentrum der Politik und tauchen in den meisten Ländern eher am Rande der politischen Landschaft auf« (Niedermüller 1997: 247).[10] Gleichzeitig gibt es aber auch hier einen »lebhaften und wirkungsvollen soziokulturellen Diskurs des ›Nationalen‹«, in dessen »Zentrum [...] Fragen der Nationalkultur, der nationalen Identität und Zugehörigkeit, des Eigenen und des Fremden und vor allem der Geschichte und der Vergangenheit [stehen], die im Kontext und in Verbindung mit der aktuellen, gegenwärtigen Politik thematisiert werden« (Niedermüller 1997: 247). »Die pluraler gewordenen nationalen Bilder und Horizonte«, schlussfolgert in diesem Kontext Irene Götz, haben »in der Regel nicht mehr den Anspruch einer überwölbenden Leitidee«. Deshalb ist es ziel- und erkenntnisführender, statt von »dem« Nationalismus »von einem komplexen semantischen Feld des Nationalen« zu sprechen (Götz 2011a: 128). Die Untersuchung dieses semantischen Feldes, die Frage nach der diskursiven und performativen Konstruktion nationaler Identität über politische Symbole und Rituale, Geschichtsbilder und Erinnerungspraktiken und hier vor allem auch ihre Veralltäglichung und Popularisierung bildet einen Schwerpunkt dieses Sammelbandes. Das ist insofern begrüßenswert, als in der Europäischen Ethnologie diese Themen, zumal für die Regionen des östlichen Europas, eher selten verhandelt werden.[11] In Nachbardisziplinen wiederum fehlt es an Studien, die über die Textualisierung und Ritualisierung der politischen Rede hinausgehen und Praktiken der Produktion und Reproduktion des Nationalen in der Populärkultur in den Blick nehmen (Edensor 2006: 1). Dies sei, kritisiert Tim Edensor, den Konzepten des (»alten«) Nationalismus nach Gellner (1999) oder Hobsbawn/Ranger (1983) geschuldet, die sich in ihren Überlegungen in der Tradition der Frankfurter Schule auf die Hoch-, zuweilen auch die (vormoderne) Volkskultur beziehen und ihre Rolle bei der Herstellung, Inszenierung und Vermittlung von Nation. »What is missing [...] is a sense of the unspectular, contemporary production of national identity through popular culture and in everyday life« (Edensor 2002: 12). So sollte das Natio-

10 | Zu Recht argumentiert Schulze Wessel (2001) in diesem Zusammenhang: »Diese Dichotomie eines westlichen und nicht-westlichen Nationalismus findet in der Nationalismusforschung heute keinen Anklang mehr. In der Tat richtet sich der ›westliche‹ Nationalismus keineswegs ausschließlich auf politische Ziele, sondern verfolgt auch das Programm einer kulturellen Homogenisierung, wie etwa das Beispiel der französischen Sprachenpolitik demonstriert. Auf der anderen Seite sind den ›nicht-westlichen‹ Nationalismen nicht politische Ziele abzusprechen. Dies gilt nicht nur für die national-emanzipatorischen Umbrüche seit den 1980er Jahren etwa in Polen, der Tschechoslowakei und Ungarn, sondern bereits für die Zeit des 19. Jahrhunderts. Auch wenn sich die Nationalbewegungen der Polen und der Ungarn nicht in bestehenden Nationalstaaten entwickelten, hatten sie doch einen politischen und staatlichen Bezug, da sie auf die Wiederherstellung von älteren, untergegangenen Staaten und die Herstellung von moderner Staatsbürgerlichkeit gerichtet waren. Selbst in Ländern, wo nur noch Rudimente einer früheren, eigenen Staatlichkeit vorhanden waren, wie in den böhmischen Ländern, war die Nationalbewegung keineswegs vorwiegend antiliberal.«

11 | Auch die Publikation von Gingrich und Banks (2006), die das Thema Neonationalismus dezidiert aus einer sozialanthropologischen Perspektive angeht, stellt die Inszenierungen des Nationalen von politischen (und ausschließlich im »Westen« agierenden) Akteuren in den Mittelpunkt.

nale zum einen – im Sinne Benedict Andersons (1983) – als ein »kulturell tradierbares System« untersucht werden: »als ein komplexer Wirkungszusammenhang von gesellschaftlich verfügbaren Bildern, Sprachformeln, Werthorizonten und symbolischen Handlungen, die als historisch begründet gelten und die unterhalb von politischen Programmen und ideologischen Konzepten eine spezifisch mentale, sinnliche und emotionale Plausibilität besitzen: Sie erzeugen gesellschaftliche Solidaritäten, indem sie nationale Loyalitäten einfordern« (Kaschuba 2001: 23).

Zum anderen sollte ein besonderes Augenmerk auf die Produktion und Reproduktion des Nationalen in der Alltags- beziehungsweise Populärkultur gelegt werden, wenn man Edensors Forderung folgt: »national identity [is] expressed and experienced through popular culture« (Edensor 2002: 12). So gilt es also zu fragen: Wie wird dieses Nationale heute in den Ländern des östlichen Europas performt, in Szene gesetzt, in Fernsehserien und Spielfilmen, in Comics und Graffitis, in Liedern und Musikvideos, auf Konzerten, in Fußballstadien und auf Festivals?

Populäre Kultur und (Alltags-)Nationalismus

Diesen Fragen folgend soll im vorliegenden Beitrag der Fokus auf die performative Herstellung beziehungsweise Reproduzierung nationaler Semantiken in der populären Kultur und hier besonders in der Musik gelegt werden. Denn, argumentieren Feischmidt und Gergö (2016: 310) in Anlehnung an Simon Firths (1996) Ausführungen zu populärer Musik und Identität, »music first of all offers the means and resources of the creation of social identities«. Fragen nach nationalen und nationalistischen Semantiken und Botschaften in der Populärmusik sollten umso mehr in das Blickfeld von Nationalismusforscherinnen und -forschern rücken, als Musik auch zum Repertoire von rechtsnationalen Bewegungen gehört. In manchen Ländern wie Ungarn und Belarus zählen die Rock- und Popmusik gar zu den offiziellen Instrumenten einer nationalistischen (Geschichts-)Politik (Feischmidt/Gergö 2016; Ozsváth 2012). Die Ehrung des Leadsängers der ungarischen Neofolk-Gruppe *Kárpatiá* mit dem Goldenen Verdienstkreuz und damit einer Band, die das großungarische Reich vor Trianon besingt und als Hausband der rechtsextremen *Jobbik-Partei* gilt, zeigt, welch große politische Kraft Musik besitzen kann (ebd.). Ein anderes Beispiel stellt das Genre des *turbofolk* im Jugoslawien der 1980er und 1990er Jahre dar, eine Musikrichtung, die Elemente aus Rock, Technopop und traditioneller, ruraler Volksmusik verknüpft und als »music of the war« Eingang in die Musikgeschichte Südosteuropas gefunden hat (Slavkovka 2010).

Die Verknüpfung von Nationalismus- und Populärkulturforschung stellt Fragen in den Mittelpunkt, die auf populärkulturelle Angebote und ihre Funktion als »Hegemonie-Arenen« abzielen (Hall 1981: 239; Kruse 2013: 66). Damit sind »Arenen« gemeint, in denen gesellschaftliche Kämpfe um kulturelle Hegemonie (A. Gramsci) ausgetragen werden – im vorliegenden Fall im Hinblick auf Vergangenheitsdeutungen, Erinnerung und Gedächtnis, und damit auf Fragen der nationalen Identität. Die

Untersuchung populärkultureller Genres und Inszenierungspraktiken richtet den Blick auf Dominanz- und Unterordnungs-, also auf Machtverhältnisse (Marchart 2008: 33). Der Turbofolk der frühen 1990er Jahre und alle rechtsgerichtete Popkultur sind gute Beispiele hierfür, denn es handelt sich dabei um ein Feld, auf dem mit rassistischen Zuschreibungen Ein- und Ausschlüsse sozialer und ethnischer Gruppen (re-)produziert werden.

Es ist vor dem Hintergrund solcher Beobachtungen also davon auszugehen, dass in populären Medien aller Couleurs – im Fernsehen, in Liedtexten, Comics, Graffitis, in Musikvideos und im Rahmen von Konzerten und Festivals – kollektive Wissensvorräte bezüglich kollektiver Identität (nationaler, ethnischer oder auch transnationaler, europäischer) formuliert, reproduziert, legitimiert oder auch infrage gestellt werden. Dabei wirken die »[n]ationale[n] und ethnische[n] Zuschreibungen«, so Kaschuba, »über *kulturelle Kodierungen*, sind also in der Lage, in wenigen Zeichen und Signalen komplexe gesellschaftliche Semantiken und Gruppenhorizonte aufzurufen und zu mobilisieren« (Kaschuba 2001: 23). Diese Codierungen des Nationalen sind allgegenwärtig in Alltags- und Mediendiskursen, sodass die Rezipienten und Rezipientinnen beim Fernsehen, Musikhören, Zeitschriftenlesen, in der U-Bahn und im Fußballstadion mal bewusst, meist jedoch unbewusst an das national und/oder ethnisch Eigene und Fremde erinnert werden. Der britische Sozialwissenschaftler Michael Billig hat dafür den Begriff des »banal nationalism«, des unreflektierten, aber keineswegs banalen, harmlosen Alltagsnationalismus geprägt, wonach die nationale Identität und das Wissen darüber den alltäglichen und populärkulturellen Praktiken eingeschrieben ist und immer wieder (re-)produziert wird (Billig 1995). Nationale Codierungen finden sich nach Billig in »small words«, den »forgotten reminders« wie »wir«, »sie«, »unsere«, »ihre« und dergleichen (ebd.: 38). Jörn Rüsen (1994: 10–11) nennt diese unbewussten Erinnerungsstützen auch »narrative Abbreviaturen«, die tief im kollektiven Gedächtnis verankert sind und situativ immer wieder aufgerufen und kommuniziert werden.

»Rocking the Nation«[12] – Nationalismen in der tschechischen Popmusik

Im Folgenden werden diese kulturellen Codierungen des Nationalen am Beispiel der Aufführungen, Musiktexte und Videos des tschechischen Rockmusikers Daniel Landa aufgezeigt. Landa, am Vorabend der Niederschlagung des Prager Frühlings 1968 geboren, arbeitet als Musiker, Boxer, Schauspieler, Musicaldramaturg, Ralleyfahrer, Zauberer, Schriftsteller.[13] In den 1980er und frühen 1990er Jahren war er Mitglied der Skinhead-Band Orlík. Vor allem die Roma wurden Ziel seiner rassistischen Het-

12 | Margit Feischmidt und Gergö Pulay danke ich an dieser Stelle für ihren inspirierenden Text zu Nationalismus in der ungarischen Rockmusik (Feischmidt/Gergö 2016).

13 | Offizielle Website: https://www.daniel-landa.cz/ (letzter Zugriff: 28. 4. 2017).

ze, wovon er sich heute mal mehr, mal weniger distanziert (Buchert 2015). Seinem Selbstverständnis und dem seiner Fangemeinde nach ist er heute vor allem eins: ein glühender Patriot und damit ein großer Tscheche. Seine Konzerte füllen ganze Stadien, er hat über eine Million Alben verkauft und ist Träger des nationalen Musikpreises *Český slavík* [Tschechische Nachtigall]. Daniel Landa ist, statistisch gesehen, einer der erfolgreichsten Sänger der Republik, und seinen Texten, Videos und öffentlichen Statements kommt, darauf deuten Fankommentare in den sozialen Medien hin,[14] ein erhebliches Gewicht bei der diskursiven und performativen Herstellung nationaler Identität zu.[15] Allerdings ist Daniel Landa auch einer der umstrittensten Interpreten, der in hohem Maße polarisiert: Einerseits ist er in Tschechien ein Superstar, andererseits steht er wegen seiner Skinhead-Vergangenheit und seinen fremdenfeindlichen Aussagen immer wieder in der Kritik, nicht selten wird er als Nationalist, Rassist oder Neofaschist bezeichnet (o. A. 2012). Zuletzt hatten auch die regierenden Sozialdemokraten erfolgreich dagegen protestiert, Landa die Hymne zum 700-jährigen Jubiläum Karls IV. komponieren und singen zu lassen. Die Marke Landa wird immer wieder zum Politikum, und es stellt sich die Frage nach der massenmedialen Inszenierung seiner patriotischen, bisweilen nationalistischen bis rechtsextremistischen Deutungen in seinen Texten und Performances.

Die Bildsprache des Sängers ist eindeutig: Das Plakat zur Tour *Československo* [Tschechoslowakei] im Jahr 2008 war in Form einer Briefmarke der Tschechoslowakei gestaltet, wobei der Sänger als Präsident auf dem Hintergrund der nationalen Trikolore stilisiert war. Diese nationale Semantik fügte sich vollends in die massenmediale Inszenierung der Nation im Jubiläumsjahr 2008, in dem an die »schicksalhaften« Ereignisse »mit der Acht« erinnert wurde: Die Staatgründung 1918, das »Münchner Abkommen« 1938, die kommunistische Machtübernahme 1948 und die Niederschlagung des »Prager Frühlings« 1968 wurden als große nationale Errungenschaften (1918) erinnert, oder als große nationale Niederlagen, aus denen die Tschechoslowakei und hier vor allem das tschechische »Volk« als Opfer hervorgegangen seien (Spiritova 2009, 2013).

Für das Plakat zur Tour *Vozová hradba* [Wagenburg] 2011 wählte Landa neben der Nationalfahne und einer dynamischen, männlichen Stilisierung seiner selbst ein weiteres tschechisch-nationales Symbol: den roten Kelch der Hussiten. Jan Hus und das Hussitentum waren in ihrer langen Geschichte mal wesentlicher (etwa im Zuge der Revolution von 1848/49), mal eher unbedeutender oder vielmehr von katholischen

14 | Siehe z. B. die Kommentare unter dem über 4.000.000-mal geklickten Video *Orlík – nejlepší písničky* [Orlík – die besten Lieder], veröffentlicht am 26. 2. 2013 von Dan-Landa-Fans: »Daniel ist einer der wenigen Künstler, die wirkliche Patrioten sind. Also für mich – ich glaube ihm und danke ihm sehr für sein Werk. mit größter Wertschätzung.« Kommentar von Jana Jirešová, https://www.youtube.com/watch?v=4DIACSIZ6vg (letzter Zugriff: 28. 4. 2017).

15 | Für Ungarn sprechen Feischmidt und Pulay (2016: 313) von der »conversion of skinhead rock into ›national rock‹ [as] one of the major processes that contributed to the making of a new, broader and more diverse music scene from the early 2000s«.

Eliten zurückgedrängter Bestandteil des nationalen Gedächtnisses. Besonders seit seinem 500-jährigen Jubiläum im Jahr 1869 genoss Hus den Status eines nationalen Märtyrers, und ab 1916 wurde sein »Vermächtnis in den böhmischen Ländern auch für die Begründung der tschechischen staatsrechtlichen Ansprüche genutzt« (Hilsch/Šebek 2009: 292). Diese Deutung der Hussiten als nationale Märtyrer und Kämpfer gegen den Katholizismus und damit gegen die Habsburger, also die Österreicher und Deutschen, die sich bis heute hält, trägt vermutlich zur Verwendung von hussitischen Symbolen unter rechtsnationalen und rechtsextremistischen Bewegungen bei.[16] Denn nicht zuletzt ist die Vorstellung einer homogenen tschechischen Gesellschaft, die mit einem Ausschluss von Deutschen, Juden, Roma, Ungarn, Slowaken, Ruthenen, Polen und Griechen einhergeht, auch der Verehrung von Jan Hus geschuldet (Gellner 1999: 140). Neben nationaler Symbolik bedient sich Landa, der seit 2012 unter dem Künstlernamen *Kouzelník Žito 44* [Zauberer Žito 44] auftritt, auch nationalsozialistischer Symbolik. So ist die Zahl 44 auf seiner Kleidung in Runenschrift geschrieben und erinnert unzweifelhaft an die SS-Runen.

Obwohl Landa jegliche Bezüge zur Ästhetik und Semantik der Nationalsozialisten bestreitet, dürften diese auf der Rezipientenebene, betrachtet man die Kommentare unter seinen Musikvideos, genau in diesem Kontext gedeutet und verstanden werden. Denn es sind vor allem die Rezipientinnen und Rezipienten selbst, die den Objekten und Praktiken Bedeutungen zu- und einschreiben (Hall 1999: 99). Ein Kleidungsstück wie Landas Lederjacke mit der Runenzeichnung und der 44 steht in einem breiteren Zusammenhang mit weiteren (in diesem Fall gleichfalls national aufgeladenen) Artefakten wie Liedtexten, Live-Performances, Videos, Werbepostern, Flyern sowie Melodien und Rhythmen. Bei der Rezeption – im Konzert, beim Radiohören, im Internet oder beim Lesen eines Interviews – werden durch diese Objekte die in ihnen (re-)produzierten nationalen und nationalistischen (Be-)Deutungen Teil der Alltagswelt. Das Beispiel einer Konzertaufzeichnung der Tour *Vozová hradba* (2011) mag das illustrieren: Das Lied *Čech* [Tscheche] mit dem Refrain »Du bist Tscheche! Tscheche! Tscheche! Tscheche! Schätze das! Du bist Tscheche! Tscheche! Tscheche! Bemühe dich gerade zu stehen! Du bist Tscheche! Tscheche! Tscheche! Mache den Tschechen alle Ehre!«, das aus Landas Skinheadzeit stammt, ist auf Youtube über 415.000 Mal geklickt und Tausende Male gelikt worden.[17] Im Text wird das tschechische Volk [*český národ* als Abstammungsvolk] besungen und sein Zusammenhalt beschworen: Man solle stolz darauf sein, ein Tscheche zu sein und der Nation/dem Volk Ehre erweisen. Gleichzeitig werden die »Parasiten«, »Diebe« und »Schmarotzer« beklagt, gegen die der Staat nichts unternehme, womit er das »eigene Volk« bedrohe. Neben dem Text, in dem jedes zweite Wort »tschechisch«, »Tscheche«, »tschechische Mädchen« ist, sieht man im Video ein Meer aus Nationalfahnen, sowohl auf der Bühne als auch im Publikum. Die Musik ist melodisch und folgt einem schnellen Rhythmus, der zusammen mit der Lichtshow zum Mitsingen, Mittanzen und Mithüpfen – bis hin zur Ekstase –

---

16 | Spiritova, Feldnotizen vom 17. 11. 2014.

17 | https://www.youtube.com/watch?v=-sYoWsQP9JA (letzter Zugriff: 28. 4. 2017).

motiviert. Alles zusammen macht die Idee der Nation sinnlich-körperlich erfahrbar (François/Siegrist/Vogel 1995: 19; Kaschuba 1998: 105). Die abstrakte Idee der »imagined community« wird in Situationen wie diesen zu einem »feeling of community«, die Nation wird auf der Bühne und in der Arena performt und unmittelbar erlebt und damit als eine schon immer dagewesene Gemeinschaft wahrgenommen. Den Kommentaren zum Video nach zu urteilen wird diese auch am heimischen Rechner beschworen: »Landa ist Gott«, »Das Lied sollte unsere Nationalhymne werden«, »Heute aktueller denn je«, »Hoffentlich erlebe ich es nicht, wenn hier die Burka eingeführt wird«, »Erst der Tscheche, dann der Flüchtling«.[18] Vor einem Jahr gab Daniel Landa in Prag sein *Velekoncert*, ein Megakonzert, wie er es selbst nannte, das ein Rückblick auf sein gesamtes Schaffen einschließlich seiner Neonazizeit werden sollte, das Lied *Čech* gehörte auch dazu. Die Presse kommentierte das Konzert wie folgt:

»Als ein großer Patriot zeigte sich [...] Daniel Landa (46) alias Zauberer Žito 44. Seine Show begann er nicht mit einem Lied, sondern mit einer Rede über tschechische Größen wie Baťa [den Schuhfabrikanten], Tyrš [den tschechischen Turnvater, der sich in der Nationalen Bewegung engagierte] und Komenský [Comenius]. Bevor er vor die Fans trat, spielte das Symphonieorchester ›Mein Vaterland‹ von Bedřich Smetana. Und dann erklang sein erstes Lied. Es handelte vom Jahr 1968, der Okkupation, von der Zeit, als er geboren wurde« (Léblová/Remešová/Kundrát 2015).

Baťa, Tyrš, Komenský, Smetana – die Reihe der Figuren, die Landa auf seinem Konzert aufstellte, liest sich wie die Ikonengalerie der tschechischen Geschichtsschreibung. Hinzu kommen weitere Legenden, Mythen und Erinnerungsorte, auf die sich der Sänger vor allem auf seinen Alben *Neofolk* (2004), *Valčík* [Walzer] (1993) und *Pozdrav z fronty* [Grüße von der Front] (1997) bezieht: Im Lied *Bílá hora* [Weißer Berg; Neofolk], einer baladenhaften Reminiszenz an die Schlacht am Weißen Berg, in der 1620 die böhmischen Stände der Katholischen Liga unterlagen, wird die »Finsternis« unter den Habsburgern besungen, die für 300 Jahre auf die Niederlage folgte (Holý 2001: 108); in *Blaničtí* [Ritter von Blaník; Neofolk], 2004, im Jahr des Beitritts zur Europäischen Union, herausgebracht, wird der Verlust der Heimat und alles Tschechischen besungen. So heißt es in der ersten Strophe:

»Sag, wo bleiben sie so lange, Herr, wann fahren sie denn los?
Vater, warum schlafen sie so lange, die Reiter von Blaník?
Mutter, bitte, es ist Zeit, es wird knapp.
Bitte Gott um ein Wunder, bevor uns der Zug abfährt.
Es gibt kein Volk und keinen König, der das Land bewahren würde.
Und so kaufen Reiche Tschechien im second hand.

18 | Ebd. Führt man sich solche Beispiele vor Augen, so überrascht es wenig, dass nationalistische Parteien wie *Jobbik* und extremistische Bewegungen wie die Identitären in ganz Europa solche Musik und ihre Interpreten für ihre Mobilisierung vor allem jüngerer Menschen längst entdeckt haben (Peltsch/Niemczyk 2016).

Worin steckt die Hölle? Worin steckt das Paradies?
Wo ist unser heiliger Hain?«[19]

In »jedem Tschechen«, so der Autor im Interview mit dem EU-feindlichen und offen rassistischen *EUportál*, sollte »im Falle, wenn es dem Volk am schlechtesten gehe, ein Ritter von Blaník zum Leben erwachen, also ein Ritter mit allen Eigenschaften und Tugenden eines Ritters« (Petřík 2011).

Neben den offiziellen Videos gibt es in den sozialen Medien eine Vielzahl von selbst gestalteten Clips von Fans, in denen Landas Songs mit historischen Bildern, pathetischen Klagen über den Verlust der nationalen Identität, moralischen Appellen an die »Volksgemeinschaft« und viel nationaler Symbolik unterlegt werden. Dass es sich hierbei nicht um eine Sub(-kultur-)szene handelt, sondern um Rock des Mainstreams, belegen die hohen Klickzahlen; die Rezeption ist beachtlich. Das Video zum Lied »Protestsong« (Neofolk, 2004) war im April 2017 knapp vier Millionen Mal geklickt worden (bei einer Einwohnerzahl von 10,5 Millionen). »Protestsong« ist ein Klavierstück mit Punkrockelementen, in dem die tschechische Nationalfahne zunächst aus dem Dreck geholt, gereinigt und getrocknet wird, um anschließend von einer kleinen Menschenmenge zu Grabe getragen zu werden.[20] Das Narrativ des kleinen bedrohten, ethnisch homogenen Volkes als dem Spielball der Großmächte, der immer wieder unterdrückten Nation, bedienen auch die Lieder *1968* und *1938*. Es sind Ereignisse, die als die »großen Traumata in der tschechischen Geschichte« (Schmoller 2008: 90), als Chiffren für die Unterdrückung und Niederschlagung der Eigenstaatlichkeit in der nationalen Erzählung stehen (ebd.; Hofmann 2008; Spiritova 2013). Die Anrufung historischer Opfermythen geschieht, um ein Argument Aleida Assmanns aufzugreifen, »aufgrund einer Privilegierung der Opfererfahrung, die Leiden als einen kostbaren Besitz, ja als das wichtigste symbolische Kapital verteidigt« (Assmann 2003: 44). Besonders mit dem Lied *1938* widmet sich Daniel Landa einem Thema, »das wie kaum ein anderes ein Identifikationsmerkmal des Tschechischsein darstellt« (Bartošek 2003: 11). Die als »Münchner Komplex« (Tesař 2000; Bartošek 2003) gedeutete Erfahrung der Annektierung der deutschsprachigen Sudetenregion 1938 baut nach Hildegard Schmoller (2008) auf drei Erzählungen auf: der von der (v.a. vom Verbündeten Frankreich) »verratenen Nation«, der »geopferten Nation« und schließlich der »bedrohten Nation«. Landa beschreibt in *1938* Tschechien als ein Volk der sich beugenden »Lämmer«, das stets »Wölfen« von außen zum Opfer falle und nicht in der Lage sei, Widerstand zu leisten – woraus sich schließlich der Komplex der kleinen Nation entwickelt habe:

»[...]
Es verändert die Männer ganz schön, wenn sie die Festung verlassen.

19 | http://www.songtexte.com/songtext/daniel-landa/blaniti-339b18a1.html (letzter Zugriff: 10.5.2017). Übersetzung: M. Spiritova.

20 | https://www.youtube.com/watch?v=hToRZu7hGdM (letzter Zugriff: 28.4.2017).

Wenn die ruhmreiche Fahne traurig eingeholt wird.
Leg die Waffe nieder! Gehe fort!
Schütze deinen Kopf! Gib den Schlüssel ab!
Das Rückgrat krümmt sich – der Mann verzeiht sich selbst nämlich nicht.

Zorn und zerbissene Lippen,
er ertastete eine Packung Zigaretten.
Zum ersten Mal und für immer hat er sich ergeben.
Heute stand er zum letzten Mal aufrecht.
Die Luft ist raus wie bei einem Fußball.
Peinlich verlässt er die Grenze.
Vor lauter Tränen sieht er fast nichts.
[…]
ohne sich auch nur ansatzweise zu verteidigen, lässt er sich ohrfeigen.«[21]

Das Narrativ, sich trotz gut aufgerüsteter Armee kampflos den Deutschen ergeben zu haben, wurde vor allem von der Kommunistischen Partei nach 1948 erzeugt. Bis heute hält es sich hartnäckig. Zwar herrscht seit 1989 der Konsens, ein Widerstand wäre militärisch sinnlos, doch moralisch von großer Bedeutung gewesen, schlussfolgert Hildegard Schmoller (2008: 103) in Anlehnung an Václav Žák (1994: 71 f.):

»Der moralische Schaden für das Volk sei durch das Zurückweichen ohne Kampf enorm gewesen. Dem Volk sei dadurch das Rückgrat gebrochen worden und die Kapitulation hätte den kommunistischen Umsturz 1948 und die Hinnahme der Niederschlagung des Prager Frühling 1968 vorbereitet.«

Der Rückgriff auf historische nationale Narrative speist sich, wie zu Beginn des Beitrags ausgeführt wurde, aus der Reformulierung nationaler Identitäten nach 1989. Für Tschechien sprachen bereits Tomáš G. Masaryk, der Staatsgründer von 1918, und später auch der Philosoph und Dissident Jan Patočka dem Historismus bei der Identitätsbildung eine zentrale Rolle zu. Sie sahen in ihm »eine der stärksten Kräfte der Nationswerdung« (Gellner 1994: 138). Laut Patočka, schrieb Ernest Gellner, würden »[n]ur wenige Nationen in Europa […] solch vertrauten Umgang mit ihrer Geschichte wie die Tschechen [pflegen]. Für sie [sei] der Historismus gleichsam eine Lebensform« (ebd.). Karel Bartošek (2003) attestiert den Tschechen, sie seien »krank vor Geschichte«. Und der Sozialanthropologe Ladislav Holý konstatierte für die Gegenwart: »Sollten Tschechen erklären, wer sie sind, immer werden sie sich auf die Vergangenheit beziehen: ›Wir sind heute das, was wir sind, weil das oder jenes sich in unserer Vergangenheit abgespielt hat‹« (zit. n. Mayer 2009: 32). Von Bedeutung sei dabei der »Czech martyr complex«, der laut Pynsent (1994: 190f.) bis heute mit dem »nationalist myth of the suffering Slavs« (ebd.) einhergehe.

21 | http://www.songtexte.com/songtext/daniel-landa/1938-53c15799.html (letzter Zugriff: 10. 5. 2017). Übersetzung: M. Spiritova.

So erstaunt es wenig, dass historische Mythen wie »Bílá hora«, »Blaník« oder das Hussitentum als der, wie Masaryk es nannte, »historische Nabel der Nation« (Gellner 1999: 165), der maßgeblich zum Sprachnationalismus beigetragen habe, auch Eingang in die populäre Kultur finden. Daniel Landa beschwört auf seinen Konzerten und über seine Alben und Videos eine eingeschworene Gemeinschaft, die sich auf der Grundlage eines geteilten, inkorporierten Wissens über die nationale Geschichte, in der Nicht-Tschechen keinen Platz haben, konstituiert. Dabei ist das »performing history« beziehungsweise »perfoming the nation« gleichzeitig ein »performing ethnicity«, das Dominanzverhältnisse entlang ethnischer Zuschreibungen markiert, wie etwa das Lied *Čech* zeigt.[22] Neuer Nationalismus in Zeiten der Verunsicherung

Der Diskurs des Ethnisch-Nationalen in Tschechien zeigt sich auch in anderen Bereichen der Populärkultur. So schreibt die Historikerin Lenka Řezníková, die sich in jüngster Zeit mit dem Retrokult im tschechischen Fernsehen beschäftigt:

»Die Kategorie der nationalen Identität, wie sie im 19. Jahrhundert konstituiert wurde, ist nicht überwunden. Im Gegenteil, in Teilen der Bevölkerung wächst erneut die Verwendung des Begriffs der Nation und des Nationalen, und das primär in ethnischen Kategorien« (Řezníková 2013: 58).

Musikerinnen und Musiker wie Daniel Landa produzieren keine neuen Wissensvorräte bezüglich der nationalen Identität, sondern sie greifen zum einen in die Vorratskiste von Rechtspopulisten, die Roma nach Indien und Afghanen zurück nach Afghanistan schicken wollen. Zum anderen, so lautet das Ergebnis von Schulbuchanalysen, entsprechen die nationalen Erzählungen in den Liedtexten den Narrativen in den meisten Schulbüchern, in denen nach wie vor die Rede vom homogenen tschechischen Staat ist, während seine multinationale und multiethnische Vergangenheit und die von Minderheiten im Land mitgestaltete Gegenwart kaum Platz findet (Paces 2009: 249). Das heißt, es wird in der populären Kultur das Wissen reproduziert und weitergegeben, das bereits zum gesellschaftlichen Wissensrepertoire gehört und je nach Kontext und gesellschaftlicher Befindlichkeit abruf- beziehungsweise reaktivierbar ist. »National rock musicians« sind dann, wie Feischmidt und Pulay (2016: 317) für Ungarn konstatieren, »like bards who tell the stories of these [national] struggles, while at the same time nurturing them with emotional and symbolic power«.

Es ist kein Zufall, dass Landas Megakonzert und Ortels Auszeichnungen, überhaupt ihre breite Rezeption in die Zeit politischer, ökonomischer und gesellschaftlicher Verunsicherungen fallen: Ein zunehmender Neo-Elitismus, die Übermacht der Ökonomie im Zuge der Globalisierung und die Europa- und Demokratiekrise einerseits (Crouch 2004), der Terror des sogenannten Islamischen Staates, die Migrationsbewegungen, der Brexit und die Schuldenkrise rund um Griechenland andererseits,

22 | Ein noch deutlicheres Beispiel sind die Lieder der Band *Ortel*, einer rechtsextremistischen und fremdenfeindlichen Gruppe, die auch bei Veranstaltungen des »Blocks gegen den Islam« auftritt. In den letzten 2 Jahren gewannen sie den 3. beziehungsweise 2. Platz beim Musikpreis »Tschechische Nachtigall«. Offizielle Website: http://www.ortel.cz/ (letzter Zugriff: 28. 4. 2017).

all diese Veränderungen befördern nationales und nationalistisches Denken. Und die (neuen) Massenmedien spielen hier – gerade auch im Vergleich zum »alten Nationalismus« – eine wesentliche Rolle. Folgt man an dieser Stelle Gingrich und Banks (2006), so sind es eben diese Transformationsprozesse des ausgehenden 20. und des 21. Jahrhunderts, die neue Formen des Nationalismus hervorbringen beziehungsweise die alten neu akzentuieren:

»In short, some of the most basic characteristics of earlier variants [of nationalism] [...] also apply to a considerable extent for neo-nationalism. As a working definition, it thus seems appropriate to specify further the nationalist understanding of neo-nationalism by approaching neo-nationalism as the re-emergence of nationalism under different global and transnational conditions« (Gingrich/Banks 2006: 2).

Der »neue« Nationalismus ist selbstredend kein spezifisch östliches Phänomen. Überall in Europa und darüber hinaus lässt sich ähnliches beobachten, vielleicht nicht in der Intensität wie in Ungarn, doch auch im »westlichen« Europa gewinnen nationalistische Argumentationen an Bedeutung. Auch hier scheint der Diskurs des Nationalen »ein allgemein verständliches, überzeugendes System neuer Sicherheiten [zu bieten]« (Hroch 2008: 108). Und die populäre Kultur und Musik spielen, gerade für jüngere Generationen, eine wesentliche Rolle (Peltsch/Niemczyk 2016; Süddeutsche Zeitung 273: 11). Miroslav Hroch hat vorgeschlagen, den Diskurs des Nationalen auch als »eine Reaktion [...] auf außerordentliche soziale Stresssituationen« zu begreifen, als eine Art »Stellvertreterin« »für andere Interessen, soziale Spannungen bzw. Konflikte« (Hroch 2008: 110). Wolfgang Kaschuba hat in diesem Zusammenhang von einer »Umthematisierung sozialer Ungleichheit in kulturelle Differenz« (Kaschuba 2001: 27) gesprochen und der Soziologe Didier Eribon hat das für Frankreich so formuliert: »Aus ›Wir Arbeiter gegen die Bourgeoisie‹ wurde allmählich ›Wir Franzosen gegen die Migranten‹« (Süddeutsche Zeitung 273: 11; 2016). Diesen veränderten Bedeutungs- und Verwendungskontexten, in denen sich das Nationale artikuliert, gilt es in den Kultur- und Ethnowissenschaften vermehrt nachzugehen. »Denn dort«, folgert Kaschuba (2001: 26), »in der Um- und Neukontextuierung der historischen Zitate vollziehen sich offenbar die wesentlichen Veränderungen«.

Zitierte Literatur

Anderson, Benedict (1983): Die Erfindung der Nation. Zur Karriere eines erfolgreichen Konzepts. Frankfurt am Main, New York.

Asch, Ronald G. (2016): Europas Zukunft. Das Ende des Nationalstaates überdenken. In: Wirtschaftwoche online, 11.11.2016, http://www.wiwo.de/politik/europa/europas-zukunft-das-ende-des-nationalstaates-ueberdenken/14826792.html (letzter Zugriff: 17.11.2016).

Baleva, Martina/Brunnbauer, Ulf (2007): Batak kato mjasto na pametta [Batak als Erinnerungsort]. Sofia.

Bartošek, Karel (2003): Češi nemocní dějinamy – Eseje, studie, záznamy z let 1968–1993 [Die Tschechen krank vor Geschichte – Essays, Studien, Aufzeichnungen aus den Jahren 1968–1993]. Prag.

Billig, Michael (1995): Banal Nationalism. London.

Binder, Beate/Kaschuba, Wolfang/Niedermüller, Peter (Hg.) (2001): Inszenierung des Nationalen. Geschichte, Kultur und die Politik der Identitäten am Ende des 20. Jahrhunderts. Köln u.a.

Brodský, Jiří (2001): The Czech Experience of Identity. In: Durák, Petr (Hg.): National and European Identities in EU Enlargement. Views from Central and Eastern Europe. Prag, S. 21–38.

Crouch, Colin (2008): Postdemokratie. Berlin.

Djordjević, Ljubica (2007): Der Mythos vom Amselfeld in der serbischen Politik. Die politische Instrumentalisierung des kollektiven Gedächtnisses. In: Pänke, Julian (Hg.): Gegenwart der Vergangenheit. Die politische Aktualität historischer Erinnerungen in Mitteleuropa. Baden-Baden, S. 17–24.

Edensor, Tim (2002): National Identity, Popular Culture and Everyday Life. Oxford, New York.

Eribon, Didier (2016a): Rückkehr nach Reims. Berlin.

Feischmidt, Margit (2002): Ethnizität als Konstruktion und Erfahrung. Symbolstreit und Alltagskultur im siebenbürgischen Cluj. Münster u.a.

Feischmidt, Margit/Pulay, Gergö (2016): »Rocking the Nation«: The Popular Culture of Neo-Nationalism. In: Nations and Nationalism 23/2, S. 309–326.

Flacke, Monika (Hg.) (2004): Mythen der Nationen. 1945 – Arena der Erinnerungen. Mainz.

François, Etienne/Siegrist, Hannes/Vogel, Jakob (1995): Die Nation. Vorstellungen, Inszenierungen, Emotionen. In: dies. (Hg.): Nation und Emotion. Deutschland und Frankreich im Vergleich. 19. und 20. Jahrhundert. Göttingen, S. 13–35.

Fritz, Regina/Sachse, Carola/Wolfrum, Edgar (2008): Nationen und ihre Selbstbilder. Postdiktatorische Gesellschaften in Europa. Göttingen.

Gingrich, Andre/Banks, Marcus (Hg.) (2006): Neo-Nationalism in Europe and Beyond. Perspectives from Social Anthropology. New York, Oxford.

Götz, Irene (2004): 50 Jahre Bundesrepublik – 1000 Jahre Ungarn. Symbolische Repräsentationen des Nationalen als Instrument gegenwärtiger Identitätspolitik. In: Schwelling, Birgit (Hg.): Politikwissenschaft als Kulturwissenschaft. Theorien, Methoden, Problemstellungen. Wiesbaden, S. 195–206.

— (2005): Das Bild der »europäischen Nation« – eine komparatistische Perspektive auf Identitätspolitik in Deutschland und Ungarn. In: Bayerisches Jahrbuch für Volkskunde 20, S. 79–84.

— (2007): Regionale Forschung in transnationaler Perspektive. Anmerkungen zum Erkenntnispotenzial ethnographischer »Ost«-/»West«-Studien. In: Volkskunde in Sachsen 19, S. 561–575.

— (2010): Nationale und regionale Identitäten. Zur Bedeutung von territorialen Verortungen in der Zweiten Moderne. In: Seifert, Manfred (Hg.): Zwischen Emotion und Kalkül. »Heimat« als Argument im Prozess der Moderne. Leipzig, S. 205–218.
— (2011a): Deutsche Identitäten. Die Wiederentdeckung des Nationalen nach 1989. Köln, Weimar, Wien.
— (2011b): Zur Konjunktur des Nationalen als polyvalenter Vergemeinschaftungsstrategie. Plädoyer für die Wiederentdeckung eines Forschungsfeldes in der Europäischen Ethnologie. In: Zeitschrift für Volkskunde 107/2, S. 129–155.
Gellner, Ernest (1994): Wiedergeburt von unten. Jan Patočkas Tschechen. In: Transit. Europäische Revue 8, S. 137–148.
— (1999): Nationalismus. Kultur und Macht. Berlin.
Hall, Stuart (1999): »Ein Gefüge von Einschränkungen«. Gespräch zwischen Stuart Hall und Christian Höller. In: Engelmann, Jan (Hg.): Die kleinen Unterschiede: der Cultural Studies-Reader. Frankfurt am Main, New York, S. 99–122.
Hallama, Peter (2015): Nationale Helden und jüdische Opfer. Tschechische Repräsentationen des Holocaust. Göttingen.
Hilsch, Peter/Šebek, Jaroslav (2009): Johannes Hus. In: Samerski, Stefan (Hg.): Die Landespatrone der böhmischen Länder. Geschichte – Verehrung – Gegenwart. Paderborn u. a., S. 275–296.
Hobsbawn, Eric/Ranger, Terence (1983): The Invention of Tradition. Cambridge.
Hofmann, Birgit (2008): »Prager Frühling« und »Samtene Revolution«: Narrative des Realsozialismus in der tschechischen nationalen Identitätskonstruktion. In: Fritz/Sachse/Wolfrum, Nationen und ihre Selbstbilder, S. 171-192.
Hojda, Zdeněk/Pokorný, Jiří (1996): Pomníky a Zapomníky [Denkmäler und Vergessensmäler]. Praha.
Holý, Ladislav (2001): Malý český člověk a skvělký český národ. Národní identita a postkomunistická transformace společnosti [Der kleine tschechische Mensch und die großartige tschechische Nation. Nationale Identität und postkommunistische Transformation der Gesellschaft]. Prag.
Hroch, Miroslav (2004): Ethnonationalismus – eine ostmitteleuropäische Erfindung? Oskar-Halecki-Vorlesung 2002. Jahresvorlesung des Leibniz-Institut für Geschichte und Kultur des östlichen Europa. Leipzig, S. 13–35.
— (2008): Die historischen Bedingungen des »Nationalismus« in den mittel- und osteuropäischen Ländern. In: Jahn, Egbert (Hg.): Nationalismus im spät- und postkommunistischen Europa. Bd. 1: Der gescheiterte Nationalismus der multi- und teilnationalen Staaten. Baden-Baden, S. 99–112.
Iggers, Wilma (2004): Tschechoslowakei/Tschechien. Das verlorene Paradies. In: Flacke, Mythen der Nationen, S. 773–798.
Kaschuba, Wolfgang (1993): Nationalismus und Ethnozentrismus. Zur kulturellen Ausgrenzung ethnischer Gruppen in (deutscher) Geschichte und Gegenwart. In: Jeismann, Michael/Ritter, Henning (Hg.): Grenzfälle. Über neuen und alten Nationalismus. Leipzig, S. 239–273.

— (1998): Nation und Emotion. Europäische Befindlichkeiten. In: Ethnologia Europaea 28, S. 101–110.

— (2001): Geschichtspolitik und Identitätspolitik. Nationale und ethnische Diskurse im Kulturvergleich. In: Binder, Beate/Kaschuba, Wolfgang/Niedermüller, Peter (Hg.): Inszenierung des Nationalen. Geschichte, Kultur und die Politik der Identitäten am Ende des 20. Jahrhunderts. Köln u. a., S. 19–42.

Klimó, Árpád von (2013): Trianon und der Diskurs über nationale Identitäten in »Rumpf-Ungarn«. In: Hilger, Andreas/Wrochem, Oliver (Hg.): Die geteilte Nation. Nationale Verluste und Identitäten im 20. Jahrhundert. München, S. 11–26.

Kosmala, Beate (2004): Lange Schatten der Erinnerung: Der Zweite Weltkrieg im kollektiven Gedächtnis. In: Flacke, Mythen der Nationen, S. 509–540.

Löfgren, Orvar (1989): The Nationalization of Culture. In: Ethnologia Europea 29, S. 5–23.

Marchart, Oliver (2008): Cultural Studies. Konstanz.

Mayer, Françoise (2009): Češi a jejich komunismus: Paměť a politická identita [Die Tschechen und ihr Kommunismus: Erinnerung und politische Identität]. Prag.

Niedermüller, Péter (1995): Politischer Wandel und Neonationalismus in Osteuropa. In: Kaschuba, Wolfgang (Hg.): Kulturen – Identitäten – Diskurse. Perspektiven Europäischer Ethnologie. Berlin, S. 135–151.

— (1997): Zeit, Geschichte, Vergangenheit. Zur kulturellen Logik des Nationalsozialismus im Postsozialismus. In: Historische Anthropologie 2, S. 245–267.

Paces, Cynthia (2009): Prague Panoramas. National Memory and Sacred Space in the Twentieth Century. Pittsburgh.

Pauer, Jan (2001): Zur Herausbildung kollektiver Identitäten in der Tschechischen und Slowakischen Republik nach 1989. In: Höhmann, Hans-Hermann (Hg.): Kultur als Bestimmungsfaktor der Transformation im Osten Europas. Bremen, S. 254–273.

— (2004): Geschichtsdiskurse und Vergangenheitspolitik in der Tschechischen und Slowakischen Republik nach 1989. In: Corbea-Hoisie, Andrea/Jaworski, Rudolf/ Sommer, Monika (Hg.): Umbruch im östlichen Europa. Die nationale Wende und das kollektive Gedächtnis. Innsbruck u. a., S. 93–107.

Pynsent, Robert B. (1994): Questions of Identity. Czech and Slovak Ideas of Nationality and Personality. Budapest u. a.

Randák, Jan (2008): Symbolické osmičky. Role českých osmiček a jejich demokratický příběh [Symbolische Achter. Die Rolle der tschechischen Achter und ihre demokratische Geschichte]. In: Dějiny a současnost [Geschichte und Gegenwart] 8, S. 14–17.

Řezníková, Lenka (2013): Režimy paměti – formáty identity. Ke vztahu paměti a české identity v současné populární kultuře [Gedächtnisregimes – Identitätsformate. Zum Verhältnis zwischen Gedächtnis und tschechischer Identität in der gegenwärtigen populären Kultur]. In: Ondřej, Daniel u. a. (Hg.): Populární kultura v českém prostoru [Populäre Kultur im tschechischen Raum]. Prag, S. 44–59.

Rüsen, Jörn (1994): Historische Orientierung. Über die Arbeit des Geschichtsbewußtseins, sich in der Zeit zurechtzufinden. Köln u.a.

Schlögel, Karl (2013): Grenzland Europa. Unterwegs auf einem neuen Kontinent. München.

Schmoller, Hildegard (2008): Der Gedächtnisort »Münchner Abkommen« als Manifestation tschechischer Selbstbildnisse. In: Fritz/Sachse/Wolfrum, Nationen und ihre Selbstbilder, S. 90–107.

Scholl-Schneider, Sarah (2011): Mittler zwischen Kulturen. Biographische Erfahrungen tschechischer Remigranten nach 1989. Münster.

Schulze Wessel, Martin (2001): »Ost« und »West« in der Geschichte des europäischen Nationalismus. In: Ost-West. Europäische Perspektiven 3, S. 163–170, https://www.owep.de/artikel/240/ost-und-west-in-geschichte-des-europaeischen-nationalismus (letzter Zugriff: 21.4.2017).

Slavkovka, Markéta (2010): Echoing the Beats of Turbo-Folk: Popular Music and Nationalism in Ex-Yugoslavia. In: Urban People/Lidé města 12/2, S. 419–439.

Spiritova, Marketa (2009): Die mediale Konstruktion des Gedächtnisortes »Prager Frühling«. In: Steinberg, Swen/Meißner, Stefan/Trepsdorf, Daniel (Hg.): Vergessenes Erinnern. Medien von Erinnerungskultur und kollektivem Gedächtnis. Berlin, S. 165–182.

— (2013): Wie Medien den Mythos erzählen: Die »magische« Acht in der tschechischen Geschichte. In: Zimmermann, Harm-Peer (Hg.): Mythos, Mythen, Mythologien, S. 179–184.

Tesař, Jan (2000): Mnichovský komplex: Jeho příčiny a důsledky [Der Münchner Komplex: Seine Ursachen und Folgen]. Prag.

Traba, Robert (2011): Der Opferdiskurs als beherrschender Faktor der polnischen Meistererzählung. In: Sabrow, Martin (Hg.): Leitbilder der Zeitgeschichte. Wie Nationen ihre Vergangenheit denken. Leipzig, S. 65–75.

— (2015): Symbole der Erinnerung. Der Zweite Weltkrieg im kollektiven Bewusstsein der Polen. Eine Skizze. In: Ders./Loew, Peter Oliver (Hg.): Deutsch-polnische Erinnerungsorte. Bd. 5: Erinnerung auf Polnisch. Paderborn, S. 289–306.

Troebst, Stefan (2006): Jalta versus Stalingrad, GULag versus Holocaust. Konfligierende Erinnerungskulturen im größeren Europa. In: Faulenbach, Bernd/Jelich, Franz-Josef (Hg.): »Transformationen« der Erinnerungskulturen in Europa nach 1989. Essen, S. 23–49.

Troebst, Stefan/Engel, Ulf/Middell, Matthias (Hg.) (2012): Erinnerungskulturen in transnationaler Perspektive. Leipzig.

Pressequellen

Buchert, Viliam (2015): Koncert Daniela Landy byla velká politická demonstrace. Bylo by hloupé to podceňovat [Daniel Landas Konzert war eine große politische Demonstration. Es wäre dumm, das zu unterschätzen], http://www.reflex.cz/clanek/

komentare/66313/viliam-buchert-koncert-daniela-landy-byla-velka-politicka-demonstrace-bylo-by-hloupe-to-podcenovat.html (letzter Zugriff: 28.4.2017).

Klasse und Macht. Wann wurde es cool, rechts zu sein? Ein Gespräch mit dem französischen Soziologen Didier Eribon über politische Lebenslügen, die Krise der Demokratie und sein Buch zur Stunde. In: Süddeutsche Zeitung, Nr. 273, 25.11.2016, S. 11.

Léblová Kristýna/Remešová, Michaela/Kundrát David (2015): Daniel Landa poslal vzkaz do nebe zesnulé mámě. Pak rozjel písně Orlíku [Daniel Landa schickte einen Gruß an seine verstorbene Mutter in den Himmel. Dann legte er mit den Liedern von Orlík los], https://www.blesk.cz/clanek/celebrity-ceske-celebrity/342780/daniel-landa-poslal-vzkaz-do-nebe-zesnule-mame-pak-rozjel-pisne-orliku.html (letzter Zugriff: 28.4.2017).

o. A. (2012): Daniel Landa? … To je ten hajlující chlapík se znakem Waffen SS na zádech [Daniel Landa? … Das ist der Kerl mit dem Hitlergruß und dem Zeichen der Waffen-SS auf dem Rücken], http://www.hrebenar.eu/2012/12/daniel-landa-to-je-ten-hajlujici-chlapik-se-znakem-waffen-ss-na-zadech/ (letzter Zugriff: 28.4.2017).

Ozsváth, Stephan (2012): Ungarn: Bei den Enkeln Attilas. In: Ost-West. Europäische Perspektiven 3, S. 193–201, https://www.owep.de/artikel/955/ungarn-bei-den-enkeln-attilas (letzter Zugriff: 28.4.2017).

Peltsch, Fabian/Niemczyk, Ralf (2016): Der Sound der Neuen Rechten. Die »Identitäre Bewegung« inszeniert sich als hippe rechte Subkultur, mit »Neofolk« als Soundtrack. Einblicke in eine fremde Nischenwelt. In: Rolling Stone 262, S. 52–55.

Petřík, Lukáš (2011): Daniel Landa pro EUportal.cz: Blaničtí rytíři zachrání národ, když je v sobě probudíme [Daniel Landa für das EUportal: Die Ritter von Blaník retten das Volk, wenn wir sie in uns aufwecken], http://euportal.parlamentnilisty.cz/Articles/7550-daniel-landa-pro-euportal-cz-blanicti-rytiri-zachrani-narod-kdyz-je-v-sobe-probudime.aspx (letzter Zugriff: 10.5.2017).

Žák, Václav (1994): Mnichov – mýtus a trauma [München – Mythos und Trauma]. In: Listy 24/1, S. 69–72.

Internetseiten

Daniel Landa – oficiální web [Offizielle Webseite] https://www.daniel-landa.cz/ (letzter Zugriff: 28.4.2017).

DanLandaFANS – neoficiální (26.2.2013): Daniel Landa – Nejlepší písničky [Youtube-Video], https://www.youtube.com/watch?v=4DIACSlZ6vg (letzter Zugriff: 28.4.2017).

Europäisches Parlament/Ergebnisse der Europawahl 2014, http://www.ergebnisse-wahlen2014.eu/de/election-results-2014.html (letzter Zugriff: 6.8.2014).

landadanielVEVO (3.10.2009): Daniel Landa – Protestsong [Youtube-Video], https://www.youtube.com/watch?v=hToRZu7hGdM (letzter Zugriff: 28.4.2017).

Ortel – Oficiální webová prezentace kapely Ortel [Offizielle Web-Präsentation der Band Ortel] http://www.ortel.cz/ (letzter Zugriff: 28. 4. 2017).

Rádio BLANÍK, http://www.radioblanik.cz/ (letzter Zugriff: 7. 4. 2017).

ReissCZ (11.3.2012): Daniel Landa – Jsi Čech [Youtube-Video], https://www.youtube.com/watch?v=-sYoWsQP9JA (letzter Zugriff: 28. 4. 2017).

songtexte.com: 1938. Songtext von Daniel Landa, http://www.songtexte.com/songtext/daniel-landa/1938-53c15799.html (letzter Zugriff: 10. 5. 2017).

songtexte.com: Blaničtí. Songtext von Daniel Landa, http://www.songtexte.com/songtext/daniel-landa/blaniti-339b18a1.html (letzter Zugriff: 10. 5. 2017).

svatý václave, rytíři povstali – praha, Bikers Against Islam, http://www.motorkari.cz/motoakce/akce/?aid=9279/ (letzter Zugriff: 7. 4. 2017).

Verfassung der Slowakischen Republik vom 1. September 1992, http://ungarisches-institut.de/dokumente/pdf/19920831-1.pdf (letzter Zugriff: 7. 4. 2017).

»Helden sterben nicht«

Darstellungen kroatischer Soldaten als symbolische Marker des Nationalen

Klaudija Sabo

Das Katalogcover zur Ausstellung über den sogenannten Heimatkrieg [Domovinski rat; 1991–1995] im kroatischen Museum der Geschichte [Hrvatski Povjesni Muzej] in Zagreb in den Jahren 2011/2012 wirbt mit einem Bild von einem anonymen Soldaten, der mit dem Rücken zum Betrachter steht. Er ist mit einem Shirt bekleidet, auf dessen Rückseite der englische Aufdruck »Heroes« zu lesen ist1 (Abb. 1). Neben der Symbolkraft, die sich über Text und Bild erschließt, spiegelt das Bild auch die inhaltliche Tendenz der Ausstellung wider. Das positive Bild des kroatischen Soldaten als nationaler Heldenfigur zieht sich durch die gesamte Präsentation der Ausstellungsobjekte und Thematiken und betont programmatisch die Darstellung der Soldaten als Helden im Heimatkrieg. Indem nicht das Gesicht des Soldaten, sondern seine Rückenansicht gezeigt wird, bleibt der Soldat eine anonyme Figur und wird so zu einem Stellvertreter für alle Soldaten. Sie werden zu den neuen nationalen Kriegshelden stilisiert und so zu Markern einer »neu gewonnenen« kroatischen Identität.

Dieses Bild vom heldenhaften kroatischen Soldaten wurde während des Krieges und danach in unterschiedlichen Medien gestreut. Die beispielsweise von Eduard und Dominik Galić produzierten Dokumentarfilme tragen Titel wie *Die Geschichten der Helden Vukovars* [Priče heroje Vukovara] (2011). Von denselben Filmschaffenden stammt auch die zehnteilige TV-Serie *Die Helden Vukovars* [Heroji Vukovara] aus dem Jahr 2008, die später als Sonder-DVD zusammen mit der Tageszeitung *Večernji list* [Abendblatt] erworben werden konnte.[2] Auch Bücher, wie die vom damaligen *Ministerium für Familie, Soldaten und Generationensolidarität* [Ministarstvo obitelji, branitelja i međugeneracijske solidarnosti] geförderte Publikation *Helden sterben nicht. Ein Denkmal für die verstorbenen Soldaten des Heimatkrieges* [Heroji ne um-

1 | Das Bild wurde während der kriegerischen Auseinandersetzungen in Zadar 1991 in der Gegend Novigrad während des Angriffs auf die Brücke von Maslenica aufgenommen. Die Fotografie stammt von Marko Biljak, zu finden im Ausstellungskatalog des Hrvatski Povijesni Muzej – 1. 12. 2011 – 30. 9. 2012 mit dem Titel *Domovinski Rat.*

2 | Eduard und Dominik Galić: Priče heroje vukovara, 2011; Eduard und Dominik Galić: Heroji Vukovara, DVD, 2008 herausgegeben von Večernji list.

iru. Spomenica poginulim braniteljima domovinskog rata], 2009 von Dinko Čutura herausgegeben, stützen die Vorstellung der heldenhaften Soldaten (Čutura 2009). Die Narrative einzelner »Helden« und ihrer außergewöhnlichen Taten während des »Befreiungskampfes« fanden zudem in die jüngsten kroatischen Schulbücher Eingang.[3] Die Verbreitung dieser Narrative und visuellen Darstellungen verfestigt das Bild der heldenhaften Freiheitskämpfer. Gegensätzliche Darstellungen jedoch finden sich in der öffentlichen Auseinandersetzung sowie in künstlerischen Produktionen kaum (Sabo 2017). Helden entstehen, wie Wolfgang Seidenspinner bekräftigt, »durch Zuschreibung, durch Verleihung des entsprechenden Etiketts; die so geschaffenen Figuren können daher als aussagekräftige Indikatoren für das populäre Wertesystem interpretiert werden« (Seidenspinner 1998: 698). Hier wird also eine Notwendigkeit sichtbar, in Form von Narrativen das Heldenhafte der Nation zu unterstreichen und Identifikationsfiguren hervorzubringen. Des Weiteren betont Seidenspinner, dass diese Figuren »aber nicht für die historische Realität« stehen (ebd.: 698). In den 1990er und frühen 2000er Jahren findet in Kroatien eine klare Unterscheidung zwischen Verteidiger/Opfer und Täter statt. Die kroatischen Soldaten nehmen die Rolle der Verteidiger und zusammen mit der Bevölkerung die des Opfers ein, die Serben die der Aggressoren (Höpken 2007: 26 f.). Die sich im Land festsetzende Auffassung des Soldaten als Helden verläuft jedoch parallel zu der in der Europäischen Gemeinschaft stehenden Diskussion über die verübten Kriegsverbrechen. Die dabei vorherrschende Dissonanz über das Heldenhafte zeigt die Ambivalenz solcher Konstrukte – wie auch Christian Schneider betont:

»Was ein Held ist, wird letztlich durch das soziale Koordinatensystem bestimmt, das die Tat bewertet und auf diesem Weg Heldentum definiert [...], dieselbe Handlung, die einen hier zum Helden werden lässt, kann ihn dort, in einem anderen Koordinatensystem, zum Verbrecher oder Narren machen« (Schneider, 2009: 95).

Die Kriegsverbrechen, die in Bosnien und Herzegowina an bosnischen Muslimen und in Kroatien an serbischen Zivilisten verübt wurden, führten dazu, dass der internationale Gerichtshof in Den Haag die Auslieferung zahlreicher Protagonisten des Krieges forderte und damit auch das Heldenimage der jeweiligen Soldaten und Generäle infrage stellte (Renner 2007).

3 | Zu finden beispielsweise in den Schulbüchern: Bekavac, Stjepan/Bradvica,Marija/Miočić, Marinko (2007): Povijest 8. 1. Izdanje. Zagreb, S. 182–192; Bekavac, Stjepan/Jareb, Mario (2011): Povijest 8, Udžbenik za osmi razred osnovne škole [Schulbuch für die 8. Klasse der Grundschule 3]. 3. Izdanje. Zagreb, S. 198–212.

Visuelle Medienikonen: Der Soldat und das V-Zeichen

Ein Motiv, welches sich häufig in fotografischen Abbildungen und künstlerischen Darstellungen von Soldatenfiguren findet, ist das V-Zeichen (Victory- oder Peacezeichen). Dabei ist der stilisierte Kriegsheld häufig mit einer Hand oder auch beiden hoch erhobenen Händen mit dem V-Zeichen – gespreizten Zeige- und Mittelfingern – dargestellt. Vor allem in der Anfangsperiode des Krieges 1991–1995 findet sich dieses Motiv häufig. Damit werden der nationalen, aber auch internationalen Öffentlichkeit zwei wesentliche Narrative vermittelt: Das eine präsentiert Kroatien als Opfernation, die ausschließlich einen Verteidigungskrieg gegen die Serben geführt und ihre Unabhängigkeit weitgehend auf friedlichem Wege eingefordert habe. Das andere Narrativ erzählt von den siegreichen Soldaten, welche die von den Serben okkupierten Landstriche zurückerobert haben. Ein hierfür anschauliches Beispiel ist das Denkmal eines im kroatischen Heimatkrieg[4] gefallenen Soldaten in der Nähe des Touristenstädtchens Vodice mit dem Namen Ante Juričev Martinčev, bekannt als Boban (Abb. 2). Die Skulptur wurde von der Familie Martinčev in Auftrag gegeben und finanziert und von dem kroatischen Hobby-Künstler Ivan Ićo Malenica umgesetzt (Pavičić 2006). Der in das Podest des Denkmals eingravierte Text erzählt die Geschichte des sich tapfer verteidigenden Kämpfers, der sich, mit hoch erhobenen Armen und den Fingern zum V-Zeichen geformt, serbisch-montenegrinischen Panzern der JNA (Jugoslawische Volksarmee) entgegengestellt haben soll – in der Hoffnung, den Feind, der schon den Küstenstrich um Šibenik erreicht hatte, in die Flucht zu schlagen. Dem eingravierten Text im Sockel der Skulptur nach drehte sich das serbisch-montenegrinische Armeekorps beim Anblick Bobans um und verschwand in die umliegenden Wälder.

Die Skulptur Bobans zeigt den Soldaten unbewaffnet, lediglich ein Walkie-Talkie hängt an seinem Hosenbund. Damit soll deutlich gemacht werden, dass es sich hier um einen Soldaten handelt, der, ohne Waffen und mit sozusagen friedfertiger Absicht, einzig und allein mit dem Ideal des Befreiungskampfes ausgestattet, sich dem Feind entgegengestellt hat. Eine ähnliche motivische Entsprechung findet sich in der Gestaltung der Medaille für »außergewöhnliche Unternehmungen« [Medalja za iznimne pothvate], die während des Heimatkrieges vergeben wurde. Auch darauf findet sich die Abbildung eines Soldaten mit zwei hoch erhobenen Armen, die eine V-Form ergeben.

4 | Der in der Bezeichnung *Domovinski Rat* enthaltene Begriff »Domovina« wird als Heimat oder auch als Heimatland übersetzt. Diese Bezeichnung transportiert in Verbindung mit Rat [Krieg] den Gedanken, dass hier das Heimatland verteidigt wurde.

Das V-Zeichen in der Geschichte

Die ursprüngliche Herkunft des V-Zeichens ist nach wie vor umstritten. Eine nicht belegte, jedoch häufig wiedergegebene Legende besagt, dass englische Bogenschützen, die in der englischen Armee in der Schlacht von Agincourt (1415) während des Hundertjährigen Krieges kämpften, den französischen Gegnern ihre Zeige- und Mittelfinger gezeigt haben. Laut der Erzählung haben die Franzosen den gefangenen Schützen die Bogen-Finger amputiert, um sie kampfunfähig zu machen. Die Zweifingergeste kann somit als ein Symbol des Trotzes verstanden werden, das den Feinden zeigen sollte, dass sie noch im Besitz ihrer Finger und so nach wie vor tödliche Gegenspieler sind.[5] Die wohl am weitesten verbreitete Erklärung für die Genese des V-Zeichen findet sich in der Zeit des Zweiten Weltkriegs, durch den es auch an internationaler Popularität gewann. Hier wird sein Ursprung auf den Januar 1941 datiert, als der belgische Justizminister Victor de Laveleye und Direktor der belgisch-französischen Sendung der BBC (1940–1944) vorschlug, dass seine Landsleute das V für *victoire* (französisch: Sieg) und *vrijheid* (niederländisch: Freiheit) als ein parolenhaftes Emblem im Kampf gegen das nationalsozialistische Deutschland benutzen sollen. Innerhalb von Wochen erschienen Vs auf Wänden in ganz Belgien, den Niederlanden und Nordfrankreich (Rhode 1993: 186). Aufbauend auf diesen Erfolgen, startete die BBC die »V-for-Victory«-Kampagne. Der Redakteur Douglas Ritchie entwickelte das Zeichen weiter, indem er das Morsezeichen für den Buchstaben V als Jingle herausgab. Er schlug vor, dass der Jingle als ein universelles Signal benutzt werden sollte. Und weil der Buchstabe V im Morsealphabet mit drei kurzen und einem langen Ton gebildet wird und es damit an das »Tatatataa« der fünften Sinfonie Beethovens erinnert, benutzte es die BBC bis zum Ende des Krieges als ein Sendezeichen in ihren Programmen für das okkupierte Europa, sodass es sich als Zeichen des Widerstandes in ganz Europa verbreitete (Rhodes 1993: 186). Noch im selben Jahr, 1941, griff der britische Premierminister Winston Churchill die Geste auf und stellte mit dem ausgestreckten Zeige- und Mittelfinger ein V nach. Es wurde schnell zu einer allgemeinen Geste der Alliierten,[6] nach und nach auch von der Bevölkerung adaptiert und letztendlich international zu einem populären Symbol (ebd.: 186). Mit der Zeit veränderten sich jedoch der Kontext und die Bedeutung des Zeichens. Während der Proteste gegen den Vietnamkrieg und der CND-Märsche (Campaign for Nuclear Disarmament) in Amerika wurde die Geste, vor allem in der Hippie-Bewegung, als

5 | O. A.: http://www.britishbattles.com/100-years-war/agincourt.htm (letzter Zugriff: 31. 5. 2015), http://www.massey.ac.nz/~wwpubafs/magazine/2002_Nov/stories/questions.html (letzter Zugriff: 14. 4. 2015).

6 | Der deutsche Propagandaminister Joseph Goebbels setzte das V-Symbol als Gegenpropaganda ein, mit der Erklärung, dass das V das Wort Viktoria bedeute und den deutschen Sieg verkünde, http://www.nytimes.com/learning/general/onthisday/ big/0719.html#article (letzter Zugriff: 15. 3. 2015).

Peace-, also als Friedenszeichen populär und im Allgemeinen auf Antikriegsdemonstrationen eingesetzt.[7]

Das V-Zeichen als Marker nationaler Narrative in Kroatien

In Kroatien besetzt das V-Zeichen zwei Bedeutungsebenen: die des Peace- und die des Victoryzeichens. Das Peace- oder auch Friedenssymbol suggeriert hier den Opferstatus und den kollektiven Wunsch nach einer friedlichen Abspaltung vom Staatenverbund. Das Sieges- beziehungsweise das Victory-Zeichen kann als Ausdruck für die siegreiche Nation verstanden werden, welche den Feind in die Flucht schlagen wird (Anfang der 1990er) oder später dann geschlagen hat.[8] Anfang der 1990er Jahre fungierte das V-Zeichen in Kroatien mehr als Friedenssymbol (Prica 2001: 44). In den Medien wurde während dieser Zeit verstärkt der Wunsch nach einer gewaltfreien Auseinandersetzung verbreitet. Das hierfür sehr anschauliche Musikvideo *Croatia in Flames* von Montažstroj aus dem Jahr 1991 zeigt das V-Zeichen mit der eindeutigen Botschaft des Friedens. Der Refrain »Say yo for Croatia« – »Say No for the War« wird vom V-Zeichen begleitet. Simultan zum »Yo for Croatia« reckt der Sänger das V-Zeichen in die Kamera, welche das Bild zur Gänze ausfüllt – so soll die Geste den englischen Text unterstützen und auf die Friedensforderung aufmerksam machen. Der Spot wie auch die Musik im Ganzen erinnern an die Ästhetiken und musikalischen Klänge der slowenischen Band *Laibach,* welche mit ihren Liedern und Inszenierungsformen in Ex-Jugoslawien einen provokanten Gebrauch von ideologischen, politischen und religiösen Symboliken pflegte und nach wie vor pflegt und es, im Gegensatz zu anderen ex-jugoslawischen Bands, zu internationaler Bekanntheit gebracht hat. Das Wort »Yo« in der Liedphrase »say yo for Croatia« stützt sich stilistisch auf amerikanische Rap-Musik.

Dieser internationale Ausdruck des V-Zeichens in diesem Zusammenhang kann als ein Zeichen des modernen Widerstands und der Aufforderung für die Gleichbe-

7 | Internet Archive: Wayback Machine: The V-Sign: The Japanese Version (the sign of peace) http://web.archive.org/web/20080621122852/http://www.icons.org.uk/theicons/collection/the-v-sign/a-harvey-smith-to-you/ the-asian-v-sign-in-progress (letzter Zugriff: 31. 5. 2017).

8 | Doch nicht nur die Kroaten nutzen das nonverbale Zeichen mit den gespreizten Fingern während der anwachsenden Spannungen. Verschiedenste Variationen, von drei Fingern bis zur Faust, finden sich auch in den anderen Teilrepubliken des ehemaligen Jugoslawien. Schon Anfang der 1980er Jahre hat sich die Geste während der Widerstandsbewegung bei den Kosovoalbanern verbreitet, in den sich 1981 entwickelnden Protestbewegungen, die eine gleichberechtigte Republik Kosovo in Jugoslawien forderten, welche von der serbischen Polizei und ihren Panzern gewaltsam niedergeschlagen wurde. In Montenegro benutzt die politische Opposition ebenfalls ein Zweifingerzeichen. Es erinnert an eine Reduktion des dreifingrigen serbischen Zeichens, wobei der Mittelfinger weggelassen und Daumen und Zeigefinger beibehalten wird. In Bosnien wiederum findet sich die geballte Faust mit erhobenem Daumen wieder. Siehe: Rajć/Nikolić/Jovanović (2004: 189); Nikolić (2007).

rechtigung verstanden werden, welche im Speziellen die afroamerikanische Bevölkerung in Amerika aus ihrer Unmündigkeit befreien und dem Bild des Unterdrückten entgegenwirken soll (Feldman/Senjković/Prica 1992: 85). In Analogie zur Situation in Kroatien wird der Wunsch nach Befreiung aus der eigenen Unmündigkeit deutlich gemacht, was auch die Loslösung vom Staatenverbund beinhaltet. Mithilfe der gewaltfreien Darstellung und dem Appell nach Frieden sollte nicht nur das nationale Publikum angesprochen, sondern vor allem auch eine internationale Zuschauerschaft erreicht werden. Das Video von Montažstroj wurde, passend zu diesem Anliegen, auch vom Musiksender *MTV* ausgestrahlt.

Das V-Zeichen kann so als ein auf dem amerikanischen Zeichensystem aufbauendes entschlüsselt werden. Es ist damit zugleich auch Ausdruck der Ablehnung des Sozialismus einerseits und der Zuwendung zum westlichen Staatssystem andererseits. Die Betonung der kulturellen Nähe zu Amerika und zum »Westen« im Generellen impliziert auch die Ablehnung eines »unzivilisierten Ostens«, womit hier vor allem Serbien gemeint ist. Im Zuge der Konflikte des sich im Auflösen begriffenen Jugoslawiens und des Wunsches nach kroatischer Unabhängigkeit erlebt Ivo Zanić zufolge auch das Schutzwallmotiv eine Renaissance. So wie es auch der kroatische Außenminister Miomir Žužul im Jahr 1992 propagierte, dass Kroatien als »Schutzwall des Christentums fungiert [...] an der Grenze zweier Zivilisationen« (Zanić 2007: 293), wobei mit der anderen Zivilisation hier Serbien gemeint war. Die Schutzwall-Symbolik wird mithilfe von Medien neu geschrieben. Dabei finden Modifikationen statt, die Zuschreibungen wie Kroatien als »Bollwerk der Demokratie« oder auch als das »Bollwerk gegen den Marxismus« hervorbringen (Žanić 2007: 291). Die deutliche Positionierung Kroatiens, welches sich dem »Westen« zugewandt sieht und sich zudem eine demokratische Regierungsform wünscht, macht es zum Antipoden Serbiens. Die Geste des V-Zeichens drückt die Nähe sowie den Wunsch nach Teilhabe an der westlichen Gemeinschaft aus. Hammer und Sichel werden durch gespreizte Mittel- und Zeigefinger ausgetauscht.

Das V-Zeichen als »lieu de mémoire«

Die zwei Narrative von der Idee des Opferstaats und des Sieges sind auch in zwei kroatische Städte, Vukovar und Knin, eingeschrieben. Sie beide nehmen eine wichtige Rolle in der Erinnerungskultur Kroatiens ein und besitzen identitätsstiftende Funktion (Nora 1990). Im östlichen Teil Kroatiens, in Ostslawonien, hat sich vor allem die Stadt Vukovar zu einem neuen Erinnerungsort und Symbol des kroatischen Leids und der serbischen Aggression entwickelt (Ljubojević 2016: 38 f.). Die Auseinandersetzungen in der kroatischen Grenzstadt Vukovar, in der ein Drittel der Bevölkerung serbischer Abstammung war und es sehr viele interethnische Ehen gab, fanden vom 25. August bis zum 18. November 1991 statt. Vukovar war insgesamt 87 Tage von den Truppen der JNA belagert und stand unter heftigem Beschuss. Während dieser dreimonatigen Belagerung wurde die Stadt fast vollständig zerstört und am 18. November schließlich von der JNA besetzt. Vukovar wurde anschließend zu einem »traumatischen Ort« (Assmann 1999: 328) der Kroaten erklärt (Ljubojević 2016: 38 f.). Der Satz »Merke dir Vukovar« [Zapamti Vukovar], welcher sich auf Plakaten, Graffitis, Aufklebern und anderen Objekten der Populärkultur findet, ist eine mahnende Aufforderung, bei der man sich auf nationaler, vor allem aber auf internationaler Ebene mit der kroatischen Bevölkerung solidarisieren soll.

Vukovar ist ganz besonders assoziiert mit dem V-Zeichen, weil es mit dem Buchstaben V symbiotisch verbunden ist. Es existieren zahlreiche Plakate und Aufkleber, auf denen das V-Zeichen den Anfangsbuchstaben Vukovar ersetzt, um sich mit der Stadt zu solidarisieren und gleichzeitig für den Krieg zu mobilisieren. Des Weiteren gibt es Wortspiele wie VukoWAR, bei dem das mittlere v um das Peace-Zeichen ergänzt und zu dem englischen Begriff War umfunktioniert wird. Dies sollte während der Kampfhandlungen auf die Lage Vukovars aufmerksam machen und den Wunsch nach Frieden beziehungsweise dem Sieg über die von der Jugoslawischen Volksarmee und den serbischen Freischärlern unter Beschuss gehaltene Region ausdrücken.

Das V-Zeichen als Siegeszeichen

Neben dem Opferdiskurs und dem propagierten Wunsch nach Frieden steht gleichberechtigt die Narration der heroischen kroatischen Nation, die der serbischen Aggression standhalten konnte. In diesem Zusammenhang ist das V-Zeichen Ausdruck des erfolgreichen Widerstands und damit Sieges- oder auch Victory-Zeichen.

Die seit 1996 stattfindende jährliche Gedenkfeier der *Operation Sturm* [Operacija Oluja] in Knin am 5. August erzählt eine radikal andere Seite der Geschichte des Heimatkrieges als das Gedenken, das sich zu den Ereignissen in Vukovar herausgebildet hat. Mit der Gedenkfeier werden jeden 5. August die Befreiung der okkupierten kroatischen Territorien, der Sieg im Unabhängigkeitskrieg und seine internationale Anerkennung triumphal hochgehalten. Die Gedenkfeier ruft die am 4. August begonnene militärische Großoffensive in Erinnerung, bei der die von Ante Gotovina geführten kroatischen Polizei- und Armeeeinheiten das von serbischer Seite als unabhängiger Staat proklamierte Territorium *Republik Serbische Krajina* [Republika Srpska Krajina, RSK] innerhalb von vier Tagen (4.–7. 8.) zurückeroberten. Am 5. August marschierten kroatische Truppen in Knin ein, der Hauptstadt der Republik Serbische Krajina. Knin war ursprünglich Sitz der kroatischen Könige, weshalb die Stadt oft auch als königliche Stadt bezeichnet wird und daher als Erinnerungsort eine weitere erinnerungsstiftende Dimension für die Kroaten und Kroatinnen hat (Leutloff-Grandits 2005: 45).

Der Angriff erfolgte gleichzeitig von verschiedenen Seiten. Die demoralisierten serbischen Kräfte zerbrachen rapide, und am 7. August erklärte der kroatische Staat den Kampf für beendet (Pavlaković 2009: 2). Nachdem die Gewehre in der ehemaligen Krajina niedergelegt worden waren, entstanden die Narrative der Operation Sturm. »In Croatia, the narrative about Operation Storm is an established cult, that is, a founding myth, whose main constituent parts are Struggle, Sacrifice and the Great

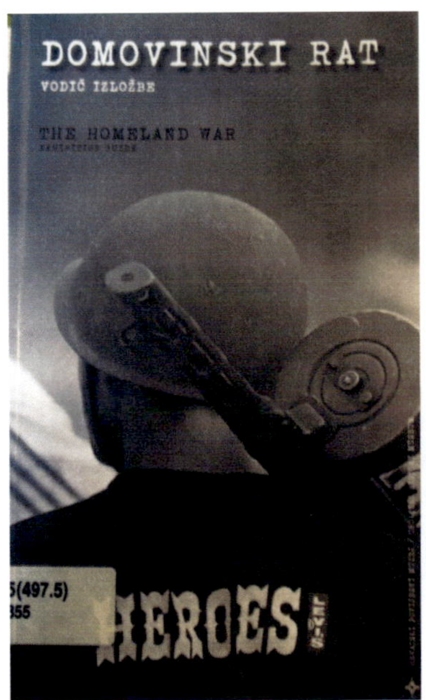
DOMOVINSKI RAT
VODIČ IZLOŽBE
THE HOMELAND WAR
HEROES

HEROJ!

Abb. 1 (oben links): Soldat auf dem Cover des Ausstellungskataloges Heimatkrieg [Domovinski Rat] von 2011/2012.
Abb. 2 (oben rechts): Skulptur Bobans in Vodice von Ivan Ićo Malenica.
Abb. 3 (unten): Merchandisingartikel mit Gotovina und der Aufschrift »Held«; Zagreb 2014.

and Final Victory over the Enemy«, so Gordana Đerić (2009: 213). In Erinnerung an die Operation Sturm werden jedes Jahr staatliche Feierlichkeiten ausgerichtet. Für Kroatien symbolisiert dieses Ereignis das Ende einer vierjährigen Okkupation eines Teiles seines Staatsgebietes. Für die serbische Bevölkerung, welche im Zuge der Operation Sturm und der kroatischen Angriffe fliehen musste, bedeutete es den Verlust von Heimat und Besitz. Feiern von Gründungsmythen, führt Paul Ricœur aus, »[...] are essentially acts of violence legitimated after the fact by a precarious state of right. What was glory for some was humiliation for others« (Ricœur 2004: 79).

Ein Jahr später, 1996, beschloss das kroatische Parlament, an den Tag der Operation Sturm und des Einmarschs der kroatischen Armee in die Stadt Knin mit einem Feiertag zu erinnern. Er wird als Tag des Sieges und des Heimatdankes bezeichnet und ist seit 2008 gleichzeitig auch Tag der kroatischen Verteidiger (Koren 2011: 103). Neben der motivischen und inhaltlichen Modifikation des anonymen Soldaten beziehungsweise Heroen versucht man zudem personifizierte Geschichten zu kreieren (Čipek 2012). Einer der wesentlichen Protagonisten war und ist nach wie vor General Ante Gotovina. Gegen ihn wurde im Jahr 2001 vom Internationalen Strafgerichtshof in Den Haag Anklage wegen Verbrechen gegen die Menschlichkeit erhoben, was bei der kroatischen Bevölkerung auf massives Unverständnis stieß.[9] Gotovina wird innerhalb der kroatischen Gemeinschaft nicht als Verbrecher, sondern als Nationalheld gesehen und gefeiert (Renner 2007: 7). Nachdem er sich als Flüchtling im eigenen Land über vier Jahre lang versteckt gehalten hatte, wurde er 2005 nach Den Haag ausgeliefert. Der heldenhafte Status, den Gotovina in der Bevölkerung genießt, sowie der weitverbreitete Unmut über seine Anklage in Den Haag, wurden in ganz Kroatien, vor allem aber in seiner Geburtsstadt Zadar und im Süden des Landes, durch Billboards und Graffitis öffentlich gemacht. Diese verweisen darauf, dass Gotovina »ein Held, kein Verbrecher« [Heroj ne Zločinac] sei. Darüber hinaus werden in ganz Kroatien verschiedenste Merchandising-Artikel, vom T-Shirt bis zum Kaffeebecher, angeboten, die den General in seiner Heldenhaftigkeit »labeln« und seine Unschuld beteuern (Abb. 3).

9 | Kurz darauf erläuterte am 13. 10. 2000 das kroatische Parlament seinen Standpunkt in Bezug auf die Kriege Anfang der 1990er Jahre. Dabei ging es darum, den Internationalen Strafgerichtshof für das ehemalige Jugoslawien in Den Haag über die Kriegsverbrechen aufzuklären. Diese Deklaration war der Versuch, eine offizielle Version von der Vergangenheit zu schaffen, welche die öffentlichen Polemiken und politischen Spannungen über die 1990er-Kriege stoppen sollte (Koren 2011: 130 f.).

Im Bemühen, die Unschuld ihrer Generäle und Soldaten zu behaupten, spiegelt sich auch die Angst der Bevölkerung wider, einen eigenen Standpunkt zu definieren, der sie mit den Kriegsgeschehnissen in Zusammenhang bringt. »Moreover, people perceived this indictment not as an indictement of Gotovina, but of Croatia as such«, so Tomislav Pletenac dazu (Pletenac 2014: 113). In Den Haag ging es somit nicht nur um die Freisprechung des nationalen Helden, sondern um die Freisprechung der gesamten kroatischen Bevölkerung, um das Versprechen der Unschuld und damit auch die Legitimation des erkämpften Sieges und des propagierten Opferstatus: »People interviewed on the main square and streets of Zagreb stated that they also felt like war criminals. Gotovina became an identification symbol for Croatian citizens« (ebd.). Dementsprechend wurde mit dem Freispruch Gotovinas im Jahr 2012 nicht nur seine Person vom Vorwurf des Kriegsverbrechens enthoben und in den Olymp der Kriegshelden aufgenommen, sondern die ganze kroatische Nation vom Zweifel an der eigenen Unschuld befreit. Die landesweit erscheinende kroatische Tageszeitung *Večernji list* gab kurz nach dem offiziellen Freispruch am 15.4.2011 eine Sonderausgabe über Ante Gotovina heraus. Die Ausgabe enthielt Aufkleber, die Ante Gotovina im Profil zeigten und deren grafische Inszenierung an die von Che Guevara erinnert. Hier wird der Eindruck eines Rebellen geschaffen, der ähnlich wie Guevara für die Freiheit des einfachen Volkes kämpfte (Lahrem 2011: 164–172). Im Vordergrund ist ein in Umrissen gezeichnetes Porträt zu sehen, im Hintergrund die kroatischen Nationalfarben. Die Aufkleber mit Gotovinas Gesicht bedeckten schnell in ganz Kroatien Autos, Hauswände, öffentliche Mülleimer et cetera. Die anfängliche Euphorie und die Hoffnung der Gesellschaft auf ihren neuen nationalen Helden und »Befreier« wurde jedoch durch den Entschluss Gotovinas, sich nach dem Freispruch aus der Öffentlichkeit und der Politik zurückzuziehen und sich der Aquakultur in seiner Geburtsstadt zu widmen, schnell wieder enttäuscht (Bogeljić 2015).

Soldaten und ihre Kinder in der künstlerischen Inszenierung

Neben dem V-Zeichen ist das dem Soldaten zur Seite gestellte Kind ein weiteres symbolbehaftetes Motiv, welches die Argumentation des friedfertigen Kämpfers stützen soll. Der Bildhauer Kruno Bošnjak hat im Rahmen der Ausstellung *Akademie der Künste im Krieg* 1992 eine 60 Zentimeter große Statue kreiert, die einen Soldaten zeigt, welcher in der einen Hand ein Kind hält und mit der anderen das V-Zeichen ausführt (Abb. 4). Hier werden zwei Aspekte aufgegriffen: die Kinder als Opfergruppe und die friedliche Absicht des Soldaten, die durch das V-Zeichen symbolisiert wird (Sabo 2017). Der Soldat ist, wie die Skulptur Bobans, unbewaffnet dargestellt. Er kann als Beschützer oder Verteidiger des Landes und seiner Bevölkerung gesehen werden, der die Kinder der jungen Nation sichert. Damit ist gleichzeitig auch der Erhalt der jeweiligen Gesellschaftsordnung gesichert. So werden ähnliche Bilder produziert, wie sie auch schon im Ersten und Zweiten Weltkrieg verbreitet wurden (Müller 2005: 161).

Abb. 4 (links): Kroatischer Soldat [Hrvatski vojnik] von Kruno Bošnjak (1992).
Abb. 5 (rechts): Plakat mit der Aufschrift »Und auch mein Vater ist ein kroatischer Soldat« [I moj je tata hrvatski vojnik].

In der Mitte des Plakats von Ivo Vrtarić, das von der *Operativen Gruppe Posavina* [Operativna grupa Posavina-Novska] in Auftrag gegeben wurde, ist ein Junge in tarnfarbener Uniform vor weißem Hintergrund zu sehen (Senjković 2001: 42) (Abb. 5). Er stellt mit den Fingern das Zeichen des Sieges nach. Auf dem unteren Bildrand ist die Aufschrift »Und auch mein Vater ist ein kroatischer Soldat« [I moj je tata hrvatski vojnik] zu lesen. Der abgebildete Junge präsentiert drei wesentliche ikonografische Attribute des kroatischen Soldaten, die die kroatischen Medien wie Musterbilder präsentierten: die tarnfarbene Uniform, das V-Zeichen und das schwarze Stirnband mit dem kroatischen Wappen. Die besondere motivische Konstellation von Soldat und Kind wird durch die Vater-Sohn-Beziehung verstärkt. Der Sohn wird von seinem Vater mit seinen Pflichten und Aufgaben gegenüber dem Staat vertraut gemacht. Er soll, in der Tradition des Vaters, die Position des Verteidigers einnehmen und auch an seinen Sohn weitergeben. Über solcherart Plakate und Postkarten soll dieses »Erbe« vermittelt und innerhalb sowie auch außerhalb der nationalen Grenzen verbreitet werden.

Auch die Zeitschrift *Gardist,* die 1991 unter der Leitung von Mladen Pavković als kroatisches Kriegsblatt herauskam und wöchentlich kostenlos an Kioske ausgeteilt wurde, scheut sich nicht, mit Kindern beziehungsweise mit der soldatischen Nachkommenschaft auf Postkarten zu werben. Auf einer Postkarte aus dem Jahr 1992 sind zwei mit tarnfarbenen Hosen bekleidete Kinder zu sehen, wobei das eine mit überdimensionierten Armeestiefeln ausgestattet ist und das andere mit einer schwarzen

Abb. 6: Postkarte der Zeitschrift Gardist aus dem Jahr 1992.

Mütze, auf die mehrere Kroatienwappen aufgenäht sind. Der eine Junge legt freundschaftlich den Arm auf die Schulter des anderen, um in dieser lockeren Pose ebenfalls einen Blick in die Zeitschrift *Gardist* zu werfen, welche von dem anderen Jungen schon interessiert beäugt wird (Abb. 6). Die Postkarte bewirbt so zum einen das Blatt selbst, zum anderen zeigt es die Kinder, die sich über den Kriegszustand informieren, um bei Bedarf einmal selbst die eigene Nation mit der Waffe zu verteidigen. Die handgeschriebene Aufschrift »Kroatien ruft euch« [Hrvatska vas zove] und das Bild spricht direkt die männlichen Krieger an und deutet zudem auch auf die frühe Verantwortung derer hin, die noch in den Kinderschuhen stecken.

Ein im Jahr 1991 recht verbreitetes und populäres Kriegsplakat wirbt mit demselben Slogan, um die wehrfähigen Männer mit den Worten »Kroatien ruft Euch« in den Krieg zu locken. In der Gestaltung bedient sich der Autor Vladimir Kostjuk der Fotografie einer Soldatenkolonne der Nationalgarde, die nahe Pakrac im August 1991 aufgenommen wurde. Die wirkungsvolle Parole erinnert an die englische Textvariante von »Your Country Needs You«, die im Ersten Weltkrieg auf einem der bekanntesten und meist publizierten Mobilisierungsplakate der Geschichte prangte und das den britischen Kriegsminister Lord Kitchener mit erhobenem Zeigefinger zeigt. Die aus dem westlichen Europa stammenden Vorläufer wurden neu gestaltet und für eine kroatische männliche Bevölkerungsgruppe angepasst, um zum einen für den Krieg zu werben und zum anderen auf die gut ausgestattete und aktive Armee hinzudeuten.

Der Kampf um die Erinnerung

Nach dem Krieg ist die Vorstellung des heldenhaften Soldaten in der kroatischen Gesellschaft ein präsentes Thema. Davon zeugt auch die Straßenaktion eines unbekannten Aktivisten oder einer Aktivistin beziehungsweise von Gruppen unbekannter Aktivistinnen und Aktivisten. An verschiedenen Orten in Zagreb finden sich Plakate mit der Aufschrift »Wer hat uns unsere Helden gestohlen« [Tko nam je ukrao heroje], wobei auf einem der Plakate drei Optionen aufgezählt sind: a) die Politiker, b) die Medien und c) wir selbst. Hierbei wird an das Nichtvergessen appelliert. Weitere Plakate zeigen personalisierte Soldaten, die mit der Bezeichnung Held regelrecht gelabelt werden. Die Art der Gestaltung erinnert an Stempelaufdrucke sowie Werbeplakate, die mit diesen Ästhetiken spielen. Die abgebildeten Soldaten werden aus der Masse von Soldaten hervorgehoben und zu Personen mit eigener Heldengeschichte gemacht. Ein kurzer Text soll an ihre Taten während des Krieges erinnern, so wie die Geschichte von Jean Michel Nicolier, unter dessen Porträt steht: »Ich bin als Freiwilliger nach Vukovar gekommen. Das war meine Entscheidung, im Guten wie auch im Schlechten. Warum als Freiwilliger? Weil ich denke, dass sie Hilfe gebraucht haben. Deswegen habe ich ihre Seite gewählt.«[10] Auch an Marko Babić wird mit einem kurzen Text unter seinem Abbild erinnert: »Die Kameraden haben sich gewundert, dass er gegenüber den Feinden keinen Hass empfunden hat, obwohl sie seine Eltern noch am 14. September 1991 aus Vukovar herausgeführt und in dem nahen Dorf Bogota getötet haben.«[11] Ante Šarić wird als einziger mit seinem Alter (17 Jahre) aufgeführt. Er ist verblutet, so der Text, »[…], nachdem er drei Tage im Maisfeld gelegen und auf Hilfe gewartet hat, weil er seinen Kollegen, der von derselben Miene getroffen wurde, nicht zurücklassen wollte«[12] (Abb. 7).

Neben dieser Aktion sollen weitere zahlreiche visuelle künstlerische Arbeiten dabei helfen, die Vorstellung von den heldenhaften Taten der kroatischen Soldaten zu bewahren. Zusammen schaffen sie einen kanonischen Erinnerungsrahmen des friedfertigen und aufopferungswilligen Soldaten, der die Grenzen des Landes verteidigte und die okkupierten Regionen für »das kroatische Volk« zurückgewann. Damit oszilliert das kroatische Selbstverständnis zwischen der Idee des Friedens und der Idee des Sieges, welches sich im visuellen Motiv des V-Zeichens ausdrückt. Es ist die symbolische Ausformulierung dieser medial übertragenen und immer wieder publizierten Selbstwahrnehmung des kroatischen Staates. Ein Großteil der künstlerischen Arbeiten protegieren, insbesondere in den frühen 1990er Jahren, die Idee der friedfertigen Nation und betten diese Botschaft in ihre visuellen und inhaltlichen Narrative ein.

10 | »Ja sam kao dragovoljac došao u Vukovar. To je moj izbor, i u dobru i u zlu. Zašt kao dragovoljac? Jer mislim da im treba pomoći. Zbog toga sam izabrao njihovu stranu.«

11 | »Suborci kazaju kako ih se dojmilo da nije prema neprijatelju iskazivao mržnju, makar su njegovi roditelji još 14. rujna 1991. Godine odvedeni iz Vukovara i ubijeni u obližnjem selu Bobota.«

12 | »Preminuo od iskrvarenja nakon što je tri dana ležao u kukurište čekajući pomoć jer nije htio napustiti suborce stradale od iste mine.«

Abb. 7: Straßenplakate »Wer hat uns unsere Helden gestohlen« [Ko nam je ukrao Heroje] 2015 in Zagreb (Foto: B. Becić).

Conclusio

Anfang der 2000er Jahre kristallisierte sich der jüngste Krieg als wesentlicher Faktor für das Generieren von nationalen Identitäten heraus. Ab diesem Zeitpunkt etablierte sich der heldenhafte Soldat als ein Marker des Nationalen, der über verschiedenste visuelle Medien verbreitet wird.

Das visuelle Stereotyp, welches im Zusammenhang mit der Darstellung von Soldaten dominiert, ist das Motiv des V-Zeichens. In diesem Zeichen spiegelt sich in zweierlei Hinsicht das Selbstverständnis des jungen kroatischen Staates wider: Zum einen soll über das V-Zeichen als Peace-Zeichen der Wunsch nach Frieden und Ausstieg aus der jugoslawischen Staatengemeinschaft und damit die Anerkennung der Staatsautonomie vermittelt werden. Zum anderen soll es die siegreiche Nation beziehungsweise stellvertretend den siegreichen Soldaten repräsentieren, welcher mit dem Victory-Zeichen die erfolgreiche Verteidigung und Rückeroberung der okkupierten Landstriche demonstriert. Dieses Paradoxon führt dazu, dass die künstlerischen Arbeiten verschiedene Inszenierungsformen zeigen, die zwischen diesen beiden Polen (Peace- und Victory-Zeichen) oszillieren.

In den frühen 1990er Jahren ist vor allem das stilistische Modell der Friedensbekundung und der damit einhergehenden Selbstviktimisierung für die Selbstdarstellung des Landes in der Kunst charakteristisch, welche in enger Verbindung mit der politischen Haltung Franjo Tuđmans steht. Das Narrativ des Opferstatus impliziert, dass Kroatien eine ausschließlich verteidigende Haltung gegenüber dem Einmarsch der jugoslawischen nationalen Armee eingenommen hat. Die Darstellung des gewaltlosen Soldaten wird zum Programm. Anhand von künstlerischen Arbeiten wird diese Botschaft weitergetragen und der Eindruck der friedfertigen Nation gestärkt. So soll nicht nur der nationalen, sondern vor allem auch der internationalen Öffentlichkeit die Friedensabsicht und Gewaltlosigkeit der kroatischen Nation vermittelt werden. Damit steht die Gemeinschaft vor einem Paradoxon, denn heroisches Handeln, welches auch das Töten anderer (der Feinde) einbezieht, kann dem Betrachter oder der Betrachterin nicht sichtbar gemacht werden, vor allem wenn die gesamtpolitische Botschaft der angegriffenen Nation bewahrt werden soll.

Zitierte Literatur

Assman, Aleida (1999): Erinnerungsräume. Formen und Wandlungen des kulturellen Gedächtnisses. München.

Bogeljić, Rozeta (2015): Gotovina: Heroj i ribar ili general Biznismen [Gotovina: Held oder Fischer oder General Businessman], https://www.express.hr/top-news/gotovina-heroj-i-ribar-ili-general-biznismen-629 (letzter Zugriff: 30. 5. 2017).

BritishBattles.com: Battle of Agincourt: http://www.britishbattles.com/100-years-war/agincourt.htm (letzter Zugriff: 31. 5. 2015).

Čipek, Tihomir (2012): Founding Myth and Political Order. Vortrag am Institut für Wissenschaft und Menschenrechte (IWM), 27.3.2012. Wien.

Čutura, Dinko (2009): Heroji ne umiru. Spomenica poginulim braniteljima domovinskog rata [Helden sterben nicht. Denkmal für die gefallenen Soldaten des Heimatkrieges]. Zagreb.

Đerić, Gordana (2009): The Semantics of Silence, Violence and Social Memory: The Storm in the Croatian and Serbian Press. In: Kolsto, Pal (Hg.): Media Discourse and the Yugoslav Conflicts. Representations of Self and Other. Ashgate 2009, S. 195–215.

Feldman, Lade Čale/Senjković, Reana/Prica, Ines (1992): Poetika Otpora [Poetik des Widerstandes]. In: Narodna Umjetnost 29, S. 45–107.

Internet Archive: Wayback Machine: The V-Sign: The Japanese Version (the sign of peace), http://web.archive.org/web/20080621122852/http://www.icons.org.uk/theicons/collection/the-v-sign/a-harvey-smith-to-you/the-asian-v-sign-in-progress (letzter Zugriff: 31.5.2017).

Koren, Snježana (2011): Korisna prošlost u kulturi sjećanja [Nützliche Vergangenheit in der Erinnerungskultur]. In: Čipek, Tihomir (Hg.): Povijesni lomovi i svladavanje prošlosti [Geschichtliche Brüche und das Bewältigen der Vergangenheit]. Zagreb, S. 123–156.

Lahrem, Stephan (2011): Che. Eine globale Protestikone des 20. Jahrhunderts. In: Paul, Gerhard: Bilder, die Geschichte schrieben 1900 bis heute. Göttingen, S. 164–172.

Leutloff-Grandits, Carolin (2005): Claiming Ownership in Postwar Croatia: The Dynamcis of Property Relations and Ethnic Conflict in the Knin Region. Halle-Wittenberg.

Ljubojević, Ana (2016): Speak up, Write out: Language and Populism in Croatia. In: Hancock, Landon E. (Hg.): Narratives of Identity in Social Movements, Conflicts and Change. Bingley, S. 29–57.

Massey University: Just the Answer, http://www.massey.ac.nz/~wwpubafs/magazine/2002_Nov/stories/questions.html (letzter Zugriff: 14.4.2015).

Nora, Pierre (1990): Zwischen Geschichte und Gedächtnis. Berlin.

Pavičić, Jurica (2006): Maneken domovine [Das Model der Nation], http://www.jutarnji.hr/arhiva/maneken-domovine/3351953/ (letzter Zugriff 5.8.2017).

Pavlaković, Vjeran (2009): From Conflict to Commemoration: Serb-Croat Relations and the Anniversaries of Operation Storm, https://www.academia.edu/855537/From_Conflict_to_Commemoration_Serb-Croat_Relations_and_the_Anniversaries_of_Operation_Storm (letzter Zugriff: 2.5.2013).

Pletenac, Tomislav (2014): From Conviction to Heroism. The Case of a Croatian War General. In: Traditiones 43, 1, S. 111–123.

Prica, Ines (1992): Grada o obicnom životu u ratu [Über das einfache Leben in der Stadt während des Krieges]. In: Narodna Umjetnost 19, S. 81–105.

Rajć, Suzana/Nikolić, Kosta/Jovanović Nebojša (2004): Istorija za 8 razred osnovne škole [Geschichte für die 8. Grundschulklasse]. Belgrad.

Reljanović, Marijo (2010): Hrvatski Ratni Plakat 1991–1995 [Das kroatische Kriegsplakat 1991–1995]. Ministarstvo obrane Republike Hrvatske. Zagreb.

Renner, Judith (2007): Denting a Heroic Picture. A Narrative Analysis of Collective Identity in Post-War Croatia. Paper presented on the 6th Pan-European International Relations Conference. Turin.

Rhodes, Anthony (1993): Propaganda. Illustrierte Geschichte der Propaganda im 2. Weltkrieg. Stuttgart.

Ricœur, Paul (2004): Memory, History, Forgetting. Chicago.

Sabo, Klaudija (2017): Ikonen der Nationen. Heldendarstellungen im post-sozialistischen Kroatien und Serbien. Berlin 2017.

Schneider, Christian (2009): Wozu Helden? In: Mittelweg 36, 18 Jg., Heft 1, S. 91–102.

Seidenspinner, Wolfgang (1998): Der Mythos vom Sozialbanditen. In: Geschichte in Wissenschaft und Unterricht II. München, Berlin, S. 686–701.

Senjković, Reana (2001): Propaganda, mediji, heroji, mitovi i ratnici [Propaganda, Medien, Helden, Mythen und Soldaten]. In: Polemos. Časopis za interdisciplinarna istraživanje rata i mira/Journal of interdisciplinary Research on War and Peace, Nr. 8, S. 33–79.

Zanić, Ivo (2007): Das politische Imaginarium der kroatischen Nationalgeschichte. In: Dunja Melčić (Hg.): Jugoslawien-Krieg. Wiesbaden, S. 287–295.

Zoran, Nikolić (2007): Tri prsta za pobedu [Drei Finger für den Sieg], http://www.novosti.rs/vesti/naslovna/reportaze/aktuelno.293.html:205681-Tri-prsta-za-pobedu (letzter Zugriff: 16. 5. 2017).

Verzeichnis der Abbildungen

Mehr als nur ein Spiel

Fußball und die Inszenierung nationaler Loyalitäten und Rivalitäten im östlichen Europa

Alexandra Schwell

Einleitung

Fußball ist der populärste Sport Europas und zugleich die am meisten geteilte soziale Praxis. Dabei ist Fußball mehr als nur ein Spiel; er ist stets auch politisch (Schwier/Leggewie 2006). Dieser Beitrag widmet sich der Frage, wie in der hochgradig emotional aufgeladenen Arena des Fußballs Fragen der Zugehörigkeit, der Abgrenzung und der transnationalen Identifikation verhandelt werden. Er fragt danach, wie Fußball im Kontext der Ost-West-Asymmetrie als Vehikel für Othering-Prozesse sowie Selbst- und Fremdidentifikationen genutzt wird. Sportliche Großveranstaltungen wie Welt- oder Europameisterschaften bieten ein hervorragendes Spielfeld für ethnografische Forschungen, da hier auch Personen als Fans erreicht werden – oder erst, zumindest temporär, zu Fans werden –, die sich normalerweise nur am Rande für Fußball interessieren. Vermutlich sind auch genau diesen Fans die Mythen zu verdanken, die sich um Fußball-Großereignisse ranken, wie das deutsche »Sommermärchen 2006« (Götz 2011; Sonntag 2007).

Ausgangspunkt für die vorliegenden Erörterungen ist die Europameisterschaft 2012, die in Polen und der Ukraine ausgetragen wurde – das erste fußballerische Großereignis in Mittelosteuropa. Auch mehr als zehn Jahre nach dem Beitritt von acht postsozialistischen Ländern zur Europäischen Union bestehen weiterhin augenfällige Unterschiede zwischen West und Ost, aber auch innerhalb der alten EU 15, hinsichtlich der Wohlstandsverteilung, der Wirtschaftsstärke, aber auch der politischen Kultur, um nur einige wenige Punkte zu nennen. Die Proteste und der Krieg in der Ukraine, der anstehende Brexit sowie der Anstieg der Rechtspopulismus in Europa verdeutlichen, dass Europäisierung nicht der homogenisierende Modernisierungsprozess ist, von dem Kritiker wie Befürworter lange Zeit ausgingen (Epstein/Jacoby 2014). Die westeuropäischen Mitgliedsstaaten sind keineswegs idealtypische Modelle, zu denen neue Mitglieder und Beitrittskandidaten aufschließen müssen. Letztere sehen sich wiederum mit unterschiedlichen Herausforderungen konfrontiert, die sich aus postsozialistischen und anderen soziokulturellen *Legacies* speisen. Darüber hinaus haben die Wirtschaftskrise sowie die damit zusammenhängende Diskussion über innereuropäische Solidarität und Schulden neue symbolische Kartografien geschaffen und die öffentliche Wahrnehmung von Europas Peripherien verändert. Eine neue beziehungsweise neu konturierte Nord-Süd-Teilung tut sich auf, die ökonomisch wie kulturell wirksam ist und an tradierte Konzepte vom »kulturellen Süden« anknüpft (Eder 2006).

Dabei hat die Nord-Süd-Teilung die »traditionelle« Ost-West-Asymmetrie nicht ersetzt, sondern vielmehr ergänzt. Im Jahr 2012, fast zehn Jahre nach dem Beitritt, ist die Ost-West-Asymmetrie auch während der EURO 2012 höchst lebendig. Sie äußert sich jedoch nicht mehr wie noch vor 20 Jahren in diametral gegenüberliegenden politischen oder Wirtschaftssystemen, sondern sie zeigt sich vor allem in Mikropraktiken des Alltags – und vor allem in Mikropraktiken der Ignoranz und der Stereotypisierung. Diese fungieren als Erklärungsrahmen, die auf tradierten Narrativen beruhen, die der Westen über den Osten und zugleich über sich selbst produziert. Sie rahmen zugleich die Handlungspraktiken, mit deren Hilfe sich Akteure die soziale Welt erschließen.

Auf der Grundlage ethnografischer Feldforschung während der EURO 2012 in Polen fragt dieser Beitrag danach, wie Eigen- und Fremdbilder, nationale Identitäten und Alteritäten praktiziert, performativ inszeniert und zelebriert werden.[1] Er nimmt den Begriff »soziales Ereignis« wörtlich und fragt, was wir sehen, wenn wir Fußball eingebettet in seine sozialen, politischen, ökonomischen, kulturellen und historischen Kontexte betrachten. Im Fokus dieser Ausführungen steht die EURO 2012 in der Stadt Poznań. Der Beitrag fokussiert in einer relationalen Kulturanalyse die Inszenierung der polnischen nationalen Identität entlang der diskursiven Konstruktion und Interaktion mit den ausländischen Fans. Er zeigt, wie »das Andere« wahlweise als »Eigenes« inszeniert oder orientalisiert und balkanisiert wird und wie diese Imaginationen wiederum die Selbstverortung auf der vorgestellten *Mental Map* Europas beeinflussen. Dabei beziehe ich mich auf Gerd Baumanns »Grammars of Identity/Alterity«, um die unterschiedlichen Wege der Selbst- und Fremdinszenierung zu analysieren, die hier beschritten werden: die Grammatiken der Orientalisierung, der Segmentierung und der Vereinnahmung (Baumann 2004). Baumanns Konzept erlaubt es, einen Blick auf die sozialen Kräfte, Machtstrukturen und die Verhandlung kultureller Symbole durch das Prisma des Fußballs zu werfen. Wenn dabei von nationalen

---

1 | Der Text entstammt dem interdisziplinären Forschungsprojekt »FREE – Football Research in an Enlarged Europe: Identity Dynamics, Perception Patterns and Cultural Change in Europe's Most Prominent Form of Popular Culture«, an dem 9 Partner aus 8 Ländern beteiligt waren. FREE wurde im 7. Rahmenprogramm der EU von 2012 bis 2015 gefördert (http://www.free-project.eu). Die zugrundeliegende Feldforschung wurde gemeinsam mit dem FREE-Team in Poznań, Michał Buchowski, Małgorzata Kowalska und ihrem Team von Institut für Ethnologie und Kulturanthropologie der Adam Mickiewicz Universität Poznań, durchgeführt. Eine weitere ethnografische Betrachtung der EURO 2012 findet sich in Burszta u. a. (2012). Der vorliegende Text ist eine gekürzte und überarbeitete Fassung von Schwell (2015).

Stereotypen, Rivalitäten und Loyalitäten die Rede sein wird, bezieht sich dies nicht auf nationale Politik oder nationalistische Bewegungen, sondern auf das, was Michael Billig (1995) mit dem Begriff des »banalen Nationalismus« bezeichnet und was Orvar Löfgren (1989) mit dem Stichwort der »Nationalisierung des Alltagslebens« benennt: das Nationale als kulturelle Praxis, das Praktiken, Strategien und Prozesse der Beheimatung umfasst, die relational organisiert sind.

Loyalitäten und Rivalitäten im Fussball

Kultur- und sozialwissenschaftliche Forschungen haben sich bislang vorwiegend auf Fans von Vereinen und Nationalmannschaften konzentriert.[2] Was aber passiert, wenn das eigene Team gerade nicht spielt oder, weit schlimmer, überhaupt nicht (mehr) im Wettbewerb ist, wurde bislang kaum beachtet. Welche Loyalitäten und Rivalitäten, Abneigungen und Zuneigungen sich hier zeigen, ist ein höchst aufschlussreiches Feld für Kulturanthropologen und -anthropologinnen. Wer für wen ist und wie unterschiedliche soziale Gruppen sich und andere feiern, basiert nicht allein auf individuellen und autonomen Entscheidungen. Şenyuva und Alpan (2015) zeigen, dass mediale Repräsentationen und Narrative eine ebenso wichtige Rolle spielen wie kommerzielle Interessen. Diese Aspekte determinieren in einem hohen Maße, wie Fußball von verschiedenen Akteuren und Akteurinnen wahrgenommen und erfahren wird. So sind Stadien und Fanzonen hochgradig kommerzialisierte Räume, deren Form und Organisation nicht allein von FIFA und UEFA festgelegt werden, sondern auch von multinationalen Unternehmen, die als Sponsoren auftreten. Partizipation an diesem sozialen Ereignis hat zugleich den Preis der bedingungslosen Unterwerfung unter deren Regeln. In diesem Sinn sind die Objekte und Materialitäten der Fußballgroßereignisse selbst Aktanten im Sinne Latours (1993; 2005), die das Verhalten und die Perzeptionen der Fans mit formen (Szogs 2015). Loyalitäten zu einem Verein oder einer Nationalmannschaft wie auch Rivalitäten können sich unter bestimmten Umständen verschieben, in einem anderen Kontext dagegen unverhandelbar sein. Sekundäres oder plurales Fantum ist nichts Zufälliges. Die Unterstützung für einen weit entfernten Verein, der nicht die »eigene« lokale oder nationale Mannschaft repräsentiert, ist nicht willkürlich und basiert auch nicht auf rein individuellen Entscheidungen. Sie erfolgt entlang bestimmter Entwicklungslinien, die historisch und soziokulturell geformt sind und als solche nicht gänzlich individuell gewählt werden. Loyalität/Rivalität kann, wie jede Form der Identifikation, als Handlungsstrategie begriffen werden, die von Fußballfans entsprechend ihres kulturellen Toolkits (Swidler 1986) erfahren und benutzt wird. Es handelt sich vielmehr um Distinktionspraktiken und die Aushandlung von Identitäten in einem spezifischen sozialen Feld (Bourdieu 1994).

2 | Eine unvollständige Liste umfasst beispielsweise Elias/Dunning 1986; Bromberger 1995; Armstrong/Giulianotti 1997; van Houtum/van Dam 2002; Armstrong 2003; Lechner 2007.

Anziehung und Abstoßung im Fußball hängen nicht allein von Erfolgen und Misserfolgen ab. Die Popularität des 1. FC St. Pauli weit über die Stadtgrenzen Hamburgs hinaus hängt sicherlich nicht mit der Spielstärke des Vereins zusammen, sondern hat Gründe, die in der Inszenierung als antirassistisch und antifaschistisch begründet liegen.[3] Anziehung und Abstoßung müssen also nicht notwendigerweise mit dem Fußballspiel im engeren Sinn in Verbindung stehen. Das Feld (praktisch wie im übertragenen Sinne) kann als Stellvertreter für Differenzen fungieren, die mit Sport nichts zu tun haben, jedoch höchst politische Bedeutung erlangen können. Beispiele dafür finden sich auf dem Balkan (Nielsen 2009; Đorđević/Žikić 2016) oder in Ägypten (Montague 2013) sowie der Türkei (Nuhrat 2015) und Israel (Zubida 2016), um nur einige Beispiel zu nennen (Boniface 1998). Loyalitäten und Rivalitäten im Fußball verweisen auf augenfällige oder auch unterbewusste Identifikationsprozesse und Aushandlungen des Eigenen und des Fremden. Anziehung und Abstoßung erweisen sich damit als bedeutungsvolle Praktiken der Identität und Alterität. Wie jedoch Identität und Alterität praktiziert werden und wie Akteure beide Konzepte benutzen, um Bedeutungen zu erzeugen, soll im vorliegenden Kapitel behandelt werden.

Die Grammatiken der Identität/Alterität

Um sich diesen Fragen analytisch zu nähern, bezieht sich der Beitrag im Folgenden auf Gerd Baumanns »Grammatiken der Identität/Alterität«.[4] Baumann beleuchtet kritisch drei spezifische Klassifikationsschemata (Grammatiken) der Identitäts- und Alteritätskonstruktion von Edward Said, E. E. Evans-Pritchard und Louis Dumont und diskutiert sie, um sie anschließend analytisch zu erweitern: die Grammatiken der Orientalisierung, der Segmentierung und der hierarchischen Einschließung. Baumann fasst die Grammatiken wie folgt zusammen: »Orientalizing creates self and other as negative mirror images of each other; segmentation defines self and other according to a sliding scale of inclusions/exclusions; encompassment defines the other by an act of hierarchical subsumption« (Baumann 2004: 47).

Baumann gibt sich allerdings mit der binären und, aus seiner Sicht, vereinfachenden Struktur der drei Grammatiken nicht zufrieden und begibt sich in eine »ternary challenge«. Er argumentiert, jede der drei Grammatiken sei auf ihre Art nicht binär, sondern vielmehr ternär: Sie beinhalteten jeweils eine dritte Person oder soziale Gruppe, auf die sich die beiden Akteursgruppen in der Gleichung beziehen könnten. Die Grammatik der Orientalisierung beruht auf Edward Saids Konzept des Orientalismus (Said 1979). Für Said bezeichnet Orientalismus ein Set diskursiver Praktiken von Intellektuellen, durch die der Westen einen vorgestellten Orient strukturiert, erschafft und damit wiederum sich selbst konstituiert:

3 | Zum 1. FC St. Pauli siehe beispielsweise Schmidt-Lauber (2004).

4 | Zur Begründung des Begriffs der Grammatik siehe Baumann/Gingrich (2004), woraus dieser Text stammt.

»Orientalism can be discussed and analyzed as the corporate institution for dealing with the Orient – dealing with it by making statements about it, authorizing views of it, describing it, by teaching it, settling it, ruling over it: in short, Orientalism as a Western style for dominating, restructuring, and having authority over the Orient« (Said 1979: 3).

Dieser letzte Punkt ist von besonderer Bedeutung für Said, weil der Orientalismus den verfügbaren Interpretationsrahmen des Westens nicht lediglich bereitstellt, sondern damit zugleich auch die Handlungsmacht des Orients selbst begrenzt:

»Moreover, so authoritative a position did Orientalism have that I believe no one writing, thinking, or acting on the Orient could do so without taking account of the limitations on thought and action imposed by Orientalism. In brief, because of Orientalism the Orient was not (and is not) a free subject of thought or action. This is not to say that Orientalism unilaterally determines what can be said about the Orient, but that it is the whole network of interests inevitably brought to bear on (and therefore always involved in) any occasion when that peculiar entity ›the Orient‹ is in question« (Said 1979: 3).

Der Orient erscheint in der Imagination des Westens als exotisch, begehrenswert und geheimnisvoll; zugleich ist er aber auch bedrohlich, fundamental anders und zivilisatorisch rückständig. Diese Konstellation etabliert eine klare Hierarchie und imaginative Geografie. Baumann argumentiert nun, Orientalismus basiere nicht einfach auf einer binären Opposition von gut und schlecht. Vielmehr handle es sich um eine raffiniert gespiegelte Umkehrung: Was an »uns« gut ist, ist bei »ihnen« (noch) schlecht; aber was bei uns schon verbogen und pervertiert ist, ist bei ihnen (noch) aufrecht und echt.

Die Grammatik der Orientalisierung kann einen dritten Akteur beinhalten, wenn beispielsweise Migrantinnen und Migranten der ersten Generation mit dem Finger auf Nachzügler oder Nachzüglerinnen zeigen, die in ihren Augen all die Stereotype erfüllen, die Migranten und Migrantinnen von der Mehrheitsgesellschaft zugeschrieben werden. Um nicht zum Objekt der hegemonialen Zuschreibung zu werden, nehmen die Orientalisierten also selbst eine Orientalisierung vor, um auf diese Weise weniger rückständig und dafür fortschrittlicher und zivilisierter zu erscheinen.

Die Grammatik der Segmentierung *(grammar of segmentation)* unterscheidet Gruppen kontextabhängig in Eigene und Fremde. Baumann bezieht sich hier auf die Forschungen E. E. Evans-Pritchards bei den Nuer im Sudan. Die Nuer sind laut Evans-Pritchard (1968) nach einem segmentären Abstammungssystem organisiert, dessen »ordered anarchy« dafür sorgt, dass je nach Kontext jede Gruppe mit einer anderen zwar auf einer Ebene in Konflikt stehen, zugleich jedoch auf einer höheren Ebene mit derselben Gruppe gegen einen gemeinsamen Gegner eine Allianz schmieden kann. Baumann bezeichnet diese Grammatik mit ihrer pyramidalen Form dann auch als »segmentary grammar of contextual fission and fusion« (Baumann 2004: 22). Unterschiede, die auf einer Ebene existieren, können auf höherer Ebene unwesentlich sein beziehungsweise temporär aufgehoben werden.

So können Fußballfans beim Lokalderby erbitterte Rivalen sein, sich aber auf einer höheren Ebene gegen eine Mannschaft aus einer anderen Region oder einem anderen Land verbünden. Baumann selbst benutzt das Beispiel des Fußballs zur Illustration (Baumann 2004: 22).

Schließlich bedeutet die Grammatik der Einschließung *(grammar of encompassment)*, dass ein Teil einer Gruppe von Anderen in die Gruppe der Eigenen aufgenommen und kooptiert wird. Baumann bezieht diese Grammatik aus den Forschungen von Louis Dumont, der das gesellschaftliche Organisationsprinzip des indischen Kastensystems erforscht hat (Dumont 1980). Bei der Grammatik der Einschließung handelt sich um eine hierarchisierte Inklusion und Vereinnahmung. Beispiele sind für Baumann politische oder religiöse Gruppen, die für sich in Anspruch nehmen, für andere zu sprechen (»wir Christen/Muslime ...«). Die Vereinnahmung einer sozialen Gruppe nach dem Muster der Einschließung schließt implizit oder explizit eine dritte Gruppe aus: Wenn die Mitglieder von Gruppe A wie »wir« sind, womöglich unfreiwillig, dann sind sie per definitionem nicht wie Gruppe B, die damit automatisch in Opposition zu »uns« beiden steht. Baumanns Analysemodell ermöglicht es, einen Blick auf die unterschiedlichen Identitätsformationen und Grenzziehungen sowie die Performativität von Identität und Alterität zu werfen, die in meinem Feld am Werk sind, und dies durch das Prisma des Fußballs.

Mittelosteuropa als Westeuropas »unsicherer Anderer«

Die EURO 2012 wurde als erstes fußballerisches Großereignis überhaupt, das in Mittelosteuropa ausgetragen wurde, schon im Vorfeld von Befürchtungen vonseiten Westeuropas begleitet. Westliche Printmedien, Fernsehsender, Blogs, aber auch Wissenschaftler warnten vor Gewalt, Antisemitismus und Kriminalität in den Gastgeberländern.[5] Insbesondere die britischen Medien taten sich hier unrühmlich hervor,[6] aber auch in Deutschland und Österreich bot sich kaum ein anderes Bild vom Osten. Hier wie dort wurde und wird das Image eines barbarischen, unzivilisierten und rückständigen »Ostens« auch im Fußball gepflegt. Diese Imagination vom »kulturellen Osten« schließt an den Orientalismusbegriff Edward Saids an. Sein Konzept inspirierte die kritische Adaption und Weiterentwicklung in Bezug auf Mittel- und Osteuropa sowie den Balkan als imaginierten Semi-Orient und internen europäischen Anderen.[7] Wie auch Saids Orient benötigt das westliche Bild von Osteuropa keinerlei Dialog, sondern verlässt sich allein auf eine Repräsentation, die darauf abzielt, kulturelle und zivilisatorische Distanz zu schaffen, um den eigenen Fortschritt und Zivi-

5 | Statt vieler siehe Sundermeyer (2012); Blecking (2013).

6 | Die BBC-Dokumentation »Stadiums of Hate« löste eine regelrechte diplomatische Krise zwischen Großbritannien und Polen aus; ausführlich dazu Schwell (2015).

7 | Siehe dazu Bakić-Hayden/Hayden (1992); Wolff (1994); Bakić-Hayden (1995); Moisio (2002); Kuus (2004); Kürti/Skalník (2009).

lisationsgrad zu betonen. Der Diskurs über den »Osten« erweist sich zugleich als so autoritativ, dass jeder Bezug auf den Osten quasi automatisch einen Referenzrahmen mitliefert. Dies erschafft eine wirkmächtige imaginative Geografie, der nur schwer zu entkommen ist. Symbolische Geografie, die Wahrnehmungen und Praktiken in und aus der Region ignoriert, ist ein wichtiges Merkmal des kulturellen Ostens, und er ist damit dem Orientalismus nicht unähnlich. Für den EURO-Gastgeber Polen stellt sich insbesondere die Frage nach der Selbstverortung auf der *Mental Map* Europas, und dies angesichts der Praxis, dass westliche Narrative in das östliche Selbstbild, in einer Art Selbst-Orientalisierung, inkorporiert werden. Polen deklariert zwar zum Zeitpunkt der EURO offensiv seine Zugehörigkeit zum Westen, wird dabei aber von Westeuropa als »östlicher Anderer« etikettiert. Polen befindet sich entsprechend, wie es Merje Kuus (2004) formuliert, in einem liminalen Zwischenraum.

Vor diesem Hintergrund werden die nächsten beiden Abschnitte die Relationen von Gastgebern und ausländischen Fans genauer unter die Lupe nehmen. Die Stadt Poznań fungierte als Gastgeberin für die Mannschaften Kroatiens, Irlands und Italiens, was sie, wie Einheimische ironisch bemerkten, zur »katholischen Hauptstadt des Fußballs« machte. Während meines Aufenthalts in Poznań waren das italienische Team und seine Fans noch nicht eingetroffen; entsprechend beschränkt sich der Beitrag auf die Relation der lokalen Bevölkerung und Presse zu den kroatischen und irischen Fans. Es wird deutlich, dass die Fans beider Länder in der öffentlichen Meinung nicht auf gleiche Weise wahrgenommen werden und deshalb auch die Relation auf unterschiedliche Weise hergestellt wird. Die Differenz erklärt sich aus unterschiedlichen soziopolitischen, kulturellen und historischen Beziehungen und den daraus folgenden Aushandlungen von Eigenem und Fremdem sowie der spezifischen Dialektik von Anziehung und Abstoßung auf der *Mental Map* Europas.

Die kroatischen Fans

Zunächst einmal unterschieden sich die kroatischen und irischen Fans für die ethnografischen Beobachter und Beobachterinnen ganz offensichtlich im Hinblick auf ihre sozialstrukturellen Merkmale. Zahlreiche verschiedene »spectator identities« tummelten sich in der Stadt Poznań: *supporters, followers, fans* und *flâneurs* (Giulianotti 2002). Weder Iren noch Kroaten konnten tatsächlich als homogen beschrieben werden, bestimmte Tendenzen waren jedoch durchaus zu erkennen. In der kroatischen Fangruppe dominierten junge Männer im Alter zwischen 20 und 30 Jahren. Nur wenige Frauen mit kroatischem Trikot oder anderen Fanaccessoires wurden gesichtet. Für die meisten Kroaten schien die EURO 2012 keinen wirklichen qualitativen Unterschied zu anderen Auswärtsspielen zu machen. Die kroatischen Fans ähnelten entsprechend eher Ultras oder Hooligans beim Auswärtsspiel.

Die Berichterstattung in der polnischen Presse, aber auch die Narrative in informellen Gesprächen wurden in weiten Teilen von einer Art dunklen Seite des kroatischen Stereotyps gerahmt. Dieses ist eng verwandt mit dem Bild vom »wilden Balkan«, das den Balkan in einer Weise als wild, barbarisch und fundamental anders als eine imaginierte westliche Zivilisation darstellt, die der westlichen Repräsentation von Osteuropa und Russland nicht unähnlich ist.[8] Allerdings ist Balkanismus, wie Maria Todorova meint, nicht einfach eine Spielart des Orientalismus: »Unlike orientalism, which is a discourse about an imputed opposition, balkanism is a discourse about an imputed ambiguity« (Todorova 1997: 17). Sie ist der Ansicht, es gebe keine weibliche Version des Balkanismus, da der Diskurs über den Balkan, im Unterschied zum feminisierten Orient, »singularly male« sei (Todorova 1997: 15). Aber zunächst ins Feld:

»Wir befinden uns in meiner Lieblings-Spaghetti-Bar in Poznań. Am Nachbartisch sitzen zwei Kroaten, etwa Anfang 20, und flirten mit zwei polnischen Mädchen, die vielleicht 18 Jahre alt sind. Die Kroaten radebrechen auf Polnisch und kokettieren mit ihren mangelnden Sprachkenntnissen. Zugleich machen sie den Mädchen Komplimente und schmeißen sich gewaltig ran. Die Performance der Kroaten ist die der heißblütigen Südländer. Sie kultivieren ihr *Latin-Lover*-Image, und das kommt bei den polnischen Mädchen ziemlich gut an« (Feldnotizen, 8. 6. 2012).

Kroatische *Latin Lovers* zusammen mit kichernden polnischen Mädchen, die sich ganz offensichtlich vom Interesse der Kroaten geschmeichelt fühlten, konnte ich nicht nur in der Spaghetti-Bar, sondern an vielen Orten in Poznań beobachten. Viele kroatische Fans kultivierten eine maskuline heterosexuelle Inszenierung, die ganz explizit nicht nur auf Merkmale von Maskulinität und männlicher Fußballfankultur setzte (Sülzle 2005), sondern sie verbanden dies mit einer spezifischen sexuellen Konnotation, die sich explizit an die polnischen Frauen richtete. Diese Selbstrepräsentation, ihre Erzählung und Aushandlung, und nicht so sehr der Fußball selbst, waren es, die als Basis für die Verständigung mit polnischen männlichen Fans fungierten, wie der nächste Ausschnitt aus den Feldnotizen verdeutlicht:

»Deutschland gegen Portugal. Wir sind in *Stajenka Pegaza,* einer kleinen Kneipe etwas außerhalb des Stadtzentrums. *Stajenka Pegaza* hat einen Beamer und einen netten Außenbereich. Mein Partner, mein dreijähriger Sohn und ich setzen uns an einen der ruhigeren Tische im hinteren Teil des Biergartens. Die Zuschauer sind eher ruhig, und zu meiner Überraschung sind nicht alle für Portugal; Cristiano Ronaldo mobilisiert sogar die Polen für den ungeliebten Nachbar Deutschland. Das Match hat schon begonnen, als drei Kroaten sich auf die Bank zu unserer Linken setzen. Sie schauen sich um; sie sind ganz eindeutig auf der Suche nach neuen Bekanntschaften. Allerdings sind wir, das Paar mit Kind zu ihrer Rechten, nicht das, wonach sie gesucht haben, also ignorieren sie uns. Direkt vor den Kroaten sitzen drei Polen, die gespannt dem Match folgen. Um Kontakt aufzunehmen, tippt einer der Kroaten dem Polen vor sich auf die Schulter. Anfangs reagieren die Polen eher abweisend; sie wollen ganz offensichtlich lieber das Spiel schauen. Desinteressiert und kurz angebunden, allerdings nicht unfreundlich, beantworten sie die Fragen und drehen den Kroaten dann wieder den Rücken zu. Aber so schnell geben die Kroaten nicht auf. Sie sind auch

8 | Siehe dazu Bakić-Hayden/Hayden (1992); Todorova (1997); Močnik (1998); Mungiu-Pippidi (2003); Mishkova (2008).

ziemlich angetrunken: ›Poland is great, we love Poland. Polish women are great!‹ Das funktioniert. Die Polen wenden ihre Aufmerksamkeit nun nach hinten und antworten sinngemäß: ›Ja, ihr habt völlig recht, polnische Frauen sind super, sie sind die schönsten Frauen der Welt!‹ Die Polen geben dann das Kompliment zurück: ›Polish women do love Croats; if you tell them where you come from, you can have them all!‹

Nach den polnischen Frauen lenken die Kroaten das Gespräch auf eher fußballrelevante Themen: Sie zeigen Bilder ihres Vereins Hajduk Split auf ihren Handys. Nach dieser Aufwärmphase sind die Polen nun auch bedeutend zugänglicher und interessierter. Ich kann die Bilder nicht sehen, aber aus dem, was ich höre – Flaggen, Ausrüstung, wer ist wer – schließe ich, dass die Bilder ein männlich dominiertes Heldennarrativ mit der Ikonografie einer Ultra-Gruppe zeigen. Die offensive Selbstrepräsentation der kroatischen Fans scheint offenbar für gleichgesinnte Polen attraktiv zu sein, die ihrerseits wiederum Stereotype in die Konversation einbringen und das Image vom Kroaten als *Macho* und *Latin Lover* bestätigen.« (Feldnotizen, 9. 6. 2012)

An diesem Abend finden Polen und Kroaten durch die gemeinsame Inszenierung ihrer Einstellung gegenüber Frauen zusammen. Jede Gruppe reproduziert performativ ihre Maskulinität. In Baumanns Worten folgen beide Gruppen der Grammatik der Segmentierung: Die kroatischen und die polnischen Männer sind vereint in ihrer Wahrnehmung und Beurteilung der polnischen Frauen. Das heißt allerdings nicht automatisch, dass sie sich auch so benehmen würden wie sie durch ihre Aussagen vorgeben. Was sie sagen und was sie tun, sind zwei unterschiedliche Paar Schuhe. Vielmehr handelt es sich hier um ein Narrativ, eine Selbstglorifizierung als Performance, wie das Leben, aus der Sicht junger polnischer und kroatischer Fußballfans, aussehen sollte – auch wenn die Realität sich vielleicht auf beiden Seiten ganz anders darstellt. Solche Geschichten zu erzählen, ist eine Strategie, bei der ein bestimmtes Bild erschaffen wird, das dazu dient, eine Beziehung mit einem bestimmten Publikum zu etablieren. Entsprechend begeben sich beide an der Interaktion beteiligten Seiten in ein Rollenspiel, das zwar für diese Art von Setting spezifisch ist, aber in einem anderen Setting ganz anders aussehen könnte (Goffman 1990 [1959]).

Die Kategorie der polnischen Frau hängt in dieser Interaktion allein von der männlichen Definition ab und wird als männliches Eigentum ohne Handlungsmacht definiert. Dies verweist auf die dritte Grammatik, die Grammatik der Einschließung *(grammar of encompassment)*. Baumann selbst verweist auf Gender als Beispiel für diese Grammatik: »Seen from below, woman is the opposite of man. Seen from above, that is, the level of man as defining the generic term, woman is but part of mankind« (Baumann 2004: 25). Frauen sind hier keine aktiv teilhabenden Subjekte, sondern werden zu Objekten, die angeeignet werden können. Aus Sicht der Grammatik der Segmentierung *(grammar of segmentation)* betrachtet, ist die Verbindung allerdings prinzipiell nur temporär. Es ist durchaus vorstellbar, dass die diskursive Verbindung zwischen Polen und Kroaten schnell ein Ende findet, sobald die polnischen Fans das Gefühl bekommen, sie müssten »ihre« scheinbar hilflosen polnischen Frauen vor den wilden und brutalen Männern vom Balkan beschützen.

Es ist genau diese orientalisierende Sichtweise auf die kroatischen Fans, die in der öffentlichen Meinung und medialen Berichterstattung dominierte. Die Presse beklagte das Benehmen der kroatischen Fans sowie ihre Aggressivität, auch und besonders im Auftreten gegenüber Frauen. Auch die UEFA hielt mit ihrer Kritik nicht hinter dem Berg; Michel Platini ging so weit, kroatische Fans als »Arschlöcher« zu beschimpfen (Bild 2012a). Interessanterweise sind auch gerade polnische Fans häufig im Ausland genau denselben Etikettierungen und Zuschreibungen ausgesetzt. So zeigen Selmer/Sülzle (2010: 808), wie kroatische und polnische Fans während der EURO 2008 im österreichischen Klagenfurt »were portrayed as being a dangerous and predominantly male out-of-control mass – a clear threat to women in particular«.

Das exotische *Latin-Lover*-Image der kroatischen Fans mochte demnach für gleichgesinnte Polen und Teile der weiblichen Bevölkerung zwar durchaus attraktiv sein, es war allerdings nicht jeder so glücklich mit dem Auftreten der Kroaten. Stellvertretend für die dominierende öffentliche Meinung sei ein polnischer Student der Ethnologie genannt, der mir vor dem Spiel Irland–Kroatien gestand, er hege die tiefe Hoffnung, dass die Kroaten das Spiel gewinnen, »weil sie sonst die ganze Stadt zerstören«. Er sagte weiter, normalerweise unterstützten sich Slawen gegenseitig; sie verlagerten also ihre Loyalität auf eine Gruppe, die als nah und bekannt in Bezug auf ihre Kultur und Sprache wahrgenommen würde. Dies war im vorliegenden Fall jedoch nicht sein vorrangiges Motiv für seine Loyalität zum kroatischen Team. Diese war vielmehr von der tiefen Besorgnis motiviert, dass eine Niederlage die unkontrollierbare Wut der Kroaten entfesseln würde. Stets schwingt hier der implizite Bezug auf die Balkankriege der 1990er Jahre mit: Wir haben gesehen, wozu sie fähig sind, unter ihrer zivilisierten Oberfläche. Für den polnischen Studenten speist sich die Entscheidung, das kroatische Team gegen Irland zu unterstützen, also nicht aus einer irgendwie gearteten pan-slawischen Solidarität, sondern aus gänzlich rationalen Erwägungen, die in tief verwurzelten Stereotypen über den Balkan begründet liegen. Wie vermutlich die meisten Einwohner Poznańs, so unser Eindruck während der Feldforschung aufgrund von Gesprächen mit Einheimischen und medialer Berichterstattung, war auch dieser polnische Student mit dem Herzen eigentlich bei der Mannschaft der Iren.

Es bleibt zu bemerken, dass ein Teil der kroatischen Fans den schlechten Ruf, der ihnen vorauseilte, und damit auch die Grammatik der Orientalisierung, bestätigte. Vor dem Spiel lieferten sich kroatische Fans der Vereine Hajduk Split und Dinamo Zagreb auf dem Stary Rynek [alten Marktplatz] in der Altstadt von Poznań eine Straßenschlacht untereinander und mit der Polizei:

»Croatian fans threw chairs, bottles and flares at Polish riot police in the city of Poznań as they clashed ahead of Sunday's Euro 2012 game between Croatia and Ireland. [...] The spokesman said it began after a clash in one of the bars between intoxicated fans of two rival Croatian teams from Zagreb and Split shortly after 5:00 pm (1500 GMT)« (Eurosport 2012).

Das Match am Abend entschied Kroatien 3 : 1 für sich, was aus der Sicht des polnischen Studierenden vermutlich das Stadtzentrum von Poznań vor der völligen Verwüstung bewahrte.[9]

Die irischen Fans

Scheinbar herrschte also zwischen polnischer Presse und Öffentlichkeit Einigkeit in der eher skeptischen Bewertung der kroatischen Fans. Den irischen Fans dagegen wurde völlig anders begegnet. Hatte die Ablehnung des »Anderen« vom Balkan das zivilisierte, rationale und kontrollierte »Selbst« betont, wurde im Fall der Iren eine Art spirituelle Verwandtschaft konstatiert und der »Andere« aufs Herzlichste willkommen geheißen. Die irischen Fans erwiesen sich als deutlich diversifizierter als die Kroaten. Die meisten waren zwischen 25 und 50 Jahre alt, und die Geschlechterverhältnisse schienen weit ausgewogener als bei den kroatischen Fans. Zahlreiche Frauen im irischen Fan-Outfit wurden gesichtet. Die überwältigende Mehrheit zeichnete sich durch ausgesprochen gute Laune aus und sorgte so für eine offene und freundschaftliche Atmosphäre, die sich schnell auf andere Fans und Passanten übertrug. Der Himmel über Poznań brummte vor Ryan-Air-Flugzeugen, was den Verdacht zulässt, dass viele Iren die EURO 2012 zu einem Ausflug mit der Familie nutzten.

Auch die irische Fanperformance präsentierte sich völlig anders als die kroatische. Die Fans zeigten mit ihrer perfekt durchchoreografierten Inszenierung eine in sich stimmige Nationalisierung des karnevalesken Aspekts von Fußball, der durch gemeinhin als »irisch« konnotierte Objekte unterstützt wurde, wie Kleeblätter, grüne Hüte und orangefarbene Haare oder Perücken.[10] Die irischen Fans in Poznań verkörperten »the clichéd image of colorful Irish supporters abroad in appearance, hedonistic behavior and good humored engagement of ›locals‹« – so das Urteil des Medienwissenschaftlers Free (2007: 488) über irische Fans in Großbritannien, dem man sich anschließen kann. Die EURO 2012 war entsprechend kein Sonderfall, sondern eine von vielen Bühnen für den Auftritt der irischen Fans, die dasselbe Stück in ähnlicher Besetzung auch schon bei anderen Gelegenheiten aufgeführt hatten. Zum Auftritt gehörten auch innovative Fangesänge, die auf (umgedichteten) Pop- oder Folksongs

9 | In der Tat lässt sich zeigen, dass Fußball und Gewalt, darunter auch häusliche Gewalt, positiv korrelieren: »[...] studies have suggested that testosterone levels increase in individuals when watching football matches, a chemical associated with an upsurge in aggression« (Kirby u. a. 2014: 262). Die Studie konstatiert: »although incidents *increased* when the team won or drew (26 percent), this finding intensified when the England team lost and exited the competition (38 percent)« (Kirby u. a. 2014: 270). Die Autoren kommen zu dem Schluss: »Although it is difficult to say the tournament is a causal factor, the prestigious tournament does concentrate the risk factors into a short and volatile period, thereby intensifying the concepts of masculinity, rivalry, and aggression« (Kirby u. a. 2014: 271).

10 | Zum Zusammenhang von Fußball und Karneval siehe beispielsweise Giulianotti (1995); Pearson (2012); Sonntag (2014).

Abb. 1 (oben): Kroatische Fans auf dem Stary Rynek in Poznań
Abb. 2 (Mitte): Irische und polnische Fans auf dem Stary Rynek in Poznań mit polnischem Banner
Abb. 3 (unten): Irische Flagge mit adaptiertem Sprichwort in einem Biergarten auf dem Stary Rynek in Poznań (alle Fotos: Alexandra Schwell)

beruhten, und Sprechgesänge, die häufig den Trainer lobpreisten: »Trappatoni – once he was Italian, now he is Irish!« oder »In Trap we trust!« Die irischen Fans bezeichneten sich selbst entsprechend als »Trap's Army« (The42.ie 2012b). Eine besondere Erwähnung verdient die Intonation der Folkballade »The Fields of Athenry«, den die irischen Fans aus Anlass des 0:4 gegen Spanien, das zugleich das Ausscheiden aus dem Turnier markierte, anstimmten. Zahlreiche Videos auf Youtube und anderen Online-Videoportalen tragen zur Perpetuierung und (Selbst-)Zelebrierung des irischen Images bei.[11] Auch hier zeigt sich, dass es im Fußball beileibe nicht allein um Fußball geht. Die irischen Fans nutzten vielmehr ihren Auftritt und ihre Inszenierung als Vehikel, um Botschaften zu verbreiten, die nicht per se auf Fußball bezogen sind. So wurden auf äußerst gut gelaunte und auch humoristische Weise politische und Wirtschaftsthemen von den Iren in die EURO 2012 getragen. Irische Fans skandierten »Merkel thinks we're working!« auf dem Marktplatz der Altstadt (Myerelkin 2012) oder ließen sich mit einem großen Transparent fotografieren, auf dem »Angela Merkel thinks we're at work« stand. Die Website *TheScore.ie* interviewte die Fans mit dem Banner, die ihre Aktion folgendermaßen kommentierten: »We were going to put ›Enda Kenny [den irischen Premierminister] thinks we're at work,‹ but then we said we might as well put the woman who pays the bills on the front of the flag« (The42.ie 2012b). Das Transparent wurde später zu karitativen Zwecken versteigert (The42.ie 2012a). Die EURO 2012 wurde so unerwartet zum Austragungsort von Diskussionen über die Wirtschaftskrise, und damit dienten der Fußball, und vor allem die karnevalesken Möglichkeiten, die Fußball bietet, als Ventil für die Wut und Unzufriedenheit der irischen Gäste. Dieses durchwegs positive irische Image, die Selbstinszenierung der irischen Fans sowie die mediale Berichterstattung trugen zu diesem »irischen Mythos« bei. In der Tat waren die Iren allerorten die beliebtesten Fans der EURO 2012, wenn man den Medien Glauben schenken mag. So schrieb die *Bild-Zeitung* gewohnt feinfühlig: »Irland hat das schlechteste Team – aber mit Abstand die besten Fans!« (Bild 2012b). Die UEFA verlieh den irischen Fans sogar einen eigens geschaffenen Preis »for their exemplary behaviour at UEFA EURO 2012 this summer« (UEFA 2012).

Im Fall von Polen kam jedoch noch ein besonderes Moment hinzu. Während der Feldforschung hatten die meisten Polinnen und Polen, mit denen meine Poznańer Kollegen und ich sprachen, deutliche Sympathien für Irland und die Iren an den Tag

---

11 | Diese Handlungen gewinnen ihre Relevanz nicht allein aus dem Hier und Jetzt, sondern vor allem in dem Moment, in dem das Bild oder Video über die sozialen Medien weiterverbreitet wird (McManus 2016). Dieses »Einfrieren« schafft eine Relevanz, die den eigentlichen Kontext transzendiert.

Sponsor Centrum Kultury Zamek w Poznaniu

TOI
TOI

Irys - Polak dwa bratanki
i do pilki
i do szklanki!

gelegt. Viele von ihnen hatten zuvor als Arbeitsmigrantinnen und -migranten in Irland gearbeitet, kannten das Land entsprechend gut und verbanden positive Erinnerungen damit (Dundon u.a. 2007; Krings u.a. 2009). Zudem verbindet beide Länder das Image des ewigen Underdogs. Entsprechend identifizieren sich viele Polen nicht nur aufgrund persönlicher Bekanntschaft mit Irland, sondern sie sehen darüber hinaus viele Gemeinsamkeiten und begreifen Irland als eine Art westlichen Zwilling, als verbinde sie eine Art von Seelenverwandtschaft mit diesem anderen seltsam katholischen Land am anderen Ende der Europäischen Union.

Diese Sichtweise war beileibe keine Einbahnstraße. Auch die Iren betonten die Ähnlichkeit zwischen Irland und Polen und zogen Vergleiche zwischen beiden Ländern, wie die Forschungen meiner polnischen Kollegenschaft zeigten. Die irischen Fans verglichen beispielsweise Englands Rolle als Unterdrücker und Kolonialmacht in Irland mit der unrühmlichen Rolle, die Deutschland und Russland in der polnischen Geschichte gespielt hatten, und sie betonten die Parallelen von Unterdrückung und Aufständen in beiden Ländern. Viele irische Fans schienen sich beträchtliches Wissen über das Gastland angelesen zu haben und waren eifrig darauf bedacht, dieses auch mit der lokalen Bevölkerung zu diskutieren. Diese imaginierte Beziehung und spirituelle Verwandtschaft wurde immer wieder betont und hochgehalten. In einem Pub in Poznań fand ich eine Referenz auf ein mittelalterliches Sprichwort, das sich ursprünglich auf die polnisch-ungarische Freundschaft bezog: »Polak, Węgier – dwa bratanki, i do szabli, i do szklanki, oba zuchy, oba żwawi, niech im Pan Bóg błogosławi.« Übersetzt ins Deutsche heißt dies etwa: »Pole, Ungar zwei Brüderlein, wie im Kampf, so beim Trinken, beide wacker, beide lebhaft, möge Gottes Segen mit ihnen sein.« Dieses Sprichwort fand sich in adaptierter Form auf eine irische Flagge gedruckt im Biergarten eines Pubs in der Poznańer Altstadt wieder: »Irys – Polak, dwa bratanki, i do piłki i do szklanki.« [Ire, Pole, zwei Brüderlein, wie beim Fußball so beim Trinken.]. Es erübrigt sich zu erwähnen, dass keine derartige Referenz auf die Kroaten im Stadtbild zu finden war.

Die Bevölkerung der Stadt Poznań zeigte sich auch im Nachhinein begeistert von den irischen Fans, wie zahlreiche Youtube-Videos dokumentieren. Die Videos tragen Titel wie »Thank you, Ireland!« (KontraTV 2012) oder »Euro 2012 – Poznań thanks the Irish!« (Linukz 2012), und sowohl Polinnen und Polen als auch Irinnen und Iren nutzten die Kommentarspalten extensiv, um die polnisch-irische Seelenverwandtschaft zu zelebrieren. Der von der Stadt Poznań eigens beauftragte Blogger, ein Brite namens Paul, schrieb über die Iren: »I've really never seen a friendlier, more positively boisterous set of supporters in my life. You'd think they'd won the tournament the way they were at it« (Poznan 2012). Und der damalige Bürgermeister Ryszard Grobelny sponserte nicht allein mehrere Plakatwände in Dublin, die den »Kings of the Craic« huldigten (The Journal.ie 2012), sondern flog sogar selbst nach Dublin, um sich persönlich bei der »Green Army« zu bedanken, und zwar »for their exceptional behaviour during Euro 2012 […]. ›We were delighted with the Irish fans. The atmosphere was great and there was a feeling of something missing when the Irish left‹, Poznan city spokesman Damean Zalewske [sic] told the Independent« (Kelly 2012).

Kollektive Identitäten basieren in weiten Teilen auf Vergleichen und Grenzziehungen zwischen dem Eigenen und dem Fremden. Ein Vergleich muss dabei nicht automatisch ein Gefühl der Überlegenheit gegenüber den »Anderen« beinhalten, sondern kann auch Bewunderung und den Wunsch nach Zugehörigkeit bedeuten: Wenn »sie« so sind wie »wir«, dann zählt jede öffentliche Bewunderung und jeder Applaus, den sie erhalten, auch für uns. An diesem Punkt kommt die Grammatik der Einschließung ins Spiel. Wenn wir die polnische Loyalität und Begeisterung für die Iren genauer betrachten, zeigt sich, dass sowohl die Beziehung als auch die Anziehung reziprok sind: Die Polen hatten das Gefühl, von ihren Gästen gemocht und wertgeschätzt zu werden. Die Gäste schienen keine Vorurteile zu haben, sondern zeigten sich vielmehr offen und neugierig. Aber nicht nur identifizierten sich die Polen mit den Iren, sondern auch die irischen Fans zogen Vergleiche zwischen irischer und polnischer Geschichte bis in die Gegenwart – dass Polen von der britischen Presse herablassend behandelt und als barbarisch und gefährlich dargestellt wurde, rief die Solidarität der Iren auf den Plan. Beide sahen sich in der Ablehnung Englands vereint, das damit zum dritten Akteur in der Gleichung wird.

Die Kroaten dagegen werden nach dem Muster der Grammatik der Orientalisierung in Beziehung gesetzt. Sie wurden als Invasoren und Barbaren wahrgenommen, die anscheinend ausschließlich zu dem Zweck angereist waren zu plündern, zu brandschatzen und zu erobern – nicht zuletzt die örtlichen Frauen. Beim Versuch, auch mal etwas Nettes über die Kroaten zu schreiben, stellte Paul, der Blogger der Stadt Poznań, fest:

»When the teams were drawn for Poznań, Croatia was the X factor in so much as no one was really sure how many of their fans would turn up. We shouldn't have doubted them. Although not quite as numerous as the Irish, the Croats have made quite a splash here with their colour, noise and Balkan style« (Poznan 2012).

Und auch die irischen Fans wussten nicht so recht, wie sie den Kroaten begegnen sollten. Declan Pierce, ein irischer Fan, erinnert sich: »The atmosphere was serious craic. The Croatian fans were singing these particularly aggressive heavy chants and we tried to sing back the usual stuff but got shouted down« (The42.ie 2012b). Die öffentlichen Diskurse in Polen wie auch in weiten Teilen Westeuropas orientieren sich an einem hegemonialen Narrativ, indem sie die kroatischen Fans orientalisieren und balkanisieren; auf diese Weise distanzieren sie sich zugleich von ihnen und stellen sich selbst als »westlicher« dar. Dies erinnert an Baumanns Konzept der dreifachen Stufung der Grammatik der Orientalisierung. Die polnische Bevölkerung, die selbst Objekt der Orientalisierung ist, setzt sich dezidiert von den Kroaten ab. Indem die Polen die als negativ konnotierten Eigenschaften der Kroaten hervorheben, relativieren sie zugleich ihr eigenes Image als »östlicher Anderer«. Dabei müssen die Kroaten nicht einmal ein Teil der Gleichung sein. Wenn die irische »friendly invasion« (Kelly 2012) und die besondere Beziehung zwischen Polen und Iren immer und immer wieder betont werden, ist das ein klares Signal.

Schluss: Fussball als soziales Ereignis

Fußballerische Großereignisse verdeutlichen, dass es beim Fußball bei Weitem nicht nur um Fußball geht. Und um Fußball ging es in diesem Text auch nur am Rande. Ziel dieses Beitrags war es nicht, einen möglichst genauen Bericht der EURO 2012 in Poznań zu präsentieren, sondern zu untersuchen, auf welche Weise nationale Identitäten und Alteritäten auf dem Feld dieses Fußball-Großereignisses praktiziert, performativ inszeniert und zelebriert werden. Baumanns Grammatiken der Identität/Alterität haben sich dabei als hilfreich erwiesen, ein solch komplexes und vielschichtiges Phänomen zu analysieren, denn sie erlauben es, mehr als eine Version der Wirklichkeit zu erfassen. Auch wenn der Verweis auf Begriffe wie »Grammatik« und »Struktur« einen streng strukturalistisch orientierten Ansatz vermuten lässt, lässt er doch Handlungsmacht und eine praxeologische Perspektive durchaus zu. Dichotomien haben vielfältige Zwecke: Sie dienen als Idealtypen im Weber'schen Sinn, als Verkaufsargumente für die Medien und als Wegmarken, die von Akteuren zur Orientierung benutzt werden. Den Praxistest des Alltags werden klar abgegrenzte Dichotomien allerdings nicht bestehen: Sie sind zu begrenzt und können die Komplexität der sozialen Welt nicht abbilden. Sie schränken Akteure ein.

Die Tatsache, dass eine Europa- oder Weltmeisterschaft eine Nationalisierung der Fangruppen fast zwangsläufig mit sich bringt, zieht auch Nationalisierung von Loyalitäten und Rivalitäten sowie entsprechende Aushandlungen von Zugehörigkeit und Abneigung nach sich. Was das Nationale ist, das zeigt sich, ist Gegenstand permanenter Aushandlung. Wen ich orientalisiere, mit wem ich mich zusammentue, wen ich kooptiere und wer jeweils die Dritten sind, die außen vor bleiben, gibt Aufschluss darüber, wo und wie ich mich verorte und wie ich mich und die soziale Welt sehe. Das ist nicht allein eine individuelle Entscheidung und geschieht nicht im luftleeren Raum, sondern ist stets relational und wird von historisch tradiertem und populärkulturell verankertem Wissen gerahmt, das im Bildungsprozess erworben wurde und von Institutionen und insbesondere den Medien getragen wird.

All diese unterschiedlichen Narrative verdeutlichen die vielfältigen Wege, wie Konzepte wie Europäisierung und Orientalisierung funktionieren, wie sie von Akteuren für eigene Zwecke angeeignet und instrumentalisiert werden, die sie entweder auf andere anwenden und ihnen zuschreiben oder sie zum Teil ihrer eigenen Identität machen. Vor diesem Hintergrund scheint es umso erstaunlicher, dass das Nationale, das auf dem Spielfeld in einer doppelten Weise verhandelt wird, von den Akteuren selbst zumeist als gänzlich unpolitisch wahrgenommen wird. In der Tat wird das Nationale in meinen Beispielen nicht explizit als politisch angeführt, sondern ist für viele Fußballfans der quasi natürliche alltagskulturelle Hintergrund, den sie alle mitbringen. Das Nationale erweist sich deshalb als umso wirkmächtiger, gerade weil es in Alltagspraktiken, »Banalitäten« und Common-Sense-Wissen verkörpert ist, welche die Loyalitäten, Zugehörigkeiten und Abgrenzungen im Sinne einer politisierten kulturellen Identität formen.

Schließlich bleibt zu bemerken, dass Fußball und Fußballfantum Praktiken sind, die nicht in Stein gemeißelt sind. Alle Akteure, die in diesem Text vorgestellt und zu Wort gekommen sind, beziehen sich auf unterschiedliche Narrative und Imaginationen, wie Fußball sein sollte, und wie Fußballfans sein sollten. Vereinfacht gesagt: Die Kroaten repräsentieren ein Image vom Fußball der Hooligans und Ultras, das wild, maskulin und mehr oder weniger sexy daherkommt. Die Iren dagegen repräsentieren die familienfreundliche und modernisierte Seite des Event-Fußballs. Dabei sollte nicht vergessen werden, dass all die Akteure, die in dieses Großereignis eingebunden sind, dazu beitragen, was der Fußball ist und sein kann. Jeder Fan, Medienvertreter oder auch jede Kulturanthropologin hat daran einen Anteil, verteidigt die jeweilige Sichtweise, Vorstellungen und Praktiken gegen andere Versionen der Realität. All diese Praktiken sind von historisch tradierten Perzeptionen, vermittelten Bildern und persönlichen Erfahrungen getragen, die miteinander in Relation stehen. Auf diese Weile machen sie Fußball zu einem im Wortsinne sozialen Ereignis.

Zitierte Literatur

Alpan, Başak/Schwell, Alexandra/Sonntag, Albrecht (Hg.) (2015): The European Football Championship: Mega-Event and Vanity Fair. Basingstoke.

Alpan, Başak/Şenyuva, Özgehan (2015): Does Qualifying Really Qualify? Comparing the Representations of Euro 2008 and Euro 2012 in the Turkish Media. In: dies. u. a.: The European Football Championship, S. 76–99.

Armstrong, Gary (2003): Football Hooligans. Knowing the Score. Oxford, New York.

Armstrong, Gary/Giulianotti, Richard (Hg.) (1997): Entering the Field. New Perspectives on World Football. Oxford.

Bakić-Hayden, Milica (1995): Nesting Orientalisms: The Case of Former Yugoslavia. In: Slavic Review 54/4, S. 917–931.

Bakić-Hayden, Milica/Hayden, Robert M. (1992): Orientalist Variations on the Theme »Balkans«: Symbolic Geography in Recent Yugoslav Cultural Politics. In: Slavic Review 51/1, S. 1–15.

Baumann, Gerd (2004): Grammars of Identity/Alterity: A Structural Approach. In: ders./Gingrich, Andre (Hg.): Grammars of Identity/Alterity: A Structural Approach. New York, Oxford, S. 18–50.

Baumann, Gerd/Gingrich, Andre (2004): Foreword. In: dies. (Hg.): Grammars of Identity/Alterity: A Structural Approach. New York, Oxford, S. ix–xiv.

Bild (2012a): »Arschlöcher« – Platini beschimpft kroatische Fans. In: Bild.de, 19. 6. 2012, http://www.bild.de/sport/fussball/michel-platini/kritisiert-rassismus-fans-von-kroatien-24733524.bild.html (letzter Zugriff: 23. 5. 2017).

— (2012b): »Stimmgewaltig! Die irren Iren. In: Bild.de, 15. 6. 2012, http://www.bild.de/sport/fussball/nationalmannschaft-irland/scheidet-als-erstes-team-bei-der-em-aus-24673922.bild.html (letzter Zugriff: 23. 5. 2017).

Billig, Michael (1995): Banal Nationalism. London, Neu-Delhi.

Blecking, Diethelm (2013): Auf der Suche nach Erfolgen: Der polnische Fußball zwischen Tradition und Transformation. In: Ost-West. Europäische Perspektiven 14/3, S. 251–258.

Boniface, Pascal (1998): Football as a Factor (and a Reflection) of International Politics. In: The International Spectator 33/4, S. 87–98.

Bourdieu, Pierre (1994): Die feinen Unterschiede: Kritik der gesellschaftlichen Urteilskraft. Frankfurt am Main.

Bromberger, Christian (1995): Le match de football. Ethnologie d'une passion partisane à Marseille, Naples et Turin. Paris.

Burszta, Wojciech Józef u. a. (Hg.) (2012): Stadion – Miasto – Kultura. EURO 2012 i przemiany kultury polskiej [Stadion – Stadt – Kultur. EURO 2012 und die Wandlungen der polnischen Kultur]. Warschau.

Đorđević, Ivan/Žikić, Bojan (2016): Normalising Political Relations through Football: the Case of Croatia and Serbia (1990–2013). In: Schwell u. a.: New Ethnographies of European Football, S. 39–54.

Dumont, Louis (1980): Homo Hierarchicus: The Caste System and Its Implications. Chicago.

Dundon, Tony u. a. (2007): Bitten by the Celtic Tiger: Immigrant Workers and Industrial Relations in the New »Glocalized« Ireland. In: Economic and Industrial Democracy 28/4, S. 501–522.

Eder, Klaus (2006): Europe's Borders: The Narrative Construction of the Boundaries of Europe. In: European Journal of Social Theory 9/2, S. 255–271.

Elias, Norbert/Dunning, Eric (1986): Quest for Excitement: Sport and Leisure in the Civilising Process. Oxford.

Epstein, Rachel A./Jacoby, Wade (2014): Eastern Enlargement Ten Years on: Transcending the East–West Divide? In: Journal of Common Market Studies 52/1, S. 1–16.

Eurosport (2012): Croatia Fans Held after Poznań Fighting. Eurosport.com, 11. 6. 2012, http://asia.eurosport.com/football/euro-2012/2012/fans-held-after-fighting_sto 3306861/story.shtml (letzter Zugriff: 25. 4. 2017).

Evans-Pritchard, Edward E. (1968): The Nuer. A Description of the Modes of Livelihood and Political Institutions of a Nilotic People. Oxford.

Free, Marcus (2007): Tales from the Fifth Green Field: The Psychodynamics of Migration, Masculinity and National Identity amongst Republic of Ireland Soccer Supporters in England. In: Sport in Society 10/3, S. 476–494.

Giulianotti, Richard (1995): Football and the Politics of Carnival: An Ethnographic Study of Scottish Fans in Sweden. In: International Review for the Sociology of Sport 30/2, S. 191–220.

— (2002): Supporters, Followers, Fans, and Flaneurs: A Taxonomy of Spectator Identities in Football. In: Journal of Sport & Social Issues 26/1, S. 25–46.

Goffman, Erving (1990 [1959]): The Presentation of Self in Everyday Life. Harmondsworth.

Götz, Irene (2011): Deutsche Identitäten. Die Wiederentdeckung des Nationalen nach 1989. Köln, Weimar, Wien.

Kelly, Dara (2012): Polish Mayor Thanks Irish for Good UEFA Camaraderie. In: Irish Central, 18.7.2012, http://www.irishcentral.com/sports/polish-mayor-thanks-irish-for-good-uefa-camaraderie-162854976-237516621.html (letzter Zugriff: 22.6.2017).

Kirby, Stuart u.a. (2014): Can the FIFA World Cup Football (Soccer) Tournament Be Associated with an Increase in Domestic Abuse? In: Journal of Research in Crime and Delinquency 51/3, S. 259–276.

KontraTV Nowy Wymiar Studenckiej Rzeczywistości (2012): Thank you, Ireland! http://www.youtube.com/watch?v=yw9IwVOeNd4 (letzter Zugriff: 25.4.2017).

Krings, Torben u.a. (2009): Migration and Recession: Polish Migrants in Post-Celtic Tiger Ireland. In: Sociological Research Online 14/2/9, http://www.socresonline.org.uk/14/2/9.html.

Kürti, László/Skalník, Peter (Hg.) (2009): Postsocialist Europe. Anthropological Perspectives from Home. New York, Oxford.

Kuus, Merje (2004): Europe's Eastern Expansion and the Reinscription of Otherness in East-Central Europe. In: Progress in Human Geography 28/4, S. 472–489.

Latour, Bruno (1993): We Have Never Been Modern. Cambridge.

— (2005): Reassembling the Social. An Introduction to Actor-Network-Theory. Oxford.

Lechner, Frank J. (2007): Imagined Communities in the Global Game: Soccer and the Development of Dutch National Identity. In: Global Networks 7/2, S. 193–229.

Linukz (2012): Euro 2012: Poznan Thanks the Irish! Youtube, 18.6.2012, http://www.youtube.com/watch?v=9ctuT1d6HUI (letzter Zugriff: 25.4.2017).

Löfgren, Orvar (1989): The Nationalization of Culture. In: Ethnologia Europaea 19, S. 5–24.

McManus, John (2016): Building a Turkish Fan Community: Facebook, Schengen and Easyjet. In: Schwell u.a.: New Ethnographies of European Football, S. 212–227.

Mishkova, Diana (2008): Symbolic Geographies and Visions of Identity. In: European Journal of Social Theory 11/2, S. 237–256.

Močnik, Rastko (1998): Balkan Orientalisms. In: Baskar, Bojan/Brumen, Borut (Hg.): MESS: Mediterranean Ethnological Summer School Piran/Pirano Slovenia 1996. Ljubljana, S. 129–158.

Moisio, S. (2002): EU Eligibility, Central Europe, and the Invention of Applicant State Narrative. In: Geopolitics 7/3, S. 89–116.

Montague, James (2013): Ultras: How Egyptian Football Fans Toppled a Dictator. London.

Mungiu-Pippidi, Alina (2003): Of Dark Sides and Twilight Zones: Enlarging to the Balkans. In: East European Politics and Societies 17/1, S. 83–90.

Myerelkin (2012): Merkel Thinks We're Working – Irish Fans in Poznan. Youtube, https://www.youtube.com/watch?v=tAtlOuRN8iI (letzter Zugriff: 25.4.2017).

Nielsen, Christian Axboe (2009): The Goalposts of Transition: Football as a Metaphor for Serbia's Long Journey to the Rule of Law. In: Nationalities Papers 38/1, S. 87–103.

Nuhrat, Yağmur (2015): Mediating Turkishness through Language in Transnational Football. In: Alpan u. a.: The European Football Championship, S. 130–149.

Pearson, Geoff (2012): An Ethnography of English Football Fans: Cans, Cops and Carnivals. Manchester.

Poznan (2012): Poznan – Come and Enjoy, with Paul (Blog): Poznan's Rocking! 14. 6. 2012, http://www.poznan.pl/comeandenjoy/en/2012/06/14/poznans-rocking/ (letzter Zugriff: 26. 2. 2014).

Said, Edward (1979): Orientalism. New York.

Schmidt-Lauber, Brigitta (Hg.) (2004): FC St. Pauli. Zur Ethnographie eines Vereins. Studien zur Alltagskulturforschung. Münster.

Schwell, Alexandra (2015): Offside. Or Not Quite: Euro 2012 as a Focal Point of Identity and Alterity. In: Alpan u. a.: The European Football Championship, S. 22–53.

Schwell, Alexandra/Szogs, Nina/Kowalska, Małgorzata/Buchowski, Michał (Hg.) (2016): New Ethnographies of European Football: People, Passions, Politics. Basingstoke.

Schwier, Jürgen/Leggewie, Claus (Hg.) (2006): Wettbewerbsspiele. Die Inszenierung von Sport und Politik in den Medien. Frankfurt am Main.

Selmer, Nicole/Sülzle, Almut (2010): (En-)Gendering the European Football Family: The Changing Discourse on Women and Gender at EURO 2008. In: Soccer & Society 11/6, S. 803–814.

Sonntag, Albrecht (2007): Sommernachtsträume. Eine skeptische Bilanz der Fußballweltmeisterschaften in Frankreich 1998 und Deutschland 2006. In: Deutsch-Französisches Institut (Hg.): Frankreich Jahrbuch 2006. Politik und Kommunikation, Wiesbaden, S. 257–278.

— (2014): Regards différenciés et stéréotypes sur un Brésil en mode carnaval. In: Le Monde, 28. 6. 2014, http://www.lemonde.fr/coupe-du-monde/article/2014/06/28/regards-differencies-et-stereotypes-sur-un-bresil-en-mode-carnaval_4447159_1616627.html.

Sülzle, Almut (2005): Fußball als Schutzraum für Männlichkeit? Ethnographische Anmerkungen zum Spielraum für Geschlechter im Stadion. In: dies./Hagel, Antje/Selmer, Nicole (Hg.): gender kicks. Texte zu Fußball und Geschlecht, S. 37–52.

Sundermeyer, Olaf (2012): Tor zum Osten. Besuch in einer wilden Fussballwelt. Göttingen.

Swidler, Ann (1986): Culture in Action: Symbols and Strategies. In: American Sociological Review 51, S. 273–286.

The42.ie (2012a): Flying the Flag: Angela Merkel Banner Raises over € 20 k for Charities. The42.ie, 22. 6. 2012, http://www.the42.ie/flying-the-flag-angela-merkel-banner-raises-over-e20k-for-charities-496758-Jun2012/ (letzter Zugriff: 25. 4. 2017).

— (2012b): Trap's Army: An Oral History of How Ireland's Fans Stole European Hearts. The42.ie, 28. 12. 2012, http://www.the42.ie/trap%E2%80%99s-army-an

-oral-history-of-how-ireland%E2%80%99s-fans-stole-european-hearts-505932-Dec2012/ (letzter Zugriff: 25. 4. 2017).

The Journal.ie (2012): Poznan Mayor Organises Dublin Billboards to Thank Irish Fans. TheJournal.ie, 6. 7. 2012, http://www.thejournal.ie/poznan-mayor-organises-dublin-billboards-to-thank-irish-fans-512370-Jul2012/ (letzter Zugriff: 23. 5. 2012).

Todorova, Maria (1997): Imagining the Balkans. Oxford.

UEFA (2012): UEFA President Presents Award to Irish Fans. Pressemitteilung, 15. 11. 2012, http://www.uefa.org/about-uefa/president/news/newsid=1892998.html (letzter Zugriff: 23. 5. 2012).

van Houtum, Henk/van Dam, Frank (2002): Topophilia or Topoporno? Patriotic Place Attachment in International Football Derbies. In: HAGAR, International Social Science Review 3/2, S. 231–248.

Wolff, Larry (1994): Inventing Eastern Europe: The Map of Civilization on the Mind of the Enlightenment. Stanford.

Zubida, Hani (2016): We Are One! Or Are We? Football Fandom and Ethno-National Identity in Israel. In: Schwell u. a.: New Ethnographies of European Football, S. 75–96.

Erinnerungsorte und Mythen

»Die Nation bauen«

Die Konstruktion der Nation aus Antike und Mittelalter. Bulgarien und Mazedonien als Beispiele

Klaus Roth

Der »neue Nationalismus« ist, so haben die politischen Ereignisse der letzten Monate und Jahre deutlich gemacht, keineswegs ein Phänomen, das nur das östliche und südöstliche Europa betrifft. Die zunehmende Hinwendung zu der von vielen Optimisten schon für obsolet gehaltenen Einheit »Nation« ist derzeit in vielen Gesellschaften zu beobachten. Sie steht für eine Aufwertung des Nationalstaats und seiner Interessen, die außer etlichen europäischen Ländern sogar die Vereinigten Staaten erfasst hat.

Schwierig zu beantworten ist die Frage, ob und inwieweit dieser Nationalismus *neu* ist. In mancher Hinsicht ist es in der Tat der vertraute und insofern »alte« Nationalismus. Für die Länder des östlichen und insbesondere des südöstlichen Europa muss die Antwort allerdings differenzierter ausfallen als für das westliche Europa: Sie alle wurden – nach Jahrhunderten der Zugehörigkeit zu den großen europäischen Imperien – im Verlauf des 19. oder erst im 20. Jahrhundert zu Nationen und gewannen ihre eigene Staatlichkeit. Sie durchlebten – nach dem Zerfall der Imperien – eine meist relativ kurze Phase des (z.T. aggressiven) Nationalismus, gerieten dann aber, mit Ausnahme Griechenlands und Jugoslawiens, für fast ein halbes Jahrhundert erneut unter die imperiale Herrschaft der Sowjetunion, um dann nach der politischen Wende von 1989 in die schwere Krise der postsozialistischen Transformation zu stürzen. Es ist dies eine bis heute nicht endende Krise. Verstärkt vor allem durch die – zusammen mit der postsozialistischen Transformation einsetzende – Globalisierung mit ihrem ungezügelten Neoliberalismus hat sie in allen Gesellschaften einige wenige Gewinner und unzählige Verlierer hervorgebracht. Für die Länder des östlichen und südöstlichen Europa hat der heute auflebende Nationalismus somit andere Hintergründe und Funktionen als ihr einstiger Nationalismus sowie auch der neue Nationalismus in Westeuropa. Und er hat auch ein anderes Gesicht.

Werfen wir einen Blick auf die Situation im östlichen Europa, so zeigt sich ein wichtiger Unterschied zwischen den Nationalismen: War der »alte« Nationalismus in der Regel gegen die »feindlichen Nachbarn« gerichtet, so kennt der neue Nationalismus andere Feindbilder, zieht andere Grenzen, betont andere Loyalitäten. Wohl zu einem wesentlichen Teil dank der friedensstiftenden Wirkung der EU und ihrer Verträge richtet sich der neue Nationalismus kaum mehr gegen die Nachbarländer, sondern einerseits gegen die »fernen äußeren Feinde« – darunter der »Westen«[1] und auch die EU sowie die aus dem Nahen Osten kommenden Migranten; auf der anderen Seite wendet er sich verstärkt gegen die »inneren Fremden«, also die ethnischen und religiösen Minderheiten im Lande, insbesondere die Roma.[2] Die Nachbarstaaten der Region bekriegen sich, von Einzelfällen[3] abgesehen, also nicht mehr, sondern sie kooperieren in vielen Bereichen; man denke an die gemeinsame Politik der vier Višegrad-Staaten[4] und an die Kooperation der Staaten der »Balkanroute«, die sich einig sind in ihrer Ablehnung der Flüchtlingspolitik der EU. Der neue Nationalismus speist sich somit zu einem erheblichen Teil aus der Gegnerschaft zur Globalisierung wie auch zu Teilen der EU-Politik. Entscheidend für die Einschätzung des neuen Nationalismus im südöstlichen Europa ist ein weiterer wichtiger Faktor: Der Nationalismus ist heute eine Bewegung, die wesentlich ausgelöst und getragen wird von den Verlierern von Transformation und Globalisierung, also *»von unten«;* weit weniger Impulse kommen *»von oben«*, von den Eliten als den Gewinnern von Globalisierung und EU-Mitgliedschaft, die aber den neuen Nationalismus durchaus politisch zu nutzen wissen.

Ein weiterer wichtiger Aspekt ist schließlich, dass der neue Nationalismus in seinen Ursachen keineswegs isoliert gesehen und bewertet werden darf. Er ist im Prinzip ein Ergebnis der wirtschaftlichen, sozialen und politischen Entwicklung nach der Wende, wurde aber durch die hohen, fast euphorischen Erwartungen der Gesellschaften an die EU und den Westen insgesamt in den Hintergrund gedrängt; zeitweilig verdrängt wurde, dass das Zusammenwirken so epochaler Prozesse wie Transformation, neoliberale Globalisierung und Annäherung an die EU den Menschen unendlich viel abverlangte. Die sich in Südosteuropa 2009 mit Macht auswirkende globale Finanz- und Wirtschaftskrise, die gerade für die Länder Südosteuropas verheerende wirtschaftliche Folgen hatte, führte dort zu einem unsanften Erwachen. Eine der wichtigsten Folgen war, dass in den Gesellschaften nach der anfänglichen Begeisterung für Europa – aus Enttäuschung nicht nur der Nationalismus aufblühte, sondern dass

1 | Die Gegnerschaft zum »lateinischen Westen« hat in Südosteuropa eine sehr lange Tradition; siehe Schubert, Gabriella/Sundhaussen, Holm (Hg.): Prowestliche und antiwestliche Diskurse in den Balkanländern/Südosteuropa. München 2008.

2 | Die Roma sind mit etwa 12.000.000 die mit Abstand größte Minderheit im östlichen Europa; ihre Förderung durch die EU in der »Decade of Roma Inclusion 2005–2015« sollte unter anderem das negative Bild der Roma in den Mehrheitsbevölkerungen verändern, hat aber sehr wenig bewirkt. Zur Roma-Dekade siehe: https://de. wikipedia.org/wiki/Roma-Politik_der_Europ%C3%A4ischen_Union (letzter Zugriff: 4. 3. 2017).

3 | Kritisch ist die Situation weiterhin zwischen Kosovo und Serbien sowie in Bosnien-Herzegowina, dort weitgehend eine Folge des vom Westen geschmiedeten Dayton-Abkommens.

4 | Polen, Tschechische Republik, Slowakei und Ungarn.

darüber hinaus mehrere Formen der *Abwendung* und der *Rückwendung* zu beobachten waren. Es waren (und sind) vor allem zwei Arten der Abwendung, die bereits 2011 zu erkennen waren (vgl. Roth 2015: 21–24), und die sich seither noch verstärkt haben:

1. Zum einen ist es die konkrete *physische* Abwendung vom eigenen Land und damit von den nur am eigenen Wohl interessierten politischen und wirtschaftlichen Eliten. Sie führte für Millionen von Menschen zum Verlassen ihres Heimatlandes in Form einer massenhaften Arbeitsmigration nach Westeuropa und in die USA, die einem enormen *Braindrain* gleichkommt. Sie wird von den Betroffenen gesehen als ökonomische Notwendigkeit, doch sie wird zugleich auch empfunden als Bedrohung der eigenen und der nationalen Identität. Das im Lande selbst vorhandene Gefühl der Bedrohung der eigenen Nation wird damit durch die Emigranten noch verstärkt, denn sie neigen in der Regel zu einem stärkeren Nationalismus – ein Phänomen, das als »nationalism by proxy« international bekannt ist (siehe z. B. Biswas 2004).

2. Die zweite Form der Abwendung ist sichtbar in einer Vielzahl von emotionalen und kognitiven Abwendungen von der als negativ empfundenen Gegenwart. Zu beobachten ist eine Fülle von *Rückwendungen* auf das reale oder vermeintliche »Eigene« und die in der Vergangenheit vermutete nationale Identität, die angesichts fortschreitender EU-isierung und Globalisierung als bedroht empfunden wird. Die Rückwendungen nehmen, so meine Beobachtungen, in den verschiedenen Ländern – je nach ihrer historischen Erfahrung und gegenwärtigen Situation – verschiedene Formen an und entfalten auch unterschiedliche gesellschaftliche und politische Wirkungen, reale wie auch symbolische. Die in Südosteuropa zu beobachtenden Rückwendungen sind aus meiner Sicht die folgenden:

a) Die Rückwendung zur *Religion*, primär eine Gegenreaktion auf die atheistische Politik der kommunistischen Regierungen, brachte alte und neue Formen der Religiosität zum Tragen. War auf der einen Seite die Zunahme der friedlichen Verehrung heiliger Stätten und von Wallfahrten sowie der Bau von Kirchen und Moscheen zu beobachten, so ist es in den letzten Jahren eine aggressivere Religiosität, die sich etwa in den zunehmend strengen Formen des Islam zeigt, die den toleranten synkretistischen Volksislam immer mehr verdrängen.

b) Die Rückwendung zu beziehungsweise Verstärkung von *Tradition,* zum Beispiel von traditionellen (und für überlebt gehaltenen) Sozialformen wie etwa das »neue Patriarchat« (Luleva 2008; Deimel/Schubert 2016) oder der Klientelismus vor allem der politischen und wirtschaftlichen Eliten mit seinen horrenden Folgen (Roth/Zelepos 2017).

c) Im Prinzip eher symbolisch ist die überall zunehmende Rückwendung auf die eigene *Volkskultur,* die traditionelle Folklore. Beleg hierfür ist die überall zu beobachtende Zunahme der »Volkstumspflege«, vor allem aber der Folklore-Festivals, wobei ausschließlich auf die bäuerliche Folklore zurückgegriffen wird, auf das »achte Weltwunder«.[5] Zum »Nationalen Festival der Volkstracht« im Balkandorf Žeravna,

5 | So nannte es der staatliche bulgarische Radiosender *Horizont* am 14. 8. 2016. Zu dem Aspekt der wachsenden Zuwendung zur traditionellen Volkskultur siehe den Beitrag von Ana Luleva in diesem Band.

zu dem alle Teilnehmer in traditioneller Tracht erscheinen *müssen*, kamen 2016 rund 24.000 Besucher aus dem ganzen Land, eine Steigerung um das Mehrfache in wenigen Jahren; und waren in den ersten Jahren noch ausländische Gruppen und Besucher vertreten, so dominierte 2016 eine nationalpatriotische Ausrichtung. Ähnliche Tendenzen sind auf vielen anderen Festivals in Südosteuropa zu bemerken. Bezeichnend ist zudem ein anderes Phänomen: nämlich dass – über die Festivals hinaus – bei immer mehr Anlässen eine starke Zunahme traditionellen Tanzens zu beobachten ist, auch und besonders bei den Migranten im Ausland, die diese Tänze zunehmend als Ausdruck ihrer nationalen Kultur wahrnehmen.

d) Eng damit verbunden ist die Rückwendung zu den Wurzeln des Volkes, also vor allem zu seiner räumlichen Herkunft und seinen genetischen Wurzeln. Die Suche nach der »Urheimat« wird von Wissenschaftlern – zum Teil unterstützt von Genforschern – und auch von Laien (gefördert von national orientierten Organisationen) vorangetrieben. Auf der Suche nach den *roots* befinden sich aber auch im Ausland lebende Schriftsteller, die sich dem von ihren Vorfahren verlassenen Heimatland zuwenden.[6]

e) Verbunden damit ist die oft ideologisch untermauerte Rückwendung zum Primordialen, zum *»Ursprünglichen«,* »Natürlichen« und »Dörflichen«. Inzwischen gibt es Dörfer (z. B. im Balkangebirge), in die sich vor allem Angehörige der gebildeteren Schichten zurückziehen (vgl. Dimova 2017).

f) Vor dem Hintergrund der realen historischen Erfahrung totalitärer kommunistischer Herrschaft berührt die allenthalben zu beobachtende nostalgische Rückwendung auf die *sozialistische Vergangenheit* den westlichen Beobachter recht eigenartig. Während die *Ostalgie,* in den Nachfolgestaaten Jugoslawiens als *Yugo-Nostalgie* oder *Titostalgia* bekannt, um sich greift, kommt die kritische Aufarbeitung der Folgen des kommunistischen Herrschaftssystems in vielen Ländern kaum voran.

g) Die Rückwendung zur *»eigenen Nation«,* der – nach einer kurzen Phase der EU-Euphorie – wieder auflebende Patriotismus und Nationalismus als Abwehr der »Anderen« manifestiert sich in den meisten Ländern Südosteuropas am sichtbarsten in der Rückwendung zur eigenen *Geschichte.* Nationale Feiertage, viele von ihnen neu etabliert, werden intensiver gefeiert, Historienfeste und die Aufwertung von immer neuen Orten von historischer Bedeutung für die Nation sind ebenso Zeichen dieser verstärkten – und vom Staat geförderten – Betonung des Nationalen wie auch der Geschichtsunterricht an den Schulen. Gemeint sind aber nicht die fünf Jahrhunderte, in denen die Länder Südosteuropas, wie eingangs erwähnt, ohne eigene Staatlichkeit unter fremder Herrschaft standen, sondern vielmehr die lange zurückliegenden Epochen wirklicher oder vermeintlicher historischer Größe, also – von Ausnahmen abgesehen – die mittelalterliche oder sogar die antike Geschichte.

Das historische Erinnern hat in Südosteuropa eine lange und lebendige Tradition, die vor allem in der Volksüberlieferung, insbesondere in epischen Liedern und Legenden ihren Niederschlag gefunden hat. Dieses (über-)lange, als »mythisch« zu charak-

6 | Z. B. Miroslav Penkov: Stork Mountain. New York, 2016.

terisierende Erinnern (Erlich 1984: 105; Sundhaussen 1999: 649 f.) ist vor allem eines, das die Leiden der südosteuropäischen Völker nach der Niederlage auf dem Amselfeld im Jahre 1389 und den über die Jahrhunderte osmanischer Fremdherrschaft geführten heldischen Kampf gegen das »türkische Joch« besang; es hielt die Erinnerung an eben dieses Leid wach – bis in die Gegenwart hinein auch durch Medien wie Bänkelsang[7] und Film. In mehreren Ländern Südosteuropas benutzt der Staat dieses »Erinnern des Volkes« an die Fremdherrschaft sowohl für den Geschichtsunterricht als auch konkret für die Politik (siehe Čolović 2011, 2016). Nicht aber diese Instrumentalisierungen von Geschichte und Erinnern sollen hier im Mittelpunkt stehen, sondern vielmehr die aktuellen Versuche der heute politisch Verantwortlichen, die Rückwendung ihrer Gesellschaften gezielt auf die frühen Epochen nationaler Größe zu lenken mit dem erklärten Ziel, »den Menschen ihre Geschichte wieder zu geben«,[8] ihren Stolz auf eben diese »große Geschichte« zu wecken – und damit, wie Kritiker bemerken, von ihrer eigenen Untätigkeit und ihren wahren Interessen abzulenken. Einige Wissenschaftler spielen, das sei schon hier angemerkt, bei dieser Rekonstruktion der eigenen »großen Geschichte« eine entscheidende Rolle. In den EU-Mitgliedsländern können sich beide, Politiker und Wissenschaftler, dabei auf EU-Fördermittel verlassen. Zur Illustration dieser von staatlicher Seite – mit der Hilfe von einigen Wissenschaftlern – geförderten und gesteuerten Rückwendung sollen hier zwei rezente, in ihrer Wucht beeindruckende Beispiele angeführt werden. Es geht um die neuere Entwicklung in zwei der wirtschaftlich schwächsten Länder Europas, Bulgarien und Mazedonien, die beide die Rückwendung auf das Mittelalter und die Antike ins Zentrum ihrer staatlichen Erinnerungspolitik gestellt haben.

1. »Bulgarien der 20 Festungen«

Wenden wir uns dem geschichtlichen Erinnern in Bulgarien zu, so sind an erster Stelle zwei wichtige Tatsachen von Bedeutung. Außerhalb der Region nahezu völlig unbekannt ist, dass Bulgarien durchaus eine Berechtigung hat, auf eine »große Geschichte« zurückzublicken. Bereits im Jahre 681 konnten die in dem Territorium lebenden drei Völker, die Slawen, die Proto-Bulgaren und die thrakische Urbevölkerung, sich unter Chan Asparuch – gegen das mächtige Byzantinische Reich – zum Ersten Bulgarischen Reich[9] formieren, das bald den größten Teil der Balkanhalbinsel beherrschte. Es wurde im 9. Jahrhundert christianisiert, erhielt von dem Slawenapostel Kyrill ein eigenes Alphabet und erlebte über mehr als drei Jahrhunderte eine beachtliche wirt-

7 | Siehe dazu K. Roth: Geschichtsunterricht auf der Straße. Zum Jahrmarktgesang in Bulgarien. In: Carola Lipp (Hg.): Medien popularer Kultur. Erzählung, Bild und Objekt in der volkskundlichen Forschung. Rolf W. Brednich zum 60. Geburtstag. Frankfurt am Main, New York, 1995, S. 266–279.

8 | So formulierte es Vangel Božinoski, der Planer des mazedonischen Projekts *Skopje 2014* im Interview.

9 | Hauptstädte des Reiches waren Pliska (681–893), Preslav (893–972) und Ohrid (997–1018); von 972 bis 997 gab es mehrere kurzzeitige Hauptstädte.

schaftliche und kulturelle Blüte, bis es 1018 dem Byzantinischen Reich unterlag. 1185 konnte es die byzantinische Herrschaft wieder abwerfen und sich zu dem gleichfalls bedeutenden Zweiten Bulgarischen Reich mit der Hauptstadt Veliko Tărnovo formieren, das dann aber 1393 den osmanischen Truppen endgültig unterlag. Von diesem Jahr bis zur Befreiung durch russische Truppen im Jahre 1878 war das Land ein Teil des Osmanischen Reiches. Es ist eine Epoche, die im nationalen Gedächtnis bis heute als das »türkische Joch« abgespeichert ist. Wichtig ist in diesem Zusammenhang die Tatsache, dass bereits seit Mitte der 1970er Jahre, also in der Zeit des Sozialismus, die Bedeutung dieser »großen nationalen Geschichte« von der Politik erkannt wurde: Die Restauration und Rekonstruktion von Denkmälern aus der Zeit der Bulgarischen Reiche (und davor) wurde zu einem staatlichen Anliegen, wobei das bedeutendste Beispiel die umfassende Restaurierung und Rekonstruktion des *Carevec*, der Burg der Zaren in der einstigen Hauptstadt Veliko Tărnovo, wurde – heute eine wichtige Attraktion für Touristen. Durch die Initiativen der damaligen Kulturministerin Ljudmila Živkova (1942–1981) kam auch der Kultur der Thraker wachsende Bedeutung zu: Spektakuläre Ausgrabungen sowie Ausstellungen im Ausland[10] verschafften dem Land und seinen historischen Schätzen große internationale Beachtung. Das Erinnern an die Geschichte, vor allem an die lange zurückliegenden Perioden »großer Geschichte« hat somit in Bulgarien eine gewisse Tradition. In dem krisenhaften ersten Jahrzehnt der postsozialistischen Transformation ging das Interesse am historischen Erbe deutlich zurück; tätig wurden nun private Archäologen und Schatzgräber, die ihre Funde großenteils im Ausland verkauften. Einen Aufschwung des Interesses gab es dann nach der Jahrtausendwende, besonders gefördert durch die Annäherung an die EU und die 2007 erreichte EU-Mitgliedschaft. Einer der zentralen Initiatoren und Förderer dieser erneuten Zuwendung zur großen Vergangenheit war und ist der Historiker *Božidar Dimitrov*, Direktor des Nationalen Historischen Museums in Sofia, seit 2002 Leiter der populären Sendung *Pamet Bălgarska* [Bulgarisches Gedächtnis] im Nationalen Fernsehen und 2009 bis 2011 Minister. Als öffentlichkeitswirksamster Historiker des Landes publizierte er für ein breites Publikum zahllose Bücher zur nationalen Geschichte und initiierte die Restaurierung und Rekonstruktion historischer Bauten und Denkmäler. Seine teils nationalistisch zu nennende Sichtweise führte 2011 dazu, dass er unter anderem auf Druck des Auslands sein Ministeramt aufgeben musste.

Das wesentlich von ihm initiierte Projekt »Bălgarija na dvajset kreposti« [Bulgarien der zwanzig Festungen] überstieg alle bis dato bekannten Dimensionen. Die angesehene bulgarische Wochenzeitung *Kapital* brachte am 15. 8. 2015 unter eben diesem Titel eine Reihe von sehr informativen und kritischen Beiträgen zu dem großen Projekt der Rekonstruktion der antiken und mittelalterlichen Geschichte des Landes. Das in der Zeitung abgebildete Schema zeigt insgesamt 31 Objekte von historischer

10 | So wurde die Ausstellung *Das Gold der Thraker* 1979 im Römisch-Germanischen Museum in Köln sowie später in Basel, Paris, San Francisco, Boston und anderen Städten weltweit gezeigt.

Bedeutung von der Frühgeschichte bis ins 19. Jahrhundert. Die Liste der Projekte ist aufschlussreich, sie umfasst Objekte aus folgenden neun historischen Epochen:

1	Frühgeschichte	1 Objekt
2	Thrakische Periode (bis 1. Jh. vor Chr.)	2 Objekte
3	Römische Periode (29 v. Chr. – 395 n. Chr.)	11 Objekte
4	Byzantinische Periode (395–681)	4 Objekte
5	Erstes Bulgarisches Reich (681–1018)	3 Objekte
6	Byzantinische Herrschaft (1018–1185)	2 Objekte
7	Zweites Bulgarisches Reich (1185–1393)	2 Objekte
8	Osmanische Periode (1393–1878)	4 Objekte
9	19. und 20. Jahrhundert	2 Objekte

Festzustellen ist, dass der römischen Periode elf und den beiden byzantinischen Perioden insgesamt sechs Objekte entstammen, diesen Epochen somit herausragende Bedeutung zukommt. Bei zwei der nur vier Denkmäler der langen osmanischen Periode handelt es sich um eine Kirche und ein Kloster, also christliche Denkmäler; der osmanischen Vergangenheit entstammt lediglich eine Brücke[11] sowie die *Alte Moschee* in der Stadt Stara Zagora, die heute das *Museum der Religionen* beherbergt. Die Restauration der insgesamt 31 Denkmäler, 20 von ihnen Festungen oder Burgen, wird zu 80 Prozent finanziert durch den EU-Fonds für Regionalentwicklung.[12] Anzumerken ist, dass die »Restauration« in vielen Fällen realiter eine Rekonstruktion oder sogar ein Neubau *in situ* ist, sind doch bei den antiken und mittelalterlichen Bauten oft nur spärliche Überreste, etwa Fundamente erhalten (Abb. 1).

Eher kursorisch sollen einige jener Restaurationen und Rekonstruktionen erwähnt werden, die in den letzten Jahren fertiggestellt wurden und die für die oben genannten Epochen bezeichnend sind. Als Beispiel für die thrakische Periode steht die Festung Hisarlăk in *Pautalia*, der heutigen Stadt Kjustendil nahe der mazedonischen Grenze; die Stadt geht zurück auf etwa das 5. Jahrhundert v. Chr. und hatte ihre Blütezeit in der römischen Periode. *Abritus* in der Nähe von Razgrad in Nordostbulgarien war ein spätrömisches Kastell und dann eine frühbyzantinische Stadt, eines der größten Zentren der ganzen Region. *Pliska,* nordöstlich der Stadt Šumen in Ostbulgarien gelegen, 679 von Chan Asparuch gegründet und bis 893 Hauptstadt des Ersten Bulgarischen Reiches, hatte seine Blütezeit im 9. Jahrhundert. In die Spätphase des Ersten Bulgarien Reiches und die Periode byzantinischer Herrschaft im 11. Jahrhundert gehört die Festung *Krakra* nahe der Stadt Pernik in Westbulgarien. Die über dem Dorf Belčin, etwa 60 Kilometer südlich der Hauptstadt Sofia gelegene Festung *Cari Mali Grad* stammt wesentlich aus dem 11. und 12. Jahrhundert, der Zeit der byzantinischen Herrschaft.

11 | Die *Teufelsbrücke* [Djavolskija most] beim Dorf Ardino in Südostbulgarien.

12 | Von der Gesamtsumme für alle 31 Objekte in Höhe von 54.500.000 Euro hat der EU-Fonds »Regionalentwicklung« etwa 43.500.000 Euro getragen.

Abb. 1 (oben): Erhaltene, restaurierte Fundamente der Festung Cari Mali Grad (Foto: K. Roth 2016)
Abb. 2 (Mitte): Rekonstruktion der Festung Cari Mali Grad, Ausbau als historisches Museum (Foto: K. Roth 2016)
Abb. 3 (unten): Blick von der Steinernen Brücke nach Norden auf das Denkmal Philipps von Mazedonien (382–336 v. Chr.); im Vordergrund das Denkmal der Mütter Mazedoniens (Foto: K. Roth 2013).

Wohl vor allem wegen ihrer Nähe zur Hauptstadt Sofia gehört *Cari Mali Grad*, neben der alten Hauptstadt Pliska, zu den meistbesuchten Festungen. Die substanzielle Förderung durch die EU ist hier, wie auch bei den anderen Projekten, für die Besucher, unter ihnen viele Schüler und Schülerinnen, deutlich zu erkennen;[13] in ihren Augen wirkt diese weitgehende Rekonstruktion und der Neubau (mit Museum) quasi wie ein von der EU verliehenes Gütesiegel historischer Authentizität. Die Periode des Zweiten Bulgarischen Reiches ist vertreten durch die Festung *Hotalič* nahe der Stadt Sevlievo in Mittelbulgarien, die dem Schutz der Hauptstadt Veliko Tărnovo diente. In den folgenden Jahrhunderten osmanischer Herrschaft entstanden keine Festungen mehr.

Das vom bulgarischen Staat initiierte und geleitete »Projekt für die Restaurierung und Sozialisierung des kulturhistorischen Erbes« hat neben seiner Finanzierung aus dem EU-Programm *Regionalentwicklung* dem Staat den Anteil von elf Millionen Euro abverlangt, eine für das Land recht hohe Summe. Nicht so sehr gegen die finanzielle Seite richtete sich die Kritik der Wissenschaftler und von Teilen der Öffentlichkeit. Die Kritik an diesem »Bulgarien der zwanzig Festungen« wurde in Zeitungsbeiträgen und in anderen Medien sehr deutlich formuliert. Die fundierteste Kritik erschien in der zitierten Wochenzeitung *Kapital*, zusammengefasst in fünf Punkten: (1) Hinter den gesamten Restaurierungen stehe keine nachvollziehbare Kulturpolitik, diese sei eher erratisch und beliebig. (2) Die Entscheidungen über die Auswahl und Gestaltung der Projekte seien ohne jede öffentliche Diskussion von einem kleinen Kreis von Leuten (um Božidar Dimitrov) getroffen worden. (3) Die wirtschaftliche Logik der Projekte sei verworren und verfehlt; in der Tat haben viele der Objekte nur sehr wenige Besucher. (4) Durch die Art der konkreten Ausführung der Restauration werde das kulturelle Erbe des Landes eher zerstört als bewahrt. Die in den Beiträgen von Fachkollegen aufgeführten Beispiele für die Verwendung von ungeeigneten Materialien und Restaurationstechniken sind in der Tat erschreckend. (5) Die Authentizität der Denkmäler trete somit zurück vor einer falschen Historizität – ein schwerwiegender Vorwurf von Fachleuten in Bulgarien, der für den aufmerksamen Besucher vor Ort aber vollauf bestätigt wird (Stoilova, S. 8–11).

13 | Von den angegebenen Gesamtkosten der Festung in Höhe von 2.861.812 Euro stammen 2.307.022 Euro, also 80 Prozent, aus dem EU-Fonds *Regionalentwicklung* (BG161PO001/3.1-03/2010/004). Die Festung ist mit einer Drahtseilbahn auf Schienen für Besucher sehr gut zugänglich.

Wichtigstes Ziel des gesamten Projekts ist es, so zeigt sich, den Besuchern, besonders den Schulklassen, durch die Restaurierungen und Rekonstruktionen historischer Objekte eine Anschauung der historischen Größe und damit Stolz auf die eigene Nation zu vermitteln. Dabei ist es aufschlussreich, dass in diesem – durch die Auswahl der Objekte – gebotenen Bild der Geschichte das römische und das byzantinische Erbe einen beachtlichen Stellenwert haben, während das umfassende osmanische Erbe des Landes[14] fast völlig ausgeblendet wird; zu vermuten ist, dass hiermit die frühe Einbindung in die *europäische* Geschichte und damit das *europäische Erbe* hervorgehoben und das *islamische* Erbe in den Hintergrund gedrängt werden soll.

2. Mazedonien: das Projekt *Skopje 2014*

Die kritische Betrachtung des neueren Umgangs Bulgariens mit seinem historischen Erbe könnte gewiss noch vertieft werden. Nicht übersehen werden darf aber die Tatsache, dass das Land durch seine thrakischen Königreiche, seine beiden mittelalterlichen Großreiche und seine Nähe zu Byzanz nicht nur eine bemerkenswerte Fülle an historischen Denkmälern, sondern auch ein beachtliches Erbe an Staatlichkeit vorzuweisen hat. Dem westlichen Nachbarland Mazedonien, das hier vergleichend betrachtet werden soll, ist ein solches historisches Erbe nicht gegeben. Das Reich Philipps von Mazedonien und Alexanders des Großen im 4. vorchristlichen Jahrhundert, das Griechenland ganz zu seinem historischen Erbe zählt, war mit der römischen Eroberung im Jahre 168 v. Chr. untergegangen – und es war ganz gewiss kein slawisches Reich, denn die slawische Landnahme auf der Balkanhalbinsel geschah erst im 6. und 7. Jahrhundert n. Chr. Das antike Makedonien hatte sein Zentrum in Nordgriechenland und seine Sprache war das Griechische.

Als die *Republik Mazedonien* nach dem Zerfall Jugoslawiens im Jahre 1991 (ohne Krieg) gegründet wurde, entstand ein Staat, der mehr als zwei Jahrtausende keine eigene Staatlichkeit besessen hatte, sondern stets Teil großer Staaten gewesen war – vom Römischen über das Byzantinische Reich und die beiden Bulgarischen Reiche bis hin zum Osmanischen Reich, dem es bis 1912 angehörte – um dann Teil des Königreichs der Serben und Kroaten und 1944 Jugoslawiens zu werden.

Obwohl der junge Staat sehr rasch international anerkannt wurde, ergab sich sehr bald das gewichtige Problem, dass das südliche Nachbarland Griechenland, Mitglied der EU und der NATO, sich strikt weigerte – und sich weiterhin weigert – das Land unter dem Namen Mazedonien anzuerkennen, da die größte nördliche Provinz Griechenlands den Namen Makedonien trägt. International heißt die Republik Mazedonien daher offiziell *Former Yugoslav Republic of Macedonia (FYROM)* – für das Land und seine Politiker eine traumatische Erfahrung und Tatsache.

14 | Siehe dazu etwa: Trankova, Dimana/Georgieff, Anthony/Matanov Hristo: A Guide to Ottoman Bulgaria. Sofia 2011.

Bestand bis etwa 2005 noch Hoffnung auf die Anerkennung durch Griechenland und damit auf gute nachbarliche Beziehungen, so entstand nach der Parlamentswahl von 2006, die die national orientierte Partei VMRO-DPMNE[15] unter Ministerpräsident Nikola Gruevski an die Macht brachte, der Plan, die nationale Geschichte ganz ins Zentrum der Politik zu rücken. Sie nahm konkrete Gestalt an in dem überaus ambitionierten Projekt *Skopje 2014*.[16] Das Projekt war das Werk der Regierungspartei, ganz im Gegensatz zur Behauptung des wichtigen regierungsnahen Architekten und Planers *Vangel Božinoski*, das »Projekt spiegele nur die Debatte in der Bevölkerung wider. Es ist keinesfalls die Idee der Regierung«.[17] Mazedonien mit seinen etwa zwei Millionen Einwohnern und einer Fläche von knapp 26.000 Quadratkilometern[18] gehört zu den ärmsten Ländern Europas.[19] Neben der südslawischen Bevölkerungsmehrheit von etwa 64 Prozent bilden die (v. a. im Westen und Norden des Landes lebenden) etwa 26 Prozent muslimischen Albaner die stärkste Minderheit. Wohl angesichts der Tatsache, dass es nur eine überschaubare Zahl – über das Land verstreuter – authentischer historischer Denkmäler gab, die für die Konstruktion einer mazedonischen Geschichte und Nation herangezogen werden konnten, entschloss sich die Regierung, die Präsentation der mit dem antiken Mazedonien beginnenden »nationalen Geschichte« ganz auf das Zentrum der Hauptstadt zu konzentrieren und dort Denkmäler und Gebäude in großer Zahl neu zu errichten. Das Ergebnis dieses in nur vier Jahren beendeten Projekts *Skopje 2014* ist, dass es weltweit wohl keine Hauptstadt gibt, die auf so kleinem Raum eine solche Dichte an Denkmälern vorzuweisen hat. Die in den Hunderten von Denkmälern und den Gebäuden in Skopje dargestellte Geschichte des Landes ist fast gänzlich reine Konstruktion und nicht, wie in Bulgarien oder Griechenland, eine Restaurierung oder Rekonstruktion von historischen Denkmälern. Die neu errichteten Denkmäler beziehen sich auf insgesamt sechs historische Epochen.

1. Die erste und zentrale Stellung nimmt die *Antike* ein,[20] die Zeit vom 9. vorchristlichen bis zum 4. nachchristlichen Jahrhundert. Ein paar wichtige Denkmäler sollen hier den Anspruch des Landes auf das antike Mazedonien und darüber hinaus beispielhaft veranschaulichen: Einen unmittelbaren Bezug zur griechischen Antike

15 | VMRO-DPMNE: Vnatrešna Makedonska Revolucionerna Organizacija – Demokratska partija za makedonsko nacionalno edinstvo [IMRO, Innere Mazedonische Revolutionäre Organisation – Demokratische Partei für Mazedonische Nationale Einheit].

16 | Eine ausführlichere Darstellung des Projekts *Skopje 2014* findet sich in Roth 2016.

17 | Aussage im Interview der ARD in der Sendung *Titel, Thesen, Temperamente* vom 1. 12. 2013.

18 | Fläche und Bevölkerungszahl Mazedoniens entsprechen in ihrer Größe etwa einem Viertel Bulgariens.

19 | Das jährliche Bruttoinlandsprodukt pro Kopf betrug um 2011 etwa 3700 Euro; das nationale BIP lag 2011 bei etwa 7,4 Mrd. Euro. Zum mazedonischen BIP vgl. http://www.imf.org/external/pubs/ft/weo/2013/01/weodata/weorept.aspx?sy=2011&ey=2014&scsm=1&ssd=1&sort=country&ds=.&br=1&pr1.x=51&pr1.y=11&c=962&s=NGDP_R%2CNGDP_RPCH%2CNGDPDPC&grp=0&a=#download (letzter Zugriff: 27. 11. 2013).

20 | Zur besonderen Bedeutung der Antike vgl. Vangeli 2011; Brown 2003.

beziehungsweise Mythologie stellt die vergoldete Statue des *Prometheus* als nackter Jüngling mit der Fackel dar; nach Protesten aus der Bevölkerung wurde dem Jüngling ein Lendenschurz umgelegt. Auf der nördlichen Seite des Vardar-Flusses, nicht weit von der historisch echten *Steinernen Brücke* und nahe dem (osmanischen) Alten Bazar, dem Hamam und einer Moschee, ragt das Denkmal von *Philipp von Mazedonien* (382–336 v. Chr.) in die Höhe (Abb. 3). Ihm gegenüber steht auf der anderen Seite des Vardar auf dem großen *Platz Mazedonien* die 25 Meter hohe Statue *The Warrior,* Alexander der Große auf einem Pferd reitend (Abb. 4). Nur 100 Meter flussabwärts überquert eine erste, mit 31 Statuen historischer Gestalten aus dem 9. Jahrhundert v. Chr. bis zum 13. Jahrhundert n. Chr. ausgestattete neue Fußgängerbrücke den Vardar, die zum neuen Archäologischen Museum führt. Die unweit des *Platzes Mazedonien* errichtete *Porta Makedonija* ist ohne jegliches historische Vorbild.

2. Die Periode des *Mittelalters* umspannt die Zeit von der Gründung Ostroms (Byzanz) im Jahre 395 bis zur osmanischen Eroberung Ende des 14. Jahrhunderts, wobei das Byzantinische Reich mit dem orthodoxen Christentum sowie das Erste und das Zweite Bulgarische Reich ganz ins Zentrum des nationalen Erinnerns gestellt sind. Ein großes Marmordenkmal am Vardar-Fluss ist Kaiser Justinian (482–565) gewidmet, der 527–565 in Byzanz herrschte; seine Verbindung zu Mazedonien besteht darin, dass er im Dorf Tauresium, heute Taor, südöstlich von Skopje geboren wurde. Auf der Nordseite des Vardar, am Fuß der Steinernen Brücke, stehen die Denkmäler der Slawenapostel *Kyrill und Method* (9. Jh.) sowie ihrer Schüler, des *hl. Naum* (830–910) und des *hl. Kliment von Ohrid* (840–916); sie alle haben den Blick auf den albanischen Teil der Stadt gerichtet. Unmittelbar neben dem Alexander-Denkmal befindet sich das Denkmal des Zaren *Samuil*, von 997 bis 1014 Herrscher des Ersten Bulgarischen Reiches, der die Hauptstadt des Reiches ins mazedonische Ohrid verlegte (Abb. 4). Die Bedeutung der Orthodoxie wird dem Besucher Skopjes auch durch mehrere Marmorsäulen mit christlich-orthodoxen Motiven und Symbolen verdeutlicht. Antike und Mittelalter spielen somit, wie die hier kurz angeführten Denkmäler deutlich machen, eine zentrale Rolle für die Konstruktion des nationalen Selbstverständnisses Mazedoniens als christlich-orthodoxer Nation; hochgradig symbolische Bedeutung hat das nach Norden, auf den muslimischen Teil der Stadt blickende *Millennium-Kreuz* auf dem Hausberg Vodno (Abb. 4).

3. Die dritte, die Osmanische Periode, die für Mazedonien von 1392 bis 1912, also 520 Jahre dauerte, fehlt im Projekt *Skopje 2014*. Die Ironie ist jedoch, dass genau diese lange Periode als einzige in authentischen historischen Objekten im Stadtbild präsent ist, außer in Gestalt der Steinernen Bücke, dem Hamam, den Moscheen[21] und der Altstadt auch in wenigen christlich-orthodoxen Kirchen.[22] Es ist, aus Sicht der christlichen Mazedonier, die dunkle Zeit des »türkischen Jochs«, die aus dem historischen Gedächtnis der Nation möglichst verdrängt werden soll.

21 | Wie die Mustafa-Pascha-Moschee oberhalb der Altstadt.

22 | Wie die Kirche Sveti Spas aus dem 16. Jahrhundert, nahe der Mustafa-Pascha-Moschee.

4. Die vierte Periode ist die Zeit vom Berliner Kongress 1878 bis zu den Balkankriegen 1912/13 mit mehreren Aufständen gegen die Osmanen. Es ist im nationalen Selbstverständnis eine heroische Periode, in der sich Mazedonien als Kulturnation formte. Dieser für das nationale Selbstverständnis wichtigen Periode sind überaus viele Denkmäler gewidmet: neben etlichen Reiterstandbildern der gefallenen Helden der Aufstände (Abb. 4) gibt es eine zweite Fußgängerbrücke über den Vardar mit 31 Statuen von Gelehrten, Künstlern und Schriftstellern des späten 19. und des 20. Jahrhunderts, von denen einige sich selbst als Bulgaren definierten, sowie eine unüberschaubare Zahl von Statuen auf den Gesimsen des 2013 vollendeten Außenministeriums am Ufer des Vardar.

5. und 6. Die fünfte Periode betrifft die Zeit des Zweiten Weltkriegs mit der Besetzung des Landes durch bulgarische Truppen, den Widerstand dagegen sowie die Gründung der kommunistischen Partei im Jahre 1944, während die sechste Periode schließlich durch Denkmäler zur neuesten Epoche gebildet wird, besonders durch jenes für die *mazedonischen* Opfer des Aufstands der Albaner vom Jahre 2001 wie auch das Denkmal für Mutter Theresa.

Die den Besucher überwältigende Denkmalisierung von Skopje führt zu der Frage, welches die tieferen Ursachen dieses vor allem in seinen Dimensionen einmaligen und konsequenten Bemühens sind, eine Nation als »imagined community« zu konstruieren und zu legitimieren. Mazedonien ist ohne Zweifel eine »verspätete Nation«, doch das hat sie mit mehreren Nationen des östlichen Europa gemeinsam.[23] Der Fall Mazedonien scheint jedoch komplizierter zu sein, denn so schmerzlos der Gründungsprozess und die internationale Etablierung des jungen Staates war, so schwierig gestalten sich seither seine Selbstdefinition als Nation und seine Beziehungen zu den fünf Nachbarstaaten Serbien, Bulgarien, Griechenland, Albanien und Kosovo. Mazedonien war 1991 eine Nation, die über mehr als zwei Jahrtausende stets Teil größerer Reiche oder Staaten gewesen war, doch gravierender noch war die Tatsache, dass die Bevölkerung sich seit dem Beginn des Freiheitskampfes im späten 19. Jahrhundert ihrer Zugehörigkeit unsicher und zudem seit der Befreiung von osmanischer Herrschaft stets durch die Begehrlichkeiten der Nachbarn in ihrem Bestand und ihrer staatlichen Einheit gefährdet war, ja nicht selten bis heute im Ausland nicht als Nation gesehen wird. So stieß im Februar 2017 die Aussage des wichtigen US-Kongressabgeordneten Dana Rohrabacher, Mazedonien sei keine wirkliche Nation und solle unter den Nachbarländern aufgeteilt werden, auf den erregten Widerspruch der Regierung in Skopje; das State Department war genötigt zu betonen, dass es »the sovereignty and territorial integrity of the Republic of Macedonia« anerkenne.[24] Die heutige Republik Mazedonien wird, wie der mazedonische Soziologe Goran Janev es am 15. 11. 2013 im

23 | Man denke an die sieben Nachfolgestaaten Jugoslawiens, an die Slowakei und an die zahlreichen Staaten, die aus dem Zerfall der Sowjetunion hervorgegangen sind.

24 | http://www.rferl.org/a/macedonia-blasts-us-congressman-claim-not-coutrry-should-be-divided-kosovo-bulgaria-albania/28299244.html (letzter Zugriff: 22. 2. 2017).

Abb. 4 (oben): Blick von der Steinernen Brücke nach Süden auf den Platz Mazedonien mit dem Denkmal Alexanders des Großen (356–323 v. Chr.), links daneben das Denkmal des Zaren Samuil (958–1014); im Vordergrund auf Pferden die zwei wichtigsten Helden der Aufstände gegen die osmanische Herrschaft um 1900 (Foto: K. Roth 2013).
Abb. 5 (Mitte): Das Denkmal des Zaren Samuil (geschrieben mazedonisch »Samoil«) auf dem Platz Mazedonien in Skopje (Foto: K. Roth 2011).
Abb. 6 (unten): Das 2015 errichtete Denkmal Samuils, »Zar der Bulgaren«, vor der Kirche Sveta Sofia, auf dem Platz vor der Alexander-Nevski-Kathedrale im Zentrum Sofias (alle Foto: K. Roth 2015).

Interview mit dem Autor formulierte, von ihren Nachbarn in all jenen Grundelementen abgelehnt, die nach Johann Gottfried Herder eine Nation ausmachen:

1. In Bezug auf seine *Geschichte* und vor allem auch seinen *Namen* wird das Land von Griechenland abgelehnt und in einem Kampf um Namen und Symbole infrage gestellt; dessen Blockade des EU- und Nato-Beitritts hat für das Land gravierende politische und ökonomische Folgen. 2. In Bezug auf seine *Sprache* wird es von den Bulgaren abgelehnt, denn nach bulgarischer Auffassung ist Mazedonisch ein serbisierter westbulgarischer Dialekt und zudem haben alle Mazedonier bis weit ins 20. Jahrhundert hinein Bulgarisch geschrieben. Tatsache ist, dass das Mazedonische erst um 1945 zur Schrift- und Literatursprache gemacht wurde. 3. In Bezug auf seine (orthodoxe) *Religion* wird es von Serbien nicht als eigenes Patriarchat anerkannt. Obwohl sich die Kirche 1967 für autokephal erklärte, hat auch keine andere orthodoxe Kirche die mazedonische Kirche anerkannt. Die serbisch-orthodoxe Kirche richtete sogar ein autokephales Erzbistum Ohrid ein, das von den übrigen orthodoxen Kirchen als kanonisch anerkannt wird. 4. Eine weitere – als gravierend empfundene – Bedrohung ist die *ethnische* durch die Nachbarländer Albanien und Kosovo, die durch Sprache und Religion sehr eng mit der großen albanischen Minderheit im Lande verbunden sind. Angesichts der demografischen Entwicklung nimmt der Anteil der slawischen Bevölkerung stetig ab, sodass eine gewisse Angst um die ethnische Kontinuität das politische Handeln beeinflusst.

Die Nationsbildung Mazedoniens stand also unter ungünstigen Zeichen. Angesichts dieser Situation entschlossen sich die neuen politischen Machthaber zu einem konfrontativen und exklusiven Konzept. Es ist ein – im Projekt *Skopje 2014* gipfelndes – Konzept, nach dem sich Mazedonien als »Wiege der Zivilisation« definiert[25] und einen beachtlichen Teil der antiken, der mittelalterlich-christlichen und auch der neueren Geschichte der Balkanländer für sich vereinnahmt: Auf die Mehrzahl der in den Denkmälern dargestellten historischen Persönlichkeiten erheben vor allem die Nachbarländer Griechenland und Bulgarien berechtigte Ansprüche und sie

25 | Jeder einreisende Besucher wird per SMS begrüßt mit der Nachricht »Welcome to Macedonia, the cradle of civilization«.

ЦАР
САМОИЛ

empfinden daher viele der Denkmäler als Provokation. Das Nachbarland Bulgarien nahm zur Vereinnahmung des bulgarischen Zaren Samuil dadurch Stellung, dass es 2016 im Zentrum der Hauptstadt Sofia als »Antwort« ein fünf Meter hohes bronzenes Samuil-Denkmal errichten ließ mit dem markanten Merkmal, dass seine Augen bei Dunkelheit stechend leuchten (Abb. 5 und 6).

Eine weitere Provokation des in den Denkmälern materialisierten mazedonischen Geschichtsbildes besteht darin, dass aus ihm die (muslimischen) Albaner und Türken, also fast ein Drittel der Bevölkerung ausgeschlossen sind. Sam Vaknin, ein ehemaliger Berater des Ministerpräsidenten Nikola Gruevski, fasste dies zusammen in der Aussage, dass das Projekt an erster Stelle *antialbanisch* sei und dass die »Antikisierung ein doppeltes Ziel habe, nämlich die Albaner zu marginalisieren und eine Identität zu schaffen, die den Albanern nicht erlaubt, Mazedonier zu werden«.[26] Albanisch ist keine gleichberechtigte Staatssprache und viele ethnische Albaner empfinden sich nicht als Mazedonier;[27] in den albanischen Gebieten sieht man die Staatsflagge Albaniens häufiger als jene Mazedoniens. Diese Exklusion der Albaner aus dem die Nation konstituierenden Erinnern wurde mit etwas Verspätung halbherzig korrigiert. Neben dem schon älteren Reiterstandbild des albanischen Nationalhelden George Kastrioti Skanderbeg (1405–1468) am Rande des Alten Bazars wurden noch ein paar bescheidene Statuen albanischer Persönlichkeiten aufgestellt, etwa jene des kosovarischen Politikers Hasan Prishtina (1873–1933).

Waren nationale Mythen in den 1990er Jahren wegen des griechischen Drucks zunächst zurückgestellt worden, wurden sie nach 2006 als Mittel der politischen Mobilisierung erkannt und zur Erfindung und Produktion von »nationaler Tradition« benutzt. Diese besteht – abgesehen von den Denkmälern – in der Schaffung neuer Zeremonien und der Verbreitung mythisierender Narrative über den »uralten« Ursprung der Nation, die Eingang in Schulbücher und Fernsehsendungen gefunden haben. National gesinnte Historiker wurden beauftragt, diese Thesen zu untermauern, wofür sie unter anderem die absurde Theorie entwickelten, dass Mazedonien nicht etwa Endpunkt, sondern Ausgangspunkt der Slawenwanderung gewesen sei.[28] Ziel dieser Appelle an die Emotionen der (slawischen) Bevölkerung ist die Verbreitung der Idee nationaler Einheit und Einmaligkeit – sowie die Sicherung der Macht der herrschenden Partei. Der Anthropologe Andrew Graan (2013) vermutet, dass es sich bei dem Projekt *Skopje 2014* im Kern um das heute so wichtige »nation branding« handelt, ein Erklärungsansatz, der angesichts der Komplexität der Situation Mazedoniens allerdings etwas zu kurz greift.[29] Die Konstruktion der modernen mazedoni-

26 | Boris Georgievski: Ghosts of the Past Endanger Macedonia's Future. In: BalkanInsight, 27. 10. 2009; zu diesem Aspekt siehe auch Janev 2011.

27 | Bei den Parlamentswahlen im Dezember 2016 errang die VMRO nicht die Mehrheit der Sitze; die bisher oppositionelle (sozialdemokratische) SDSM will gemeinsam mit den albanischen Parteien der albanischen Minderheit mehr Rechte einräumen und Albanisch zur gleichberechtigten Staatssprache machen.

28 | Aussage von Goran Janev im Interview am 15. 11. 2013.

29 | Zur Komplexität der Situation Mazedoniens siehe Sjöberg 2011; Skordos 2011 sowie Janev 2011.

schen Nation aus dem imaginierten Geist der Antike und des Mittelalters wird aber wohl kaum gelingen. Umfragen ergaben, dass nur wenige Prozente der Bevölkerung die Ansicht teilen, die Epoche Alexanders des Großen sei die größte der mazedonischen Geschichte gewesen.[30] Von der Planungsphase bis in die Gegenwart hielten die Proteste vor allem der gebildeteren Teile der Bevölkerung an; einer der Gründe war die undurchsichtige Finanzierung des für ein so kleines und armes Land unglaublich teuren Projekts. Žarko Trajanoski sprach bereits 2010 von der »Antikomanie einer Kleinstadt«, Jurica Pavičić (2014) sah »Skopje im Delirium« und der Archäologe Nikos Čausidis formulierte: »Wenn wir diese ganze Architektur zur Psychoanalyse schicken würden, dann würde das alle Komplexe unseres Landes offenbaren.«[31] Auch die internationale Rezeption des Projekts war vorwiegend negativ; oft war die Rede von »Kitsch« und vom »mazedonischen Disneyland«. Sehr deutlich war etwa der Filmbeitrag *Alexander der Größte* in einer ARD-Sendung mit dem Aufhänger: »Mazedoniens Wirtschaft steckt in der Krise, aber die Regierung verballert riesige Summen in absurde Prestigeprojekte. Die Hauptstadt Skopje versinkt im Kitsch bombastischer Paläste und gigantischer goldener Alexander-Statuen. Der Zweck: die Herleitung einer fiktiv-heroischen Landesgeschichte.«[32]

* * *

Die beiden Balkanländer vergleichend, möchte ich abschließend einige Überlegungen anstellen zu der in beiden Fällen sehr deutlich werdenden Hinwendung zur lange zurückliegenden »großen Geschichte« der Nation. Dabei geht es mir vor allem darum, Gemeinsamkeiten der beiden Nachbarländer ebenso wie Unterschiede zu benennen. Grundsätzlich gemeinsam ist den beiden Ländern, dass sie – in einer peripheren Region Europas gelegen – zu den ärmsten Ländern des Kontinents zählen, dass sie im harten globalen Wettbewerb nur geringe Chancen haben; dass sie mit dem Problem der massiven Abwanderung konfrontiert sind, Bulgarien allerdings erst seit den 1990er Jahren; und gemeinsam ist beiden Ländern auch, dass sie – nach fünf Jahrhunderten osmanischer Herrschaft – »junge Nationen« sind, Bulgarien seit 1878 und Mazedonien seit 1991. In beiden Ländern ist eine aus der Bevölkerung, »von unten» kommende Tendenz der Rückwendung zu nationalen Mythen und zur nationalen Volkskultur zu beobachten. Die Hinwendung zur »großen nationalen Geschichte« hingegen ist in beiden Ländern ein Projekt »von oben«, eine Initiative der politischen und wirtschaftlichen Führungseliten. Es sind Eliten, die sich nur begrenzt um das Gemeinwohl ihrer Gesellschaften sorgen; ein wichtiger Indikator hierfür ist

30 | Interviewaussage (wie Fußnote 28).

31 | Interview in der ARD, Sendung von Klaus Uhrig: *Alexander der Größte* in *Titel, Thesen, Temperamente* vom 1. 12. 2013; siehe auch Čausidis 2013.

32 | Klaus Uhrig: Alexander der Größte (siehe Fußnote 31).

das in beiden Ländern – nach internationalen Einschätzungen[33] – sehr hohe Maß an Korruption[34] und Klientelismus in Wirtschaft, Politik und Medien.[35] Beiden Ländern gemeinsam ist schließlich, dass der entscheidende Initiator, Planer und die treibende Kraft hinter dem Projekt der Aufarbeitung und Präsentation der »großen Geschichte« eine politisch einflussreiche, regierungsnahe herausragende Person aus dem Bereich der Wissenschaft ist. Nicht zu übersehen sind allerdings die Unterschiede zwischen dem EU-Mitglied Bulgarien und dem verhinderten EU-Mitglied Mazedonien: Während Bulgarien in der Tat auf eine »große Geschichte« im Mittelalter zurückblicken kann und die Restauration und Rekonstruktion seiner im ganzen Land vorhandenen Denkmäler relativ vorsichtig voranbringt, hat Mazedonien seine historischen Monumente nicht nur weitestgehend neu errichtet, sondern hat die historischen Figuren auch zu einem erheblichen Teil von den beiden Nachbarländern Bulgarien und Griechenland »entlehnt«, hat sich also wichtige Teile der Geschichte seiner Nachbarn angeeignet; und während das EU-Mitgliedsland Bulgarien die Denkmäler weitgehend durch Mittel der EU finanzieren konnte, sind die in Skopje konzentrierten Monumente Mazedoniens weitgehend durch Kredite finanziert worden und sind damit für das wirtschaftlich schwache Land auf viele Jahre eine erhebliche Belastung. Eine wichtige Folge dieser Unterschiede zwischen den beiden Ländern ist schließlich, dass es in Mazedonien über die Jahre seit dem Beginn des Projekts anhaltend Proteste gegen *Skopje 2014* und die Regierung gibt, in Bulgarien hingegen – außer der Kritik der Experten – eher öffentliches Desinteresse herrscht und nur einige wenige gut erreichbare Denkmäler viel besucht werden.

Im Vergleich zu den Ländern des östlichen Europa scheinen wir hier mit einem gewissen Paradox konfrontiert zu sein: Während sich die Masse der Bevölkerung in Südosteuropa als Folge der Transformation und der Globalisierung als Abgehängte sieht und daher – abgesehen von der Nostalgie nach dem Sozialismus – vor allem in der nationalen Volkskultur den Garanten für die eigene nationale Identität sieht, sind es die Gewinner der Transformation, die einflussreichen (und z. T. superreichen) Eliten, die der Bevölkerung die Hinwendung zur »großen nationalen Geschichte« schmackhaft zu machen versuchen. Es scheint hier somit der Versuch eines »neuen Nationalismus von oben« vorzuliegen – und es liegt der Verdacht nahe, dass es sich hier eher um »Opium für das Volk« handelt, mit dem das in beiden Ländern zu konstatierende Staatsversagen, die *state capture,* durch die postsozialistischen Eliten kaschiert werden soll.

33 | Wie z. B. den EU-Fortschrittsberichten, den Berichten der Weltbank, dem Transparency International Corruption Perception Index.

34 | Nach dem Transparency International Corruption Perception Index für 2016 steht Bulgarien auf Rang 75 und Mazedonien auf Rang 90, in beiden Fällen eine deutliche Verschlechterung über die letzten 10 Jahre.

35 | Nach der Rangliste der Pressefreiheit von *Reporter ohne Grenzen* rutschte Bulgarien von Platz 51 (2007) ab auf Platz 106 (2015), Mazedonien von Platz 36 (2007) auf Platz 117 (2015).

Zitierte Literatur

Biswas, Bidisha (2004): Nationalism by Proxy: A Comparison of Social Moverments among Diaspora Sikhs and Hindus. In: Nationalism and Ethnic Politics 10, S. 269–295.

Brown, Keith (2003): The Past in Question: Modern Macedonia and the Uncertainties of Nation. Princeton.

Čausidis, Nikos (2013): Proektot Skopje 2014 – Skici za edno naredno istražuvanje [Das Projekt Skopje 2014 – Skizzen einer nächsten Forschung]. Skopje.

Čolović, Ivan (2011): Kulturterror auf dem Balkan: Essays zur politischen Anthropologie. Osnabrück.

— (2016): Smrt na kosovu polju. Istorija kosovskog mita [Tod auf dem Amselfeld. Geschichte des Kosovo-Mythos]. Belgrad.

Deimel, Johanna/Schubert, Gabriella (Hg.) (2016): Women in the Balkans/Southeastern Europe. Leipzig, München.

Dimova, Nevena (2017): Land, Labour and Rural Downshifting in Post-Socialist Bulgaria. In: Ethnologia Balkanica 19/2016, S. 101–120.

Erlich, Vera St. (1984): Historical Awareness and the Peasant. In: Winner, Irene u.a. (Hg.): The Peasant and the City in Eastern Europe. Cambridge (MA), S. 99–109.

Graan, Andrew (2013): Counterfeiting the Nation? Skopje 2014 and the Politics of Nation Branding in Macedonia. In: Cultural Anthropology 28, 1, S. 161–179.

Janev, Goran (2011): What Happened to the Macedonian Salad: Ethnocracy in Macedonia. In: Ethnologia Balkanica 15, S. 33–44.

Luleva, Ana (2008): Krise der Männlichkeit und/oder die (Neu-)Erfindung des Patriarchats – der Fall der bulgarischen postsozialistischen Transformation der Geschlechterverhältnisse. In: Sylka Scholz/Willms, Weertje (Hg.): Postsozialistische Männlichkeiten in einer globalisierten Welt. Berlin, S. 195–214.

Majewski, Piotr (2017): Project »Skopje 2014« – »À la recherche du temps perdu«. In: Ethnologia Balkanica 19/2016, S. 167–183.

Pavičić, Jurica (2014): Skopje im Delirium. Der Postkommunismus im Spiegelkabinett oder die Tilgung der Moderne. In: Lettre International, Sommer 2014, S. 130–133.

Roth, Klaus (2015): Postsozialistische Alltagskultur als Herausforderung. In: ders./Höpken, W./Schubert, G. (Hg.): Europäisierung – Globalisierung – Tradition. Herrschaft und Alltag in Südosteuropa. 50. Internationale Hochschulwoche der Südosteuropa-Gesellschaft in Tutzing 2011. München, S. 9–32.

— (2016): »Skopje 2014«. Die Monumentalisierung von Geschichte zur Konstruktion einer jungen Nation. In: Niem, Christina/Schneider, Thomas/Uhling, Mirko (Hg.): Erfahren, Benennen, Verstehen. Den Alltag unter die Lupe nehmen. Festschrift für Michael Simon zum 60. Geburtstag. Münster: Waxmann, S. 303–320.

Roth, Klaus/Zelepos, Ioannis (Hg.) (2017): Klientelismus in Südosteuropa. München.

Sjöberg, Erik (2011): Battlefields of Memory. The Macedonian Conflict and Greek Historical Culture. Umeå.

Skordos, Adamantios (2011): Makedonischer Namensstreit und griechischer Bürgerkrieg – Ein kulturhistorischer Erklärungsversuch der griechischen Makedonien-Haltung 1991. In: Südosteuropa-Mitteilungen 51, 4, S. 36–55.

Stoilova, Zornica/Jordanova, Ljuba (2015): Bălgarija na dvajset kreposti [Bulgarien der zwanzig Festungen]. In: Kapital, 15.–21. 8. 2015, S. 8–11.

Sundhaussen, Holm (1999): Europa balkanica. Der Balkan als historischer Raum Europas. In: Geschichte und Gesellschaft 25, S. 626–653.

Trajanoski, Žarko (2010): Antikomanija na palankata [Die Antikomanie einer Kleinstadt]. In: Grčev, Miroslav (Hg.): Kradat grad!: zbornik tekstovi za proektot »Skopje 2014« [Sie stehlen die Stadt! Sammelband von Texten zum Projekt »Skopje 2014«]. Skopje, S. 45–48.

Vangeli, Anastas (2011): Nation-building Ancient Macedonian Style: The Origins and the Effects of the So-Called Antiquization in Macedonia. In: Nationalities Papers 39, 1, S. 13–32.

Das Nationale versus das Europäische in der bulgarischen Gedächtniskultur

Zeitschichten konfliktreicher Erinnerungspraktiken

Ana Luleva

Nach dem Ende des kommunistischen Regimes in den Ländern des Ostblocks traten gravierende Veränderungen in der Gedächtniskultur ein. Befreit vom ideologischen Kanon, wurde das Gedächtnis pluralisiert und demokratisiert. Es veränderten sich die sozialen und politischen Rahmen, die das Konstruieren der neuen Erinnerungskultur beeinflussen (Luleva 2012a). In Osteuropa schoss der neue, postsozialistische Nationalismus empor, was zeigte, dass der Nationalismus die Länder, die offiziell der Ideologie des proletarischen Internationalismus gefolgt waren, nie verlassen hatte.

Das ist auch in Bulgarien der Fall. Seit Mitte der 1960er Jahre wurde der Nationalismus durch die auf Homogenisierung der Nation zielende staatliche Politik genährt, ungeachtet der neun Prozent türkischer Bevölkerung, der drei Prozent Roma und anderer ethnischer Gruppen wie der Armenier, Griechen und Juden (Naselenie 2011). Die nationalistische Politik des kommunistischen Regimes kulminierte Ende der 1970er und 80er Jahre (Elenkov 2012). Auf kultureller Ebene war das bedeutsamste Ereignis des späten Sozialismus eine Feier im Jahre 1981 zu den 13 Jahrhunderten seit Gründung des bulgarischen Staates. Unter der Patronage der Tochter von Todor Živkov (des Ersten Sekretärs der BKP und Staatsoberhauptes) startete ein grandioses Programm zu *13 Jahrhunderten Bulgarien:* Begründet wurde ein kulturelles Gedenken an die reiche Vergangenheit, das Filme und literarische Werke mit historischer Thematik, Monumente und Museen umfasste; archäologische Ausgrabungen wurden finanziert und bulgarische Denkmäler kamen in die Liste des Weltkulturerbes der UNESCO. Das kommunistische Regime führte eine große nationale Kampagne der Assimilierung durch, bei der die Namen der bulgarischen Muslime geändert wurden, insbesondere die der bulgarischen Türken, und es rechtfertigte sein Handeln mit ethnonationalistischen Argumenten. Das offizielle historische Narrativ sprach von einer langen historischen Kontinuität der Nation.

Waren der antifaschistische Kampf und der Sieg der sozialistischen Revolution im September 1944 grundlegende Mythen des sozialistischen Staates gewesen, so wurden diese nach 1989 stark relativiert. Die Zeugnisse des Terrors, die politischen Prozesse gegen diejenigen, die im sozialistischen Regime in Ungnade gefallen waren, die kommunistischen Lager, die Repressionen anlässlich der Verstaatlichungen des Privateigentums und die Kollektivierung des Bodens traten nun ins öffentliche Bewusstsein. Um historische Gerechtigkeit bemüht, plädierte der rechtsorientierte demokratische Diskurs dafür, die vorsozialistischen Werte und kulturellen Muster wieder herzustellen. Symbole, staatliche Rituale und nationale Feste aus der Vorkriegsvergangenheit wurden wieder hervorgeholt. Dabei bezog der antitotalitäre Diskurs seine Legitimation aus den kommunistischen Repressionen (Luleva/Troeva/Petrov 2012). Die Bewertung der kommunistischen Vergangenheit und ihr Erbe sind darin grundlegende politische Fragen (Welsh 1996; Bernhard/Kubik 2014). In den ersten Jahren nach der Wende war viel die Rede von der Pflicht zur und dem Recht auf Erinnerung als Garanten dafür, dass sich die autoritäre Vergangenheit nicht wiederholt und das Land den Weg zur Demokratie und zur Integration in Europa wählt (Luleva 2012b). Die Bulgarische Sozialistische Partei, Nachfolgepartei der Bulgarischen Komunistischen Partei, verlor keine Zeit, sich von ihrem langjährigen Führer Todor Živkov und den »Abartigkeiten« seines Regimes sowie dem Terror der Stalinzeit abzugrenzen und ihren Wunsch zu bekunden, für den Aufbau eines demokratischen politischen Systems zu arbeiten. Im Laufe der Zeit verlor aber die Frage der Bewertung des kommunistischen Regimes seine Schärfe – nicht weil ein Konsens erzielt worden wäre, sondern weil sich die Auffassung durchsetzte, dass die Erfordernisse der Gegenwart wichtiger seien als die Debatten über die Vergangenheit. Der Streit über das kommunistische Regime (oder »soz-a«, wie es in der Alltagssprache heißt), wird aber jedes Mal aktuell, wenn sich die politische Debatte verschärft. Und mehr noch: Die Bedeutung der Vergangenheit für das politische Leben wächst mit der Zeit, weil deren moralischen und soziokulturellen Folgen nicht wirklich zu Ende gedacht, gelöst und überwunden sind, wie die Untersuchungen auch für andere postsozialistische Länder zeigen. [1]Mit dem Eintritt der ehemals sozialistischen Staaten des Ostblocks in die EU wurde die Frage nach der kommunistischen Vergangenheit von einer nationalen zu einer transnationalen europäischen Frage und zu einem Teil der Erinnerungspolitiken der europäischen Institutionen. Seit Mitte der 1990er Jahre spielt die Erinnerungspolitik der EU auf nationaler Ebene eine große Rolle, da sie eine Legitimationskraft schafft und durch ihre Reglements im Feld der Erinnerung neue *memory frameworks* konstruiert.[2] Im Folgenden will ich zeigen, wie die beiden transnationalen europäischen *memory topics* – kommunistischer Terror und Holocaust – in Bulgarien thematisiert werden. Diese beiden Beispiele werde ich im Kontext des neuen Nationalismus betrachten, wie er im Land in der Zeit des Postsozialismus zu beobachten ist. Zuvor seien kurz die theoretischen Grundlagen meiner Untersuchung zur Erinnerungskultur umrissen.

1 | Mälksoo 2009; Mark 2010; Gledhill 2011; Mink/Neumayer 2013; Nugin u. a. 2016; Kõresaar/Jõesalu 2016.

2 | Pakier/Strath 2010; Gledhill 2011; Littoz-Monnet 2012; Assmann 2013; Neumayer 2015; Sierp/Wüstenberg 2015.

Der Begriff Erinnerungskultur beschreibt ein breites Spektrum informeller und institutionalisierter Formen von Erinnerung (Troebst 1997: 16; Corneliessen u.a. 2004: 12–14; Erll 2005). Aleida Assmann definiert sie als Ensemble der Formen und Medien einer kulturellen Mnemotechnik, mit deren Hilfe Gruppen und Kulturen eine kollektive Identität und Orientierung in der Zeit aufbauen (Assmann 2006: 274). Im weiteren Sinn lässt sich Erinnerungskultur als heterogene Konstellation aus der Erinnerung verschiedener Gruppen und Orte der Erinnerung definieren, als Resultat der Wechselwirkung von Makro- und Mikroebene in der Praxis der Gruppenerinnerung, wobei das dominierende nationale, offizielle Gedächtnis auf eine Vielzahl kollektiver Erinnerungen stößt; als dynamischer und in anderer Hinsicht doch auch konstanter Prozess des Vereinbarens – von *Inklusion* und *Exklusion* – dessen, woran man sich erinnern muss und was oder wer vergessen wird; ein Prozess der Wechselwirkung von öffentlicher und privater, von offizieller Erinnerung und Gegen-Erinnerung (Misztal 2003; Popular Memory Group 2011).

Die Erinnerungskultur gehört der öffentlichen Sphäre an und steht in enger Verbindung mit der Geschichtspolitik, der Politik gegenüber der Vergangenheit und der Erinnerungspolitik, die die Interessen der sozialen (politischen) Akteure und die Entscheidungen darüber bestimmen, woran und wie man sich erinnert. Sie alle beziehen sich auf die Sphäre des Politischen und der politischen Kultur, insofern sie die Beziehung von Erinnerung, Vergangenheit und Geschichte mit ihren Interessen widerspiegeln. Die offizielle Politik der Erinnerung, Vergangenheit und Geschichte beeinflusst die öffentliche Erinnerungskultur: Einerseits stehen die beiden untereinander und andererseits mit der individuellen und familiären Erinnerung in Wechselwirkung und oft in einem Spannungsverhältnis (Troebst 1997; Olick 1999; Todorova u.a. 2014).

Spricht man von nationaler Erinnerungskultur, so geht es in der Regel vor allem um kulturelle, medial repräsentierte Erinnerung in ihrer Gesamtheit von institutionalisierten Formen des kollektiven Gedächtnisses, die Grundlage der Bildung von nationalen Identitäten ist. Eine Reihe von Autoren hebt hervor, dass die nationalen Erinnerungskulturen durch Machtbeziehungen von »Inklusion/Exklusion« charakterisiert sind. Im Ergebnis setzt sich eine bestimmte Erinnerung als legitim und hegemonial durch. Die modernen nationalen Gedächtniskulturen sind selten widerspruchsfrei. Es ist ihr Normalzustand, in den sich ändernden sozialen Rahmen dynamisch zu sein. Untersuchungen von Erinnerung und Nationalismus zeigen, dass der Aufbau der Nation auch ein Prozess des Aufbaus eines nationalen Gedächtnisses, das Entstehen von geteilter Erinnerung und geteiltem Vergessen ist (Assmann 2006; Misztal 2003). Alon Confino schreibt, dass das nationale Gedächtnis sich aus verschiedenen, oft in Opposition und Konfrontation stehenden Kollektiverinnerungen bildet, die trotz der Konkurrenz untereinander einen gemeinsamen Nenner haben, der die sozialen und politischen Unterschiede auf symbolischer Ebene überwindet und die imaginierte Gemeinschaft der Nation schafft (Confino 1997: 1399–1940). Durch die kulturellen Praktiken des Sich-Erinnerns und das durch sie geschaffene gemeinsame Gedächtnis werden Gruppen-, lokale und nationale Identitäten konstruiert. Auf diese Weise wird die Nation zur mnemonischen Gemeinschaft, die indes bei Weitem nicht homogen und nicht problemlos mit dem nationalen Gedächtnis verbunden ist. Was aus der Vergangenheit erinnert wird, woran gedacht und was zum nationalen historischen Gedächtnis erhoben wird, das hängt vom Erfolg der Erinnerungspolitiken ab und von der Fähigkeit der nationalen (und staatlichen) Institutionen, eine hegemoniale Version der Vergangenheit durchzusetzen. Der offizielle nationale Diskurs wird durch das historische Gedächtnis repräsentiert. In diesem Kontext sind – durch Zustimmung oder Infragestellung – die kollektiven Erinnerungen von unterschiedlichen Gruppen zu situieren.

Im Weiteren folge ich der Auffassung von Craig Calhoun (2007) vom Nationalismus als einem diskursivem Gebilde und der Konzeption von Irene Götz (2011) von Nationalismus als semantischem Feld, das nicht nur die extremen Formen der politischen Bewegung umfasst, sondern auch alltägliche Erscheinungsformen hat: in unserem Fall unter anderem das Demonstrieren eines ethnokulturellen Patriotismus, die Rückkehr zu den Traditionen, den Diskurs über die »geheiligte« Staatsgrenze, die neuen kulturellen Praktiken (historische Reproduktionen), die erhitzten Debatten darüber, wie die Geschichte der »türkischen Sklaverei« zu lehren ist. Dies sind Erscheinungsformen von ethnokulturellem Nationalismus, die sich zwar auf einen aus dem 19. Jahrhundert bekannten Nationalismus beziehen, aber deshalb nicht unbedingt und von Anfang an reaktionär sind. Das, was sie politisch bedeutsam (und reaktionär) macht, ist ihr Einsatz für entsprechendes politisches Ziel. Meine Beobachtungen zeigen, dass es in fast allen Fällen ein Bestreben zur politischen Instrumentalisierung der Vorstellung vom Nationalen, Heimischen, Bulgarischen und den neuen, damit verbundenen kulturellen Praktiken gibt.

Der Boom des Bulgarischen

Nach 1989 erlebt Bulgarien einen Boom des »Bulgarischen«. Die zeitgenössischen Medien der Konsumkultur machen die Wiederentdeckung des Bulgarischen zu einer besonderen Art von Mode. Die Folklore und die Volkstraditionen werden in einem neuen, neotraditionellen Code wiedererschaffen. Das Bulgarische wird durch bestimmte Kleidung inszeniert – meist durch die für das vormoderne Dorf charakteristischen Volkstrachten für Männer und Frauen. Solche Volkstrachten werden heute nach alten Mustern genäht und von Alt und Jung bei Feiern und auf Dorffesten getragen. Diese Kostüme sind obligatorischer Dress für die Gäste und das Brautpaar bei den sogenannten Ethno-Hochzeiten – Hochzeiten im Folklore-Stil, die in den letzten Jahren modern geworden sind. Sie reproduzieren die imagnierte Volkstradition und ihren patriarchalischen Geist (Abb. 1).

Die traditionelle Küche und die Volkstänze sind ein Teil des noch in den Jahren des Sozialismus ausgearbeiteten kulturellen Repertoires des Bulgarischen (inbegriffen auch die Erfordernisse des internationalen Tourismus), aber am Anfang des neuen Milleniums erleben sie eine neue Blüte. In den letzten Jahren sind solche historischen Reproduktionen besonders beliebt. In Bulgarien entstehen Klubs von »Fans

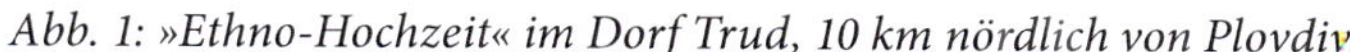

Abb. 1: »Ethno-Hochzeit« im Dorf Trud, 10 km nördlich von Plovdiv.

Abb. 2: »Sie gründeten die Koalition ›Patriotische Front‹ vor den Augen von Chan Asparuch und Zar Simeon.« Bekanntgabe der Gründung der Koalition »Patriotische Front«, seit Mai 2017 an der Regierung beteiligt.

der Tradition« wie der Klub *Hajduti* und andere »patriotische« Organisationen wie *Bulgarische Erinnerung, Alle Bulgaren vereint*. Die Jahrestage wichtiger historischer Ereignisse werden vor Ort mit historischen Reproduktionen begangen: Gruppen von Männern in nationaler Tracht oder Militäruniform stellen die heroischen Ereignisse nach – etwa den Aprilaufstand von 1876, die Befreiung von der türkischen Herrschaft 1878, die Vereinigung des Landes 1885, siegreiche Schlachten aus den Balkankriegen und aus dem Ersten Weltkrieg.

Außer Nationalstolz und Liebe zur Tradition und dem Bulgarentum vermitteln diese Inszenierungen einen ausgesprochen militärischen patriotischen Geist. Sie strahlen politische Emotionen aus, die durch die sozialen Netze und die Medien popularisiert werden und einen neuen Hintergrund von hoch patriotischem Flair schaffen. Im Kontext des Kämpfens für das – durch die Flüchtlingskrise »bedrohte« – Bulgarische überrascht es kaum, dass bei den jüngsten Präsidentschaftswahlen im November 2016 die Koalition von extremen Nationalisten, die *Vereinigten Patrioten*, 15 Prozent der Wählerstimmen erhielt und auf den dritten Platz kam.

Die im Parlament vertretenen »Patrioten« provozieren regelmäßig Skandale wegen der Veränderungen in den Lehrplänen für Geschichte und Literatur. Ihre These gleicht jenen, die vor einem Jahrzehnt um den »Fall Batak«[3] erhoben wurden: Sie »verteidigen« die bulgarische Identität der jungen Generation, indem sie beanspruchen, die »heiligen Texte der nationalen Wiedergeburt« vor »den neoliberalen vaterlandslosen Gesellen« zu schützen. Bemerkenswert war der Auftakt ihrer Wahlkampagne von 2014. Hinter den beiden (Partei-)Führern, die die Wahlvereinbarung unterzeichneten, standen vier kostümierte Männer, die vier wichtige Figuren der bulgarischen Geschichte darstellten (Chan Asparuch, Zar Simeon, Vasil Levski und ein Soldat aus dem Balkankrieg). Die Agenturen gaben das Ereignis mit folgender Überschrift wieder: »Vor den Augen von Chan Asparuch und Simeon wurde eine Koalition ›Patriotische Front‹ gegründet« (Abb. 2).

Der ethnokulturelle Nationalismus ist kein Privileg der extremen Nationalisten. Er wird auch geteilt von der Linken und der Partei GERB von Bojko Borisov, der stärksten Partei, die auch Mitglied der Europäischen Volkspartei ist.

Die Welle des Erfindens bulgarischer Traditionen nimmt in den an Popularität gewinnenden lokalen Festivals sichtbare Gestalt an. Nach inoffiziellen Informationen des Kultusministeriums werden zurzeit 940 lokale Festivals organisiert, von denen ein großer Teil unter dem Zeichen der Neuentdeckung »alter Wurzeln« und Traditionen steht. Die vormoderne bulgarische Kultur wird sakralisiert und als Emanation des Bulgarischen, Authentischen, Heimischen imaginiert. All dies spricht ohne Zweifel für einen Anstieg und eine Neuentdeckung des Nationalen als Ressource von Identität. Wir sind Zeugen der Aktualisierung eines ethnokulturellen Nationalismus,

3 | Mehr über den »Fall Batak« siehe Roth 2009. Das Gemetzel osmanischer Soldaten an der Bevölkerung der Kleinstadt Batak im Jahre 1876, das für die bulgarische Geschichte der »Befreiung vom türkischen Joch« zentral ist, wurde von Historikern eines an der FU Berlin angesiedelten Projekts quellenkritisch betrachtet, was 2007 in Bulgarien einen großen Skandal auslöste.

der eine Gemeinschaft von Blut und Sprache postuliert – mit einem Diskurs, der die übrigen ethnischen und religiösen Gemeinschaften im Land völlig ausblendet.

Es fällt ins Auge, dass in diesem nationalistischen Kontext, der von allen im Parlament vertretenen Parteien geteilt wird, ein Konsens fehlt zu jenen Erinnerungsorten, die auch Objekte der in den letzten Jahren ausgehandelten europäischen Erinnerungspolitiken sind: die Einschätzung der jüngsten Vergangenheit, der Repressionen des kommunistischen Regimes und des Gedenkens an den Holocaust.

Die Erinnerung an den Holocaust

In den 1990er Jahren fand die Erinnerung an die Shoah, die sich in den USA und in Europa schon als Paradigma einer Kultur der Erinnerung an die Leiden der Opfer des Nazismus etabliert hatte, Widerhall in Bulgarien; sie gab den Anstoß für das Interesse am Schicksal der bulgarischen Juden im Zweiten Weltkrieg. Im bulgarischen öffentlichen Diskurs wurde die Shoah aber nicht primär als Holocaust angesehen, sondern als »Rettung der bulgarischen Juden«, womit der Akzent auf die Verdienste ihrer Retter gelegt wird. Bekanntlich hat das positive Narrativ von der Rettung der bulgarischen Juden vor den Todeslagern seine Vorgeschichte in sozialistischer Zeit. Ohne in der Zeit des Sozialismus einen besonderen Platz in der öffentlichen Erinnerungskultur einzunehmen, gehört es zum Mythos des heroischen Kampfes der kommunistischen Partei und des Führers ihrer Sofioter Organisation, Todor Živkov. In den Jahren der Wende wird diese Sichtweise revidiert; hervorgehoben wird nun das Verdienst von Zar Boris III, der Synode der bulgarischen orthodoxen Kirche, der demokratischen Bürgergesellschaft und der Gruppe von Volksvertretern mit dem Vizepräsidenten der 25. Volksversammlung, Dimităr Pešev, an der Spitze (Troebst 2011; Troeva 2012; Danova 2013). Nach 1989 wird die »Rettung der bulgarischen Juden« allmählich zu einem Motiv der öffentlichen Erinnerung, was noch lange nicht bedeutet, dass dieses frei von konfligierenden Interpretationen und ein *allgemein geteilter* Erinnerungsort wäre. Er wird konstruiert durch die Debatten um die von bulgarischen und ausländischen Autoren neu herausgegebenen Untersuchungen, durch Gesten der Anerkennung seitens bulgarischer und ausländischer Institutionen, Gedenkfeiern und Ähnliches.

Für die Anerkennung von Dimităr Peševs Rolle bei der Rettung der bulgarischen Juden sorgt Gabriele Nissims Buch »Der Mann, der Hitler stoppte. Die Geschichte von Dimităr Pešev, der die Juden einer Nation gerettet hat«.[4] Dies gilt zunächst für Italien und das Jahr 1998 und nach der bulgarischen Übersetzung des Buches fünf Jahre später auch für Bulgarien (Nisim 2003). Gabriele Nisim vergleicht Dimităr Pešev mit den bekanntesten Rettern der Juden und kämpft dafür, sein Werk dem Vergessen zu entreißen. Er organisiert eine Präsentation seines Buches und damit eine Ehrbezeugung für Dimităr Pešev im italienischen Parlament sowie im Euro-

4 | »L'uomo che fermò Hitler. La storia di Dimitar Peshev che salvò gli ebrei di una nazione intera«.

päischen Parlament in Straßburg (Oktober und November 1998). Die bulgarischen Politiker der damals regierenden Rechten schließen sich der Initiative des Journalisten und der israelischen Politiker an und die Nationalversammlung drücken im Oktober 1998 mit einigen symbolischen Gesten ihre Achtung für Dimităr Pešev aus. Dimităr Pešev wird posthum mit dem Orden *Stara planina* ausgezeichnet. Derselbe Orden wird auch Gabriele Nisim für »das Bekanntmachen Bulgariens und öffentlicher bulgarischer Persönlichkeiten« verliehen. Gabriele Nisim und der Sohn Iossif Jašarovs, der Pešev vor dem Volksgericht verteidigt hatte, initiieren die Gründung einer internationalen Stiftung auf den Namen von Dimităr Pešev, die einen Jahrespreis »für einen Beitrag im Kampf gegen Genozid und zum Schutz der Menschenrechte« verleiht. Die Stiftung wird im Jahre 2000 mit Sitz im UN-Gebäude eröffnet, womit das Engagement des demokratischen Parlaments für die von Dimităr Pešev und seinen Mitstreitern im Jahr 1943 verteidigten Werte gewürdigt wird. Im selben Jahr wird auf Initiative der bulgarischen Delegation in der Parlamentarischen Versammlung des Europarates im Europapalast in Straßburg eine Büste von Dimităr Pešev aufgestellt. Er ist der einzige bulgarische Politiker, dem die Ehre zuteil wird, in einer Reihe mit den Gründungsvätern des vereinigten Europa zu stehen. Die Stiftung *Raul Wallenberg* gibt eine Medaille mit seinem Konterfei heraus. Er erhält den Titel »Ehrenbürger Israels«, und im Wald der Gerechten in Jerusalem steht ein Baum mit seinem Namen. Die internationale Anerkennung des Werks von Dimităr Pešev wurde in Bulgarien als eine historische Tat gepriesen, die zu nationalem Stolz berechtige. Im Jahre 2003 erklärte der Ministerrat zu Ehren des 60. Jahrestags der Rettung der bulgarischen Juden den 10. März zum »Tag des Holocaust und derjenigen, die unter den Verbrechen gegen die Menschlichkeit gelitten haben« und seither wird dieser Tag gefeiert als »Tag der Rettung der bulgarischen Juden und der Hochachtung vor der Erinnerung an die Opfer des Holocaust«. 2004 wurden Dimităr Peševs »Erinnerungen« publiziert und 2013 wurde anlässlich des 70. Jahrestags der Rettung der bulgarischen Juden in Sofia eine Gedenkbüste Peševs im Hof der Kirche *Hl. Georgi* eingeweiht. Dieses Denkmal und die (den geretteten Juden, den Oberhäuptern der orthodoxen Kirche, Dimităr Pešev und Zar Boris III gewidmeten) Gedenktafeln vor der Heiligen Synode sowie am Parlament waren bis vor Kurzem die einzigen Gedenkzeichen zu den dramatischen Ereignissen im März 1943. Im Juli 2016 weihten die Präsidenten Bulgariens und Israels ein weiteres Denkmal nahe dem Parlament (Volksversammlung) ein, welches den Titel trägt »Denkmal der Rettung, gewidmet der bulgarischen jüdischen Gemeinde, die in den Jahren des Zweiten Weltkriegs gerettet wurde«. Die Errichtung des Denkmals war Teil der Feierlichkeiten zum 70. Jahrestag der Rettung der bulgarischen Juden.[5] Alle diese Gedenkzeichen thematisieren »die Rettung« und sind eher Ausdruck des Wunsches, die Erinnerung an das »gewaltige Verdienst des bescheidenen, aber tapferen bulgarischen Volkes« zu bewahren als das Andenken an die Opfer des Holocaust. So wird in der sich herausbildenden Kultur des Gedächt-

5 | http://www.sofia.utre.bg/2016/07/09/378533-fandukova_prisustva_na_tseremoniata_po_otkrivane_na_pametnik_na_spasenieto (letzter Zugriff: 17. 11. 2016).

nisses zum Holocaust in Bulgarien nur die eine, die positive Seite der Geschichte (die Bewahrung von 48.000 Juden vor den Todeslagern) betont. Die andere, die dunkle Seite der Geschichte wird totgeschwiegen: die Deportation von 11 343 Juden aus den während des Zweiten Weltkriegs von bulgarischen Truppen besetzten »neuen Ländern«, Mazedonien und Nordgriechenland, mit Beteiligung der bulgarischen Verwaltung. Wenn sie eingestanden wird, dann in der Regel mit begleitenden Erklärungen, die den bulgarischen Staat von Schuld freisprechen: »der starke Druck von außen«, die »höheren Ziele der Diplomatie« und »die nationalen Interessen« (Troebst 2011; Danova 2013). In diesem Ton der Selbstbeweihräucherung bezüglichder Rettung bei gleichzeitiger Rechtfertigung und dem Herunterspielen der Rolle der bulgarischen Organe bei der Deportation der Juden aus den »neuen Gebieten« ist auch die offizielle Position des bulgarischen Parlaments gehalten, die in der (am 20. 3. 2013) auf der 41. Volksversammlung verabschiedeten Deklaration anlässlich des 70. Jahrestags der Rettung der bulgarischen Juden formuliert ist. Darin heißt es:

»Für uns ist die Rettung der bulgarischen Juden 1943 ein bedeutendes Ereignis, welches die Menschlichkeit und Toleranz des bulgarischen Volkes wie auch seinen Gerechtigkeitswillen zeigt. [...] Bei objektiver Bewertung der historischen Ereignisse lässt sich heute die Tatsache nicht bestreiten, dass 11.343 Juden aus Nordgriechenland und dem Königreich Jugoslawien, das damals unter deutscher Jurisdiktion stand, deportiert wurden. Wir verurteilen diesen vom hitlerischen Kommando durchgeführten verbrecherischen Akt und drücken unser Bedauern darüber aus, dass es der lokalen bulgarischen Verwaltung nicht möglich war, ihn zu verhindern.«[6]

Mit den Gedenkfeiern und den Denkmaleinweihungen reiht sich Bulgarien ein in die in Europa entstehende Erinnerungskultur an den Holocaust, wobei es seine Rolle als Retter seiner Juden hervorhebt – eine verdiente Beurteilung, was die Rettung der bulgarischen Juden aus »den alten Territorien« vor den Todeslagern angeht, allerdings auch eine Bewertung, die weder die antisemitische Staatspolitik gegenüber der ganzen jüdischen Bevölkerung vor Augen führt noch deren Deportation aus den »neuen Gebieten«. Dieses Narrativ, in dem das Gute den Sieg davonträgt, ist dazu geeignet, sowohl außenpolitisch instrumentalisiert zu werden als auch patriotische Gefühle und positive Autostereotypisierungen bei den Bulgaren selbst zu nähren. Dieses Narrativ ist damit in hohem Maße politisch zweckmäßig und wird nicht durch das Auftauchen neuer Dokumente erschüttert (Avramov 2012: 26; Koleva). Die für Nationalstolz empfänglichen Verfechter der Erinnerung an die Rettung sind geneigt, jeden, der versucht, weitere Nuancen zum Thema über das Schicksal der Juden von 1941 bis 1944 einzubringen, antibulgarischer Absichten zu bezichtigen (Troebst 2011).

Zwar wird das Gefühl von Nationalstolz in der bulgarischen Gesellschaft durch die Verbreitung der populären Erinnerung an die Rettung genährt, aber trotzdem muss man sagen, dass die Erinnerung an das Schicksal der Juden in der Kriegszeit – sowohl der Geretteten als auch der aus den »neuen Gebieten« Deportierten – kühl

6 | http://www.parliament.bg/bg/news/ID/2582 (letzter Zugriff: 17. 11. 2016).

und an der Peripherie der bulgarischen Gedächtniskultur verhaftet bleibt. Dafür spricht auch das geringe gesellschaftliche Interesse an dem 2005 von der Generalversammlung der UNO verkündeten Internationalen Tag des Gedenkens an die Opfer des Holocaust (27. Januar), der einhergeht mit Bildungsprogrammen und der Verbreitung von Wissen über den Holocaust. Vielleicht muss man den Grund in der Tatsache suchen, dass das Interesse am Schicksal der bulgarischen Juden nicht »von innen« kommt, aus dem Streben der bulgarischen Gesellschaft nach Selbsterkenntnis, sondern von außen. Es wurde vom internationalen Diskurs über die Leiden der Juden, über die Schuld der Henker und die Dankbarkeit der Opfer gegenüber ihren Rettern sowie die Aktivität der bulgarischen Juden in Israel und den USA ausgelöst. Für die bulgarische Öffentlichkeit wurde Dimităr Pešev von dem Ausländer Gabriele Nisim entdeckt.

Die bulgarische politische Elite griff die Geschichte von der »Rettung« bereitwillig auf und benutzte sie, um am Vorabend des Beitritts zur NATO und zur EU ein positives Bild des Landes zu schaffen, aber diese nach außen gerichteten (Werbe-)Aktionen sind nicht in eine innerbulgarische Debatte über das Schicksal von »unseren« Juden übergegangen. Die bulgarische Debatte über den Holocaust wurde verbunden mit der Beziehung zur Monarchie, dem Regime und den Ereignissen nach dem 9. September 1944, sodass sie neben der moralischen unausbleiblich auch eine politische, auf die Gegenwart bezogene Dimension hatte. Als sich dann Politiker der regierenden Rechten in die Gedenkfeiern einklinkten, wurde der Akzent auf die Petition von Dimităr Pešev und die Verdienste von Zar Boris III. gelegt, und man umging die Tatsache, dass die Juden aus den »neuen Gebieten« in die Todeslager deportiert worden waren. Die linken Politiker ihrerseits und die Vertreter und Vorsitzenden der Organisation der Juden *Shalom* sahen darin eine Geringschätzung der Bedeutung der Militäraktionen an der Ostfront und eine unzulässige Rehabililitation des Faschismus in Bulgarien sowie Arroganz und Verleugnung der Leiden der bulgarischen Juden.

Die gegenseitigen Beschuldigungen in den Medien und die Entwicklung des öffentlichen Diskurses zeigen, dass man über Leiden und Rettung der bulgarischen Juden fürs Erste nicht außerhalb des Diskurses über den bulgarischen Faschismus und Antifaschismus reden kann und auch den Widerstand und die Opfer der Regimes vor und nach dem neunten September 1944 einbeziehen muss (Luleva 2010). Das Fehlen eines Konsensrahmens zur Beurteilung des kommunistischen Regimes und seiner allgemein verbindlichen moralischen Bewertung führt zu einer Situation, in der das Wissen um die jüngere Vergangenheit in politisch konträren Erinnerungsgemeinschaften kultiviert wird. In dem stark angespannten Feld zwischen »Kommunisten« und »Faschisten« bleibt kein Raum für eine komplexe Analyse, einen Dialog und eine Politik der Entschuldigung *(politics of regret)* (Luleva 2012; Koleva).

In die Klischees von der traditionellen ethnischen Toleranz und vom fehlenden Antisemitismus verpackt, sieht die bulgarische öffentliche Erinnerungskultur ab von der Notwendigkeit und dem Wunsch der Mehrheit, etwas über die Leiden »ihrer« Juden im Zweiten Weltkrieg zu erfahren. Stattdessen nehmen die Bulgaren die Rolle von Zuschauern ein, die Dankbarkeitsgesten von Juden beobachten, die auch die bulgarischen Politiker mit Stolz empfangen. Das Thema des sozialen Traumas durch die in der Kriegszeit und danach durchlebten Repressionen bleibt der bulgarischen Bevölkerung fremd. Es bleibt verschlossen in den rigiden Grenzen der Gruppen von »Antifaschisten«, »Antikommunisten« und »bulgarischen Türken«.

Von der globalen Holocaust-Gedächtniskultur inspiriert, wird die Debatte über das Schicksal der bulgarischen Juden zu einem Teil der bulgarischen nationalen Gedächtniskultur, aber dies hat bislang nicht zu differenzierteren Reflexionen geführt. Zu einem hohen Grad wird die nationale Gedächtniskultur mit den alten Mustern fortgesetzt, in denen das nationale Homogenitätsideal den höchsten Wert hat (Troebst 2016; Koleva). Mit Verweis auf den Erinnerungsort »1943« wird die heroische Tat der Rettung der Juden für das bulgarische Selbstbild hochgehalten und gleichzeitig wird die Deportation der Juden aus den »neuen Gebieten« in der nationalen Erinnerung weitgehend ausgespart. Wahrheit und Verantwortung scheinen vor dem Hintergrund des großen Ziels von zweitrangiger Bedeutung: das Interesse der Nation zu verteidigen, auf dass sie in einem positiven Licht präsentiert wird. Die historische Gerechtigkeit steht nicht auf der Tagesordnung. Dafür spricht auch die Tatsache, dass der bulgarische Staat nach 1989 auch keine symbolische Geste der Entschuldigung gegenüber seinen Bürgern, die in den Kriegsjahren wegen ihrer ethnischen Herkunft leiden mussten, zum Ausdruck gebracht hat.

Erinnerung an die kommunistischen Lager und den Terror

Die Arbeitslager, in denen die politischen Gegner des kommunistischen Regimes eingesperrt waren, sind für die bulgarische Gesellschaft traumatische Erinnerungsorte (Luleva 2012). Bis heute entfesselt das Thema der Lager Streit und scharfe politische Polemiken. Die Memorialization der Lager und des Leidens unter kommunistischem Terror, ihre Umwandlung in einen Teil des historischen und kulturellen Gedächtnisses der Nation ist ein dynamischer Prozess, der die Positionen von politischen Parteien, nationalen Institutionen, Bürgerorganisationen, örtlichen Gemeinschaften und aktiven Bürgern und – nicht zuletzt – die Erinnerungspolitiken der europäischen Institutionen widerspiegelt.

Auf die europäische Erinnerungspolitik beruft sich auch der katholische Priester in Belene, Vater Cortesi. Er hatte die Aufgabe angenommen, die Erinnerung an das größte Arbeitslager auf der Donauinsel Persin bei Belene wiederzubeleben. Obwohl nach 1989 dort, wo sich das Arbeitslager befand, jedes Jahr eine Gedenkversammlung der vom kommunistischen Regime Unterdrückten stattfindet, sind alle Bemühungen, ein Denkmal zu errichten, bisher ohne Erfolg geblieben. Das Bild änderte sich nach der Ankunft von Vater Cortesi in Belene im Jahre 2010. Die Verlautbarungen von Vater Cortesi über seine Absicht, Belene zu einem Erinnerungsort zu machen, zielen auf alle gesellschaftlichen Gruppen. Er betont, dass die Erinnerung und die Errichtung des Memorials alle betrifft, Christen und Muslime, Atheisten und Protestanten, Leute unterschiedlicher politischer Ansichten, sozialem Status und Beruf, weil sie alle Menschen seien, die Leid und Qual erfahren haben. Vater Cortesi plädiert für die Begründung eines überparteilichen, überkonfessionellen, überethnischen, transnationalen und europäischen kulturellen Gedächtnisses an die Leiden der unschuldigen Opfer der totalitären Regime, eine Erinnerung, die alle Menschen durch die Werte von Freiheit und Humanismus vereinigt. Mit einem neuen, zuvor unbekannten Narrativ von Märtyrertum, das mit der europäischen Erinnerungspolitik und der Gleichstellung der Opfer des Nazismus und Stalinismus übereinstimmt, gewinnt der Priester die lokale Gemeinschaft für seine Sache. Oft hebt er dabei hervor:

»Bulgarien ist das einzige Land in der EU, in dem es noch immer kein Memorial für diese Dinge gibt. Ein solches Memorial muss es geben, damit die folgende Generation Achtung lernt für diejenigen, die anders denken. Und das bedeutet, es erzieht sie zu Freiheit und Demokratie.«[7]

Ihm zufolge muss das Projekt überparteilich sein, darf nicht von der einen oder anderen Erinnerungsgruppe vereinnahmt und nicht von einer politischen Partei privatisiert werden. In den Worten von Vater Cortesi:

»Es wird ein Denkmal für alle Opfer der totalitären Regime auf europäischer Ebene sein. Zusammen mit der Geschichte Bulgariens werden auch Opfer aus Deutschland, Polen, Russland, Italien, Spanien zu sehen sein. Es wird ein Ort sein, wo die Kinder lernen, was geschehen ist, und zwar ohne politische Implikationen.«[8]

Dieser Diskurs über das Lager, in dessen Zentrum das Leiden unschuldiger, des höchsten Gutes, der Freiheit, beraubter Menschen steht, verbindet Belene mit den europäischen Lagern des 20. Jahrhunderts. Die Gedächtnispolitik der EU und die Dokumente der europäischen Institutionen[9] sind eine Quelle der Legitimation seiner Initiativen vor den Bürgern von Belene und der breiten Öffentlichkeit.Das Projekt von Vater Cortesi und dem Kulturzentrum *Evgeni Bosilkov* in Belene verläuft parallel zum weltweiten Ansteigen des Interesses an den Stätten von »Schmerz und Scham« und ihre Umwandlung in Orte des »atrocity tourism«, wodurch die Werte der Menschenrechte und der sozialen Gerechtigkeit bekräftigt werden (Logan/Reeves 2009). Vater Cortesi unterstreicht, dass Belene das Modell solcher Denkmäler und Museen aus anderen europäischen Ländern übernehmen kann:

---

7 | http://bnr.bg/radiobulgaria/post/100682890/otec-paolo-kortezi-bez-pomirenie-mejdu-jertvi-i-palachi-balgaria-ne-moje-da-varvi-napred?page_3_1=6 (letzter Zugriff: 17. 11. 2016).

8 | http://news.bnt.bg/bg/a/prevrshchat-lagera-v-belene-v-muzey (letzter Zugriff: 1. 2. 2016).

9 | Die Resolution 1481/2006 der Parlamentarischen Versammlung des Europäischen Rats über die Notwendigkeit einer internationalen Verurteilung der von den totalitären kommunistischen Regimes begangenen Verbrechen. Resolution des Europäischen Parlaments vom 2. 4. 2009 bezüglich des europäischen Gewissens und Totalitarismus und Resolution der Parlamentarischen Versammlung der Organisation für Sicherheit und Zusammenarbeit in Europa vom 3. 7. 2009 »Wiedervereinigung des geteilten Europa«.

»Ich habe Auschwitz und Dachau und viele andere Lager zum Gedenken an die dort Ermordeten besucht. Ich war wirklich erschüttert, dass es eine solche Stätte zum Gedenken an die vom Regime Ermordeten in Bulgarien immer noch nicht gibt. Meiner Meinung nach ist Belene der Ort, wo etwas gemacht werden kann, wo Menschen aus der ganzen Welt von den Opfern des kommunistischen Regimes erfahren und ihrer gedenken können.«[10]

Den Vergleich von Belene mit Auschwitz und Dachau ziehen auch diejenigen, die unter den Repressionen des kommunistischen Regime litten, soweit ich mit ihnen gesprochen habe. Einer von ihnen sagte mir, dass ihn ein Besuch in Buchenwald zum Malen seiner Bilder vom Lager in Belene inspiriert habe. Vater Cortesi übernimmt die Idee einer Darstellung der Lagervergangenheit im Theater aus Italien, wo Kinder am Holocaust-Tag Stücke aufführen. Die Holocaust-Gedenkkultur fungiert als ein »universales Reservoir zum Gedenken an verschiedene Opfergruppen«, wie Éva Kovács (2006) schreibt, als geeignete Matrix zur Begründung eines bulgarischen kulturellen Gedenkens der Opfer des kommunistischen Regimes.

Drei Jahre nach Beginn des Projekts zur Memorialization von Belene wird deutlich, dass die Werte von Freiheit und Achtung vor den Menschenrechten, auf denen das Projekt zur Schaffung eines Denkmals für die Opfer der totalitären Regime im 20. Jahrhundert fußt, zwar universal gültig sind, dass sie aber die politischen Eliten auf nationaler und lokaler Ebene nicht einen können. Das Projekt wurde vom Staatspräsidenten Plevneliev unterstützt, der am Ende seines Mandats, im Dezember 2016, Vater Cortesi das Ehrenzeichen für »seine Verdienste um die Bürgergesellschaft und den bedeutenden Beitrag in der Vermittlung von Wissen über die totalitäre Vergangenheit und für seine hingebungsvolle Arbeit für ein Ehrenmal der Opfer des kommunistischen Regimes« verlieh. Dieser symbolische Akt hat aber die Spannungen zwischen den Anhängern und Gegnern des Denkmal-Projekts nicht verringert. Den letzten Zusammenstoß unter ihnen gab es Anfang März 2017, als Vater Cortesis einer Flüchtlingsfamilie aus Syrien helfen wollte, sich in Belene niederzulassen. Ein Teil der Gemeinderäte entfesselte einen Medienskandal, dessen Zielscheibe der Priester war. Das kleine Städtchen wurde von der unerwarteten »Aktualität« erschüttert, und der Hass auf die »Fremden« eskalierte. Vater Cortesis Leben wurde bedroht und es gab Drohungen gegen seine Kirche. So war er gezwungen, Bulgarien zu verlassen. Damit geriet Belene erneut in die Schlagzeilen und rief lebhafte öffentliche Diskussionen hervor. Hinter diesem Skandal tritt die Absicht hervor, durch die Entfernung von Vater Cortesi aus der Stadt das Denkmal-Projekt zu vereiteln. Dies illustriert die Tatsache, dass der fehlende Konsens über die Ungerechtigkeiten der Vergangenheit, über die missachteten Menschenrechte und der mangelnde Wille, eine Erinnerungsstätte zu gründen, in der gegenwärtigen bulgarischen Gesellschaft zu einem Mangel an Konsens über moralische Grundwerte führt. Weiter zeigt er auch, dass sich hinter der aktuellen populären patriotischen Rhetorik neofaschistische, rassistische Ansichten und reaktionäre politische Ziele verbergen können.

---

10 | http://desebg.com/2011-01-06-11-55-24/1801-2014-04-19-08-23-59 (letzter Zugriff: 18. 11. 2016).

Schlussfolgerungen

Das öffentliche Gedächtnis wird in Bulgarien nach 1989 pluralisiert. Die dynamische und komplexe postsozialistische Erinnerungskultur zeichnet sich aus durch den gegenseitigen Einfluss von Amnesie und Nostalgie, Erinnerung und Gegen-Erinnerung. Das Feld der Erinnerung an den Kommunismus und die Zeit des Zweiten Weltkriegs wurde zu einer Arena politischer und ideologischer Konfrontation. Das Beispiel von Belene wirft die Frage nach der (un)möglichen Begründung einer neuen Erinnerungskultur in Bulgarien auf, die die Opfer aller totalitären Regimes vereinigt (Luleva 2015). Vater Cortesis Projekt der Schaffung eines Denkmals in Belene ist ein Projekt der Europäisierung der lokalen und nationalen Erinnerung an einen Ort der Repressionen im Geiste der europäischen Politik zum Gedenken an Kommunismus und Faschismus als – in dieser Perspektive – vergleichbaren Unrechtsregimen. Diese Position, die die Erinnerung erweitern und universalisieren will, steht aber in Konflikt mit den politischen Interessen der lokalen und nationalen Eliten, die in der Erinnerung an die Vergangenheit ein Mittel für unterschiedliche politische Taktiken sehen. Offensichtlich genügen die Entscheidungen der europäischen Institutionen nicht, die entzweiten Erinnerungen zu einen (Littoz-Monnet 2012).

Das thrakische Altertum, die Antike, das Mittelalter, die Wiedergeburt und die Befreiung von der osmanischen Herrschaft sind Epochen, die ein Gefühl von Nationalstolz und einen Wunsch nach Identifizierung auslösen und nicht wie die Erinnerungen an Faschismus und Sozialismus umstritten und damit spaltend sind. »Die ruhmreiche Vergangenheit« und die erfundenen Volkstraditionen (Bräuche, Trachten, Handwerke) sind die Quellen, aus denen ein neuer Ethnonationalismus konstruiert wird, der in den letzten Jahren als Homogenisierungsstrategie im Aufschwung ist. Der Diskurs darüber wird immer patriotischer, heroischer, xenophober und voller Geringschätzung für die bürgerlichen Werte und die Menschenrechte. Losungen wie »Bulgarien über alles«, »Gott mit uns«, »Keinen Schritt zurück, Bulgarien ist hinter uns« machen sich im öffentlichen Diskurs breit, gewinnen Popularität und werden zu einem Teil des alltäglichen Nationalismus in Bulgarien.

Zitierte Literatur

Assmann, Aleida (2006): Der lange Schatten der Vergangenheit. Erinnerungskultur und Geschichtspolitik. München.

— (2013): Europe's Divided Memory. In: Blacker, Uilleam u.a. (Hg.): Memory and Theory in Eastern Europe. Basingstoke, S. 25–43.

Avramov, Rumen (2012): Spasenie i padenie. Mikroikonomika na dăržavnija antisemitizăm v Bălgarija. 1940–1944 [Rettung und Verfall. Mikroökonomie des staatlichen Antisemitismus in Bulgarien. 1940–1944]. Sofia.

Barouh, Emmy (2001): Ancestral Memory and Historical Destiny: The Sense of Belonging. In: dies. (Hg.): Jews in the Bulgarian Lands: Ancestral Memory and Historical Destiny. Sofia.

Bernhard, Michael/Kubik, Jan (Hg.) (2014): Twenty Years after Communism. The Politics of Memory and Commemoration. Oxford.

Calhoun, Craig (2007): Nations Matter. Culture, History, and the Cosmopolitan Dream. London.

Confino, Alon (1997): Collective Memory and Cultural History: Problems of Method. In: American Historical Review 102, S. 1386–1403.

Danova, Nadja (2013): Dălgata sjanka na minaloto. Deportacijata na evreite ot Zapadna Trakija, Vardarska Makedonija i Pirot: săstojanie na proučvanijata na problem [Der lange Schatten der Vergangenheit. Die Deportation der Juden aus West-Thrakien, Vardar-Mazedonien und Pirot: der Forschungsstand]. In: Danova, Nadja/Avramov, Rumen (Hg.): Deportiraneto na evreite ot Zapadna Trakija, Vardarska Makedonija i Pirot. Mart 1943. Dokumenti ot bălgarskite archivi. Sofia, S. 36–65.

Elenkov, Ivan E. (2012): Kulturnijat front: bălgarskata kultura prez epochata na komunizma; političesko upravlenie, ideologičeski osnovanija, institucionalni režimi [Die Kulturfront: Die bulgarische Kultur in der Epoche des Kommunismus. Politische Regierung, ideologische Grundlagen, institutionelles Regime]. Sofia.

Erll, Astrid (2005): Kollektives Gedächtnis und Erinnerungskulturen. Stuttgart.

Gledhill, John (2011): Integrating the Past: Regional Integrating and Historical Reckoning in Central and Eastern Europe. In: Nationalities Papers: The Journal of Nationalism and Ethnicity 39, 4, S. 481–506.

Götz, Irene (2011): Deutsche Identitäten. Die Wiederentdeckung des Nationalen nach 1989. Köln, Weimar, Wien.

Koleva, Daniela (noch nicht erschienen): On the (In)Convertibility of National Memory into European Legitimacy: The Bulgarian Case. In: Luthar, Oto (Hg.): Post-Socialist Memory Revisited: Post-Socialist Historiography Between Democratisation and New Politics of History. Budapest.

Kõresaar, Ene/Jõesalu, Kirsti (2016): Post-Soviet Memories and ›Memory Shifts‹ in Estonia. In: Oral History 47, S. 47–58.

Kovács, Éva (2006): The mémoire croisée of the Shoah, www.eurozine.com (letzter Zugriff: 2. 3. 2017).

Littoz-Monnet, Annabelle (2012): The EU Politics of Remembrance: Can Europeans Remember Together? In: West European Politics 35, 5, S. 1182–1202.

Logan, Wiliam/Reeves, Keir (Hg.) (2009): Places of Pain and Shame. Dealing with Difficult Heritage. London, New York.

Luleva, Ana (2010): Forced Labour in Bulgaria 1941–1944. Tracing the Memories. In: Plato, Alexander von u. a. (Hg.): Hitler's Slaves. Life Stories of Forced Labourers in Nazi-Occupied Europe. Oxford, S. 188–199.

— (2012a): Collective Memory and Policy of Justice. Post-Socialist Discourses on Memory Politics and Memory Culture in Bulgaria. In: Ethnologia Balkanica 15, S. 113–134.

— (2012b): Gedenken und Gerechtigkeit vs. Aussöhnung und Konsens. In: dies. u. a. (Hg.): Zwangsarbeit in Bulgarien 1941–1962. Erinnerungen der Zeitzeugen. Sofia, S. 184–193.

— (2015): Commemorating the Communist Labor Camps. Is a New Memory Culture Possible? In: dies. u. a. (Hg.): Contested Heritage and Identities in Post-Socialist Bulgaria. Sofia, S. 60–90.

Luleva, Ana/Troeva, Evgenia/Petrov, Petar (2012): Zwangsarbeit in Bulgarien 1941–1962. Erinnerungen der Zeitzeugen. Sofia.

Mälksoo, Maria (2009): The Memory Politics of Becoming European: The East European Subalterns and the Collective Memory of Europe. In: European Journal of International Relations 15, 4, S. 653–680.

Mark, James (2010): The Unfinished Revolution: Making Sense of the Communist Past in Central-Eastern Europe. London, New Haven.

Mink, Georges/Neumayer, Laure (Hg.) (2013): History, Memory and Politics in Central and Eastern Europe. Memory Games. Basingstoke.

Misztal, Barbara A. (2003): Theories of Social Remembering. Maidenhead.

Naselenie (2011): Naselenie [Bevölkerung], (Nationalen statističeski institut), Sofia, http://statlib.nsi.bg:8181/isisbgstat/ssp/fulltext.asp?content=/FullT/FulltOpen/P_22_2011_T1_KN2.pdf (letzter Zugriff: 11. 11. 2016).

Neumayer, Laure (2015): Integrating the Central European Past into a Common Narrative: The Mobilizations around the »Crimes of Communism« in the European Parliament. In: Journal of Contemporary European Studies 23, 3, S. 344–363.

Nissim, Gabriele (2003): Čovekăt, koito sprja Hitler: istorijata na Dimităr Pešev, spasil evreite na edna nacija [Der Mann, der Hitler stoppte: die Geschichte von Dimităr Pešev, der die Juden einer Nation rettete]. Sofia.

Nugin, Raili u. a. (Hg.) (2016): Generations in Estonia: Contemporary Perspectives on Turbulent Times. Tartu.

Olick, Jeffrey K. (1999): Collective Memory: The Two Cultures. In: Sociological Theory 17, 3, S. 333–348.

Pakier, Malgorzata/Strath, Bo (2010): A European Memory? Contested Histories and Politics of Remembrance. Oxford.

Popular Memory Group (2011): Popular Memory: Theory, Politics and Method. In: Olick, Jeffrey u. a. (Hg.): The Collective Memory Reader. Oxford, S. 254–261.

Roth, Klaus (2009): »… Wenn unvorsichtige Hände unsere Heiligtümer anfassen …« Vom Umgang mit historischen Mythen in Bulgarien. In: Südosteuropa Mitteilungen 49, 6, S. 16–30.

Sierp, Aline/Wuestenberg, Jenny (2015): Linking the Local and the Transnational: Rethinking Memory Politics in Europe. In: Journal of Contemporary European Studies, 23, 3, S. 321–329.

Todorova, Maria u. a. (Hg.) (2014): Remembering Communism: Private and Public Recollections of Lived Experience in Southeast Europe. Budapest.

Troebst, Stefan (2011): Rettung, Überleben oder Vernichtung? Geschichtspolitische Kontroversen über Bulgarien und den Holocaust. In: Südosteuropa 59, 1, S. 97–127.

Troeva, Evgenia (2012): Die Zwangsarbeit im Zweiten Weltkrieg in den Erinnerungen der bulgarischen Juden. In: Luleva, Ana/Troeva, Evgenia/Petrov, Petar: Zwangsarbeit in Bulgarien (1941–1962). Sofia, S. 161–177.

Welsh, Helga (1996): Dealing with the Communist Past: Central and Eastern European Experience after 1990. In: Europe-Asia Studies 48, 3, S. 413–428.

Verzeichnis der Abbildungen

Abb. 1: »Ethno-Hochzeit« im Dorf Trud, 10 km nördlich von Plovdiv. Quelle: http://complexdiana.com/panorama/index.php/svatbi (letzter Zugriff: 17.5.2017).

Abb. 2: »Sie gründeten die Koalition ›Patriotische Front‹ vor den Augen von Chan Asparuch und Zar Simeon«. Website Cross online Bulgarian network vom 2.8.2014. Quelle: http://www.cross.bg/front-sporazymenie-patriotichen-1423712.html#.WC1lZLKLQkI (letzter Zugriff: 17.11.2016).

»Verstoßene Soldaten«

Die neuen Helden Polens als politischer Mythos der Republik

Małgorzata Świder

Mit dem Sieg bei den Parlamentswahlen im Oktober 2015 hat die nationalkonservative Kaczyński-Partei *Recht und Gerechtigkeit* [Prawo i Sprawiedliwość – PiS] mit der Neuausrichtung der Geschichtspolitik und Umgestaltung des nationalen Gedenkens begonnen. Im Zuge dieses Prozesses kommt dem Kult um die antikommunistischen Partisanentruppen, die Ende des Zweiten Weltkriegs und in den ersten Nachkriegsjahren aktiv waren, eine neue Bedeutung zu. Die *»Verstoßenen Soldaten«* [Żołnierze wyklęci] sollen in die Walhalla jener Nationalhelden aufgenommen werden, die gegen die sowjetischen Besatzer und die polnischen Einheiten des neuen Staates, und damit auf der »richtigen« Seite gekämpft haben.

Die Thematik der »Verstoßenen Soldaten« als den neuen Helden Polens kann auf zwei Ebenen betrachtet werden: zum einen aus der Perspektive der historischen Fakten und der Aufarbeitung von Taten in verschiedenen gesellschaftspolitischen Kontexten und Zeiten und zum anderen vor dem Hintergrund der Frage nach den Ursachen und Zielen dieses neuen Mythos.

Zur Geschichte der »Verstossenen Soldaten«

Die Bezeichnung »Verstoßene Soldaten« stammt von dem Ökonomen Leszek Żebrowski[1] und wurde offiziell erstmals 1993 von der neu entstandenen rechtsgerichteten Vereinigung *Liga Republikańska* [Republikanische Liga] verwendet (Serafiński 2016). Die Republikanische Liga wurde als Reaktion auf den Sieg der Nachfolgepartei

1 | Leszek Żebrowski ist ein polnischer Wirtschaftswissenschaftler, gesellschaftlicher und politischer Aktivist und Geschichtspublizist, der sich in seinen Arbeiten auf die militärischen Strukturen des Unabhängigkeitsuntergrunds spezialisiert hat, und Verfasser mehrerer Bücher, darunter vor allem *Żołnierze wyklęci. Antykomunistyczne podziemie zbrojne po 1944 roku* [Verstoßene Soldaten. Antikommunistischer bewaffneter Untergrund nach 1944], Warschau 1999 (Auswahl und Bearbeitung: Grzegorz Wąsowski, Leszek Żebrowski), sowie zahlreicher Artikel, die in der rechtsgerichteten Presse und der Presse der Auslandspolen veröffentlicht werden.

der Kommunisten [Sojusz Lewicy Demokratycznej – SLD] bei den Wahlen im September 1993 ins Leben gerufen und setzte sich aus ehemaligen Mitgliedern des *Geheimen Vorstands der Unabhängigen Studentenvereinigung* [Tajny Zarząd Niezależnego Zrzeszenia Studentów – NZS] der Warschauer Universität zusammen. Chef der Republikanischen Liga war Mariusz Kamiński, gegenwärtig Geheimdienstkoordinator in der PiS-Regierung. Unter der Schirmherrschaft dieser Vereinigung wurde im Auditorium Maximum der *Warschauer Universität* eine Ausstellung mit dem Titel »Verstoßene Soldaten – antikommunistischer bewaffneter Untergrund nach 1944« organisiert (Mazurek 2014). So ist der Begriff in die öffentliche Wahrnehmung gerückt. Wie Grzegorz Wąsowski,[2] einer der Ausstellungsmacher und ehemaliges Mitglied der Republikanischen Liga erklärte, wurden diese Soldaten »verstoßen«, weil nach dem Untergang des Kommunismus die meinungsbildenden Institutionen – Regierung, Behörden, Medien und ähnliche – sich nicht bemüht hätten, die »entsprechende« Erinnerung an sie in das gesellschaftliche Bewusstsein zu bringen (Wąsowski 2015). So wurde beschlossen, diese Soldaten als doppelte Opfer darzustellen: erst des sowjetischen Terrors und dann des Schweigens, das nach dem Untergang des Kommunismus herrschte. Die »Verstoßenen Soldaten« waren eine sehr heterogene Gruppe von meist jungen Menschen, die aus bewaffneten Einheiten, die in den Kriegsjahren tätig waren, hervorging. Nach der Einstellung der Kriegshandlungen, nach Demobilisation und Amnestie kamen im Jahr 1945, gemäß den zuletzt veröffentlichten Daten, circa 13.000 bis 15.000 Menschen nicht mehr aus den Wäldern, wo sie sich versteckt hielten, zurück (Dybicz 2014). Ein Jahr später waren es noch circa 8600 bis 8800. Nach 1950 setzten etwa 250 bis 400 Menschen den Kampf mit der Waffe fort, wobei sie Einheiten von jeweils zwei beziehungsweise drei Personen bildeten. Sie töteten in der Nachkriegszeit 6000 Miliz-Angehörige und mehr als 3700 Soldaten der Polnischen Armee. Unter den Opfern stammte auch ein großer Teil aus der Zivilbevölkerung: über 5000 Personen, darunter 187 Kinder unter 14 Jahren. Ferner gehörten auch Soldaten der Roten Armee zu ihren Opfern, Schätzungen zufolge Tausende Rotarmisten (Dybicz: 2014).

Die Vorgehensweise dieser »Waldmenschen« und ihre politischen Ansichten waren sehr unterschiedlich. Die größte Nachkriegsuntergrund-Organisation, die Vereinigung *Freiheit und Unabhängigkeit* [Wolność i Niezawisłość – WiN] bezeichnete sich selbst als Widerstandsbewegung ohne Kriegshandlungen und ohne Armee. Es gab auch Personen, die aus der polnischen *Heimatarmee* [Armia Krajowa – AK] und aus den Strukturen des Polnischen Untergrundstaates hervorgegangen waren, die gegen eine Fortsetzung des bewaffneten Kampfes nach dem Ende des Krieges waren. Sie waren der Ansicht, dass der Zweite Weltkrieg schon so schmerzhafte Verluste mit sich gebracht hatte, dass weitere Opfer die Existenz des »polnischen Volkes« bedrohen könnten. Anders verhielten sich die extrem nationalistischen und antidemokra-

2 | Grzegorz Wąsowski ist Rechtsanwalt im Vorstand der Stiftung *Pamiętamy* [Wir erinnern], die es sich zum Ziel gesetzt hat, die Erinnerung an die Soldaten des polnischen Untergrunds für die Unabhängigkeit in der Zeit 1944 bis 1954 aufrechtzuerhalten (Fundacja pamiętamy).

tischen *Nationalen Bewaffneten Streitkräfte* [Narodowe Siły Zbrojne – NSZ],[3] sowie Gruppierungen, die sich offen auf den Nationalismus der Vorkriegszeit bezogen. In der zweiten Hälfte des Jahres 1945 löste das Oberkommando der NSZ die bewaffneten Einheiten auf und ordnete eine Wiedereingliederung seiner Mitglieder in den normalen Alltag an (Wnuk 2016). Diesem Befehl kamen nicht alle Soldaten der NSZ nach. Ein Teil von ihnen blieb in den Wäldern, wodurch sie Jahre später zu einem Mythos des antikommunistischen Widerstands stilisiert wurden. Zweifellos hatte der Krieg selbst Einfluss auf das Verhalten der »Waldmenschen«. Sie waren daraus als körperliche und psychische Krüppel hervorgegangen. Der Krieg veränderte, machte abhängig und demoralisierte viele Menschen, wie es Marcin Zaremba sehr eindrücklich beschrieb (Zaremba: 2012). Nach den Jahren des Kämpfens und Mordens rief das Töten keine größeren Emotionen hervor, was zur Folge hatte, dass viele der Soldaten nicht mehr in der Lage waren, in ein normales Leben ohne Gewalt zurückzukehren. Sie kehrten dahin zurück, wo sie sich am wohlsten fühlten, in den Wald: »Das Wesen dieses späten Partisanentums waren keine Zersetzungsaktionen mehr gegen das System, sondern [Versuche,] am Leben zu bleiben« (Kurkowska-Budzan 2011: 49). Daher beschränkten sich ihre Taten meist auf den Diebstahl von Geld und Bekleidung, aber auch auf Überfälle auf Geschäfte, Postämter und landwirtschaftliche Genossenschaftsbanken. Nicht nur Überfälle und Diebstähle, sondern vor allem die Verbrechen der »Waldmenschen« an der Zivilbevölkerung, insbesondere an Frauen und Kindern, blieben den Bewohnern der Dörfer, in denen sie sich aufhielten, in Erinnerung. Bei der Vollstreckung der Urteile, oft an Frauen und Kindern, sprachen die »Waldmenschen« von der Liquidierung von Spitzeln und Kollaborateuren der sowjetischen Machthaber oder der Miliz, da man auf diese Weise die wahren Motive für das Vorgehen verdecken wollte, zum Beispiel den primitiven Willen zur Rache oder zum Raub (ebd.).[4] Zwischen den antikommunistischen Einheiten kam es zu Konflikten und regelmäßig auch zu bewaffneten Auseinandersetzungen; sogar Todesurteile wurden vollstreckt (Kułak 2015). Mit rücksichtsloser Rohheit wurden ehemalige Waffenbrüder behandelt, die vom hoffnungslosen Kampf gegen die eigenen Landsleute, oft Nachbarn, genug hatten. In manchen Fällen kann man vom Morden mit nationalistischem Hintergrund sprechen, weil unter den Ermordeten ein großer Teil Bauern orthodoxer Konfession und Teile der jüdischen Bevölkerung waren. Für die Mitwirkung am ethnonationalistisch motivierten Morden kann als Beispiel der »Verstoßene Soldat« Romuald Rajs angeführt werden: Rajs, geboren 1913, Pseudonym »Bury«, war

3 | Norman Davies bezeichnete in seinem Buch *Europa* (1998: 1101) die NSZ als »halb faschistisch (obwohl verbissen antideutsch)«; Gniadek-Zieliński (2017).

4 | Im Internet gibt es einige Seiten, auf denen kritisch über die »Verstoßenen Soldaten« geschrieben wird, nicht selten werden Dokumente über ihre Taten veröffentlicht, unter anderem auch über ihre Verbrechen an der Zivilbevölkerung. Zu den interessantesten gehören *Żołnierze przeklęci* [Verfluchte Soldaten] https://zolnierzeprzekleci.wordpress.com/ sowie die Internetseiten mit Publikationen aus Kreisen der orthodoxen Kirche, zum Beispiel www.przegladprawoslawny beziehungsweise die *Bücher der Schande* [Księgi hańby] von Bazyly Pietruczuk (2006).

im Rahmen der Heimatarmee AK in der Zeit des Krieges im Untergrund tätig. Er und seine Einheit waren durch viele Heldenaktionen im nordöstlichen Teil Polens im Gebiet von Wilna[5] bekannt geworden. Rajs beziehungsweise »Bury« wurde dafür vom polnischen Untergrundstaat mit den höchsten Auszeichnungen geehrt: dem *Kampf-Kreuz* [Krzyż Waleczny] im April 1944 und dem *Kreuz des Ordens Virtuti Militari der Klasse V* [Krzyż Orderu Virtuti Militari V klasy] im Juli 1944 (Kułak 2004: 437–438). Ende November, Anfang Dezember 1944 meldete sich Rajs unter dem Pseudonym Jerzy Góral zur *Polnischen Volksarmee* [Ludowe Wojsko Polskie]. Zusammen mit seiner Einheit wurde er nach Białystok geschickt, dann in das 50 Kilometer entfernte Hajnówka in der Puszcza Białowieska. Das Gebiet der Wojewodschaft Białystok und insbesondere das Gebiet des Landkreises Bielsk Podlaski galt als weißrussisch, da es vor allem von orthodoxen Christen bewohnt wurde. Auf dem Gebiet mancher Gemeinden dieses Landkreises stellte die weißrussische Bevölkerung die Mehrheit dar. Im Mai 1945 desertierte Rajs aus der Polnischen Volksarmee und lief im Sommer desselben Jahres mit einer Gruppe von etwa 20 Soldaten zum *Nationalen Militär-Verbund* [Narodowe Zjednoczenie Wojskowe – NZW] über. Die NZW galt als nationale Organisation, die es sich zum Ziel gesetzt hatte, Polen von der Besatzung und den sowjetischen Einflüssen zu befreien und ein Großpolen mit den Grenzen von 1939 zu errichten (Kułak 2004: 432–434). Kurze Zeit später wurde Rajs zum Leiter der operativen Truppe im Bezirk der NZW Białystok ernannt. Seine Schwadron nahm den Namen *Dritte Brigade der NZW von Wilna* an. Im Januar 1946 wurde er zum Führer dieser Brigade, deren Haupteinsatzgebiet die Umgebung von Hajnówka war (Kułak 2004). Dort kam es zu zahlreichen Gewalttaten und zur Vernichtung ganzer Dörfer, bei der vor allem weißrussische Bauern – Männer, Frauen und Kinder – aus den umliegenden Gemeinden ihr Leben verloren (Chmielewska/Drozdowska/Gogolewska 2010: 19). Großes Aufsehen erregte der Mord an 28 Fuhrmännern weißrussischer Herkunft (die polnischen Fuhrmänner wurden freigelassen), wovon die Bewohner jener Gebiete bis heute bewegt erzählen (Moroz 2016). Rajs' brutale Aktionen wurden sowohl von der lokalen Bevölkerung als auch von den Befehlshabern der NZW verurteilt und riefen verstärkt Repressionen vonseiten der Sicherheitsdienste hervor. Ab Oktober 1946 befand sich Rajs nicht mehr innerhalb der Strukturen der NZW. Im November 1948 wurde er in Elbląg verhaftet, im September 1949 in Białystok vor Gericht gestellt. Er wurde zum Tode verurteilt, das Urteil wurde am 31.12.1949 vollstreckt.

Ein Gerichtsurteil des Warschauer Militärbezirks hob das Todesurteil für Rajs im September 1995 mit der Begründung auf, der Partisan habe »um die unabhängige Existenz des polnischen Staates gekämpft«.[6] Als er den Befehl gab, weißrussische Dörfer auszulöschen, habe er aus Notwehr gehandelt. Ein Ermittlungsverfahren ge-

5 | Auch in den baltischen Staaten (Litauen, Lettland, Estland) waren Partisanen tätig, die gegen die sowjetische Besatzung kämpften. Insbesondere in Litauen waren ihre Einheiten gut organisiert. Dort entwickelt sich gegenwärtig, ähnlich wie in Polen, der Kult der »Waldbrüder«. Vgl. Lowe 2013; Bubnys 2008.

6 | Informacja o ustaleniach końcowych śledztwa.

gen ihn aufgrund der Verbrechen auf dem Gebiet des Landkreises Bielsk Podlaski an Weißrussen orthodoxer Konfession wurde im März 1997 auf Initiative der Familien der Opfer von Bury [Komitet Rodzin Pomordowanych Furmanów] eingeleitet. Am 30. Juni 2005 wurde das Verfahren von der *Kommission zur Verfolgung von Straftaten gegen das Polnische Volk in Białystok* [Komisja Ścigania Zbrodni przeciwko Narodowi Polskiemu w Białymstoku] eingestellt. In der Argumentation der Kommission findet sich allerdings eine Feststellung, die einen Schatten auf die Person »Bury« wirft:

»Ohne die Idee des Kampfes für die Unabhängigkeit Polens, der von Organisationen geführt wurde, die sich der aufoktroyierten Macht entgegenstellten, zu denen die NZW zu zählen ist, infrage zu stellen: Es ist entschieden festzuhalten, dass der Mord an den Fuhrmännern und die Vernichtung der Dörfer im Januar und Februar 1946 nicht mit dem Kampf für die unabhängige Existenz des Staates gleichzusetzen ist, da er Merkmale von Völkermord trägt. In diesem Fall kann man das, was sich ereignet hat, auch mit dem Kampf für die unabhängige Existenz des Polnischen Staates entschuldigen.«[7]

Aufgrund der Heterogenität der Gruppierungen und ihren Wirkungsweisen in der Nachkriegszeit können verstoßenen Soldaten nicht eindeutig bewertet werden. In der *Gazeta Współczesna* [Zeitgenossische Zeitung] zum Beispiel wurde geschrieben, Rajs sei ein »kontroverser Held« gewesen (Zdanowicz 2011). Auch viele der »Verstoßenen Soldaten« wurden von der Zivilbevölkerung, damals und heute,[8] sehr unterschiedlich wahrgenommen und beurteilt (Kurkowska-Budzan 2009). Manche von ihnen galten als wahre polnische Patrioten, andere als Banditen. Erstere waren idealistische Jugendliche, die durch Repressionen der Staatssicherheit [Urząd Bezpieczeństwa – UB] zur Konspiration gezwungen wurden. Sie waren kompromisslose Verteidiger der Demokratie und Patrioten. Letztere hingegen waren Banditen und Diebe, Rowdys, die

7 | Ebd.

8 | Wie aus den 2017 vom *Centrum Badania Opinii Publicznej* (CBOS) [Zentrum für Meinungsforschung] durchgeführten Befragungen hervorgeht, sind die Meinungen zu den Folgen der Taten der antikommunistischen Partisanen in der Nachkriegszeit sehr differenziert. Am stärksten gehen die Meinungen darüber auseinander, wie ihre Taten die Lage der Bewohner in den Gebieten beeinflusst haben, in denen die Gruppen aktiv waren. Unter den Befragten, die zumindest minimale Kenntnisse zu dem Thema hatten, überwog die Meinung, dass die Taten der Partisanen sowohl positiven als auch negativen Einfluss auf das Leben der lokalen Bevölkerung hatte (37 %). Stimmen, die behaupten, sie haben mehr Schlechtes als Gutes gebracht, sind nur geringfügig (22 %) häufiger als diejenigen mit gegensätzlicher Meinung (16 %). Ähnlich diversifiziert, aber geringfügig häufiger den positiven Einfluss hervorhebend, sind die Meinungen dazu, wie sich diese Taten auf die allgemeine Lage im Land ausgewirkt haben. Fast ein Drittel der Befragten (31 %) behauptet, sie habe Polen in jener Zeit genauso viel Gutes wie Schlechtes gebracht, und die übrigen verweisen etwas häufiger auf die guten (27 %) als auf die schlechten Seiten (19 %). Am eindeutigsten fallen vor diesem Hintergrund die Ansichten zu den Folgen des Untergrundkampfes für die darin verwickelten Soldaten aus, die nach Meinung der meisten Befragten (56 %) negativ waren. Befragung des Zentrums für Meinungsforschung zum polnischen antikommunistischen Untergrund in der kollektiven Erinnerung (CBOS, Komunikat z badań nr 22/2017).

die Dörfer terrorisierten. Wie man zu ihren aktiven Zeiten sagte: »abenteuerlustige Gesellen«, Verbrecher, die im Namen der nationalistischen Ideologie mordeten, Banditen, deren Motivation für Aktionen gegen die Zivilbevölkerung es war, zu rauben und mit Gewalt zu unterdrücken. Im östlichen Polen, wo die »Waldmenschen« lange Zeit aktiv waren, sprachen die Dorfbewohner noch von einer dritten, dazwischen einzuordnenden Gruppe: »die die Unabhängigkeit Polens verteidigt, aber bei ihren Taten nicht immer saubere Hände behält«. Dieser Partisanentypus verband den Kampf gegen Kommunisten mit Raubzügen und Morden an polnischen, weißrussischen und jüdischen Zivilisten (Kurkowska-Budzan 2011).Auch wissenschaftliche Forschungsarbeiten, die in den 1990er Jahren begonnen wurden, verwiesen auf unterschiedliche, nicht selten problematische Elemente in den Taten der Untergrundgruppen. Rafał Wnuk, Historiker und unter anderem Chefredakteur des *Atlas polskiego podziemia niepodległościowego 1944–1956* [Atlas des Untergrunds für die Unabhängigkeit],[9] machte darauf aufmerksam, dass damalige Wissenschaftler »heikle Probleme nicht vermieden hätten, wie das Verhältnis zu den nationalen Minderheiten, die Morde an der Zivilbevölkerung beziehungsweise die schwierigen Beziehungen zwischen unterschiedlichen Abspaltungen der Untergrundbewegung« (Jurszo 2017). Vorgebracht wurde sogar das Problem der schrittweisen Degenerierung der antikommunistischen Partisanen, die sich manchmal in Räuberbanden verwandelten. Daher ist auch das wissenschaftliche Bild, das sich aus der Analyse der Handlungen der »Wald-Gruppierungen« herausschält, so widersprüchlich. Leider werden die fundamentalen Unterschiede innerhalb des Untergrunds in der Gegenwart vollständig verwischt, was das Bild von der Vergangenheit in hohem Maße deformiert. Historiker, die über die »Verstoßenen Soldaten« schreiben, geraten gegenwärtig nicht selten zu Instrumenten der Erinnerungs- beziehungsweise Geschichtspolitik (ebd.). Das Schlagwort »Verstoßene Soldaten« begann schnell die Rolle eines großen Werbebanners einzunehmen, das erfolgreich das Bild der historischen Ereignisse verdeckt. Dank dieser Eingriffe und ohne die Fakten zu beachten, wurde eine mythische, homogene Gemeinschaft antikommunistischer Kämpfer geschaffen, »wahrer Polen«, die »sich verhielten, wie es notwendig war«.[10] Ihre Popularität verdanken die »Verstoßenen Soldaten« der Publikation von Jerzy Ślaski *Żołnierze wyklęci* [Verstoßene Soldaten] aus dem Jahr 1996, in der der Autor, selbst ehemaliges Mitglied der Heimatarmee und der WiN (Pseudonym »Nieczuj«), diese Bezeichnung einführte. Ślaskis Publikation hatte zwar keinen wissenschaftlichen Charakter, wurde aber mit großer Aufmerksamkeit wahrgenom-

---

9 | Redaktion Rafał Wnuk, Sławomir Poleszak, Agnieszka Jaczyńska, Magdalena Śladecka. Warschau, Lublin 2007.

10 | Dieses populäre Zitat ist eine Paraphase der letzten Nachricht, die »Inka« (Danuta Siedzikówna) kurz vor ihrer Erschießung aus dem Gefängnis geschmuggelt hat. (Das Urteil an Inka wurde am 28. 8. 1946 um 6.15 Uhr in einem Danziger Gefängnis vollstreckt.) Der volle Text lautet: »Ich bin traurig, dass ich sterben muss. Sagt meiner Oma, dass ich mich so verhalten habe, wie es sich gehört.«

men.[11] Nach Einschätzung vieler Publizisten und Historiker hatte das Erscheinen des *Atlas podziemia niepodległościowego 1944–1956* Durchbruchcharakter für die Konstruktion des Mythos der »Verstoßenen Soldaten«. Cezary Gmyz stellte im April 2016 fest:

»Seit Erscheinen des ›Atlas podziemia niepodległościowego‹ (2007) ist der Kult der ›Verstoßenen Soldaten‹ etwas, was sich wirklich verbreitet hat. [...] Der ›Atlas‹ des Untergrunds für die Unabhängigkeit bezog sich auf das allernächste Umfeld der Menschen. Jeder, der den ›Atlas‹ in die Hand nahm, konnte sehen, welche Einheit zu welcher Zeit in seiner Umgebung tätig war. Das hat die jungen Menschen wirklich angesprochen« (Wnuk 2016).

Schnell tauchte eine Reihe gesellschaftlicher Organisationen auf, die anstrebten, Soldaten des antikommunistischen Untergrunds zu ehren, unter vielen anderen die *Stiftung der »Verstoßenen Soldaten«* [Fundacja »Żołnierzy Wyklętych«], die 2007 ins Leben gerufen wurde.[12] Die Zahl der Erinnerungen, Feierlichkeiten und Enthüllungen von Denkmälern nahm schnell zu, bis 2011 der Nationale Gedenktag für die »Verstoßenen Soldaten« ausgerufen wurde. Heute lassen sich die Straßen und Schulen kaum zählen, die Namen von antikommunistischen Partisanen der Nachkriegszeit tragen. In jeder größeren Stadt gibt es ein Denkmal oder eine Gedenktafel zu ihren Ehren. Selbst ein Abschnitt der Autobahn A4 trägt ihren Namen, und die größte Bank (PKO Bank Polski) organisiert gemeinsam mit der Marke »Red is Bad«, einem Produzenten »patriotischer Kleidung«, einen Wissenswettbewerb über sie (Wilcze kredyty 2017).[13] Darüber hinaus werden Läufe der »Verstoßenen« organisiert, bei denen man in T-Shirts mit ihren Konterfeis und ihrer Symbolik beziehungsweise mit anderen »patriotischen« Requisiten antreten kann. Es gibt immer mehr historische Rekonstruktionen, bei denen Kämpfe zwischen den Waldsoldaten und den Sicherheitsdiens-

11 | Eine inhaltliche Ergänzung zum Buch von Ślaski war die Glosse von Wiesław Jan Wysocki »Fortsetzung des ›Bürgerkriegs‹ zwischen ›Bewahrern‹ und ›heruntergekommenen Zwergen‹«, die in der Zeitschrift *Niepodległość i Pamięć* (1997/1 (7): 25–34) erschien.

12 | Z. B.: Fundacja Pamiętamy: http://www.fundacjapamietamy.pl/; Fundacja Niezłomni im. Zygmunta Szendzielarza Łupaszki http://www.fundacjaniezlomni.pl/fundacja.html; Fundacja Niepodległości http://www.fundacja-niepodleglosci.pl/; Fundacja im. Jadwigi Chylińskiej http://www.fundacjachylinskiej.pl/; »Last Soldiers« Fundacja Żołnierzy Wyklętych.

13 | Auf der Internetseite der Bank wurde wie folgt zur Teilnahme am Wettbewerb aufgefordert: »Über Jahrzehnte wurden sie vergessen bzw. nicht der Wahrheit entsprechend dargestellt. Die Wahrheit über sie hat jedoch überlebt, und die Erinnerung an die Helden wird wieder hergestellt [...]. Prüfe, was Du über die Verstoßenen Soldaten weißt und gewinne ein Tablet.«, https://bankomania.pkobp.pl/bankokonkursy/quiz-wiedzy-o-wykletych (letzter Zugriff: 13. 5. 2017). Das war nicht die einzige Initiative der Bank, die zum Beispiel auch die Enthüllung des Monuments für »Inka« unterstützte. Sie war Partnerin bei der Herausgabe des Buches von Luiza Łuniewska *Auf der Suche nach Inka* [Szukając Inki] im Jahr 2015 und engagierte sich für das Projekt »Auf der Suche nach Inka in Schulen«, damit das Buch in die Schulbibliotheken in ganz Polen kommt.

ten (UB) und sogar Hinrichtungsszenen (sic!) nachgespielt werden.[14] Überdies werden zahlreiche Aufführungen, Ausstellungen und das Singen von Liedern über ihr Heldentum organisiert. In vielen Städten gibt es »Zelte der Verstoßenen« [Namioty Wyklętych)], die von der Vereinigung »Studenten für die Republik« organisiert werden (Namioty wyklętych 2017). Diese Events finden jedes Jahr anlässlich des Nationaltags zur Erinnerung an die »Verstoßenen Soldaten« statt. Die »Verstoßenen Soldaten« sind zum Unterrichtsthema in Schulen geworden – beeindruckend ist die Liste der Lehrpläne, Unterrichtsstunden und Unterrichtshilfen, die bisher zum Thema erstellt wurden (Niewińska 2016: 47). Außer in wissenschaftliche Publikationen finden die »Verstoßenen Soldaten« auch Eingang in die Populärkultur, etwa in Comics, Graffitis und Street-Art: in Form riesiger patriotischer Wandmalereien, auf denen die Geschichte in schwarz-weißer Tradition in Freund-Feind- und Held-Verräter-Schemata dargestellt wird (Balcerzak in diesem Band). Mythos und Propaganda-Slogan werden hier vermischt, was nicht selten pathetische beziehungsweise infantile Formen annimmt, die die »wahren Helden« glorifizieren. Im Zuge des Gedenkens kommt es manchmal zu kuriosen Aktionen, wie zum Beispiel im Mai 2016 zur Rekonstruktion der Hochzeit von Rittmeister Witold Pilecki[15] und Maria Ostrowska 1931 (das Brautpaar wurde von Schauspielern aus dem Doku-Drama unter der Regie von Mirosław Krzyszkowski von 2015 gespielt, der die Geschichte von Rittmeister Witold Pilecki darstellt). Die Rolle der Trauzeugen bei dieser »Hochzeit« spielten der Vize-Premierminister (PiS-Partei) Piotr Gliński und die Vize-Ministerin für Kultur Małgorzata Gawin (Pawłowski 2016). Weil eine gründliche und transparente Analyse der Taten der »Verstoßenen Soldaten« und ihrer offiziellen Verurteilung fehlt, finden die Opfer dieses innerpolitischen Konflikts und ihre Nachkommen noch immer keine Ruhe. Wie die Wunden aufgerissen werden, vor allem aber alte nationalistische Tendenzen wiederbelebt werden, zeigt beispielhaft der Skandal des unter der Schirmherrschaft des polnischen Präsidenten stehenden ersten Marsches zur Erinnerung an die »Verstoßenen Soldaten« in Hajnówka. Er wurde von den nationalistischen Gruppierungen National-Radikales Lager (ONR) und Allpolnische Jugend organisiert (Balcerzak in diesem Band). Auf dem Plakat, das zum Marsch aufrief, war ein Foto von Romuald Rajs (»Bury«) abgebildet. Nach Protesten wurde die Schirmherrschaft des Präsidenten zurückgezogen, aber ein bitterer Nachgeschmack blieb. Insbesondere weil die Plakate, die zum Marsch einluden, in jener Gegend aufgehängt wurden, wo »Bury« und seine Einheit nach dem Krieg gewütet hatten. Die Proteste, die 2016 aufkamen, haben

14 | In der Grundschule Nr. 2 in Skawina wurde im Polnischunterricht eine Inszenierung vorbereitet, in der Schüler der 5. und 6. Klasse (11–12 Jahre alt) die Szene nachspielten, in der die Funktionäre der Staatssicherheit den »Verstoßenen Soldaten« in den Hinterkopf schießen (»Wyklęta« propaganda 2017).

15 | Witold Pilecki (1901–1948) war von September 1940 bis April 1943 freiwilliger Häftling im Konzentrationslager Auschwitz. Mit der Zeit baute er eine Widerstandsbewegung auf und schrieb Berichte über den Holocaust (Pilecki 2013). Pilecki war Teilnehmer des Warschauer Aufstands und wurde 1947 von den Kommunisten verhaftet und zum Tode verurteilt. Der britische Historiker Michael Foot (1978) rechnet ihn zu den sechs mutigsten Menschen, die gegen den Hitlerfaschismus gekämpft haben.

nicht viel verändert. Im Februar 2017 fand in Hajnówka, wo 80 Prozent der Bewohner orthodoxen Glaubens sind, der *Zweite Marsch der Erinnerung an die »Verstoßenen Soldaten«* [II Marsz Żołnierzy Wyklętych] statt, bei dem »Bury« geehrt wurde.

Zur Metamorphose der »Waldsoldaten« zu neuen Helden Polens

Zweifellos ist die Karriere der Bezeichnung »Verstoßene Soldaten« mit der Metamorphose des Namens »Tag der Soldaten des Antikommunistischen Untergrunds« zum »Nationalen Gedenktag der Verstoßenen Soldaten« verbunden, der 2009 von Veteranen vorgeschlagen und in der Staatskanzlei des polnischen Präsidenten Lech Kaczyński vollzogen wurde. Für einen wesentlichen Teil der rechtsgerichteten Milieus hatte diese Änderung eine fundamentale Bedeutung. Ihrem Verständnis nach diskreditierte und delegitimierte dieser Feiertag die Richtung der Veränderungen, die sich in Polen nach 1989 vollzogen. Grzegorz Wąsowski (»wPolityce« 2011) schreibt hierzu:

»Diese Bezeichnung, die den Soldaten des antikommunistischen Untergrunds gewidmet ist, gab in idealer Weise, wie wir meinen, den Prozess des Ausschlusses ihrer Geschichte, ihres Ethos und ihres Opfers aus der Erinnerung und dem historischen Bewusstsein unserer nationalen Gemeinschaft wieder. Wobei es uns am wenigsten um die Zeit der Volksrepublik Polen ging. [...] Die Bezeichnung ›Verstoßene Soldaten‹ richtete sich nämlich als Anklage an die Adresse der meinungsbildenden Eliten der III. Republik. Als Anklage, dass von diesen Eliten im Zuge des Wiederaufbaus des historischen Bewusstseins unserer Landsleute das wichtigste, dramatischste und gleichzeitig heroischste Kapitel der Geschichte des Widerstands ausgelassen wurde, den unsere Vorfahren gegen das kommunistische Regime geleistet haben. Als Anklage, bewusst die Heldentaten der Soldaten des bewaffneten antikommunistischen Untergrunds aus dem unter den Bedingungen eines bereits freien Staates wiederhergestellten gesellschaftlichen Bewusstseins zu eliminieren, indem dieses Stück der Geschichte unseres Volkes, unserer GROSSGESCHRIEBENEN Geschichte, der Geschichte, die mit Blut und Leiden der Verteidiger der Freiheit geschrieben wurde, amputiert wurde« (Wąsowski 2016).

Die Sejm-Abgeordneten (die parlamentarische Mehrheit hatte damals die Bürgerplattform [Platforma Obywatelska]), die im Februar 2011 einstimmig die Initiative der Veteranen unterstützten, waren sich bei der Verabschiedung dieses staatlichen Feiertags, der erstmalig am 1.3.2011 begangen wurde, mehrheitlich nicht der Unterschiede in der Interpretation bewusst (Wnuk 2016).

Bei den im ganzen Land organisierten Treffen wiederholten die rechtsgerichteten Gruppen und das Umfeld der Partei *Recht und Gerechtigkeit* unaufhörlich, dass die Konspiration und das Partisanentum der Nachkriegszeit zu Opfern des Schweigens postkommunistischer Eliten geworden seien. Das war möglich, weil die Personen, die nach 1989 die Macht in Polen übernommen haben, zur »zweiten und dritten Generation von Ressort-Kindern«[16] gehörten, deren Vorfahren selbst am Kampf gegen die Untergrundbewegung der Nachkriegszeit beteiligt waren (Wnuk 2016).[17] Diese These fand sich sogar in der Rede des Präsidenten Andrzej Duda wieder, in der er im August 2016 sagte:

»Meine Damen und Herren, soweit man sagen kann, war es bis [19]89 das System der gleichen Verräter, die ›Inka‹[18] und ›Zagończyk‹[19] ermordet haben. Nach [19]89 [war es dieses System] theoretisch nicht. Wie

---

16 | Als »Ressort-Kinder« werden Personen bezeichnet, deren Eltern zu sozialistischen Zeiten in Ressorts der staatlichen Verwaltung gearbeitet haben. Die Verknüpfung dieser Personen mit der Welt der Medien und der Politik beschreibt eine kontroverse Publikationsreihe: Die Reihe *Ressort-Kinder* beschreibt die Infiltration von verschiedenen gesellschaftlichen Gruppen aus der Zeit der Polnischen Volksrepublik und der sogenannten Dritten Republik. Dorota Kania, Koautorin der Publikation *Ressort-Kinder. Politiker* erklärte, dass »das Ressort-Denken darauf beruht, gegen die Interessen Polens zu handeln und sich mental dem ›Stärkeren‹ unterzuordnen. [...] Bei Personen in den ehemaligen kommunistischen Diensten in der Volksrepublik beruhte das hauptsächlich auf dem Gehorsam gegenüber Moskau, dem ZK der KPdSU bzw. dem KGB und der Vernachlässigung der Interessen Polens und der Polen. Heute hat auch ein Teil der Eliten der Dritten Republik eine solche Haltung des Gehorsams gegenüber der Russischen Föderation geerbt; [...]. In diesem ›Ressort-Denken‹, bei dem die Verbindungen zu den ehemaligen Sicherheitsdiensten sehr wichtig sind, standen Polen und seine wichtigsten Interessen immer an letzter Stelle« (Nowotnik 2016).

17 | Eine Ausnahme bei der Behandlung der »Verstoßenen Soldaten« in der Dritten Republik sollen 2 Regierungen gewesen sein: Jan Olszewski (23. 12. 1991 – 10. 7. 1992) in Verbindung mit den Brüdern Lech und Jarosław Kaczyński und die Regierung der PiS in den Jahren 2005 bis 2007 mit Premierminister Jarosław Kaczyński an der Spitze (Wnuk 2016).

18 | »Inka« – Danuta Siedzikówna (1928–1946), Sanitäterin und Botin in den Einheiten der 5. Brigade der Heimatarmee von Wilna. Sie kümmerte sich nicht nur um Verwundete aus der eigenen Einheit, sondern auch um Einheiten der Bürgermiliz und des Sicherheitsdienstes. Im Juli 1946 wurde sie verhaftet, wegen Mitgliedschaft in einer illegalen Organisation, illegalen Waffenbesitzes, Beteiligung an Überfällen auf Funktionäre der Bürgermiliz und des Sicherheitsdienstes angeklagt und am 28. 8. 1946 in Gdańsk hingerichtet (inka.ipn.gov.pl).

19 | »Zagończyk« – Feliks Selmanowicz (1904–1946), Partisan der 3. Brigade von Wilna der Heimatarmee. Nachdem die Brigade von sowjetischen Truppen entwaffnet worden war, wurde er am 17. 7. 1944 in Kaluga interniert, von wo er am 20. 4. 1945 fliehen und nach Wilna gelangen konnte. Von dort kam er im Oktober 1945 mit einem Repatrianten-Transport nach Polen. Zum Jahreswechsel 1945/1946 nahm er Kontakt zu Major »Łupaszka« auf. In der in Pommern wiederhergestellten 5. Brigade von Wilna der Heimatarmee übernahm er die Führung einer aus 5 Personen bestehenden eigenständigen Kampf- und Zersetzungspatrouille für den Bezirk Gdańsk-Olsztyn, die Mittel für die organisatorische Tätigkeit beschaffen sollte. Von März bis Juni 1946 führte diese Einheit eine Reihe von Aktionen, unter anderem in Gdańsk, Sopot, Olsztyn, Tczew, durch, wobei sie Waffen und Bargeld erbeutete, die der Einheit von »Łupaszka« weitergegeben wurden. Am 17. 7. 1946 wurde er in Sopot verhaftet und im örtlichen Gefängnis inhaftiert. Im August 1946 wurde er vom Militär-Amtsgericht Gdańsk zum Tode verurteilt. Die Hinrichtung fand am 28. 8. 1946 statt (Rychter 2011).

ist es also möglich, dass man 27 Jahre darauf warten musste, bis Polen seine Helden beisetzen konnte?« (Wystąpienie Prezydenta RP 2016).

Eine solche Haltung gegenüber den »Verstoßenen Soldaten« musste jegliche Kritik an den Aktionen der Untergrundbewegung der Nachkriegszeit aufgrund niedriger Beweggründe zurückweisen.[20] Die »Verstoßenen Soldaten« sollten zu neuen Helden gemacht werden, zum Gründungsmythos der IV. Republik Polen, der von den Brüdern Kaczyński propagiert und nach dem Sieg der PiS-Partei im Jahr 2015 von Jarosław Kaczyński konstruiert wird. Leszek Żebrowski, Apologet der NSZ, sagte in einem Interview im Februar 2016:

»Die Verstoßenen Soldaten können als unser ideelles und moralisches Fundament fungieren, vollkommen anders, als der in der III. Polnischen Republik gelegte Grundstein. Der Fall Wałęsa veranschaulicht, dass dieses Fundament bereits vollständig desavouiert ist. Die Spaltungen werden jedoch bleiben, die Verfechter des Idioten werden ihn weiterhin verteidigen. [...] Die Jugend, die gegenwärtig heranwächst, ist auf der Suche nach Idealen. Und für sie ist die ›Solidarność‹ eben das, was derzeit passiert, das sind Wałęsa, Borusewicz, ›Hienia‹ Krzywonos etc. Es sind gänzlich kompromittierte Personen, propagandistisch ins Rampenlicht der Öffentlichkeit gezerrt. Je öfter diese Personen als Helden im Fernsehen gezeigt werden, umso abstoßender werden sie für die Jugend. Die Verstoßenen hingegen verzehren sich nicht nach Ehrungen, die erhalten sie nicht. Eigentlich gibt es sie nicht mehr. Übriggeblieben sind nur einzelne Personen. Ihnen wurde über Jahrzehnte hinweg Unrecht getan. Die Tatsache, dass sie in der Zeit der Volksrepublik Polen niedergemacht wurden, ist irgendwie erklärbar, denn die Kommunisten hielten sie für Feinde. Aber das, was ihnen nach 1989 angetan wurde, ist äußerst beschämend« (Żebrowski 2016).[21]

Nach den Präsidentschafts- und Parlamentswahlen 2015 und dem Sieg der PiS wurde die Funktion des Mythos der »Verstoßenen Soldaten« modifiziert. Wie Piotr Osęka

---

20 | Als Beispiel sind Reaktionen von Kreisen, die der NSZ nahestehen, auf die Kritik eines der Mitarbeiter der Außenstelle Lublin des Instituts für Nationales Gedenken zu nennen, der dagegen Widerspruch einlegte, eine Straße nach einem »Verstoßenen Soldaten« zu benennen. Dieser Historiker legte Archivdokumente zur Begründung vor. Auf Internetseiten der NSZ tauchten Einträge auf, in denen der Historiker als »Kommunistenschwein«, »Linker«, »Stasi-Mitarbeiter« bezeichnet wurde (Reszka/Domagała 2017).

21 | Nach den neuesten Lehrplänen für das Schulfach Geschichte wird Lech Wałęsa nicht mehr unter den Helden der Solidarność genannt, stattdessen ist die Rede von den »Helden der Solidarność«. In diesem Kontext ist es eine beachtenswerte Tatsache, dass die Ministerin für Bildung, Anna Zalewska, im November 2016 eine Antwort darauf vermied, ob ihrer Meinung nach Lech Wałęsa ein Held der Solidarność gewesen sei (Historia pisana na nowo? 2016). Die Marginalisierung Wałęsas wird dadurch begünstigt, dass er beschuldigt wird, mit den Sicherheitsdiensten der Volksrepublik Polen zusammengearbeitet zu haben. Ein weiterer Grund für die Marginalisierung des ersten Vorsitzenden der Solidarność soll ein früherer Konflikt zwischen Wałęsa und den Brüdern Kaczyński sowie der Wille gewesen sein, Lech Kaczyński, den ehemaligen polnischen Präsidenten, der bei einem Flugzeugabsturz in der Nähe von Smolensk im Jahr 2010 ums Leben gekommen ist, zum neuen Helden des Umbruchs in den 1980er Jahren zu kreieren (Sikora 2016).

im Gespräch mit Robert Jurszo sagte, kam es aus Anlass des Unabhängigkeitsmarsches am 11. November zur »Theatralisierung des politischen Lebens: Nationalisten und Konservative stellen ihren Kampf gegen die ›Linke‹ als Fortsetzung des Konflikts von 1945 dar« (Jurszo 2016). Man könne gar darauf verweisen, dass sich die Ankündigung symbolisch erfüllt hat, die sich im Parteiprogramm der Republikanischen Liga findet: »Unser Tag wird kommen.« Die neue Regierungspartei PiS bediente sich nicht nur der Soldaten, um die Fundamente der Dritten Republik auszuhebeln, sondern sie leitete vor allem Maßnahmen ein, die der Legitimierung des neuen Regierungslagers dienen sollten. Jan Żaryn, Senator der PiS, der für die Geschichtspolitik der Partei verantwortlich ist, meinte, dass der »Nationale Gedenktag der Verstoßenen Soldaten« ein noch wichtigerer Feiertag sei als der Tag des Polnischen Untergrundstaats oder die Jahrestage zum Warschauer Aufstand 1944, des Beginns und des Endes des Zweiten Weltkriegs, des Augusts 1980 (Arbeiterproteste in Gdańsk und Entstehung der Solidarność) oder der Wahlen vom 4. Juni 1989 (erste Wahlen unter Beteiligung der Opposition). Der Mythos der Soldaten soll offensichtlich das Fundament werden, auf dem die polnische nationale Identität beruhen soll, die von der PiS lanciert wird.

Die »Verstoßenen« sind also zur Anti-System-Ikone geworden, auf die sowohl politische Parteien Bezug zu nehmen, die der Dritten Republik kritisch beziehungsweise feindlich gegenüberstehen, als auch Milieus fanatischer Fußballfans, die sich an der Grenze zur kriminellen Halbwelt bewegen. Letztere nehmen sich als die symbolischen Erben der »Verstoßenen Soldaten« wahr. Nicht selten bedienen sie sich dabei falsch zugeordneter Symbole oder gar historischer Lügen, indem sie unterschiedliche politische und militärische Gruppierungen miteinander verbinden und sogar die Zugehörigkeit anerkannter Helden aus der Heimatarmee (AK) zu nationalistischen Kampftruppen der NSZ, zum Beispiel Pilecki, »Inka« und »Bury«, suggerieren (Wnuk 2016) An dieser Stelle ist darauf zu verweisen, dass ein wichtiger Teil der Nationalen Streitkräfte sich nicht dem Polnischen Untergrundstaat untergeordnet hatte, und mehrere Offiziere der NSZ als Verräter ermordet wurden, weil sie Gespräche mit der Heimatarmee aufgenommen hatten. Diese faktischen Irrtümer resultieren weniger aus historischem Unwissen, vielmehr dienen sie wahrscheinlich ganz bewusst dem Ziel, das historische Gedächtnis völlig zu beherrschen. Dies kann dazu führen, dass radikale Nationalisten und fanatische Fußballfans (diese beiden Welten verschwimmen immer mehr miteinander) als idealistische Erben der gesamten polnischen patriotischen Tradition gelten werden und damit auch der Tradition des Polnischen Untergrundstaats.

Ein Beispiel für das Vermengen dieser Traditionen stellen etwa die patriotischen Pilgerfahrten der Fußballfans dar. Am 7.1.2017 fand die »IX. Patriotische Pilgerfahrt« von Fußballfans nach Tschenstochau statt. Das Leitmotiv war der 75. Jahrestag der Entstehung der Nationalen Streitkräfte (NSZ) und die Erinnerung an die von der katholischen Kirche seliggesprochenen »Fünf von Poznań«, das heißt die Zöglinge der Salesianer, die 1942 von den Deutschen mit der Guillotine hingerichtet wurden. Wie die Katholische Informationsagentur mitteilte, »beteten Sympathisanten unterschiedlicher Sportmannschaften vor allem für unser Vaterland« (Kibice na Jasnej

Górze 2017). Organisator der Pilgerfahrt war der Seelsorger der Fans, Pfarrer Jarosław Wąsowicz, Salesianer und Fan von Lechia Gdańsk (IX. Patriotyczna Pielgrzymka 2017).

An den neuen Helden hat das Milieu der Fußballfans Gefallen gefunden. War ihre Aggression bis dahin fast ausschließlich gegen andere Klubs gerichtet, wandte sie sich mit dem Kult der »Verstoßenen Soldaten« gegen alle »Fremden«, wobei ihnen Vandalismus als Ausdruck von »Patriotismus« gilt. Offene Aggressionen gegen Ausländer, Menschen anderer Nationalität oder Religion, fremdenfeindliche Haltungen, Nationalismus und Rassismus vom Umfeld der Rechtsparteien und der PiS werden nicht nur toleriert, sondern oft sogar angeheizt. Jegliche Maßnahmen der Polizei, von Politikern, gesellschaftlichen Organisationen oder Publizisten, die gegen diese vermeintlichen Fans gerichtet sind, werden von ihnen als Maßnahmen gegen »Patrioten« dargestellt und mit kommunistischer Verfolgung der Partisanen gleichgesetzt (Fajfer 2016). Und Präsident Andrzej Duda heizt den »Patriotismus« dieser Leute noch weiter an, indem er, wie in seiner Rede während einer Messe in der Marienkirche in Gdańsk, den Fußballfans dafür dankt, dass sie die Erinnerung an die Helden des Unabhängigkeitsuntergrunds bewahren (Halcewicz 2016). Anlässlich des 70. Todestags von »Inka« und »Zagończyk«, den von kommunistischen Funktionären ermordeten »Menschen aus dem Wald«, sagte Duda: »Dadurch, dass die ›Verstoßenen Soldaten‹ heute geehrt werden, erlangt Polen seine Würde zurück, denn ein Staat, der seine Helden nicht ehrt, hat keine Würde« (Wystąpienie Prezydenta RP 2016).

Die Partei *Recht und Gerechtigkeit* hat, indem sie die Schirmherrschaft über die »Verstoßenen Soldaten« und ihren Kampf gegen die »Fremdherrschaft« der UdSSR im eigenen Land übernommen hat, einen regelrechten Flirt mit Hooligans, Nationalisten und Rassisten begonnen. Eine der Parolen, die man beim *Marsch der Unabhängigkeit,* bei dem junge Menschen aus nationalistischen Kreisen besonders aktiv sind, sehen und hören kann, ist »Tod den Feinden des Vaterlands« – das frühere Motto der 3. Brigade von Wilna der NZW, die von Romuald Rajs geführt wurde. Das ist auch eine Parole der sogenannten Fans, einer radikalen und zu Aggression neigenden Gruppe (kibole.pl). 1945 bedeutete die Losung allerdings noch etwas anderes als heute (Osęka 2016). Heute bezieht sich diese Parole auf alle »Anderen«, also auch Andersdenkende. In dieser Situation ist es beunruhigend, dass Angriffe auf Ausländer und andersdenkende Bürger bagatellisiert werden, mehr noch: Premierministerin Beata Szydło löste, um diese Erscheinungsformen zu banalisieren, den Rat zur Bekämpfung von Rassendiskriminierung, Fremdenhass und damit verbundener Intoleranz auf. Damit ignorierte sie die Ergebnisse von Untersuchungen, wonach die Zahl der Straftaten mit rassistischem Hintergrund in Polen im Jahr 2015 um 40 Prozent gestiegen ist (Polens Öffentlichkeit 2016).

Die forcierte Etablierung der neuen nationalen Helden und mit ihnen einer neuen nationalen Identität durch die PiS hat ein sehr konkretes politisches Ziel. Es geht um die Diskreditierung der politischen Gegner, um die Kompromittierung von Symbolen, die mit der Dritten Republik verbunden sind (z. B. Lech Wałęsa) oder generell um das, was in den letzten 25 Jahren erreicht wurde. Das Ziel ist die Verteidigung eines eigenwillig verstandenen »Polentums« und der polnischen Staatsräson gegen die Kommunisten und die »Ressort-Kinder«. Das Ziel ist aber auch der Schutz vor der Zerstörung von »Verunstaltungen der polnischen Geschichte« oder vor der linksliberalen »Pädagogik der Schande«, das heißt vor einer kritischen Auseinandersetzung mit der eigenen Geschichte. Wie Wojciech Mucha in der konservativen Tageszeitung *Gazeta Polska* bemerkte: »[D]ie Untergrundarmee kehrt zurück. […], [ihre Mitglieder] gehen auf die Straßen, kommen in die Schulen, bringen die Dritte Republik unter ihre Kontrolle […], ohne einen einzigen Schuss abzugeben« (Mucha 2016: 13).

Zusammen mit dem neuen »PiS-Nationalstolz« und der durch die Geschichtspolitik der PiS wieder erlangten »Würde des polnischen Staates« fühlen sich »wahre Polen«, das heißt Pseudo-Fußballfans, mit nationalistischen Symbolen oder Emblemen der »Verstoßenen Soldaten« verpflichtet, Position zu politischen Themen wie zu den Parlamentswahlen zu beziehen. Der Vorsitzende der PiS-Partei Jarosław Kaczyński sagte schon im Jahr der Sejm-Wahlen 2011: »Fans haben, so wie andere Bürger, ein Recht auf ihre politischen Ansichten, und in den Stadien gelten die gleichen Regeln wie im ganzen Land, d.h., es besteht Meinungsfreiheit« (Kaczyński 2011). Die vermeintlichen Fußballfans nehmen auch Stellung zu aktuellen heiklen Themen: zu Flüchtlingen aus dem Nahen Osten und Afrika oder zu den Maßnahmen der EU angesichts der Migrationsbewegungen. Das Ganze begünstigt die Atmosphäre, die von der PiS-Regierung geschaffen wird. In einem offenen Brief vom Januar 2016 an die Fans bezog sich Premierministerin Beata Szydło unter anderem auf die Frage der Aufnahme von Flüchtlingen aus dem Nahen Osten:

»Die Entscheidung, dass Polen Flüchtlinge aufnimmt, wurde von der vorherigen Regierung getroffen. Zum gegenwärtigen Zeitpunkt ist das geltendes EU-Recht, das Polen umsetzen muss. Gemäß der Deklaration des Ministers für Inneres und Verwaltung, Mariusz Błaszczak, wird in dieser Sache Priorität haben, die Sicherheit der Polen zu gewährleisten, die Geheimdienste hingegen werden genau kontrollieren, wer in unser Land kommen wird« (Szymański 2016).

Die Fußballfans schrecken auch nicht davor zurück, ihre eigenen Interpretationen und Ansichten zum Thema Migration durch Überfälle auf Ausländer zum Ausdruck zu bringen, zum Beispiel durch die Verwendung von Baseballschlägern mit patriotischer Symbolik, etwa mit Symbolen der »Verstoßenen Soldaten«. Dieser Unwille gegenüber »dem Fremden«, gegenüber Ausländern, ist insofern unverständlich, als Polen und seine »patriotischen Söhne und Töchter«, darunter auch die »Verstoßenen Soldaten«, die gezwungen waren, das Land zu verlassen, die Gastfreundschaft anderer Länder in Anspruch nehmen mussten und konnten. Daher ist auch das Erstaunen von Bundespräsident Joachim Gauck verständlich, als er sagte: »Ich kann aber nur schwer verstehen, dass ausgerechnet Länder Verfolgten ihre Solidarität entziehen, deren Bürger als politisch Verfolgte einst selbst Solidarität erfahren haben« (Krastev 2016).

Fazit

Der Mythos der »Verstoßener Soldaten« soll die Fundamente der Dritten Republik zum Einsturz bringen und das gegenwärtige Regierungslager legitimieren. Wie Rafał Wnuk prognostiziert, verweist vieles darauf, dass nach den Plänen der gegenwärtigen parlamentarischen Mehrheit die »Verstoßenen Soldaten« zum Fundament der nationalen Identität werden sollen. Diese Maßnahmen, die viele Kontroversen auslösen, werden allerdings nicht von allen Bürgern positiv aufgenommen (Wnuk 2016). Der wahre Flirt der politischen Parteien aus dem Sejm, allen voran *Recht und Gerechtigkeit* mit rechtsgerichteten, nationalistischen und fremdenfeindlichen Gruppierungen, die Multikulturalität und Anderssein ablehnen, bewirkt eine innere, tiefgreifende Spaltung der Gesellschaft. Politiker und Jugendliche mit nationalistischen, manchmal gar faschistoiden Ansichten kämpfen weiterhin gegen die »fremden Elemente«, die diesmal mit der Europäischen Union, den Migrantinnen und Migranten, mit Multikulturalität und mit den Werten des Westens gleichgesetzt werden. Das, was für die polnische Bevölkerung in der Zeit ihrer Abhängigkeit vom östlichen Nachbarn außerordentlich wichtig war, nämlich ihr Streben nach dem Westen und die Teilung gemeinsamer Ideale, wird nun zum Gegenstand von Attacken durch nationalistische Gruppierungen, die in Polen ihre Renaissance erleben (Wnuk 2016). Angesichts der sehr hohen Zustimmung der Bevölkerung für diese auch auf faschistische Traditionen sich berufenden Gruppierungen ist Beunruhigung völlig begründet. Nach Befragungen durch das Meinungsforschungsinstitut CBOS vom Oktober 2016 unterstützen gar 17 Prozent der Polen nationalistische Organisationen, am häufigsten junge Menschen (18–24 Jahre), hier sind es sogar 38 Prozent (CBOS 2016).[22] Unter ihrem Einfluss entfernt sich das Land von den Idealen der Solidarność und den Werten Westeuropas, verschließt sich innerhalb der eigenen Grenzen, wo sich Parolen wie »Polen nur für Polen« oder Warnungen wie die des Rektors einer Hochschule, ausländische Studierende sollten ihre Wohnungen nicht verlassen, immer mehr ausbreiten. Und das alles wird mit Schlagworten über Heldentum (»Verstoßene Soldaten«), Patriotismus und Vaterlandsliebe schöngeredet.

22 | In diesen Untersuchungen wurde unter anderem eine gewisse Widersprüchlichkeit festgestellt. So hält sich »lediglich jeder vierzehnte Befragte (7 %) für einen Nationalisten. Das ist wahrscheinlich mit negativen Assoziationen in Verbindung mit Nationalismen verbunden, mit dem Willen, nicht mit einer gesellschaftlich abgelehnten Haltung identifiziert zu werden. Die Verbindung zwischen der Unterstützung solcher Organisationen wie ONR und Allpolnische Jugend und der Deklaration einer nationalistischen Haltung ist schwächer, als man erwarten könnte. Von den Befragten, die sich für Nationalisten halten, unterstützt ungefähr die Hälfte (42 %) diese Bewegungen, und etwas mehr als ein Drittel ist gegen sie (37 %). Gleichzeitig hält sich nur jeder sechste Befragte (16 %), der ONR und Allpolnische Jugend unterstützt, für einen Nationalisten. Man kann also sagen, dass im Alltagsbewusstsein nationale Bewegungen nicht eindeutig als solche identifiziert werden, und, in Verbindung damit, dass die nationale Ideologie nicht mit nationalistischen Ideen gleichgesetzt wird« (CBOS 2016).

Zitierte Literatur

Primärquellen

CBOS (2016): Komunikat z badań nr 151/2016: Między patriotyzmem a nacjonalizmem, listopad 2016 [Mitteilung über die Untersuchungen Nr. 151/2016, Zwischen Patriotismus und Nationalismus, November 2016], http://www.cbos.pl/SPISKOM.POL/2016/K_151_16.PDF (letzter Zugriff: 24. 5. 2017).

CBOS (2017): Komunikat z badań nr 22/2017: Polskie podziemie antykomunistyczne w pamięci zbiorowej, luty 2017 [Mitteilung über die Untersuchungen Nr. 22/2017, Polnischer antikommunistischer Untergrund in der kollektiven Erinnerung, Februar 2017], http://www.cbos.pl/SPISKOM.POL/2017/K_022_17.PDF (letzter Zugriff: 24. 5. 2017).

Informacja o ustaleniach końcowych śledztwa S 28/02/Zi w sprawie pozbawienia życia 79 osób – mieszkańców powiatu Bielsk Podlaski w tym 30 osób tzw. furmanów w lesie koło Puchał Starych, dokonanych w okresie od dnia 29 stycznia 1946r. do dnia 2 lutego 1946 r. [Informationen über die abschließenden Ergebnisse des Ermittlungsverfahrens S 28/02/Zi in der Sache der Tötung von 79 Personen – Einwohnern von Bielsk Podlaski, darunter 30 sogenannte Fuhrleute, im Wald bei Puchały Stare, im Zeitraum vom 29. Januar 1946 bis 2. Februar 1946], http://ipn.gov.pl/pl/dla-mediow/komunikaty/9989,Informacja-o-ustaleniach-koncowych-sledztwa-S-2802Zi-w-sprawie-pozbawienia-zycia.html (letzter Zugriff: 22. 3. 2017).

Wystąpienie Prezydenta RP podczas uroczystości pogrzebowych »Inki« i »Zagończyka« [Rede des Präsidenten der Republik Polen bei den Beerdigungsfeierlichkeiten für »Inka« und »Zagończyk«], 28. 8. 2016, http://www.prezydent.pl/aktualnosci/wypowiedzi-prezydenta-rp/wystapienia/art,71,wystapienie-prezydenta-rp-w-czasie-uroczystosci-pogrzebowych-inki-i-zagonczyka.html (letzter Zugriff: 13. 5. 2017).

Sekundärquellen

Literatur

Bubnys, Arūnas (2008): Antykomunistyczny ruch oporu na Litwie w latach 1944–1953 [Antikommunistische Widerstandsbewegung in Litauen in den Jahren 1944–1953]. In: Polskie podziemie niepodległościowe na tle konspiracji antykomunistycznych w Europie środkowo-wschodniej w latach 1944–1956 [Polnische Unabhängigkeits-Untergrundbewegung vor dem Hintergrund antikommunistischer Konspiration in Mittelosteuropa in den Jahren 1944–1956]. Lublin.

Chmielewska, Anna/Drozdowska, Jolanta/Gogolewska, Justyna (2010): W godzinie próby. Żołnierze podziemia niepodległościowego w Białostockiem po 1944 roku i ich losy [In der Stunde der Wahrheit. Soldaten der Untergrundbewegung für die

Unabhängigkeit in der Region Białystok nach 1944 und deren Schicksale]. Białystok.

Davies, Norman (1998): »Europa«. Krakau.

Foot, Michael R. D. (1978): Six Faces of Courage. London.

Gniadek-Zieliński, Michał (2017): Narodowe Siły Zbrojne 1942–1947 [Nationale Bewaffnete Streitkräfte 1942–1947]. Warschau.

Kułak, Jerzy (2004): Rajs Romuald. In: Konspiracja i opór społeczny w Polsce 1944–1956, Słownik biograficzny [Konspiration und gesellschaftlicher Widerstand in Polen 1944–1956, Biographisches Wörterbuch], Bd. 2. Krakau, Warschau, Breslau, S. 432–434.

— (2015): Rozstrzelany Oddział, 3. Wileńska Brygada NZW kapitana Rajsa »Burego« [Die erschossene Einheit, die 3. Brigade der NZW von Wilna, von Hauptmann Rajs, »Bury«]. Białystok.

Kurkowska-Budzan, Marta (2009): Antykomunistyczne podziemie zbrojne na Białostocczyźnie: analiza współczesnej symbolizacji przeszłości [Antikommunistische bewaffnete Untergrundbewegung in der Region Białystok. Analyse einer zeitgenössischen Symbolisierung der Vergangenheit]. Krakau.

— (2011): Historia samorosła: narracje o powojennym podziemiu zbrojnym w Łomżyńskiem [Selbstgestrickte Geschichte. Narrationen über den bewaffneten Untergrund in der Nachkriegskriegszeit in der Region Łomża]. In: »Konteksty«. Polska Sztuka Ludowa, 2011/1, S. 45–57.

Lowe, Keith (2013): »Dziki kontynent«. Europa po II wojnie światowej [»Wilder Kontinent«. Europa nach dem Zweiten Weltkrieg]. Poznań.

Moroz, Anna (2016): Między pamięcią a historią. Konflikt pamięci zbiorowych Polaków i Białorusinów na przykładzie postaci Romualda Rajsa »Burego« [Zwischen Gedächtnis und Geschichte. Konflikt der kollektiven Erinnerungen von Polen und Weißrussen am Beispiel der Person Romuald Rajs »Bury«]. Warschau.

Pietruczuk, Bazyli (2006): Księga hańby [Bücher der Schande]. o. O.

Pilecki, Witold (2013): Freiwillig nach Auschwitz: Die geheimen Aufzeichnungen des Häftlings Witold Pilecki. Zürich.

Rychert, Izabela (2011): Jeden z »wyklętych«: Feliks Selmanowicz »Zagończyk« (1904–1946), [Einer der »Verstoßenen«: Feliks Selmanowicz »Zagończyk« (1904–1946)]. Danzig.

Wąsowski, Grzegorz (2015): Szkice o Żołnierzach Wyklętych i współczesnej Polsce [Skizzen zu den Verstoßenen Soldaten und dem zeitgenössischen Polen]. Łomianki.

Wysocki, Wiesław Jan (1997): »Wojny domowej« między »utrwalaczami« a »zaplutymi karłami« ciąg dalszy ... [Fortsetzung des »Bürgerkriegs« zwischen »Bewahrern« und »heruntergekommenen Zwergen«]. In: Niepodległość i Pamięć, Nr. 1 (7), S. 25–34.

Zaremba, Marcin (2012): Wielka trwoga: Polska 1944–1947: ludowa reakcja na kryzys [Die große Angst. Polen 1944–1947. Die Reaktion des einfachen Volkes auf die Krise]. Warschau.

Printpresse

IX Patriotyczna Pielgrzymka Kibiców na Jasną Górę, 7 stycznia 2017 [IX. Patriotische Pilgerfahrt von Fußballfans zur Jasna Góra, 7. Januar 2017]. In: Dziennik Zachodni, 4. 1. 2017.

Dybicz, Paweł (2014): »Wyklęci« mało święci. [»Verstoßene« – keine Heiligen]. In: Tygodnik Przegląd, Nr. 10.

Krastev, Ivan (2016): Die Utopie vom Leben jenseits der Grenze. In: Frankfurter Allgemeine Zeitung, 1. 3. 2016, http://www.faz.net/aktuell/politik/die-gegenwart/zerfaellt-europa-3-die-utopie-vom-leben-jenseits-der-grenze-14082761.html?printPagedArticle=true#/elections (letzter Zugriff: 24. 5. 2017).

Mucha, Wojciech (2016): Armia z innego świata [Eine Armee aus einer anderen Welt]. In: Gazeta Polska, 2. 3. 2016, S. 13.

Niewińska, Agnieszka (2016): Wyklęci wejdą do szkół [Die Verstoßenen gehen in die Schulen]. In: Do rzeczy. Tygodnik Lisickiego 9, S. 47.

Pawłowski, Roman (2016): »Ślub Pileckiego« z udziałem ministra kultury. Kto rekonstruuje wicepremiera Glińskiego? [»Die Hochzeit von Pilecki« unter Beteiligung des Kulturministers. Wer rekonstruiert Vize-Premierminister Gliński?]. In: Gazeta Wyborcza, 9. 5. 2016.

Reszka, Paweł P./Domagała, Małgorzata (2017): List naukowców w obronie historyka. IPN wyrzuca go za krytykę jednego z »żołnierzy wyklętych« [Brief von Wissenschaftlern zur Verteidigung des Historikers. Das Institut für Nationales Gedenken wirft ihn wegen seiner Kritik an einem »Verstoßenen Soldaten« raus]. In: Gazeta Wyborcza, 24. 3. 2017.

Wnuk, Rafał (2016): Wokół mitu »żołnierzy wyklętych« [Rund um den Mythos der »Verstoßenen Soldaten«]. In: Przegląd Polityczny 136/2016.

Zdanowicz, Andrzej (2011): Romuald Rajs »Bury«. Żołnierz wyklęty i morderca. [Romuald Rajs, »Bury«. Verstoßener Soldat und Mörder]. In: Gazeta Współczesna, 12. 3. 2011.

Internetseiten

II Marsz Żołnierzy Wyklętych w Hajnówce. Policja zmieniła trasę, wiadomości wp [2. Marsch der Verstoßenen Soldaten in Hajnówka. Die Polizei hat die Streckenführung geändert]. Nachricht des Portals »wp«, [Wirtualna Polska] 26. 2. 2017, http://wiadomosci.wp.pl/ii-marsz-zolnierzy-wykletych-w-hajnowce-policja-zmienila-trase-6095326262461569a (letzter Zugriff: 15. 5. 2017).

Danuta Siedzikówna »Inka«, inka.ipn.gov.pl (letzter Zugriff: 15. 5. 2017).

Fajfer, Kamil (2016): Błaszczak nie odróżnia chuligana od kibica. Jak PiS flirtuje z kibolami, [Błaszczak macht keinen Unterschied zwischen Hooligan und Fan. Wie die PiS mit Fußballfans flirtet], Oko.press, 4. 11. 2016, https://oko.press/blaszczak-odroznia-chuligana-kibica-pis-flirtuje-kibolami/ (letzter Zugriff: 15. 5. 2017).

Fundacja pamiętamy [Stiftung Erinnerung], http://www.fundacjapamietamy.pl/cele-fundacji (letzter Zugriff: 28. 5. 2017).

Halcewicz, Jakub (2016): »Wyklęci« i wykluczający [»Verstoßene« und Verstoßende]. In: Laboratorium Więzi, 30. 8. 2016, http://laboratorium.wiez.pl/2016/08/30/wykleci-i-wykluczajacy/ (letzter Zugriff: 18. 12. 2016).

Historia pisana na nowo? [Geschichte – neu geschrieben?], Wyborcza.pl, 8. 12. 2016, http://wyborcza.pl/10,82983,21090429,historia-pisana-na-nowo-minister-edukacji-miga-sie-od-odpowiedzi.html (letzter Zugriff: 15. 5. 2017).

Jurszo, Robert (2016): Dr. hab. Piotr Osęka: Narodowcy tęsknią za wojną [Dr. habil.. Piotr Osęka: Die Nationalisten sehnen sich nach Krieg], 11. 11. 2016, http://historia.wp.pl/title,Dr-hab-Piotr-Oseka-Narodowcy-tesknia-za-wojna,wid,18582422,wiadomosc.html?ticaid=118d5f (letzter Zugriff: 16. 12. 2016).

— (2017): »Żołnierzy wyklętych« wymyślono w 1993 r. [»Die Verstoßenen Soldaten« wurden 1993 erfunden, OKO.press, 1. 3. 2017, https://oko.press/zolnierzy-wykletych-wymyslono-1993-r-oko-press-przedstawia-historie-politycznego-mitu/ (letzter Zugriff: 18. 3. 2017).

Kaczyński (2011): Kaczyński o kibicach. »Trzeba bić im brawo« [Kaczyński über Fußballfans. »Man muss ihnen applaudieren«], 11. 9. 2011, http://wiadomosci.onet.pl/kaczynski-o-kibicach-trzeba-bic-im-brawo/ytm9 onet.wiadomości1 (letzter Zugriff: 25. 3. 2017).

Kibice na Jasnej Górze, 8. 1. 2017 [Fußballfans auf der Jasna Góra], kibice.net, http://www.kibice.net/news/6205-kibice-na-jasnej-gorze.html (letzter: Zugriff 28. 3. 2017).

Kibole.pl, http://kibole.pl/25415/kibicowskie-postulaty-2 (letzter Zugriff: 28. 3. 2017).

Mazurek, Piotr (2014): Żebrowski: Gdy w 1989 powstała osławiona gazeta, to miała określony skład redakcyjny: Michnik, Łuczywo, Krzemień. Wspólnym mianownikiem były KPP-owskie korzenie ich rodzin [Als 1989 die berüchtigte Zeitung gegründet wurde, war die Zusammensetzung der Redaktion festgelegt: Michnik, Łuczywo, Krzemień. Der gemeinsame Nenner waren die Wurzeln ihrer Familien in der KPP]. In: wPolityce, 20. 1. 2014, http://wpolityce.pl/polityka/183496-zebrowski-gdy-w-1989-powstala-oslawiona-gazeta-to-miala-okreslony-sklad-redakcyjny-michnik-luczywo-krzemien-wspolnym-mianownikiem-byly-kpp-owskie-korzenie-ich-rodzin (letzter Zugriff: 10. 3. 2017).

Namioty wyklętych [Zelte der Verstoßenen], https://twitter.com/hashtag/NamiotyWykletych?src=hash&ref_src=twsrc%5Etfw&ref_url=http%3A%2F%2Fwpolityce.pl%2Fhistoria%2F330140-namioty-wykletych-na-ulicach-polskich-miast-chcemy-upamietnic-bohaterska-postawe-podziemia-zdjecia-i-wideo, 5. 3. 2017 (letzter Zugriff: 25. 3. 2017).

Nowotnik, Norbert (2016): Kim są »resortowe dzieci«? Dorota Kania: Znamienną postacią jest Bronisław Komorowski … [Wer sind die »Ressort-Kinder«? Dorota Kania: Eine charakteristische Gestalt ist Bronisław Komorowski …], 17. 11. 2016, http://wiadomosci.dziennik.pl/opinie/artykuly/535660,kim-sa-resortowe-dzieci-dorota-kania-znamienna-postacia-jest-bronislaw-komorowski.html (letzter Zugriff: 15. 3. 2017).

Osęka, Piotr (2016): Narodowcy tęsknią za wojną [Die Nationalisten sehnen sich nach dem Krieg]. In: WP Historia, 11. 11. 2016 http://historia.wp.pl/title,Dr-hab-Piotr-Oseka-Narodowcy-tesknia-za-wojna,wid,18582422,wiadomosc.html?ticaid=118d5f (letzter Zugriff: 16. 3. 2017).

Polens Öffentlichkeit (2016): Polens Öffentlichkeit fragt: Wie will Regierung Rassismus und Xenophobie bekämpfen? 7. 5. 2016, https://de.sputniknews.com/gesellschaft/20160507309696535-polen-regierung-rassismus-xenophobie-bekaempfung/ (letzter Zugriff: 24. 5. 2017).

Serafiński, Krzysztof, (2016): Żołnierze Wyklęci [Verstoßene Soldaten], http://pikio.pl/zolnierze-wykleci/# (letzter Zugriff: 24. 5. 2017).

Sikora, Kamil (2016): Po co PiS niszczy Wałęsę? Chcą zrobić Lecha Kaczyńskiego twarzą »Solidarności«, choć nie ma podstaw [Warum vernichtet die PiS Wałęsa? Sie wollen Lech Kaczyński zum Gesicht der »Solidarność« machen, obwohl es keine Grundlage dafür gibt], 26. 2. 2016, http://natemat.pl/172603,po-co-pis-niszczy-walese-chca-zrobic-lecha-kaczynskiego-twarza-solidarnosci-choc-nie-ma-podstaw (letzter Zugriff: 15. 5. 2017).

Szymański, Piotr (2016): Kibicowskie postulaty – Pani Premier odpowiada! [Forderungen der Fußballbans – Die Premierministerin antwortet], 21. 1. 2016, http://kibole.pl/25415/kibicowskie-postulaty-2 (letzter Zugriff: 27. 3. 2017).

Wąsowski, Grzegorz (2016): »Żołnierze wyklęci« … Ale przez kogo? Refleksje w przeddzień święta [»Verstoßene Soldaten« … Aber von wem verstoßen? Reflexionen am Tag vor dem Feiertag]. In: wPolityce, 20. 2. 2016, http://wpolityce.pl/polityka/110368-zolnierze-wykleci-ale-przez-kogo-refleksje-w-przeddzien-swieta-jakosciowa-zmiana-nastapila-dopiero-po-powstaniu-ipn (letzter Zugriff: 26. 11. 2016).

Wilcze kredyty, niezłomne odsetki, czyli bank PKO BP wspiera »żołnierzy wyklętych« [Freibriefe, unerschütterliche Zinsen, oder wie die Bank PKO BP die »Verstoßenen Soldaten« unterstützt]. In: Gazeta.pl, 24. 2. 2017, http://wyborcza.pl/7,155287,21415765,bury-i-lupaszka-zachowali-sie-jak-trzeba-pko-bp-wspiera-zolnierzy.html (letzter Zugriff: 25. 3. 2017).

»Wyklęta« propaganda nie zna granic. Brutalna inscenizacja w podstawówce [Die »Verstoßene« Propaganda kennt keine Grenzen. Brutale Inszenierung in der Grundschule], http://strajk.eu/wykleta-propaganda-nie-zna-granic-brutalna-inscenizacja-w-podstawowce/ 24. 4. 2017 (letzter Zugriff: 15. 5. 2017).

Żebrowski, Leszek (2016): Trzeba zadbać o »Wyklętych«. To ostatni moment. Zbudujmy pomnik »Żołnierzy Wyklętych« tuż przy Grobie Nieznanego Żołnierza. Nasz Wywiad [Man muss sich um die »Verstoßenen« kümmern. Das ist der letzte Moment. Bauen wir ein Denkmal für die »Verstoßenen Soldaten« direkt am Grab des Unbekannten Soldaten. Unser Interview]. In: wPolityce, 25. 2. 2016, http://wpolityce.pl/polityka/283031-leszek-zebrowski-trzeba-zadbac-o-wykletych-to-ostatni-moment-zbudujmy-pomnik-zolnierzy-wykletych-tuz-przy-grobie-nieznanego-zolnierza-nasz-wywiad (letzter Zugriff: 11. 5. 2017).

Politische Mythologie in Ungarn?

Zu Kontinuitäten paralleler Geschichtsschreibung im Kontext von Archäologie und Sprachwissenschaft

László Simon-Nanko

Das Gedenken an den Jahrestag des Ungarnaufstands von 1956 führte uns erst kürzlich wieder vor Augen, wie heute in Ungarn historische Ereignisse politisch gedeutet und instrumentalisiert werden. Während dies bei Ereignissen der letzten 200 Jahre in der öffentlichen Diskussion vor allem auch außerhalb Ungarns Beachtung findet, bleiben Tendenzen, die die weiter zurückliegende Ur- und Frühgeschichte Ungarns auf ähnliche Art und Weise umdeuten wollen, oft ungesehen. Dabei können sie durchaus als Gradmesser der Verbreitung politischer Ideologien herangezogen werden, denn Historiker waren von Anfang an daran beteiligt, nationale Geschichtskulte zu initiieren und zu pflegen. Eine besonders herausragende Rolle spielte die Deutung der Herkunft der magyarischen Stämme und der Staatsgründung gegen Ende des 1. Jahrtausends n. Chr. (Klimó 2003: 15).

Zur Frage nach der frühesten Geschichte der ungarischen Stämme stand die wissenschaftlich auch heute noch anerkannte Theorie der finnougrischen Sprachverwandtschaft[1] einer parallelen Geschichtsschreibung mit Verwandtschaftsthesen zu den Turksprachen gegenüber, die man als Turanismus bezeichnen kann. Diese turanistische Theorie nahm im Lauf der Geschichte einen ganz eigenen Weg und hat im heutigen Ungarn wieder Hochkonjunktur. Ihren Ursprung hat sie bereits im Mittelalter, als ungarische Chroniken und Heldenlegenden die Ungarn in Verbindung mit den Hunnen und Skythen und das ungarische Königshaus als Nachfahren Attilas darstellten.

Beachtung soll im Folgenden auch ein Grundmotiv turanistischer Theoriebildung finden: die Vorstellung vom altungarischen berittenen Kriegernomaden (s. z. B. Balint 1986: 169).

---

1 | Angela Macantonios Versuch, die Zusammengehörigkeit der finnougrische Sprachfamilie zu relativieren (Macantonio 2002), wurde und wird in der Fachwelt vielfach rezensiert, diskutiert und vor allem kritisiert (als kritisches Beispiel siehe Laasko 2003), ist jedoch nicht geeignet, die Sprachfamilie zu negieren.

Vom 19. Jahrhundert bis 1945

Wissenschaftlich bearbeitet wurde die Theorie, die sich seitdem kaum der allgemeinen Entwicklung in der Wissenschaft unterwarf, sondern sich vielmehr als Gegenmodell etablierte, hauptsächlich im 19. Jahrhundert, das stark geprägt war von einem wachsenden Selbstvertrauen der ungarischen Eliten in einem hauptsächlich durch die lateinische und deutsche Sprache geprägten Umfeld. Die sich gerade entwickelnde Nationalbewegung bedurfte der Stiftung von Zusammengehörigkeit, was über das Ungarische als Sprache erfolgte, und der Legitimation der ungarischen Staatlichkeit und damit der politischen Eliten gegenüber der Fremdherrschaft. Dabei wurde im nationalistischen Diskurs in zunehmendem Maße nicht von einer Genese, sondern von einer »Wiederherstellung« der Staatlichkeit im 19. Jahrhundert gesprochen (Klimó 2003: 25, 35). Hieraus ergab sich eine Suche nach möglichst alten Belegen für die Existenz der ungarischen Kultur und Sprache, die mithilfe mittelalterlicher Chroniken und Heldenlegenden vermeintlich auch gelang.

Unterstützung erfuhr die Geschichtsschreibung dabei vom ungarischen Adel, da sich die postulierten Vorfahren durch ihr Dasein als nomadische Reiterkrieger (und eben nicht als Bauern) in das zeitgenössische adelige Werte- und Herrschaftssystem integrieren ließen (Heiszler 2006: 90). Einer der Begründer der ungarischen Historiografie, István Horvath (1784–1846), stellte in seinen *Skizzen aus der ältesten Geschichte der ungarischen Nation* von 1825 die Behauptung auf, selbst die Bibel zeuge von ungarischen Namen und Bezeichnungen (Pusztay 1977: 16). Dabei berief er sich auf Abstammungslinien, die bereits in den ungarischen Chroniken ihre Erwähnung fanden (Klaniczay 2011: 187).[2] In der ungarischen Archäologie gab es ebenso von Anfang an Tendenzen, die auf eine Legitimierung ungarischer Herrschaft zielten. Sie waren fokussiert auf die Diskussionen zur Herkunft des ungarischen Volkes und seiner materiellen Kultur. Es war auch hier der ungarische Adel, der im 19. Jahrhundert die noch junge Wissenschaft unterstützte (Szeverényi 2004: 6). Hauptziel war es, die geprägten Bilder zu bestätigen und die einwandernden Stämme als berittenes Kriegervolk darzustellen (Szeverényi 2004: 8). Hierfür wurden zum Beispiel ausschließlich Gräber mit Pferdebestattung als »magyarisch« eingeordnet, während pferdelose Bestattungen als »slawisch« gedeutet wurden.[3] Schließlich versuchten auch Reisende und Abenteurer aktiv, asiatische Verwandte zu finden.[4]

In den 1880er Jahren kommt es in der Sprachwissenschaft zu einem großen, erstmals wirklich öffentlich ausgetragenen Disput zwischen den Vertretern der finnougrischen Sprachverwandtschaft und ihren Gegnern, die eine türkische Verwandtschaft postulierten. Dieser schlug so weite Wellen, dass ihn schon Zeitgenossen den Ugrisch-Türkischen-Krieg nannten (Pusztay 1977: 92). Selbst namhafte Tageszeitun-

2 | Gemeint sind Hunnen, Skythen und andere eurasische Völker.

3 | Zu weiteren Beispielen siehe Klaniczay 2011: 199.

4 | Einer der bekanntesten Reisenden ist wohl Sándor Kőrösi Csoma (1784–1842), der als Begründer der Tibetologie gilt.

gen berichteten regelmäßig über die Argumente und Entgegnungen der beiden Lager (Pusztay 1977: 93). Der Orientalist Ármin Vámbéry setzt dabei der finnougrischen Sprachtheorie einige neue Punkte entgegen, ohne die Theorie selbst widerlegen zu können. Er argumentierte mit einer Vermischung von finnougrischen und türkischen Stämmen, wobei er von einer turksprachigen Elite ausging, um so das Selbstbild des Adels zu bestätigen und damit das ungarische Volk klar von den anderen Völkern der Habsburgermonarchie, hauptsächlich Deutschen, Rumänen und Slawen, abzugrenzen (Romsics 2011: 153 f.; Heiszler 2006: 94). Dies brachte ihm die Sympathien eines Großteils der öffentlichen Meinung ein (Romsics 2011: 154). Die »Turanisten« – wie sich die Gruppe um Vámbéry selbst nannte – sahen Kultur grundlegend als eine im Kern unveränderliche Eigenschaft (ein Kerngedanke des Nationalismus), während ihre Gegner sie als ein sich historisch wandelndes Phänomen betrachteten (Klimó 2033: 139). Im Verlauf des Disputs übernahm Vámbéry immer mehr Argumente seiner Gegner, bis schließlich seine These nicht mehr geeignet war, die Gemüter seiner Zeitgenossen zu bewegen (Romsics 2011: 154). Fachlich schien die Sache klar ausgegangen: für die Validität der Theorie der Zugehörigkeit zur finnougrischen Sprachfamilie. Dies hielt die Turanisten jedoch nicht davon ab, an alten Ideen und Motiven festzuhalten und ihre Forschungen fortzusetzen.

Im 20. Jahrhundert änderte sich daran wenig: Die erste Hälfte des Jahrhunderts war in der Geschichtsschreibung geprägt vom Streben nach Wissenschaftlichkeit. Man betonte dabei an prominenter Stelle immer wieder die fehlerhafte Argumentationsweise des zeitgenössischen Turanismus, was Zeugnis dafür ablegt, dass sich trotz klarem Bekenntnis der Wissenschaft zur finnougrischen Sprachverwandtschaft turanistische Vorstellungen aus dem 19. Jahrhundert hinüberretten konnten (Romsics 2011: 291 f.). Dieser Diskurs konnte sich auf jene des 19. Jahrhunderts berufen, um von sich zu behaupten, immer noch Teil des legitimen wissenschaftlichen Diskurses zu sein.

1910 wurde durch hochrangige Vertreter der Theorie die *Turanische Gesellschaft* gegründet, die die Erforschung der angeblich kulturell wie sprachlich mit den Ungarn verwandten Völker Asiens vorantreiben wollte (Klimó 2003: 141). Im Verlauf des Ersten Weltkriegs wurden die Beschwörung der tausendjährigen Staatlichkeit Ungarns und die Stärke der Reitervölker durch allgemeine Durchhalteparolen und auch im Rahmen des Gefallenengedenkens weiter in der Bevölkerung verbreitet.[5] Zu dieser Zeit findet der Turanismus eine wachsende Zahl an Anhängern auch in der Türkei sowie in Japan (Klimó 2003: 142).

Der Vertrag von Trianon, das heißt die Aufteilung der k. u. k-Monarchie im Jahr 1920 und die hieraus resultierenden großen ungarischsprachigen Minderheiten außerhalb des Landes, hatte weitreichende Auswirkungen auf das Geschichts- und Nationsverständnis in Ungarn. So formulierte beispielsweise der Historiker Elemér

5 | Beispielhaft hierfür sind Gefallenendenkmäler jener Zeit, auf denen sich häufig Abbildungen von altungarischen Reiterkriegern oder des Turuls finden (Klimó 2003: 219). Der Turul ist ein mythischer Vogel aus der altungarischen Sagenwelt (Näheres z. B. bei Fodor 1999).

Mályusz seine Forderung, dass sich der Fokus der Geschichtsschreibung von einer Geschichte des multiethnischen Königreichs Ungarn in Richtung der Geschichte des ungarischen Volkes verschieben solle (Romsics 2011: 292; Heiszler 2006: 94). Unter dem Horthy-Regime führte die Entwicklung zu einer weiteren Politisierung der Geschichtswissenschaften: Während die einen Historiker zunehmend gegen die konservative Gesellschaft aufbegehrten und sogar zu einem nationalen antifaschistischen Widerstand aufriefen, arrangierten sich andere mit dem System und arbeiteten nicht nur in ihren wissenschaftlichen Schriften auf eine ungarisch-deutsche Schicksalsgemeinschaft hin (Romsics 2001: 315 f.). In Publikationen der frühen 1940er Jahre werden statt der bisher gebräuchlichen Einteilung der Geschichte in Staats-, Kirchen- und Geistesgeschichte zunehmend Kategorien wie »Volk«, »Volksgeschichte« und »Volksbild« benutzt (Romsics 2011: 335). Dennoch konnte sich der Turanismus in Fachkreisen kaum durchsetzen. Es wurden während des zweiten Weltkrieges zwar Stimmen laut, die aus einer turanistisch geprägten Geschichtsschreibung heraus eine Wiederherstellung einer vermeintlichen turanischen Herrschaft über Asien forderten, doch mussten selbst den Pfeilkreuzlern nahestehende Wissenschaftler die Tatsachen der finnougrischen Sprachverwandtschaft immer berücksichtigen (Romsics 2011: 338–345). Gesellschaftlich war der Turanismus jedoch be- und anerkannt, wovon unzählige turanistische Miniaturen der Horthy-Ära zeugen (Ungváry 2013: 278 Anm. 178).

Nachkriegszeit und Sozialismus

Nach 1945 änderte sich die Zusammensetzung der ungarischen Forschungslandschaft in zweierlei Hinsicht: Rechtsextreme Wissenschaftler gingen in die Emigration, wurden festgesetzt oder verschwanden in der Bedeutungslosigkeit (Romsics 2011: 356 ff.), während einige nationalkonservative Forscher dennoch bis spätestens 1948 in Ungarn forschen und lehren durften (Romsics 2011: 360 ff.). Gleichzeitig kamen marxistisch geprägte Wissenschaftler an die politischen Schalthebel der ungarischen Geschichtsschreibung (Romsics 2011: 356 ff.). Dies bildete eine Zäsur: mit weitgestreuten Publikationen, Ausstellungen und Filmen wurde versucht, alle historischen Wissenschaften im Sinne der marxistischen Ideologie »umzuerziehen« (Romsics 2011: 392 f.). In der Archäologie führte das teilweise zu regelrechten »Trotzreaktionen«. So wurden Befunde, statt neutral archäologischen Kulturkomplexen zugerechnet zu werden, weiterhin ethnisch gedeutet und den »Magyaren« oder den »Slawen« zugeordnet (Szeverényi 2014: 18).

Nach 1945 und ebenso nach 1956 führten aber vor allem ins Ausland emigrierte Ungarn die Traditionslinie alternativer Herkunftstheorien wie des Turanismus fort. In der Emigration konnten sie mehr oder minder ungestört ihre Theorien verfolgen und ausbauen. Als heute vielleicht meistrezipierter Autor sei der nach Argentinien ausgewanderte Ferenc Badiny-Jos genannt. Er griff einige recht exotische turanistische Ideen auf, wie etwa die Verwandtschaft zum Sumerischen, der ältesten bekannten Schriftsprache der Menschheit – anzusetzen im 3. Jahrtausend v. Chr. –, um die Traditionslinie der ungarischen Kultur so weit wie möglich in die Vergangenheit verlängern zu können. Neben einer Reihe weiterer Autoren entwickelten auch diverse ungarische Vereinigungen außerhalb Ungarns, gerade in jüngerer Zeit, eine rege Publikationstätigkeit. Als Beispiel kann hier der 1985 gegründete Ungarische *Historische Verein Zürich* gelten, der heute noch weltweit zahlreiche Tagungen und Vorträge organisiert und auch deshalb erwähnenswert ist, weil er dreimal für den »René Descartes Prize« für Völkerverständigung der Europäischen Union nominiert war, obwohl er aktiv nationalistische und turanistische Ideen unterstützt und verbreitet (Ungarisch Historischer Verein Zürich o. J.).[6]

In Ungarn selbst wurde nach 1956 bis zum Ende der 1980er Jahre die marxistische Doktrin langsam wieder aufgeweicht. Wollte der Staat zuvor eine noch nie da gewesene Verbindung von Geschichtsschreibung und Staatsideologie schaffen (Klimó 2003: 15), wurde nun eine »liberale Haltung« und eine »Öffnung nach Westen« immer sichtbarer (Romsics 2011: 404). Der Staatsapparat sah sich gezwungen, vor allem Volkstümliches zuzulassen und wollte damit ein Ventil für nationale Gefühle schaffen. Dabei tradierten sich in ebendiesen volkstümlichen Tendenzen historische Mythen weiter. Die Erforschung der ungarischen Frühgeschichte erlebte in dieser Zeit eine Renaissance, unter anderem weil archäologische Forschungen auf dem Gebiet der Sowjetunion neue Erkenntnisse zutage förderten, aber auch, weil Einflüsse aus der Botanik, der Zoologie, der Geografie, der Anthropologie und den Sprachwissenschaften neue Impulse setzten (Romsics 2011: 422). Allgemein anerkannt dagegen wurde im Verlauf der 1970er Jahre die Erkenntnis, dass sich die Genese der finnougrischen Völker in der Zeit vom 6. bis zum 4. Jahrtausend v. Chr. in Westsibirien abgespielt hatte (Romsics 2011: 422). Alles in allem spielte spätestens seit diesen Erkenntnissen eine mögliche Verwandtschaft mit türkischen Sprachen oder gar Völkern in der offiziellen fachlichen Diskussion kaum mehr bis gar keine Rolle.[7] Den Turanisten reichte diese frühe Datierung allein allerdings nicht aus, sie blieben bei ihrer These.

---

6 | In der vereinseigenen Reihe *Acta Historica Hungarica Turicensis* finden sich eine Reihe turanistischer Publikationen. Beispielhaft sei *Die Frühgeschichte der Ungarn* (Ungarisch Historischer Verein Zürich 2007) genannt, da es sich um die 2. Auflage der Übersetzung einer bereits in 3 Auflagen und ursprünglich 1992 erschienenen Publikation handelt, was die Tradition der 1990er bis 2000er Jahre widerspiegelt. Bereits in der Einführung wird auf mesopotamische Völker mit agglutinierenden Sprachen (wie das Ungarische, Anm. des Autors) und direkt darauf auf Skythen und Hunnen verwiesen und auf die angebliche Unwahrscheinlichkeit einer ungarisch-finnougrischen Verwandtschaft (Ungarisch Historischer Verein Zürich 2007: 8–15).

7 | Zum jüngeren Vorstoß von Angela Macantonio habe ich bereits weiter oben Stellung bezogen (s. Fußnote 1).

Die Zeit nach der politischen Wende

Während in der Archäologie, der Sprachwissenschaft und Geschichtswissenschaft turanistische Theorien keinen Widerhall mehr fanden, traten diese mit zunehmender Liberalisierung seit den 1980ern einen erneuten Siegeszug außerhalb der etablierten Wissenschaft an, wobei die Akteure durchaus eine wissenschaftliche Ausbildung genossen haben. Ein Beispiel: Gemeinsam veröffentlichten der Archäologe Kornél Bakay und der Linguist László Marácz 2004 den Artikel *Objection to the forceful finnization of the ancient history and language of the Hungarians* (Bakay, Marácz 2004). Er greift auf die Deutschenfeindlichkeit des 19. Jahrhunderts zurück, indem er die Vorreiter des Finnougrismus zu deutschen Agenten und die Theorie selbst zu einer habsburgischen Verschwörung erklärt.[8] Bakay ist ausgebildeter Archäologe und arbeitete in den 1990ern archäologisch wie historisch über die Pfeilkreuzler, die Horthy-Ära und die ungarische Frühgeschichte. Er erhielt 2013 die höchste staatliche Auszeichnung, das Offizierskreuz des Verdienstordens der Republik Ungarn.[9] Marácz ist anerkannter Linguist, der nicht nur als Assistant Professor an der Universität Amsterdam am Lehrstuhl für Europäische Studien lehrt, sondern auch einer der Initiatoren des MIME, eines Projekts für Mehrsprachigkeit ist, das von der Europäischen Union gefördert wird.[10] Es verwundert nicht, dass in solchen Fällen heutige Turanisten mit Fug und Recht behaupten können, ihre Theorien würden von Experten des Faches gestützt.

Auch in der Politik sind turanistische Motive verbreitet, vor allem wenn es um Topoi des nationalen Zusammenhalts, der Abgrenzung zu Nachbarnationen oder auch einer wirtschaftlichen Öffnung nach Osten geht. So übergab eine ungarische Delegation 2012 bei einem Besuch in Kasachstan einen schamanischen »Baum des Lebens« und im gleichen Jahr zelebrierte ein Schamane der Tuwa[11] ein Reinigungsritual für die ungarische Krone (Karl 2012). Neben zahlreichen Einzelaussagen von Politikern, die hier nicht angeführt werden können, ist besonders der offene Aufruf der rechtsextremen *Jobbik* von 2009 zu nennen, in dem gefordert wurde, die finnougrische Theorie endlich zu beseitigen (Jobbik 2009).[12] Und ebenso offensichtlich ist die Rede Viktor Orbáns in Ópusztaszer 2012, in der er in Manier einer Blut-und-Boden-Rhetorik eben auch turanistische Elemente mit einfließen ließ (Müller 2012: Anm. 24).

---

8 | Dem Verdacht der Parteinahme aufgrund ihrer Herkunft waren einige Finnougristen bereits im 19. Jahrhundert ausgesetzt (Heiszler 2006: 91–93).

9 | Hermann Parzinger, zu dieser Zeit Präsident der Stiftung Preußischer Kulturbesitz und Präsident des Deutschen Verbands für Archäologie, ließ es sich nicht nehmen, mit einem Brief an den damaligen Minister für Humanressourcen Zoltán Balog gegen die Verleihung zu protestieren (Parzinger 2013).

10 | Biografische Informationen zu Marácz findet man auf der Seite der Universität Amsterdam (Universiteit van Amsterdam o. J.)

11 | Die Tuwiner oder Tuwa sind die größte nichtslawische Ethnie im Altai-Sajan-Gebirge.

12 | Unter den Unterzeichnern: Biologen, Anthropologen, Philologen, Hochschullehrer und bekannte Pseudowissenschaftler wie Kornél Bakay.

Gradmesser einer Verbreitung solcher Theorien sind auch Massenereignisse wie das Kurultáj, ein seit 2008 in Ungarn regelmäßig stattfindendes Treffen von Vertretern vermeintlich miteinander verwandter Steppenvölker. Die Akademie der Wissenschaften tut die Veranstaltung als unbedeutende Subkultur ab, doch bekommen Veranstaltungen dieser Art immer mehr Zulauf. 2012 hatte das Kurultáj bereits 160.000 Teilnehmer, 2016 nahmen 27 verschiedene Nationalitäten teil (Kurultáj o. J.).[13] Diese Tendenz ist steigend.

Andererseits wird von der Politik tatsächlich wissenschaftliche Forschung in Ungarn durch neue Gesetze verhindert. Rettungsgrabungen werden durch neue, schärfere Gesetzte fast unmöglich gemacht, die Finanzierung archäologischer Forschung eingeschränkt und Museums- und Archivbestände quasi für vogelfrei erklärt. Diese können nun vom Minister für Humanressourcen beliebig auf das Land verteilt und auch an private Personen und Institutionen zur Verwahrung gegeben werden (Schreg 2013). Gleichzeitig wurde 2014 der *Seuso-Hortfund* für 15 Millionen Euro angekauft. Der Fundkomplex, von dem bis heute nicht bekannt ist, woher er tatsächlich stammt, wurde zum nationalen Kulturgut erklärt und sollte eines der Highlights des neuen Museumszentrums in Budapest werden. Geld, das in der Forschung dringend benötigt wird, fließt so in prestigeträchtige Projekte, die der nationalen Selbstidentifikation dienen sollen.

Für eine Beurteilung der turanistischen Tendenzen sind auch versuchte Gegenmaßnahmen von Interesse. So hat es beispielsweise das Nationalmuseum in seinem Ausstellungskatalog zur Skythen-Ausstellung 2009 für notwendig befunden, ein abschließendes Kapitel einzufügen, in dem die Frage der skythisch-magyarischen Verwandtschaft behandelt wird (Fodor 2009). Ein weiteres Beispiel ist die Informationsseite *Tényleg* [wirklich, tatsächlich, wahrhaftig] (Tényleg o. J.) des ungarischen Geschichtslehrerverbandes, die über alternative historische Theorien aufklären will und regelmäßig auch turanistische Theorien aufgreift.

Dabei scheint es, dass sich dennoch eine Entwicklung fortsetzt, die auch im vergangenen Jahrhundert erkennbar ist: Während sich die Wissenschaft – vornehmlich die Archäologie und die Sprachwissenschaften – kaum selbst mit Thesen des Turanismus auseinandersetzt und wenn, dann oft auf eine Art und Weise, die lediglich zeigt, warum die Thesen falsch sind, verkennt sie tatsächliche Entwicklungen in der Gesellschaft. Es offenbart sich nämlich, dass in vielen Fällen ein neuer allgemeiner Ethnonationalismus als Alltags- und Ersatzreligion fungiert (Marcks u. a. 2013: 16). Teil dieses Ethnonationalismus sind auch in zunehmendem Maße turanistische Vorstellungen.

13 | Eigenangaben der Organisatoren auf der Website der Veranstaltung.

Politische Mythologie

Doch inwieweit kann man von einer politischen Mythologie sprechen? Politische Mythen sind nach Frank Becker »Erzählungen, die auf das politisch-soziale Geschehen gemünzt sind und diesem Geschehen eine spezifische Bedeutung verleihen« (Becker 2005: 131).

Von Anfang an war ungarische Geschichtsschreibung, auch was die frühesten greifbaren Epochen der ungarischen Geschichte angeht, programmatisch auf eine Erklärung der jeweiligen Gegenwart und eine ideologische Untermauerung gesellschaftlicher wie politischer Forderungen angelegt. Dies änderte sich nicht, als durch die finnougrische Sprachverwandtschaft althergebrachte Abstammungsmotive infrage gestellt und schließlich negiert wurden. Man benutzte diese schlicht weiter, wenn auch teilweise nicht mehr zur Legitimation von Herrschaft, aber doch zumindest als identitätsstiftendes Element in Abgrenzung zu anderen, vermeintlich jüngeren und unterlegenen Kulturen und Nationen (Deutschen, Slawen, Rumänen, schließlich der Sowjetunion und des Kommunismus). Der Turanismus wurde zu einem politischen Mythos, weil er die bereits imaginierte ungarische Gemeinschaft, ursprünglich definiert durch die Sprache, zum Teil einer viel größeren imaginierten Schicksalsgemeinschaft, nämlich der turanischen macht.[14] Gleichzeitig wirkt dieses Bild integrativ auf die Gesellschaft zurück und definiert, wer dazugehört und wer nicht, nämlich nur der, der die gemeinsame kulturelle, ideelle und ethnische Abstammungslinie der turanischen Reitervölker teilt.

Gleichzeitig generiert der Turanismus historische Kontinuität: Das ungarische Volk ist nicht erst mit der Landnahme in der Geschichte erschienen, die ungarische Nation entstand nicht erst im 19. Jahrhundert. All dies wird zurückprojiziert, was wiederum in Abgrenzung zu benachbarten Völkern identitätsstiftend wirkt. Dieses Bild der historischen Kontinuität bemühte Orbán in seiner Rede von Ópusztaszer: »Der Turul[15] ist ein Urbild, das Urbild der Ungarn. Wir werden in es hineingeboren, so wie wir in unsere Geschichte hineingeboren werden. Das Urbild gehört zum Blut und zum Heimatboden. Von dem Augenblick an, wo wir als Ungarn auf die Welt kommen, schließen unsere sieben Stämme den Blutbund, gründet unser heiliger Stephan den Staat, […]« (zit. n. Müller 2012: Anm. 24). Dieses Heraufbeschwören historischer Topoi – wie auch im Fall von 1956 – zeigt eindrücklich, dass Geschichte als politische Mythologie in Ungarn nach wie vor einen hohen politischen Stellenwert genießt. Soll der jeweilige politische Mythos aber seine Wirkung entfalten, muss dieser im »kulturellen Gedächtnis« (nach Jan Assmann) der Empfänger präsent sein. Die Kontinuität in der Rezeption des Turanismus in den letzten 200 Jahren erlaubt die Annahme, dass er es in der kollektiven Erinnerung der ungarischen Gesellschaft sehr wohl ist.

---

14 | Auch in Abgrenzung zum Pangermanismus und Panslawismus (z. B. Heiszler 2006: 94).

15 | Für den Turul, einen mythischen Vogel aus der altungarischen Sagenwelt (s. z. B. Fodor 1999), wurden bereits in der Vergangenheit landesweit Statuen errichtet. Die Rede Viktor Orbáns fand im Rahmen der Einweihung einer neuen solchen Turul-Statue statt.

Akteure außerhalb der ungarischen Gesellschaft, aber auch in der internationalen Fachwelt, können diese Bilder jedoch oft nicht richtig einordnen. Es fehlt die nötige Kenntnis in ihrer Entwicklung und Bedeutung. Es wäre deshalb wünschenswert, könnte man die Theoreme des Turanismus weniger aus einer kulturgeschichtlichen als vielmehr aus einer ideologiegeschichtlichen Perspektive und in Bezug auf heutige Akteure in Wissenschaft, Gesellschaft und Politik weiter analysieren.

Zitierte Literatur

Bakay, Kornel/Marácz, László (2004): Objection to the forceful finnization of the ancient history and language of the Hungarians. In: KAPU, 7, S. 35–41.

Balint, Csaba (1986): A magyar regeszet es a nacionalizmus [Die ungarische Archäologie im Nationalsozialismus]. In: Kiss, Gy. Csaba/Kovacs, Istvan (Hg.): Hungaro-Polonica. Tanulmanyok a magyar–lengyel tortenelmi es irodalmi kapcsolatok koreből. Emlekkonyv Wacław Felczak 70. szuletesnapjara [Hungaro-Polonica. Studien aus dem Kreis der ungarisch-polnischen Kontakte in Geschichte und Literatur. Gedenkschrift zum 70. Geburtstag von Felczak Wacław]. Budapest, S. 166–173.

Becker, Frank (2005): Begriff und Bedeutung des politischen Mythos. In: Stollberg-Rilinger, Barbara (Hg.): Was heißt Kulturgeschichte des Politischen? Berlin, S. 129–148.

Fodor, István (1999): A sas szerepe a honfoglaló magyarság hitvilágában [Die Rolle des Adlers in der Glaubenswelt der Ungarn der Landnahme-Zeit]. In: Fülöp, Éva Mária/Kisné Cseh, Julianna (Hg.): Magyarok térben és időben [Ungarn in Raum und Zeit]. Tudományos Füzetek [Wissenschaftliche Hefte], Bd. 11. Tata, S. 141–161.

Jobbik (2009): A finnugor rokonságelmélet egyeduralma megszüntetésének a szükségességéről (A Jobbik felhívása csatlakozó aláírókkal) [Von der Notwendigkeit der Beseitigung der Alleinherrschaft der finnougrischen Verwandtschaftstheorie (Aufruf der Jobbik mit anschließenden Unterschriften)], 1. 9. 2009, https://jobbik.hu/rovatok/orszagos_hirek/a_finnugor_rokonsagelmelet_egyeduralma_meg szuntetesenek_a_szuksegessegerol_a_jobbik_felhivasa_csatlakozo_ (letzter Zugriff: 23. 3. 2017).

Karl, Philipp (2012): Die Wilden Reiter von Absurdistan. In: Pester Lloyd, 21/2012, 22. 5. 2012, http://www.pesterlloyd.net/html/1221rassentheologie.html (letzter Zugriff: 26. 3. 2017).

Klaniczay, Gábor (2011): The Myth of Scythian Origin and the Cult of Attila in the Nineteenth Century. In: ders. u. a. (Hg.): Multiple Antiquities – Multiple Modernities. Ancient Histories in Nineteenth Century European Cultures. Frankfurt, New York, S. 183–212.

Klimó, Árpád von (2003): Nation, Konfession, Geschichte. München.

Kurultáj (o. J.): Mi a Kurultáj? [Was ist das Kurultáj?], http://Kurultaj.hu/Kurultaj/ (letzter Zugriff: 19. 3. 2017).

Laasko, Johanna (2004): Sprachwissenschaftliche Spiegelfechterei. In: Finnisch-Ugrische Forschungen, 58, S. 296–307.

Macantonios, Antonio (2002): The Uralic Language Family. Facts, Myths and Statistics. (Publications of the Philological Society, 35). Oxford, Boston.

Marcks, Holger u. a. (2013): Mit Pfeil, Kreuz und Krone. Münster.

Müller, Jan-Werner (2012): Wo Europa endet: Ungarn, Brüssel und das Schicksal der liberalen Demokratie. Berlin.

Parzinger (2013): Stellungnahme Ordensverleihung Kornel Bakay, 26. 3. 2013, http://www.dvarch.de/rep_docs/DVA_000002_2013_Stellungnahme_Ordensverleihung_Kornel_Bakay.pdf (letzter Zugriff: 23. 3. 2017).

Pusztay, Janos (1977): Az »ugor-török háboru« után [Nach dem »Ugrisch-Türkischen Krieg«]. Budapest.

Romsics, Ignác (2011): Clio Bűvöletében [Im Bann der Clio]. Budapest.

Schreg, Rainer (2013): Museums- und Archivbestände in Ungarn frei zum Verschieben, 18. 9. 2013, http://archaeologik.blogspot.de/2013/09/museums-und-archivbestande-in-ungarn.html (letzter Zugriff: 26. 3. 2017).

Szeverényi, Vajk (2014): Az öskori régészet politikája [Die Politik der urgeschichtlichen Archäologie]. In: Század vég, 73, S. 5–30.

Tényleg (o. J.): A családárulo testvér – avagy mit akar ez a honlap? [Der die Familie verratende Bruder – oder was will diese Website?], http://tenyleg.com/index.php?action=recordView&type=places&id=163621 [19. 3. 2017].

Ungarisch Historischer Verein Zürich (o. J.): Ungarisch Historischer Verein Zürich, http://uhvz.webnode.hu/ (letzter Zugriff: 10. 3. 2017).

Ungarisch Historischer Verein Zürich (Hrsg.) (2007): Die Frühgeschichte der Ungarn. Acta Historica Hungarica Turiciensia IX, 3, 2. Aufl. Zürich, Budapest.

Ungváry, Krisztián (2013): A Horthy-rendszer mérlege [Die Bilanz des Horthy-Systems]. Pécs, Budapest.

Universiteit van Amsterdam (o. J.): dhr. dr. L. K. (Laszlo) Marácz [Herr Dr. L. K. (Laszlo) Marácz], http://www.uva.nl/profiel/m/a/l.k.maracz/l.k.maracz.html (letzter Zugriff: 19. 4. 2017).

Identitätspolitiken

Ethnische Minderheiten an der ukrainischen Peripherie

Diversität ohne kulturelle Unterschiede?[1]

Simon Schlegel

Im südlichen Bessarabien, einer ländlichen Region im Südwesten der Ukraine, ist die ethnische Diversität der Bewohner mit großem Stolz verbunden. Die Region gehörte in den vergangenen 200 Jahren zum Russischen Reich, zu Rumänien, zur Sowjetunion und ist nun Teil der Ukraine. Der Stolz auf die ethnische Diversität stammt deshalb einerseits von der Auffassung, ethnische Unterschiede erfolgreich gegen den Assimilierungsdruck dieser Staaten bewahrt zu haben und steht andererseits auch im Widerspruch zur weitverbreiteten Vorstellung, ethnische Unterschiede müssten automatisch zu Konflikten führen. Dieser Beitrag beschreibt die Formen, wie ethnische Diversität gefeiert wird und befasst sich mit der zentralen Frage, die eine solche Beschreibung aufwirft: Wie passt der Stolz auf ethnische Unterschiede zu einem erstarkenden Nationalismus? Diese Frage wird umso interessanter, wenn man der Beschreibung des neuen Nationalismus von Banks und Gingrich (2006: 3) folgt. Demnach zeichnet sich der neue Nationalismus vor allem durch die Forderung nach Assimilation des Fremden oder aber dessen Separation aus.

Ein erster Schritt, die Forschungsfrage zu beantworten, ist, die untersuchte Region in ihren wichtigsten Zügen zu beschreiben: Die südlichen Ausläufer der historischen Landschaft Bessarabien sind heute Teil der ukrainischen Oblast Odessa: Die Region ist mit dem Rest der Ukraine nur durch eine einzige Straße verbunden. Abgesehen von dieser Verbindung liegt das südliche Bessarabien isoliert vom Rest des Landes zwischen der Mündung des Dnjestrs, dem Schwarzen Meer, dem Donaudelta und der Republik Moldau Die Region ist heute eine der strukturschwächsten der Ukraine und von starker Abwanderung vor allem jüngerer Menschen geprägt.

Die Grundlage für den vorliegenden Beitrag stammt aus einer Feldforschung in der Kleinstadt Izmail und in vier Dörfern des Umlandes zwischen September 2012 und Dezember 2013. Dabei kam ein Methodenmix zum Einsatz, der sowohl eine um-

1 | Die Forschung für diesen Beitrag wurde ermöglicht durch die großzügige Unterstützung des Max-Planck-Instituts für ethnologische Forschung in Halle (Saale).

fassende Archivforschung als auch biografische Interviews, Experteninterviews und teilnehmende Beobachtung beinhaltete. Die verwendeten Archivquellen stammen aus dem staatlichen Archiv in Izmail,[2] einer Hafenstadt an der Donau, die bereits zur Zeit der russischen Herrschaft vor dem Ersten Weltkrieg ein regionales Zentrum war. Im Archiv hat auch die rumänische Verwaltung der Zwischenkriegszeit reichhaltige Spuren hinterlassen. Die umfangsreichste Hinterlassenschaft im Archiv und im Stadtbild stammt jedoch aus der Zeit der Sowjetunion, welche sich die historische Provinz Bessarabien 1944 einverleibte und zwischen der neu gegründeten Moldawischen SSR und der bereits bestehenden Ukrainischen SSR aufteilte. Die meisten biografischen Interviews bezogen sich auf diese Zeit. Die 34 Interviewpartner kamen aus vier Dörfern im Umland Izmails, die nach der ethnischen Mehrheitsgruppe, aber auch nach Kriterien der Erreichbarkeit ausgewählt wurden. Alle vier Dörfer lagen in einem Umkreis von 60 Kilometern der Stadt. Darunter war das Dorf Kotlovina, das fast ausschließlich von Gagauzen bewohnt wird, einer türkischsprechenden Gruppe, die traditionell dem Orthodoxen Christentum angehört. Im zweiten Dorf, das sowohl unter seinem herkömmlichen Namen Kubej als auch unter seinem sowjetischen Namen Červonoarmejskoe[3] bekannt ist, lebt eine bulgarische Mehrheit und eine gagauzische Minderheit zusammen. In zwei weiteren Dörfern, Kislica und Peršotravneve, leben vor allem Ukrainer mit moldawischen Minderheiten. Neben den Mehrheits- und Minderheitsgruppen gibt es in allen Dörfern auch viele Einwohner, die ihre eigene Identität in mehr als einer ethnischen Gruppe verorten.

Zusätzlich zu biografischen Interviews in der Bevölkerung dieser Dörfer wurden vorwiegend in Izmail 16 Experteninterviews mit Lehrpersonen, Aktivistinnen und Historikern durchgeführt. Schließlich war auch die teilnehmende Beobachtung bei Wahlkampfveranstaltungen, Gedenkveranstaltungen und Folklorefestivals Teil der Forschung. Dabei kam auch die Frage auf, die in diesem Beitrag im Zentrum stehen soll: Warum ethnische Grenzen weiterhin als so bedeutend wahrgenommen werden, obwohl meine Interviewpartner kaum von ethnischen Konflikten zu berichten wussten.

Der Grund für die bemerkenswerte ethnische Vielfalt der Region ist in ihrer peripheren Lage zu suchen. Bessarabien lag seit dem Einsetzen des russischen Expansionsdrucks nach Südwesten, zu Beginn des 18. Jahrhunderts, im Überlappungsbereich zwischen der osmanischen und der russischen Expansionssphäre. Im Jahr 1812, als diese beiden Imperien mit dem Frieden von Bukarest den Russisch-Türkischen Krieg

2 | Es handelt sich um eine Filiale des staatlichen Archivs in der Oblast-Hauptstadt Odessa. Archivquellen werden mit einer 3-teiligen Signatur angegeben: »F« steht für *fond* (Sammlung), wobei »Fr«-Signaturen Sammlungen aus der sowjetischen Periode bezeichnen und »F«-Signaturen Sammlungen bis 1944, die entweder aus der Zeit der Zugehörigkeit zu Rumänien oder aus dem Zarenreich stammen. »D« steht für Aktennummer *[delo]* und »S« für die Seitenzahl darin.

3 | 2016 wurde das Dorf aufgrund der ukrainischen Desowjetisierungsgesetze wieder in Kubej umbenannt. Der Name *Červonoarmejskoe* [Ort der Roten Armee] lässt sich nicht mit den ukrainischen Desowjewtisierungsgesetzen vereinbaren.

von 1806–1812 beendeten, wurde Bessarabien ein Teil Russlands. Mit dem Aufkommen des Nationalismus in Südosteuropa in der zweiten Hälfte des 19. Jahrhunderts geriet das mehrheitlich rumänischsprachige Bessarabien in den Fokus des sich konsolidierenden Nationalstaats Rumänien. So entstand vor dem Ersten Weltkrieg ein Machtkampf zwischen Russland und Rumänien und nach dem Ersten Weltkrieg zwischen der Sowjetunion und Rumänien. Heute liegt Bessarabien an der Grenze zwischen der EU und dem russischen Sprachraum. Bis in die ersten Jahrzehnte des 19. Jahrhunderts war diese Landschaft von muslimischen Nomaden besiedelt. Die Grundlage des heutigen ethnischen Mosaiks entstand im Zuge der Eroberung Bessarabiens durch Russland 1812 und die damit einhergehende Neubesiedlung mit christlichen Bauern. Diese Einwanderer stammten vor allem aus den mehrheitlich orthodoxen Balkanprovinzen des Osmanischen Reiches (Kuško/Taki 2012). Ein historischer Bezugsrahmen, in dem sich eine ethnisch homogene Bevölkerung oder auch nur eine starke Dominanz durch eine Gruppe finden würde, lässt sich für den südlichen Teil Bessarabiens also kaum herstellen.

Wir finden, im Gegensatz zu vielen staatlich sanktionierten Nationalgeschichten Osteuropas, hier also keine selektive Geschichtsschreibung, welche die Rolle einer bestimmten ethnischen Gruppe überhöht. Stattdessen wird in dieser Region das friedliche Zusammenleben verschiedener ethnischer Gruppen als das wichtigste Alleinstellungsmerkmal dargestellt. So führte zum Beispiel im Sommer 2011 die lokale Wochenzeitung *Kur'er Nedeli* [Der Wochenkurier] eine Serie von Fotoporträts mit dem Titel *Gesichter Bessarabiens*. Die Zeitung erklärte: »Das Ziel ist es, durch die Linse der Kamera die multiethnische ukrainische Donauregion einzufangen und durch Gesichter dem unnachahmlichen Kolorit, den Traditionen, den Kulturen und Bräuchen der Menschen Ausdruck zu verleihen.«[4]

Ein weiteres Beispiel ist das Stadtfest in Izmail. 2012 begannen die zweitägigen Festlichkeiten, die alljährlich am letzten Septemberwochenende stattfinden, mit einem offiziellen Teil, in dem Vertreter von Politik, Kirche und Militär in ihren Reden die Toleranz in der Region lobten. Einer der zahlreichen Festredner verwies auf das »einmalige Kolorit« der Region. Während der Hauptveranstaltung der Festlichkeiten, welche an einem Samstagabend im Sportstadion stattfand, sagte der Sänger der landesweit bekannten Band *Mad Heads XL*, dass er es herrlich finde, wie viele Völker in dieser Region friedlich zusammenlebten. Der zweite Tag der Festlichkeiten wurde von einer Folkloreveranstaltung namens *bessarabischer Tanzreigen [Bessarabskaja Tantella]* geprägt, deren Programm vollständig nach ethnischen Kategorien gegliedert war.

Die Faszination an der ethnischen Vielfalt der Region ist nicht neu. Bereits zur Zarenzeit waren Reiseberichte über das südliche Bessarabien, etwa von Valentin Moškov (1900; 1901), von Nikolaj Deržavin (1914) oder von Lev Berg (1918) von der Vielzahl kultureller und sprachlicher Besonderheiten fasziniert. Die Wurzeln einer lokalen Identität, welche die ethnische Vielfalt der Region als ihr zentrales Motiv hat,

4 | *Kur'er Nedeli*, 25. 6. 2011, S. 48, https://issuu.com/izmail.es/docs/kn26/48 (letzter Zugriff: 24. 2. 2017).

dürften jedoch in den sowjetischen Nachkriegsjahrzehnten zu suchen sein. In dieser Zeit erhielt die ethnische Vielfalt nicht nur akademisch, sondern auch künstlerisch und publizistisch sehr viel Aufmerksamkeit. So schrieb beispielsweise die lokale Ausgabe der Zeitung *Pravda* im Leitartikel der Neujahrsausgabe von 1949:

»In unserer Region, an der Peripherie der Sowjetunion, an der südwestlichen Grenze des immensen sowjetischen Territoriums, genauso wie überall sonst in unserem Land, arbeiten diejenigen, welche den Kommunismus aufbauen, eng zusammen. Russen und Ukrainer, Bulgaren und Moldavier, Albaner und Gagauzen bauen Stein um Stein das majestätische Gebäude der kommunistischen Gesellschaft auf.«[5]

Das Nachschlagewerk *Die Geschichte der Dörfer und Städte der Ukrainischen SSR,*[6] das sich in jeder Schulbibliothek findet, leitet den Abschnitt über die Region mit der Anmerkung ein, dass sich das südliche Bessarabien durch das Zusammenleben vieler ethnischer Gruppen auszeichne.

Ethnische Diversität ohne ethnischen Konflikt bot dem sowjetischen Staat reichlich Agitationsstoff, um sein Selbstbild als Friedensgarant zu untermauern. Ab den späten 1940er Jahren begannen Agitationstrupps, Vorträge und Abendveranstaltungen in den Klubs und Kulturhäusern der gerade erst gegründeten Kolchosen abzuhalten. Das Curriculum war spezifisch auf die Ukrainische SSR ausgelegt. Es warnte an vielen Stellen vor dem »bourgeoisen ukrainischen Nationalismus«. Es war ebenso maßgeschneidert auf das bis 1944 von Rumänien besetzte Bessarabien, indem es den Verbrechen der rumänischen Besatzer sehr viel Platz einräumte. Neben Warnungen vor nationalistischen Unabhängigkeitsgelüsten und Erinnerungen an die rumänische Vergangenheit war aber vor allem die interethnische Toleranz in der Sowjetunion ein Lieblingsthema der Agitatoren. Im Vortrag mit dem Titel *Der sowjetische Staat, ein Staat einer neuen und höheren Ordnung* wurde den Zuhörern erklärt:

»Der sowjetische Staat ist das Modell eines multiethnischen Staates. Der multiethnische Staat ist auf gleichen Rechten und der Völkerfreundschaft gegründet. Der sowjetische Staat ist der Organisator der Völkerfreundschaft, der gegenseitigen Hilfeleistung zwischen den Völkern, der Gleichberechtigung dieser Völker und ihrer moralischen und politischen Einheit.«[7]

Die verschiedenen ethnischen Gruppen sind in dieser Auffassung nicht nur klar in sich abgeschlossene Einheiten, sondern auch Einheiten, die von Natur aus miteinander in Konflikt stehen würden, wäre da nicht ein wohlmeinender Staat, der die Verständigung und schließlich die Freundschaft zwischen ihnen organisiert. Es drängt sich also die Vermutung auf, dass die Freude über das friedliche Zusammenleben verschiedener ethnischer Gruppen auch ein Eigenlob für die sowjetische Staatskunst

5 | *Pridunajskaja Pravda,* Izmail, 1. 1. 1949, S. 1.

6 | *Istorija gorodov i sel Ukrainskoj SSR – Odesskaja Oblast'* 1978.

7 | Fr415 D22 (1948) Metodičeskie razrabotki v pomošč' lektoram [Methodische Vorarbeiten als Hilfestellung für Vortragende], S. 50.

war. Nur ein Staat, der ethnische Unterschiede geschickt verwaltete, konnte den Frieden zwischen ihnen garantieren.

Wachsendes ethnisches Bewusstsein – schwindende kulturelle Unterschiede

Interessant ist aber, dass sich das Feiern der interethnischen Toleranz auch nach dem Zerfall der Sowjetunion ungebremst fortsetzte. Nachdem die sowjetische Rhetorik der Völkerfreundschaft durch ethnischen Nationalismus der Titularnationen ersetzt wurde, hätte man erwarten können, dass es für das Narrativ der Toleranz und interethnischen Harmonie weniger Platz gäbe. Gerade in der Ukraine, wo ethnischer Nationalismus auch immer wieder als Berichtigung eines fehlgeleiteten sowjetischen Internationalismus dargestellt wurde, erstaunt die Beständigkeit dieses Narrativs. Warum also hat das sowjetische Konzept einer wohlorganisierten ethnischen Koexistenz von eigentlich unvereinbaren Gruppen nichts von seinem Reiz verloren?

Zwei Vermutungen müssen zur Klärung dieser Frage überprüft werden: (1) Weil das Feiern interethnischer Harmonie vor allem auf politischen Veranstaltungen stattfindet, könnte es sein, dass es in der von Patronage-Netzwerken geprägten postsowjetischen Lokalpolitik eine bestimmte Funktion erfüllt. (2) Weil sich die postsowjetische Zeit vor allem durch das Aufkommen von ethnischem Nationalismus auszeichnet, ist es außerdem denkbar, dass sich ethnische Minderheiten an der ukrainischen Peripherie von einem sich nationalistischer ausrichtenden Zentralstaat unter Druck gesetzt fühlen und durch das ständige Demonstrieren interethnischer Toleranz die Solidarität zwischen verschiedenen Minderheiten fördern. Für beide Vermutungen ist entscheidend, dass kulturelle Unterschiede zwischen den ethnischen Gruppen schon im zweiten Jahrzehnt nach der Integration in die Sowjetunion kaum mehr Kommunikationshindernisse darstellten. Die Einführung der allgemeinen Schulpflicht führte schnell zu einer weiten Verbreitung des Russischen als Lingua franca. Die Gründung von Kolchosen führte zu einer Vereinheitlichung der bäuerlichen Arbeitskultur. Institutionen wie die Armee, Maschinenparks für mehrere Dörfer, Berufsschulen und Universitäten brachten die Dorfbewohner, die auch davor keineswegs durch ethnische Unterschiede isoliert waren, mit einer überethnischen, sowjetischen Kultur in Kontakt. Religion wurde fast vollständig zur Privatsache und büßte ihren großen Einfluss auf die Alltagskultur ein. Interethnische Eheschließungen, die in dieser Region auch schon im 19. Jahrhundert keine Seltenheit waren,[8] wurden in der Sowjetunion zu einer Selbstverständlichkeit (Gorenburg 2006: 147). Nach einer anfangs

8 | Obwohl Reiseberichte und frühe Ethnografien der Region von strikt endogamen Heiratsregeln berichten, wurden diese offenbar schon Ende des 19. Jahrhunderts oft verletzt. Für Witwen und Witwer, die ein zweites Mal heirateten, waren interethnische Heiraten schon damals recht üblich (Moškov 1901: 36; Deržavin 1914: 44–47).

harschen Diskriminierung der Bulgaren und Gagauzen[9] boten sich unabhängig vom ethnischen Hintergrund ähnlich gute Chancen, in lokalen sowjetischen Institutionen aufzusteigen.[10] Was im Süden Bessarabiens als ethnische Vielfalt gefeiert wird, kam also seit den 1960er Jahren fast ohne Hindernisse aus. Dass die verbleibenden Unterschiede im Bewusstsein der Bevölkerung einen zentralen Platz einnahmen, dafür sorgte unter anderem das sowjetische Schulwesen, wo jede ethnische Gruppe eine eigene Geschichte hatte. Auch das sowjetische Passwesen war für dieses Bewusstsein entscheidend, da es jedem Bürger in Identitätsdokumenten eine (und nur eine) ethnische Identität zuschrieb.

Die Region unterscheidet sich von anderen Gebieten in der Sowjetunion durch die relativ geringe Zahl russischsprachiger Neuankömmlinge. Bessarabien blieb auch zu Sowjetzeiten agrarisch geprägt. Es gab keine großen Städte oder arbeitsintensive Industriezweige, die in wenigen Jahren große Gruppen von Russischsprechern angezogen hätten. Die hier ankommenden Zuzügler aus den älteren Teilen der Sowjetunion waren meist einige wenige Familien pro Dorf, welche in der dörflichen Sozialstruktur während der ersten Nachkriegsjahrzehnte die Elitepositionen einnahmen, etwa die Leitung von Gemeinderäten, Kolchosen, Schulen oder Kulturhäusern. In den sich schnell wandelnden Strukturen der Nachkriegszeit kam es so nach nur wenigen Jahren zur Integration der beiden Gruppen. Dazu trug sicherlich auch der rasch wachsende Wohlstand bei. Nachdem die zweite Hälfte der 1940er Jahre von einer verheerenden Hungersnot und von der Zwangsversetzung vieler bulgarischer und gagauzischer Männer in die Schwerindustrie geprägt war, setzte ab Beginn der 1950er Jahre eine Periode der Sicherheit und des wirtschaftlichen Wachstums ein. Eine vergleichbare Periode der Stabilität hatte die Region seit Beginn des Jahrhunderts nicht mehr erlebt. Dieser wachsende Wohlstand hing stark von einer erfolgreichen Zusammenarbeit der alteingesessenen und der neu zugezogenen Bevölkerung ab. Die Neuankömmlinge standen hier auch nicht, wie etwa im Baltikum oder in Kaukasus, einer organisierten ethnischen Mehrheitsbevölkerung gegenüber, sondern einer mehrsprachigen und multiethnischen Bevölkerung ohne urbane Strukturen. Die russische Sprache war der aussichtsreichste Kandidat für ein gemeinsames interethnisches Kommunikationsmittel. Diese Rolle spielte das Russische bereits zu

9 | Vor allem durch die Praxis der »Arbeitsfront«, eine Form der Zwangsarbeit, die bulgarische und gagauzische Männer zum Teil bis Mitte der 1950er Jahre in den Kohleschächten und Industriegebieten des Urals festhielt (Brandes u. a. 2010).

10 | So zeigen etwa die Wahllisten für Gemeinderatsabgeordnete aus dem mehrheitlich gagauzischen Dorf Kotlovina, dass die Gemeinderäte 1959 noch mehrheitlich Neuzuzügler aus der alten Sowjetunion (Russen und Ukrainer) waren. Bereits 1971 war die Mehrheit der 21 Abgeordneten Gagauzen. Diese hatten nun auch einen ähnlichen Bildungsstand wie ihre aus älteren Teilen der UdSSR zugezogenen Kolleginnen und Kollegen, Fr367 D95: *Protokoly obščich sobraniy rabočich, služaščich i kolchoznikov za 1959 god* [Protokolle der Vollversammlungen der Arbeiter, Angestellten und Kolchosbauern für das Jahr 1959] und Fr367 D210 (1971): *Protokoly sobraniy o kandidatov v deputaty sel'soveta* [Protokolle der Versammlung zur Wahl der Kandidaten für den Gemeinderat]).

Zarenzeiten für jene kleine Minderheit, die damals schon Schulbildung erhielt. Der zweite Kandidat für eine überethnische Sprache, das Rumänische, wurde von vielen mit den gerade zu Ende gegangenen repressiven Jahren unter rumänischer Herrschaft assoziiert. In der Sowjetunion bot das Rumänische nun keine Aufstiegschancen mehr. Der Preis für Stabilität und Wohlstand war eine sehr schnelle Dominanz der sowjetischen Kultur. Die biografischen Interviews mit Angehörigen jener Generation, welche diesen Preis bezahlte, zeigen, dass er als hinnehmbar wahrgenommen wurde, vor allem auch angesichts der peripheren Lage der Region und angesichts der von Gewalt und Unsicherheit geprägten vorangegangenen Jahrzehnte.

Wo ethnische Unterschiede im Alltag erkennbar blieben, waren sie viel wahrscheinlicher Anlass zur Freude über das oft gelobte »Kolorit«, als dass sie zu Konflikten geführt hätten. Mit anderen Worten: Im Vergleich zu jeder Großstadt, wo ethnische Vielfalt gelebt, aber nicht unbedingt gefeiert wird, sind die kulturellen Unterschiede und das Konfliktpotenzial im ländlichen Bessarabien viel geringer. Es stellt sich daher die Frage, ob interethnische Toleranz in dieser Region gerade deshalb so prominent wurde, weil sie so leichtfiel.

Das Anerkennen von Unterschieden als Merkmal von Vertrauenswürdigkeit

Die Ukraine tut sich viel schwerer als die ehemalige Sowjetunion mit der Selbstbeschreibung »multiethnischer Staat«. Laut der ukrainischen Verfassung ist die Ukraine das Land der Ukrainer, in dem auch einige ethnische Minderheiten toleriert werden. Deren Sprachen und Kulturen müssen geschützt und gefördert werden. Welche Rolle der Staat dabei einnimmt, bleibt aufgrund der Gesetzeslage weitgehend offen (Hrystenko 2008). An die Stelle der Völkerfreundschaft ist ein geregelter Minderheitenschutz getreten. Die Grundhaltung ist aber eine ähnliche geblieben: Dass Gruppen mit verschiedenen ethnischen Identitäten friedlich zusammenleben, ist nicht etwa eine Selbstverständlichkeit, sondern eine Leistung, die täglich neu erbracht werden muss. Die Hauptrolle dabei kommt dem Staat zu.

Eine zivile ukrainische Identität, in der man sich zunächst als Bürger des Landes versteht und dann als Zugehöriger einer ethnischen oder sprachlichen Gruppe, wurde durch die Ereignisse auf dem Maidan und die darauf folgende Gewalt gestärkt (Portnov 2015a: 729; 2015b: 173). Das bedeutet aber auch weiterhin, dass jede einzelne dieser ethnischen und sprachlichen Zugehörigkeiten ihren separaten Platz im sozialen Gefüge dieses Staates haben soll. Eine Ukraine, in der sich die verschiedenen Sprachen und kulturellen Muster gegenseitig beeinflussen und in der dabei etwas Neues entsteht, eine postethnische Gesellschaft sogar, ist eine Vision, mit der sich in der unabhängigen Ukraine kein Staat machen lässt. Nirgends wird dies deutlicher als in der lokalen politischen Kultur ethnisch sehr vielfältiger Regionen wie dem südlichen Bessarabien. Hier gilt es nun die bereits angesprochene Vermutung zu prüfen, dass das Feiern interethnischer Toleranz eine bestimmte Funktion in der lokalen politischen Kultur erfüllt.

Lokalpolitik ist hier sehr stark von Klientelismus geprägt. Klientelismus ist der Austausch von Ressourcen gegen politische Unterstützung zwischen zwei prototypischen Rollen, dem mächtigen Patron (eine Rolle, die meist, aber nicht immer von Männern eingenommen wird) und seinen Klienten. Die Klienten benötigen Protektion oder materielle Unterstützung und sind bereit, im Gegenzug den Patron politisch zu unterstützen. Klientelismus ist also das Angebot materieller Güter gegen Stimmen, wobei das Zuteilungskriterium des Patrons ist, ob der Klient für ihn gestimmt hat (Stokes 2009: 649).

Zunächst ist es wichtig festzustellen, dass man im südlichen Bessarabien wenig politisches Kapital gewinnen kann, wenn man eine ethnische Gruppe gegen andere ausspielt. Das liegt daran, dass es weder klare ethnische Mehrheiten noch klar abgegrenzte ethnische Territorien gibt, die sich für Autonomie- oder Unabhängigkeitsprojekte eignen würden. Viel aussichtsreicher ist es für politische Patrone, das Image der Toleranz und des Traditionsbewusstseins zu pflegen. Das führt dazu, dass Angehörige einer bestimmten ethnischen Gruppe durchaus auch von Angehörigen einer anderen ethnischen Gruppe gewählt und unterstützt werden können. Genauso können Patrone auch Klientelen mit anderem ethnischen Hintergrund protegieren. Was hingegen nicht geht, ist die Behauptung, Ethnizität sei nicht oder nicht mehr wichtig, das Denken in ethnischen Kategorien sei überholt oder die auf der Folklorebühne zelebrierten ethnischen Unterschiede seien konstruiert. Solche Behauptungen wären politischer Selbstmord.

Das wirft die Frage auf, wie in dieser Region politischer Konsens entsteht und wie vertrauensvolle Patron-Klient-Beziehungen auch über ethnische Grenzen hinweg entstehen. Ethnologische Perspektiven auf postsowjetische Gesellschaften, wie die von Catherine Wanner (1998) oder Alexei Yurchak (2006), haben wiederholt darauf hingewiesen, dass die wegfallenden Regelwerke der sowjetischen Gesellschaft nach neuen Kennzeichen verlangt haben, die es erlauben, Menschen zu kategorisieren. Ein wichtiger Grund, warum solche Kategorien notwendig waren, bestand darin, dass herkömmliche Erkennungszeichen von Vertrauenswürdigkeit, wie etwa akademische Titel, militärischer Rang, Zugehörigkeit zu Gewerkschaft oder Partei, im schnellen sozialen Wandel der postsozialistischen Gesellschaft wegfielen. Zur Zeit der Perestroika brauchte man für die Lösung fast jeden Problems gute Beziehungen. Ein wichtiger sozialer Mechanismus zur Herstellung vertrauensvoller Beziehungen hat sich aus dieser Zeit erhalten: Bestimmte soziale Gruppen wurden als »Seinesgleichen« und damit als besonders vertrauenswürdig kategorisiert. *Svoj* und *naš* sind die entsprechenden russischen Bezeichnungen, die in etwa als »unsereiner« oder »einer von uns« übersetzt werden können. Alexei Yurchak beschreibt *»svoj«* als jemanden, auf den man sich verlassen kann, der sich in einer vorhersehbaren Weise verhalten und einem nicht in den Rücken fallen wird (2006: 108–114).

In vielen Regionen der ehemaligen Sowjetunion hat *svoj* und *naš* auch eine ethnische Komponente. Als *svoj* und *naš* werden dort vor allem diejenigen Leute wahrgenommen, die erkennbar zur gleichen Gruppe gehören, die die gleiche Sprache sprechen oder die gleiche Religion ausüben. Im südlichen Bessarabien gehören die Menschen zwar verschiedenen ethnischen Gruppen an, die Unterschiede zwischen diesen Gruppen sind im Alltag aber meist nicht ohne Weiteres erkennbar: Die meisten Menschen sprechen in der Öffentlichkeit akzentfreies Russisch, die große Mehrheit der Bevölkerung gehört, unabhängig von ihrer ethnischen Zugehörigkeit, dem Orthodoxen Christentum an. Selbst Familiennamen sind ein schlechter Anhaltspunkt, denn sie kommen meist in mehr als nur einer ethnischen Gruppe vor.

Svoj und *naš* sind hier also nicht an ethnische Zugehörigkeit gebunden. Um als *svoj* oder *naš* wahrgenommen zu werden, muss man nicht von der gleichen ethnischen Gruppe sein, aber man muss sich einig sein, dass Ethnizität ein zentrales Merkmal jedes Menschen ist und dass die Gesellschaft durch ethnische Grenzen strukturiert wird.

Um eine politische Mehrheit zu erlangen, muss ein Politiker zwangsläufig immer Wählerinnen und Wähler aus mehreren ethnischen Gruppen mobilisieren. Will eine öffentliche Person als *svoj* wahrgenommen werden, gehört es aber dazu, dass sie ethnische Grenzen thematisiert, sich anderen ethnischen Gruppen gegenüber tolerant zeigt und auf ihr friedliches Zusammenleben stolz ist. Öffentlich ethnische Ressentiments zu schüren, würde viele Wähler vor den Kopf stoßen und nicht als das von einem *svoj* zu erwartenden Verhalten empfunden werden. Ethnischer Partikularismus wurde von meinen Informanten vor allem mit der westlichen Ukraine in Verbindung gebracht und für viele der Probleme des Landes verantwortlich gemacht.

Eine andere, wichtige Möglichkeit, wie man sich als *svoj* zu erkennen gibt, ist zu betonen, dass man Teil der ukrainischen Gesellschaft ist. Im Herbst 2016 hat Mikeil Saakashvili, damals noch Gouverneur der *Oblast*[11] Odessa, die Bewohner des südlichen Bessarabien des Separatismus beschuldigt, was zu einem großen Aufschrei in lokalen Medien führte. Vertreter der Region im ukrainischen Parlament haben eine Entschuldigung gefordert.[12] Saakashvili, der aus mehreren Gründen bald darauf zurücktrat, hatte eine Grenze überschritten, die ihn für viele aus dem Kreis der *svoj* und *naš* ausschloss. Als im April 2015 die Existenz einer separatistischen Organisation mit dem Namen *Bessarabischer Volksrat* bekannt wurde, machten umgehend alle namhaften politischen Kräfte klar, dass sie mit dieser Organisation nichts zu tun hätten.[13] Auf Folklorefestivals sagten Vertreter der ethnischen Minderheiten regelmäßig, man könne von Glück reden, in der Ukraine zu leben, hier seien die Rechte von Minderheiten geschützt.

11 | Die Ukraine ist in 24 Oblaste (Provinzen) aufgeteilt; Oblast Odessa wiederum hat 26 Rajone (Kreise) und 7 Städte.

12 | *Topor.ua,* 2. 11. 2016, http://topor.od.ua/zhiteli-yuga-odesskoy-oblasti-trebuyut-ot-mihaila-saakashvili-izvineniy-za-obvineniya-v-separatizme/ (letzter Zugriff: 25. 3. 2017).

13 | *Zerkalo Nedeli,* 7. 4. 2015, http://zn.ua/UKRAINE/sbu-nazvala-ocherednoy-lozhyu-rossii-sozdanie-narodnoy-rady-bessarabii-172266_.html (letzter Zugriff: 25. 3. 2017).

Da die Ukraine ein stark zentralisiertes politisches System hat, sind Lokalpolitiker und Lokalpolitikerinnen in der Regel in ein Patronagenetzwerk eingebunden, welches sie mit ihren Patronen in der Oblast-Hauptstadt Odessa und diese wiederum mit Patronen in Kiew verbindet. So haben beispielsweise während der Parlamentswahlen 2012 fast alle Kandidatinnen und Kandidaten die Fürsprache eines bereits etablierten politischen Akteurs oder auch eines Kirchenmannes als Wahlkampfargument ins Feld geführt. Auch jene Politikerinnen und Politiker, die dezidiert als Vertreter ethnischer Minderheiten auftreten, preisen ihre guten Beziehungen in der Hauptstadt, statt auf regionalen Isolationismus zu setzen. Selbst Politikerinnen und Politiker, die in als Vertreter ethnischer Minderheiten intensive transnationale Beziehungen in die historische Heimat der von ihnen vertretenen Gruppe pflegen, treten dort bewusst als Vertreter der Ukraine auf. In der Lokalpolitik dieser Region ist es also wichtig, dass man sich sowohl als loyal zur Ukraine zeigt als auch als traditionsbewusstes Mitglied einer ganz bestimmten ethnischen Gruppe. Man muss sowohl seinen bürgerlichen als auch seinen ethnischen Patriotismus glaubwürdig unter Beweis stellen; nur eines von beidem reicht in der Regel nicht, um Stimmen zu gewinnen.

Lokalpolitikerinnen und Lokalpolitiker sind hier besser beraten, sich eher mit der Vergangenheit als mit der Gegenwart oder gar der Zukunft zu beschäftigen. Die gegenwärtigen (und sicher auch die zukünftigen) Probleme von ländlichen Regionen in der Ukraine sind in der Tat schwierig zu bewältigen: Das dominierende Politikum ist der schlechte Zustand der einzigen Fernverkehrsstraße, welche die Region mit der Oblast-Hauptstadt Odessa und dem Straßennetz der restlichen Ukraine verbindet. Diese Straße ist in einem so desolaten Zustand, dass der Verkehr dort nur langsam fließt und im Winter immer wieder ganz zum Erliegen kommt. Auch Verkehrsunfälle mit Verletzten und Toten sind hier ungewöhnlich häufig. Obwohl alle lokalen politischen Kräfte der Region die Sanierung dieser Straße zur Priorität erklären, gelingt es nicht, die nötigen Mittel aufzubringen. Es handelt sich also um ein Problem, mit dem sich Politikerinnen und Politiker als Fürsprecher des Volkes profilieren können, indem sie gegenüber den Behörden in Odessa und Kiew protestieren. Sie können sich aber anhand des allseits beklagten Verfalls kaum als Macher profilieren, weil die Umsetzung ihrer Wahlversprechen ein ums andere Mal scheitert. Ähnliches gilt auch für die seit langem angekündigte Eröffnung einer Fährverbindung mit Rumänien oder die Wiederbelebung der kommerziellen Schifffahrt auf der unteren Donau.

Gelegenheiten zu schaffen, in denen interethnische Toleranz gefeiert wird, ist dagegen relativ einfach. Dazu brauchen Patrone vor allem Verbindungen zu den Köpfen von ethnischen Vereinigungen, die es für jede noch so kleine Minderheitengruppe gibt. Auch die Verantwortlichen von Kulturhäusern, einer sowjetischen Institution, die fast in jedem Dorf erhalten blieb, spielen bei der Organisation von Folklorefestivals eine sehr wichtige Rolle. Die Vorstände von ethnischen Vereinigungen und Kulturhäusern können ihrerseits Folkloregruppen mobilisieren, welche bei solchen Anlässen die Hauptrolle spielen. Diese bringen in der Regel auch ihr eigenes Publikum mit. Eine öffentliche Ankündigung solcher Anlässe ist daher gar nicht nötig. Die Ränge in Kulturhäusern und Sportstadien füllen sich meist nur mit den angereisten

Musikgruppen und ihrem Anhang. Bei der Mobilisierung von politischem Gefolge in der Lokalpolitik spielen Folkloreanlässe dennoch eine zentrale Rolle. In lokalen Zeitungen und sozialen Medien nimmt die Berichterstattung über sie sehr viel Raum ein, nicht zuletzt, weil sie auch vielen Leuten eine Beteiligungsform bieten und viele effektreiche Fotomotive bereithalten. Für das Image von lokalen Patronen ist es viel wichtiger, eine erkennbare Rolle bei der Organisation und dem Sponsoring solcher Anlässe zu haben, als ihre Wählerschaft von politischen Ideen zu überzeugen oder sich argumentativ gegen Rivalen durchzusetzen.

In Zeiten des Wahlkampfs nimmt die Dichte solcher Veranstaltungen zu. In der Regel hat aber jedes Dorf und jede Stadt einen eigenen jährlichen Festtag, oft am örtlichen Jahrestag der Kirchweihe. Solche Feste sind Anlass für den Auftritt von einheimischen und aus Nachbarorten angereisten Folkloregruppen. Es sind auch unverzichtbare Gelegenheiten für lokale politische Patrone, der versammelten Dorfbevölkerung ihre Aufwartung zu machen und Geschenke zu verteilen. Dabei ist es wichtig, dass ein Politiker oder eine Politikerin glaubhaft darlegt, mit dem Dorf und seiner Bevölkerung verbunden zu sein. Eine weit entfernte verwandtschaftliche Verbindung, eine freundschaftliche Beziehung zu einer im Dorf prominenten Person oder auch eine weit zurückliegende Erinnerung an einen Aufenthalt in diesem Dorf untermauern das Vertrauensverhältnis. Ein Patron erhält so das Image, erreichbar zu sein und bei Problemen im Dorf ein offenes Ohr zu haben. Wenn ein Dorf von einem Unglück betroffen ist, sind politische Patrone in der Regel dazu aufgefordert, ihre Verbundenheit unter Beweis zu stellen. So reiste etwa der frisch gewählte Abgeordnete des Oblast-Parlamentes, Jurij Dimčoglo, nach einem Gewitter, welches im Dorf Krasnoe im Sommer 2013 großen Schaden angerichtet hatte, extra dorthin, um zu sehen, wie er den Bewohnern helfen könne. Dieser Einsatz wurde von der Bürgermeisterin des Dorfes bei einem großen Folkloretreffen in Odessa, das Dimčoglo mit organisiert hatte, während ihrer Festrede gelobt.

Neben dieser Zurschaustellung von Erreichbarkeit und Verlässlichkeit gehören auch materielle Geschenke zu den festlichen Auftritten eines Patrons. Beliebte Geschenke sind Computer oder Klimaanlagen für die Institutionen des Dorfes, etwa die Schule oder das Kulturhaus. Auch Ikonen für die Kirche sind Geschenke, die Patrone bei solchen Gelegenheiten gern überreichen.

Konsens nur über Teile der Vergangenheit

Neben den Dorf- und Stadtfesten hat auch jede ethnische Gruppe ihre eigenen Feiertage. Diese fallen auf wichtige Daten der Geschichte des Staates, mit dem die Gruppe identifiziert wird. Die Ukrainer feiern am 22. Januar, dem Tag, an dem 1918 die Ukrainische Volksrepublik ausgerufen wurde. Die Bulgaren feiern den 3. März, den Jahrestag des Friedens von San Stefano, mit dem 1878 die faktische Unabhängigkeit Bulgariens vom Osmanischen Reich besiegelt wurde. An solchen Daten werden gern »Tage der nationalen Kultur« abgehalten. Diese Anlässe finden dann für die Vertreter ganzer Gruppen meist in Odessa statt. So treffen sich etwa die Gagauzen oder die Bulgaren einmal im Jahr in einem Sportstadion in der Provinzhauptstadt, wo während des ganzen Tages Folkloregruppen auftreten und Lokalpolitikerinnen und Lokalpolitiker um die Gunst der Mitglieder dieser ethnischen Gruppe werben. Auch hier werden Geschenke verteilt, wird die Rolle der betreffenden Gruppe in der Geschichte der Region gewürdigt und auf die eigene Toleranz und das eigene Traditionsbewusstsein hingewiesen. In einigen Fällen werden die von gegenseitigem Respekt gekennzeichneten interethnischen Beziehungen selbst als regionale Tradition beschrieben.

Bei Anlässen der Erinnerungskultur werden kontroverse Themen tunlichst vermieden. Ereignisse, die historisch weiter zurückliegen, bieten sich daher besonders an. Zwei Ebenen des Konsenses dominieren die Erinnerungskultur und schirmen sie von Kontroversen ab: Eine überethnische, welche die Region vor allem in ihrer Eigenschaft als einstige sowjetische Peripherie und als einstiges Schlachtfeld russischer Triumphe feiert. Ein gutes Beispiel ist das Erinnern an die hier begonnene siegreiche Operation Chişinău-Iaşi während des Zweiten Weltkrieges. Dieser Operation und ihren Teilnehmern ist in fast jedem Dorfmuseum mindestens ein Raum gewidmet. Noch deutlicher ist das Beispiel des Kults um den russischen General Aleksandr Vasilevič Suvorov, der hier 1791 die als uneinnehmbar geltende osmanische Festung von Izmail überrannte. Dieses Ereignis nimmt in der lokalen Erinnerungskultur deutlich mehr Platz ein als alle anderen Ereignisse der Vergangenheit zusammen. Über die Art und Weise der Repräsentation herrscht weitreichend Konsens: Die Schlacht gegen osmanische Truppen, die auf dem Gebiet der Stadt Izmail geschlagen wurde, ist ein Schlüsselereignis für *alle* hier angesiedelten ethnischen Gruppen. Erst mit der russischen Eroberung Bessarabiens und damit der Loslösung vom Osmanischen Reich (die 22 Jahre nach der Schlacht mit dem Frieden von Bukarest besiegelt wurde) wurden die Voraussetzungen für die Besiedlung der Region mit christlichen Bauern geschaffen. Suvorovs Erstürmung der Festung von Izmail ist so dominant, dass sich zwei von vier Museen in der Stadt ausschließlich damit befassen. Dem Protagonisten des Ereignisses, General Suvorov, ist eine Vortragsreihe gewidmet, die Flaniermeile der Stadt ist nach ihm benannt und seine Statue dominiert den Platz vor der Kathedrale. Konsens herrscht also über historische Ereignisse, welche vom Zentrum ausgingen, aber sich mehr oder weniger zufällig an gerade dieser Peripherie abspielten. Solche Ereignisse sind besser erforscht und belegt als historische Ereignisse, welche die Peripherie selbst betreffen. Sie binden darüber hinaus die Erinnerungskultur Bessarabiens an die Weltgeschichte an. Weil sie von Zentren multiethnischer Imperien, dem Zarenreich und der Sowjetunion ausgingen, passen sie gut ins Selbstverständnis einer Erinnerungskultur, die ansonsten von Ereignissen geprägt ist, welche vor allem innerhalb ethnischer Grenzen rezipiert werden.

In der historischen Rezeption innerhalb ethnischer Gruppen ist die zweite Ebene des Konsenses zu finden: Jede Gruppe verehrt ihre eigenen Dichter und Förderer der eigenen Sprache. Die Ukrainer feiern Taras Ševčenko, die Russen Aleksandr Puškin, die Bulgaren Christo Botev und die Moldavier Mihai Eminescu. So kommen sie einander nicht in die Quere. Es sind Personen, die schon zu sozialistischen Zeiten als Aufklärer und als Vordenker der Revolution gefeiert wurden. Sie haben die heute akzeptierten Grenzen zwischen den ethnischen Gruppen mitgeprägt, indem sie von Generationen als die Verkörperung einer nationalen Kultur und vor allem einer nationalen Sprache verinnerlicht wurden. Als solche sind sie beispielhafte Vertreter jenes Weltbildes, das jedem Menschen einen Platz innerhalb einer ganz bestimmten Gruppe zuordnet, ohne dabei die Kultur und Sprache jenseits einer ethnischen Grenze zu verachten.

Das Feiern von Akteuren der Geschichte des 20. Jahrhunderts, welche in verschiedenen ethnischen Gruppen sehr unterschiedlich bewertet werden, würde nicht als typisch für *svoj* oder *naš* gelten. Besonders etwa die in anderen Landesteilen nicht unüblichen Märsche in den Farben der zwischen 1942 und 1956 operierenden ukrainischen Aufstandsarmee (UPA) oder mit dem Porträt ihres Anführers, Stepan Bandera, würden Teilnehmer aus dem Kreis derjenigen ausschließen, die als *svoj* gelten. Dasselbe gilt für Auftritte mit den Insignien der Separatisten im Osten des Landes.

Die Gedenkveranstaltungen für die menschengemachte Hungersnot von 1932/1933 fallen in dieser Region ohne Massenaufmärsche aus. Nicht nur dass das südliche Bessarabien zu diesem Zeitpunkt zu Rumänien gehörte und nicht direkt betroffen war, das Ereignis wurde auch zu sehr in ein Tätervolk-Opfervolk-Schema gezwängt. Besonders nach der Orangenen Revolution gab es Bestrebungen, die Hungersnot von offizieller Seite als Genozid an den Ukrainern in der Geschichte festzuschreiben (Kasianov 2010).

Damit ein historisches Ereignis in den regionalen Kanon der Erinnerungskultur aufgenommen werden kann, muss es also die Region mit einem ehemaligen Zentrum verbinden. So wird das südliche Bessarabien einschließlich aller hier lebenden ethnischen Minderheiten in einem geopolitischen Kontext verortet. Eine zweite Variante zum Generieren von Erinnerungskultur besteht darin, sich auf die Zeit entstehender nationalistischer Bewegungen in den einzelnen Minderheitengruppen zu berufen. Ereignisse, welche verschiedene hier lebende Gruppen als Gegner oder in einem Täter-Opfer-Schema einordnen, dienen kaum als politische Währung.

Das Feiern von Toleranz braucht Unterschiede

Bei einem großen Folklorefestival, der *Allukrainischen Versammlung der Bulgaren,* die am letzten Augustwochenende 2013 im Dynamo-Stadion in Odessa stattfand, wurde ich einer Abgeordneten des Oblast-Parlaments, Marija Popova, vorgestellt. Sie sagte, neben ihrer Abgeordnetentätigkeit arbeite sie auch als Journalistin für die Lokalzeitung *Obozrenie Pljus* [Rundschau Plus]. »Wir machen die Ideologie in Bessarabien«, sagte sie, um diese Zeitung näher zu beschreiben. Auf die Nachfrage, um welche Ideologie es sich handele, antwortete sie: »die Freundschaft zwischen den Völkern«. Wenn Völkerfreundschaft eine Ideologie, ein politisches Programm ist und nicht einfach eine Voraussetzung für salonfähige Politik, gewinnt sie den Charakter einer Leistung. Toleranz kann nur dann ein gültiger Leistungsausweis sein, wenn sie tatsächliche Gegensätze überwindet. Es ist also kein Zufall, dass Politikerinnen und Politiker gerade auf Folklorefestivals so oft über Toleranz sprechen. Hier findet man die Unterschiede zwischen ethnischen Gruppen auf eine geradezu plakative Weise hervorgehoben.

Folkloreveranstaltungen wurden schon in der Sowjetunion von der Rhetorik der Völkerfreundschaft geprägt. Bereits in den 1930er Jahren wurden überall in der UdSSR staatliche Strukturen zur Förderung »nationaler Kulturen« geschaffen. Diese sollten in allen Republiken identisch in der Form sein und sich nur in den produzierten Inhalten unterscheiden (Slezkine 1994: 447). Als Bessarabien nach dem Zweiten Weltkrieg sowjetisch wurde, war dieses System bereits gut eingespielt. Mit der Gründung von Klubs und Kulturhäusern in den Kolchosedörfern, in Fabriken und sogar auf Donauschiffen wurden Volkstanzgruppen und Gesangsvereine zu beliebten Freizeitbeschäftigung. 1953 gab es in der Region bereits mehr als 300 Klubs, in denen 13.000 Personen in Tanz- und Gesangsvereinen engagiert waren.[14] Bei einem ersten großen Festival in Izmail im November 1953 traten über 1000 Personen aus unterschiedlichen Berufsgruppen und mit unterschiedlichem ethnischem Hintergrund auf. Damals wie heute waren solche Festivals im Kern politische Veranstaltungen. Nebst den Tänzen wurden »trotzige Gedichte« gegen den amerikanischen Imperialismus vorgetragen. Durch das Vorlesen von Romanpassagen wurde auch des »bewegenden Moments in der Geschichte des ukrainischen Volkes« gedacht, als es sich, in sowjetischer Lesart, im Jahre 1654 wieder mit dem russischen Volk vereinigte.[15]

Heute steht bei solchen Festivals ein Genre im Zentrum, das mir von einem Verantwortlichen für die Organisation solcher Anlässe als »verarbeitete Folklore« *[obrabotannij fol'klor]* beschrieben wurde. Die Bezeichnung setzt einerseits voraus, dass es unverarbeitete Folklore gibt und erkennt gleichzeitig an, dass Darbietungen auf Folklorebühnen ein Konstrukt sind. Verarbeitete Folklore ist in der Regel auch heute noch das Produkt staatlich geförderter Institutionen, wie etwa des Rajon-Zentrums der nationalen Kulturen, für welches der Informant, von dem diese Bezeichnung stammt, auch arbeitet. Es entsteht in Kulturhäusern, wo sich Folkloregruppen treffen und alle paar Jahre durch Auftritte vor einer Kommission ihre staatliche Anerkennung als *Volkskollektiv [narodnij kollektiv]* erneuern müssen. Das Rohmaterial »verarbeiteter Folklore« sind ethnografische Aufzeichnungen, welche Mitglieder des Kollektivs sammeln oder beim Rajon-Zentrum für nationale Kulturen erfragen. Dieses Rohmaterial besteht aus Aufzeichnungen von Liedern und Tänzen, von Geschichten und Trachten, wie sie von alten Dorfbewohnern übermittelt werden oder aus den Beständen der obligaten Heimatmuseen rekonstruiert werden.

14 | *Pridunajskaja Pravda,* 28. 11. 1953: »Rascvetajut narodnye talanty Izmail'ščiny« [Es erblühen die Volkstalente der Region Izmail].

15 | *Pridunajskaja Pravda,* 20. und 28. 11. 1953: »Rascvetajut narodnye talanty Izmail'ščiny«. [Es erblühen die Volkstalente der Region Izmail]. Mit dem vereinigenden Ereignis von 1654 ist die *Perejaslavskaja Rada* gemeint, bei der die Zaporoger Kosaken dem russischen Zaren einen Treueschwur leisteten und dessen Protektion zugesichert bekamen.

Der Prozess der Verarbeitung wurde mir vor allem als eine Anpassung für die Bühne beschrieben. Die Melodie wird mit Synthesizern und wummernden Bässen unterlegt, die Kleidung in glänzendem Stoff und mit etwas gewagterem Schnitt nachgeschneidert. Einige Lieder werden von inszenierten Hochzeits- oder Kampfszenen begleitet.

Der wichtigste Verarbeitungsschritt aber ist das Versehen jedes Musikstückes, jedes Tanzes, jeder Tracht und letztendlich jeden Auftritts mit einem ethnischen Etikett. Die Ethnologin Jennifer Cash hat am Beispiel einer Folklore-Expedition im angrenzenden südlichen Teil Moldovas gezeigt, wie durch die Verarbeitung von Elementen der Folklore auch einstmals ethnisch nicht klar zugeordnete Elemente durch eindeutige ethnische Zuschreibungen ersetzt werden (Cash 2011: 110–121). Ein ähnliches Phänomen hat Otto Habeck (2011: 67) auch für Kulturhäuser in Sibirien beschrieben. Dabei beobachtete er, dass Individuen durchaus von einer Gruppe in die andere wechseln können und dass die im Privaten gezeigte ethnische Identität nicht unbedingt jener entsprechen muss, die auf der Bühne gezeigt wird. Viel wichtiger sei es, die rigiden Grenzen des Genres einzuhalten. In Bessarabien bedeutet das, dass Folkloregruppen fast immer als Vertreter einer ganz bestimmten ethnischen Gruppe angekündigt werden; mindestens aber werden einzelne Musikstücke einer bestimmten ethnischen Gruppe zugeordnet. Was fast nie vorkommt, ist, dass ein Musikstück oder ein Tanz als zu mehreren ethnischen Gruppen gehörend bezeichnet wird. Die »Verarbeitung« besteht also auch darin, ein Stück aus seinem ethnisch vielleicht mehrdeutigen Entstehungskontext auf eine Bühne zu bringen und es dort mit einem eindeutigen ethnischen Etikett zu versehen.

Ethnische Unterschiede werden so auf der Bühne immer wieder gefeiert. Die Tatsache, dass es *trotzdem* nicht zu ethnischen Konflikten kommt, ist ein Grund, stolz zu sein, der nie verloren geht, der unveräußerlich ist, der immer Anlass zum Feiern bietet, der viele Symbole bereithält, die anstelle der frustrierenden Tagespolitik die Öffentlichkeit einnehmen.

Tatsächlich kommt die ständig gefeierte Toleranz nicht ohne Stereotype aus. Habeck (2011: 66) beobachtet, dass die ständig beschworene interethnische Harmonie eine Diskussion über liebgewonnene ethnische Stereotypen verhindere. Mit Toleranz begegnen kann man kulturellen Formen nur dann, wenn sie als offensichtlich andersartig gelten. Würde kein Bewusstsein für Unterschiede herrschen, würden sie einfach als alltäglich wahrgenommen. In der Ukraine entsteht durch das Mantra der Toleranz der Eindruck einer fragilen Harmonie, an der auf keinen Fall gekratzt werden darf. Die Ereignisse, welche sich in der Ukraine nach den Ereignissen auf dem Maidan abspielten, werden gern als Beweis dafür angeführt, wie labil und hart erarbeitet diese Harmonie ist.

Schluss

Mit Verweis auf die Brüchigkeit der interethnischen Toleranz wird der Debatte über Gesellschaftsmodelle, in denen Ethnizität nicht zentral ist, ausgewichen. Ethnische Grenzen werden als essenziell und naturgegeben im Dienste der Politik reproduziert. Über die schwierigsten Kapitel der jüngeren Geschichte wird geschwiegen. Die von Klientelismus geprägte Lokalpolitik kann auf ein unbeschränktes Reservoir an Symbolen der Folklore und der Erinnerungspolitik zurückgreifen. Der Wettstreit über politische Ideen wird mit einem Wetteifern um Großzügigkeit und Traditionsbewusstsein ersetzt.

Die Annahme, dass das öffentliche Zelebrieren interethnischer Toleranz eine politische Funktion erfüllt, kann sicherlich bestätigt werden. Interethnische Toleranz ist oft eine der wichtigsten nachweisbaren Leistungen von gewählten oder künftigen politischen Persönlichkeiten. Wie die üblichen Geschenke an die Bevölkerung sind sie Ausdruck von persönlicher Großzügigkeit und Verbundenheit, nicht Ausdruck einer politischen Ideologie oder gar eines Programms zur Lösung der schwierigen Probleme der Region. Diese werden so stark von Korruption und klientelistischer Abhängigkeit geprägt, dass jeder Politiker, jede Politikerin, welche/-r die lokalen Probleme Bessarabiens lösen will, sich gegen ihre Patrone in Odessa und Kiew stellen müsste. Keine lokal verwurzelte politische Kraft hat genügend Unabhängigkeit und Handlungsfreiheit, um etwa die marode Lebensader der Region, die Schnellstraße nach Odessa, zu sanieren.

Die zweite Annahme, dass die ethnischen Minderheiten der Region sich aus erzwungener Solidarität gegen den nationalistischen Druck des ukrainischen Zentralstaates wehren, lässt sich hingegen nicht bestätigen. Die interethnische Toleranz in der Region wird sehr bewusst vor dem Hintergrund der Zugehörigkeit zur Ukraine zelebriert. Bei der *Allukrainischen Versammlung der Bulgaren* waren ukrainische Flaggen ebenso zahlreich wie bulgarische. Die Abgeordnete Marija Popova, deren politisches Umfeld die Veranstaltung organisierte, trug die miniaturisierte ukrainische Flagge als Anstecker an ihrem Blazer. Das Feiern interethnischer Toleranz schließt die Ukrainer und Ukrainerinnen in die Reihe der lokalen ethnischen Gruppen ein und beruft sich auf den ukrainischen Staat als Garant für Minderheitenschutz. Diesen immer wieder einzufordern, gehört zu den zentralen Aufgaben einer großen Anzahl ethnischer Vereine, welche wiederum in der Lokalpolitik Stimmen bündeln können und Empfehlungen für politische Kandidaten aussprechen.

Das Beispiel des südlichen Bessarabiens scheint zu zeigen, dass der neue Nationalismus in der Ukraine gar keine kulturellen Unterschiede braucht. Die Vorstellung solcher Unterschiede, die Vorstellung von Grenzen zwischen diesen Gruppen ist heute, mehr noch als zu sowjetischen Zeiten, die einzige Voraussetzung, um durch diese Grenzen eine ganze Gesellschaft zu strukturieren und Wählerinnen und Wähler zu mobilisieren. Es geht also nicht mehr bloß um das Imaginieren einer Gemeinschaft, wie sie für das Verständnis des Nationalismus nach Benedict Anderson (2006) zentral ist, sondern um das Imaginieren von kulturellen Unterscheiden und einer Vergangenheit, in der solche Unterschiede eindeutig waren.

Neu ist vielleicht auch, dass nicht mehr das Erschaffen einer Grenze zwischen einzelnen Gruppen im Zentrum steht, sondern der Erhalt der Idee, es müsse Grenzen zwischen diesen Gruppen geben, selbst wenn sie aufgrund kultureller Assimilation in den Jahren der Sowjetunion und durch massenhafte Landflucht nach dem Zerfall der Sowjetunion heute alles andere als deutlich erkennbar sind. Es geht nicht um die Gestaltung einer zukünftigen Gesellschaft, sondern um den Erhalt einer Gesellschaft, wie sie für die Vergangenheit angenommen wird. Auf diese nicht näher bezeichnete Vergangenheit beziehen sich die vielen Verweise auf die Tradition. Die Vorstellung, dass in dieser Zeit ethnische Unterschiede klar erkennbar und von großer Bedeutung gewesen seien, reicht vollkommen aus. Der neue Nationalismus verweist daher in der Ukraine nicht wie seine sowjetischen Vorgängerversionen auf eine utopische Zukunft, sondern auf eine (nicht weniger utopische) Vergangenheit, in der sich ethnische Unterschiede noch mit kulturellen Unterschieden gedeckt hätten und alle wussten, auf welcher Seite einer ethnischen Grenze ihr Platz war.

Zitierte Literatur

Anderson, Benedict (2006): Imagined Communities. Reflections on the Origin and Spread of Nationalism. 2., überarbeitete Aufl. London.

Banks, Marcus/Gingrich, Andre (2006): Introduction: Neo-Nationalism in Europe and Beyond. In: ders./Gingrich, Andre (Hg.): Neo-Nationalism in Europe and Beyond. Perspectives from Social Anthropology. New York, Oxford.

Berg, Lev Semenovič (1918): Bessarabija Strana – Ljudi – Chozjajstvo [Bessarabien Land – Leute – Wirtschaft]. Petrograd.

Brandes, Detlef/Sundhaussen, Holm/Troebst, Stefan (2010): Lexikon der Vertreibungen. Deportation, Zwangsaussiedlung und ethnische Säuberung im Europa des 20. Jahrhunderts. Wien, Köln, Weimar.

Cash, Jennifer R. (2011): Villages on Stage. Folklore and Nationalism in the Republic of Moldova. Münster.

Deržavin, Nikolaj Sevast'janovič (1914): Bolgarskija Kolonyi v Rossii (Tavričeskaja, Chersonskaja, i Bessarabskaja Gubernii) [Die bulgarischen Kolonien in Russland (Taurisches, Chersoner und Bessarabisches Gouvernement)]. Sofia.

Gorenburg, Dmitry (2006): Rethinking Interethnic Marriage in the Soviet Union. In: Post Soviet Affairs 22, S. 145–65.

Habeck, Joachim Otto (2011): »Thank you for Being«. Neighborhood, Ethno-Culture, and Social Recognition in the House of Culture. In: ders./Donahoe, Brian (Hg.): Reconstructing the House of Culture – Community, Self, and the Makings of Culture in Russia and Beyond. New York, Oxford.

Hrystenko, Oleksandr (2008): Imagining the Community: Perspectives on Ukraine's Ethno-Cultural Diversity. In: Nationalities Papers 36 (2), S. 197–222.

Istorija gorodov i sel Ukrainskoj SSR – Odesskaja Oblast [Die Geschichte der Städte und Dörfer der ukrainischen SSR – Oblast Odessa], Institut akademii nauk USSR, Kiev 1978.

Kasianov, Georgiy (2010): The Great Famine of 1932–1933 (Holodomor) and the Politics of History in Contemporary Ukraine. In: Troebst, Stefan (Hg.): Postdiktatorische Geschichtskulturen im Süden und Osten Europas – Bestandsaufnahme und Forschungsperspektiven. Göttingen.

Kuško, Andrey/Taki, Viktor (2012): Bessarabija v Sostave Rossijskoj Imperii (1812–1917) [Bessarabien als Teil des Russischen Zarenreiches (1812–1917)]. Moskau.

Moškov, Valentin Aleksandrovič (1900): Gagauzy Benderskago uezda (Etnografičeskie očerki i materialy) I. Territorija, zanimaemaja gagauzamy, i ich proizchoždenie. II: Običai: rodiny i krestiny. III. Igry i razvlečenija. IV. Tancy, muzyka i penie [Die Gagauzen des Bezirks Bender (ethnografische Skizzen und Materialen). I. Das von den Gagauzen besiedelte Gebiet und ihre Herkunft. II. Brauchtum: Geburt und Taufe. III. Spiel und Vergnügen. IV. Tänze, Musik und Gesang]. In: Etnografičeskoe Obozrenie 1900 (1), S. 1–89.

— (1901): Gagauzy Benderskago uezda. VI Semejnyja i obščestvennyja otnošenija u gagauzov. VII Otnošenija gagauzov k drugim narodnostjam [Die Gagauzen des Bezirks Bender. VI. Verwandtschaftliche und soziale Beziehungen bei den Gagauzen. VII. Beziehungen der Gagauzen zu anderen Völkern]. In: Etnografičeskoe Obozrenie 1901 (2), S. 1–49.

Portnov, Andrii (2015a): Post-Maidan Europe and the New Ukrainian Studies. In: Slavic Review, Jg. 74 (4), S. 723–731.

— (2015b): Das neue Herz der Ukraine? – Dnipropetrovs'k nach dem Euromajdan. In: Osteuropa 65 (4), S. 173–185.

Slezkine, Yuri (1994): The USSR as a Communal Apartment, or How a Socialist State Promoted Ethnic Particularism. In: Slavic Review 53 (2), S. 414–452.

Stokes, Susan C. (2009): Political Clientelism. In: Goodin, Robert E. (Hg.): The Oxford Handbook of Political Science. Oxford.

Wanner, Catherine (1998): Burden of Dreams. History and Identity in Post-Soviet Ukraine. State College (PA).

Yurchak, Alexei (2006): Everything Was Forever, Until It Was No More. The Last Soviet Generation. Princeton.

Der Duft der Traubenkirsche

Staatlich gelenkte Remigration nach Russland als konstitutives Element nationaler Identitätspolitik?

Sara Reith

Einleitung

»Remigration« mag für viele Einwohner der Russischen Föderation zwar kein alltäglich rezipierter Begriff sein, ein Blick in die ältere und neuere russischsprachige Kulturlandschaft zeigt jedoch die unmittelbare Auseinandersetzung mit Fragen des Weggehens und des Wiederkehrens als Konstanten in der diskursiven Verhandlung des russischen Alltags. Betrachtet man nur die fünf Emigrationswellen aus dem Territorium des heutigen Russland im 19. und 20. Jahrhundert[1] so sind unter den Emigranten auch in der deutschsprachigen Kulturlandschaft weithin bekannte Kulturschaffende zu finden. So schreibt etwa Vladimir Nabokov im Jahre 1927 – im deutschen Exil befindlich – von dem selbstzerstörerischen, aber doch gleichzeitig unabdinglichen, sinnlich wahrnehmbaren[2] Wunsch, wieder in Russland zu sein. Während das lyrische Werk Nabokovs in Deutschland weitgehend hinter seiner Prosa zurücksteht, ist die Auseinandersetzung mit Emigration und einer wie auch immer gearteten

---

1 | Hierunter wird im Kontext dieses Textes die Emigration 1. aus Russland zur Jahrhundertwende beziehungsweise im Zarismus, 2. unmittelbar vor der Oktoberrevolution, 3. im Zuge der Machtergreifung der Bolschewiki beziehungsweise im Stalinismus, 4. während des Sowjetregimes in den 1960er und 70er Jahren, 5. nach der Auflösung der Sowjetunion verstanden (vgl. Siegelbaum/Moch 2014; Kappeler 2016).

2 | No serdce, kak by ty chotelo, / čtob ëto vpravdu bylo tak: / Rossija, zvezdy, noč' rasstrela / i ves' v čeremuche ovrag. [Aber, mein Herz, wie gern hättest du's, / dass es wirklich so wäre: / Russland, die Sterne, die Nacht der Erschießung, / und, ganz erfüllt vom Duft des Faulbeerbaums, die Schlucht.], Original und Übersetzung zit. n. Borowsky/Müller [6]2006 (1983). Die Autoren entscheiden sich hier bewusst für eine prosaische Übersetzung, die zwar die sprachliche Eleganz und Schönheit des russischen Originals verliert, dafür allerdings den Anspruch hat, die Bedeutung der Worte so genau wie möglich im Deutschen abzubilden. Des Weiteren benutzen die Autoren den Faulbeerbaum als Übersetzung für »čeremucha«; der botanische Name *prudus padus* und das Aussehen der Bäume in Verbindung mit Nabokovs Beschreibung deuten allerdings eher auf die Traubenkirsche hin.

Heimat, die sich durch sein Werk zieht, in Russland weithin beachtet. Lev Kopelev, um einen weiteren viel rezipierten, zumindest zeitweiligen »Heimkehrer« zu nennen, wirkte nicht nur als Kulturwissenschaftler und Germanist, sondern forcierte ob seiner Erfahrungen während des Zweiten Weltkriegs zeitlebens auch die Aussöhnung zwischen Russland und Deutschland. Wegen seiner »Propagierung des bürgerlichen Humanismus« wurde er im Nachgang des Zweiten Weltkriegs zu zehn Jahren Lagerhaft verurteilt, wo er unter anderem Alexander Solschenizyn kennenlernte. Dieser wiederum ist – nach langen Jahren im Exil in Deutschland und den USA – im Jahre 1994 nach Russland zurückgekehrt. Auch Kopelev – 1954 nach dem Tode Stalins aus dem Lager entlassen – engagierte sich politisch und literarisch und distanzierte sich immer mehr von der herrschenden politischen Klasse. Während einer Auslandsreise nach Deutschland wurde er ausgebürgert – 1981 befand er sich schließlich im Exil in Köln und konnte Russland in den Jahren 1989 und 1990 besuchen. Gestorben in Deutschland, befindet sich sein Grab heute in Moskau auf dem Donskoi-Friedhof.

Wie schwierig es ist, einen »Remigranten« eindeutig zu definieren, ihn von einem »Migranten« abzugrenzen, von einer freien Entscheidung versus politischer Notwendigkeit ausgehen zu müssen oder zu dürfen, das kann man gut anhand des Beispiels Eliezer »El« Lissitzkys zeigen. Der 1890 geborene Avantgardist wurde ob seiner jüdischen Herkunft[3] an der Kunsthochschule in Sankt Petersburg abgelehnt und entschloss sich zum Studium in Deutschland. 1915 kehrte er nach Moskau zurück und engagierte sich politisch – die Oktoberrevolution wurde von ihm als sozialer Neubeginn interpretiert, der sich auch in seinen Werken[4] spiegelte. Zeitlebens pendelte er zwischen Russland und Westeuropa – er hielt sich vornehmlich in Deutschland auf, ließ sich von Künstlern wie politischen Strömungen hier wie dort leiten, fungierte als »Mittler zwischen Kulturen« (Scholl-Schneider 2011), bevor er schwer krank schließlich 1941 starb und in Moskau auf dem Donskoi-Friedhof beerdigt wurde. Sein

3 | Im Kontext russischsprachiger Migration beziehungsweise Remigration ist dieser Aspekt nicht zu vernachlässigen: Nicht der geografische Bezug zu einer Titularnation oder das physische Vorhandensein von Identitätsdokumenten, die ein bestimmter Staat ausgestellt hat, ist ausschlaggebend für die politisch-gesellschaftliche Verortung und Sozialisierung (ob selbst empfunden oder zugeschrieben), sondern vielmehr die (durchaus auch imaginierte) tradierte Zugehörigkeit zu einer Gruppe, die im Russischen mit *nacional'nost'* bezeichnet wird. Auch in der sprachlichen Varietät findet dies einen deutlichen Ausdruck: So wird – um ein populäres Beispiel zu geben – der Begriff »Kasachstaner« deutlich von dem Begriff »Kasache« unterschieden. Während Ersterer die Gruppe umfasst, die auf dem Territorium des Staates Kasachstans lebt, wird mit Letzterem deutlich gemacht, dass sich die Person der Titularnation ethnisch zugehörig fühlt. Dies kann man analog auch bei anderen Bezeichnungen beobachten.

4 | Hier sei exemplarisch verwiesen auf unzählige propagandistische Drucke, aber auch auf deutsch- sowie russischsprachige Werbeplakate und die Entwürfe für eine Rednertribüne (*Lenins Tribüne*, Tretjakov-Galerie, Moskau) sowie auf die suprematistischen Arbeiten, die den starken Einfluss Kasimir Malevichs auf sein Werk zeigen.

Zeitgenosse Kusma Petrow-Wodkin,[5] geboren und ausgebildet im Gebiet der Wolga, studierte in München und Paris und begleitete und beeinflusste doch die sozialen, gesellschaftlichen und politischen Entwicklungen im entstehenden sowjetischen Staat. Auch Sergei Prokofjew pendelte eine lange Zeit seines musikalisch-künstlerischen Schaffens territorial wie ideologisch zwischen verschiedenen Bezugssystemen: 1891 im zaristischen Russland geboren, führte ihn der Wunsch nach Stabilität im Jahre 1918 in die USA und weiter nach Deutschland und Frankreich. 1953 starb er in Moskau. Ebenso der Historiker Georgij Fedotov, geboren 1886 in Saratov, der sich zeitlebens im Spannungsfeld der jeweils wechselnden politischen Machtstrukturen bewegte. Erst nach Deutschland ins Exil geschickt, kämpfte er wenige Jahre später – abermals in Russland – darum, wieder ausreisen zu dürfen. Nach einer Station in Deutschland migrierte er in die USA, wo er 1951 starb.

Wer ist nun ein Migrant, wer ein Remigrant? Wo sind die Grenzen zu ziehen zwischen einem transnationalen, elitären Lebensstil einer kleinen Gruppe Intellektueller, Künstler und Wissenschaftler vor dem Hintergrund der russischen Revolutionen von 1907 und 1917 und dem darauffolgenden Erstarken der Bolschewiki und einem Massenphänomen, das prototypisch auch für andere Wanderungsbewegungen in der Jetztzeit stehen kann? Ist die mobile russische Bildungselite, die Ausbildungs- und Berufsabschnitte mit spielender Leichtigkeit in verschiedenen Ländern realisiert,[6] nicht ein (von der deutschsprachigen Forschung freilich prominent beachteter) Sonderfall innerhalb einer als weitgehend konservativ realisierten »endgültigen« Rückkehr nach Russland?

Diskurs in den Medien und im öffentlichen Raum

Wirft man einen Blick auf mediale Diskurse im russischsprachigen Raum abseits der rein universitären, theoretischen Auseinandersetzungen an den Lehrstühlen, findet man Hinweise zur Beantwortung dieser Frage. Auch die zeitgenössische Popularkultur verhandelt das Spannungsfeld zwischen Gehen und Bleiben, zwischen Weggehen und Wiederkommen, zwischen dem Abschied »für immer« und der An- beziehungsweise Abwesenheit »auf (Lebens-)Zeit« und macht es somit einem Massenpublikum zugänglich. Jurij Chevchuk schuf 1992 mit *Heimat [rodina]* eine mit vielfältigen Anspielungen auf die russische Geschichte und Mythologie gespickte, bis heute breit in allen gesellschaftlichen Schichten rezipierte Hymne für eine erwachende, sich politisierende Jugend mit der Hoffnung – die sich freilich nicht realisierte, aber vielleicht gerade deshalb an Aktualität nicht eingebüßt hat – auf den demokratischen

5 | Petrow-Wodkin ist in Westeuropa vor allem für seine Werke mit dem Umstürze symbolisierenden roten Pferd bekannt (z. B. *Phantasie,* 1925, Russisches Museum Sankt Petersburg); in Russland wird auch sein Schaffen als Schriftsteller und Pädagoge rezipiert.

6 | Vergleiche etwa die ausführlichen Studien und Beiträge von Sommer 2016; Schmitz 2013; Sommer/Gamper 2015; Schönhut/Kaiser 2015; Darieva 2004.

Aufbruch. Ebenfalls fast schon ein Klassiker im russischsprachigen Internet und oft kommentiert in sozialen Netzwerken ist eine Abfolge von acht unwirklich schönen, weichgezeichneten, hochprofessionellen Aufnahmen von verschiedenen Landschaften und Städten: »Disneyland? – nein, Sotschi-Park« ist ein Foto übertitelt, welches eine bunte, einladende Ferienhauskulisse vor einem spiegelnden See zeigt. »Nordamerika? Nein, Altai«, informiert das nächste Bild, das eine schneebedeckte, unberührte Gebirgslandschaft zeigt. »Norwegen? Nein, Karelien« steht über einem Foto, das einen nebligen See inmitten hochgewachsener Bäume zeigt. »Kalifornien? Nein, Vladivostok« ziert das Bild einer beleuchteten Brücke inmitten einer pulsierenden Großstadt. »New-York? Nein, Moskau« zeigt Hochhäuser und reges Leben auf den Straßen in der Abenddämmerung. »Die Alpen? Nein, der Ural« steht als Titel über einer verschneiten, menschenleeren Hochgebirgslandschaft mit schroffen Felsabbrüchen. »Die Türkei? Nein, Anapa« zeigt unwirklich blaues Meer und einen Wasservergnügungspark für Kinder. »Venedig? Nein, Sankt Petersburg« steht auf dem Foto aufwendig sanierter Stadthäuser an einem funkelnden Kanal im milden Sonnenlicht. »Warum weit(er) reisen«[7] fragt das letzte Bild dieser Folge plakativ und appelliert an den Betrachter, lieber der Schönheit des eigenen Landes zu huldigen als ins vermeintlich bessere Ausland zu schielen.

Urlaub in Russland wird hier nicht als Alternative für diejenigen empfohlen, die für eine Reise ins Ausland (v.a. nach dem eklatanten Fall des Rubels in den Jahren 2014–2016) keine Devisen oder kein Visum haben, sondern als emanzipatorischer Akt. »Wir müssen hinter den weltweiten Sehnsuchtszielen nicht zurückstehen«, suggeriert die Bildfolge und appelliert nicht nur an das patriotische Gewissen des Rezipienten, sondern versucht mit allen Mitteln zu überzeugen, dass es in Russland wirklich mindestens genauso schön ist wie im oft verklärten, fast schon mythisch überhöhtem Europa oder Amerika.

Zum 70. Jahrestag des Sieges über Hitlerdeutschland im Jahr 2015 war außerdem ein anderes auffälliges Phänomen zu beobachten – und dies nicht nur im virtuellen Raum, sondern auch auf den Straßen russischer Groß- und Kleinstädte.[8] Als Panzer ausstaffierte Autos mit der russischen Flagge erinnerten an den »Großen Vaterländischen Krieg«; Aufkleber und Aufschriften gratulierten zum Sieg beziehungsweise drückten Dankbarkeit für ihn aus.[9] »Nach Berlin« steht auf einem neuen Geländewagen, ein olivgrün-schlammfarbiges Tarnnetz und eine überdimensionale Flagge in den Farben der russischen Trikolore verdecken ein Auto sowjetischer Bauart. Während die – oft kostenlos bei großen staatlichen Arbeitgebern erhältlichen – Aufkleber

7 | Im russischen Original ausgedrückt mit »Začem echat' dal'še?«; es gibt allerdings auch Abwandlungen dieses Memes mit der Aufschrift »Otdychaj doma!« [Mach Urlaub zu Hause!].

8 | Die Autorin bezieht sich hier auf diverse, teils mehrjährige Aufenthalte in verschiedenen Regionen Russlands in den Jahren 2007–2017. Die Aufenthalte wurden vom Programm »Jugend« der Europäischen Union, vom Schroubek Fonds Östliches Europa sowie von der Hans-Böckler-Stiftung gefördert.

9 | *Spasibo dedu za pobedu* [Danke für den Sieg, Großväterchen] (im russischen Original reimt sich die Wortfolge).

auf den Autos rund um den 9. Mai[10] auch schon vor dem 70. Jubiläum des Kriegsendes zu beobachten waren, überrascht doch die Vehemenz und Präsenz dieses Phänomens seit dem Jahr 2015. Aus Altersgründen können von Jahr zu Jahr immer weniger Veteranen des Zweiten Weltkriegs (des »Großen Vaterländischen Krieges«, wie die autochthone Bezeichnung lautet) auf den Paraden und Gedenkveranstaltungen, die in allen Groß- und Kleinstädten Russlands stattfinden, als Verkörperung des Sieges auftreten – man könnte vorsichtig vermuten, dass die explizite Zur-Schau-Stellung im öffentlichen Raum diesen Verlust aufwiegen und das Narrativ vom heldenhaften Sieg der Sowjetunion so weitergeben soll. Die jährlichen zentralen Feierlichkeiten auf dem Roten Platz in Moskau werden nicht nur von einer monumentalen Präsentation militärischen Geräts begleitet, sondern auch von erzählerischen, gar lyrischen Bühnenshows, die einen Bogen zur reichen Geschichte und Kultur des Landes schlagen und so mit Musik, Tanz, Kostümen und Schauspiel zu suggerieren scheinen, dass die Zukunft ebenso erfolgreich und glorreich sein wird. Erwähnenswert in diesem Zusammenhang ist auch die Tatsache, dass die verschiedenen Völker Russlands in die Inszenierung eingebunden sind – alle unter der einenden russischen Flagge und mit der – über religiöse und ethnische Grenzen hinweg, so das Narrativ – alle verbindenden russischen Sprache. Auch die Eröffnungs- und Schlussfeiern bei den Olympischen Winterspielen in Sotschi 2014 erzählen in bunten Farben und einer aufwendigen Inszenierung von russischen Feiertagen, von Russland als Vielvölkerstaat und von der russischen Geschichte als Geschichte von Eroberung, Sieg und Fortschritt.

Entwicklung des Nationalismus

Kappeler (2016) skizziert die Entwicklung des Nationalismus in Russland und erinnert an den Reichspatriotismus im 16. Jahrhundert, gekennzeichnet von Selbstherrschaft, dem Reichsgedanken und von der Orthodoxie. Im 17. Jahrhundert sei ein »religiöses Nationalgefühl breiter Schichten« erkennbar, aber erst in der Mitte des 18. Jahrhunderts seien erste Anzeichen eines kulturell-sprachlichen Nationalbewusstseins des gebildeten Adels wahrnehmbar. Die Expansion Russlands nach Osten, Süden und Westen vom 16. bis ins frühe 19. Jahrhundert, das aus dem »auf die Wälder Nordeuropas beschränkten Moskauer Staat ein riesiges eurasiatisches Imperium machte« (Kappeler 2008: 11), beförderte den nationalen Gedanken. Bis weit ins 19. Jahrhundert hinein seien die nationalen Bindungen freilich anderen Loyalitäten untergeordnet geblieben. Die Expansion zu Zeiten des Russländischen Imperiums bis zum Jahre 1917 machte Russland zu einer europäischen Großmacht. Es folgten die Oktoberrevolution von 1917 und der Bürgerkrieg bis 1921.

10 | Während in Deutschland das Ende des Zweiten Weltkriegs mit dem 8. Mai 1945 (Kapitulation der Wehrmacht) beziehungsweise dem 2. September 1945 (Kapitulation Japans) verbunden wird, ist in Russland der 9. Mai ein staatlicher Feiertag (*Tag des Sieges* [Den' Pobedy]) – bei der Unterzeichnung der Papiere war es wegen des Zeitunterschieds in Moskau schon nach Mitternacht.

Während die Expansion des russischen Kernlands seit dem 15. Jahrhundert mit Versuchen einherging, die autochthone Bevölkerung der jeweils neu gewonnenen Gebiete zu assimilieren, sollte der Bolschewismus – so die Theorie – die Befreiung der Völker und die damit verbundene Unabhängigkeit befördern (Oswald 2000: 9). Klimeniouk konstatiert auf dem Höhepunkt der Krise zwischen Russland und der Ukraine über die territoriale Zugehörigkeit der Halbinsel Krim im Jahre 2015 in einem viel beachteten Artikel in der *Frankfurter Allgemeinen Zeitung*, dass die gegenwärtige Idee des Russischen im Wesentlichen ein Produkt der sowjetischen Nationalpolitik sei, die sich mal an Sprachen, mal an Blut und Boden, mal an pragmatischen Bedürfnissen der Verwaltung orientierte: »Konstant waren ihre Inkonsequenz und eine bizarre Hierarchie, in der manche Völker als eine Art von Staatsnationen galten, manche als Minoritäten, die immerhin eigene Autonomien verdienten, und manche als nicht beachtenswert« (Klimeniouk 2015). Jeder beachtenswerten Ethnie habe die Sowjetunion ein Gebiet und eine Sprache zugewiesen; die russische Sprache und das russische Volk sollten diesen Bund zu einem einheitlichen Ganzen schmieden. »Alle hatten ihr eigenes Territorium, nur die Russen nicht. Sie waren überall zu Hause, ihr Nationalstaat war die ganze UdSSR.[11] Das Wort ›Russe‹ bedeutete so etwas wie einen Sowjetmenschen ohne besondere Merkmale, einen, der keinen ungewöhnlichen Namen, keine Schlitzaugen, keine Adlernase besaß und keine eigene Sprache sprach, die nicht Russisch war.«[12] Der Historiker Leonid Luks konstatiert, dass nach dem Ende der Sowjetunion die Kluft zwischen Ost und West für kurze Zeit überwunden schien – bevor Russland »kurz nacheinander die Erosion sowohl des kommunistischen als auch des demokratischen Gesellschaftsentwurfs erlebte« (Luks 2015: 2). Diese beiden Enttäuschungen bildeten die wichtigsten Voraussetzungen für die Ablösung der im August 1991 errichteten russischen Demokratie durch die »gelenkte Demokratie« Wladimir Putins, die Etablierung eines »autoritären postsovietischen Modells« (Hayoz 2016: 67). Weltanschaulich, so Luks, sei das nun entstandene ideologische Vakuum in einem immer stärkeren Ausmaß durch die Nationalidee gefüllt. Wie wirkt sich dieses Vakuum nun aber auf die große weltweite russischsprachige Diaspora aus, die den Diskurs in Russland – sei es im staatlichen Fernsehen oder in den neuen sozialen Medien – verfolgt?

---

11 | An dieser Stelle darf ein popkultureller Bezug nicht unerwähnt bleiben: 1972 erschien ein von verschiedenen Interpreten oft rezipiertes Stück, das Volksliedcharakter besaß und in der Strophe »Meine Adresse ist kein Haus und keine Straße, meine Adresse lautet: Sowjetunion!« [Moj adres ne dom i ne ulica, moj adres sovetskij sojuz] kulminierte. Die Enfants terribles des zeitgenössischen russischen Punkrocks, die Formation *Leningrad* um den Sänger Sergey Schnurow, machten sich diesen historischen Bezug zu eigen und nahmen Anleihen darauf in dem 2002 veröffentlichten Lied *www*.

12 | Hier sei etwa auf die in der Sowjetunion in staatlichen Organen weitverbreiteten Tabellen mit stereotypen, schematischen Zeichnungen von Vertretern verschiedener Völker verwiesen, die sogenannten *tablici opredelenija nacional'nostej* – Tabellen zur Unterscheidung der eingangs erwähnten »national'nost'« anhand physischer Unterscheidungsmerkmale im Gesicht.

Remigranten im Nationalstaat

Vorausschickend sei allerdings erklärt, warum im Weiteren von »Staatlichkeit und Nation« die Rede sein wird, und nicht etwa von »Staat und Nation«, wie es vielleicht gängiger wäre. Nach Schneckener (2007) wird hier als Arbeitshypothese von der Annahme ausgegangen, dass der Staat durch die Regierung und einen bürokratischen Apparat repräsentiert wird. Er ist Akteur in engerem Sinne, kann lenken und unmittelbar Entscheidungen treffen und umsetzen. »Staatlichkeit« dagegen wird von Schneckener als funktionaler Begriff definiert, bei dem es um die Erfüllung bestimmter, gemeinwohlorientierter Aufgaben, um das Zustandekommen und die Durchsetzung von Entscheidungen, um die Bereitstellung von Ressourcen sowie um einen politisch-rechtlichen Ordnungsrahmen geht. Nach diesem Verständnis tragen nicht nur staatliche Akteure zur Staatlichkeit bei, sondern eben auch andere im Staatsgebiet Handelnde. Diese Definition scheint für einen kulturanthropologischen Blickwinkel sehr fruchtbar, da die fachlich verortbaren Grundkonstanten Zeit, Raum, Soziales mit dem umfassenden Begriff der »Staatlichkeit« besser abgebildet werden können. Im weiteren Verlauf soll nun der Versuch unternommen werden, zu zeigen, wie nach Russland zurückkehrende ethnische Russen diese Staatlichkeit wahrnehmen. Des Weiteren wird die Frage gestellt, welche Funktion diese Remigranten auf den erstarkenden nationalen beziehungsweise nationalistischen Diskurs im russischen Kernland haben.[13]

Dabei unterscheidet die Autorin zwei große Gruppen:[14] Einmal diejenigen, die – in Russland beziehungsweise einem Mitgliedsstaat der Sowjetunion geboren und aufgewachsen – nach mehreren Jahren im (meist westlichen) Ausland wieder nach Russland zurückkehren. Sie sind meist gut ausgebildet, fremdsprachenaffin, transnational mobil, finanziell solide aufgestellt, mit hoher beruflicher wie persönlicher Mobilität und starken, sich über mehrere Länder erstreckenden Netzwerken. Ihre

13 | Die im Folgenden genannten Daten, Beobachtungen und Zitate sind den Feldtagebüchern entnommen, die während mehrerer mehrmonatiger Feldforschungen der Autorin in den Jahren 2014–2017 im Rahmen einer Dissertation entstanden. Unter anderem wurden lebensgeschichtliche Interviews in mehreren russischen Städten – darunter Kaliningrad, Sankt Petersburg, Moskau, Kaluga, Samara und Novosibirsk – geführt. Übergeordnetes Ziel war, möglichst ethnografisch dicht zu beschreiben, in welchen Diskursen sich Menschen bewegen, die – sich selbst als ethnische Russen verstehend – nach 2006 nach Russland remigriert sind. Die Interviews wurden auf Russisch geführt. Die im Rahmen dieses Artikels angeführten Zitate stammen aus drei verschiedenen Interviews, die im Sommer 2015 in Kaliningrad geführt worden sind. Die zitierten Interviewpassagen stammen von Remigranten, die über das Programm für »Mit-Vaterländer« von Kasachstan nach Russland zogen.

14 | Eine dritte große Gruppe sich selbst als »ethnische Russen« definierende Menschen, die seit 2014/2015 dauerhaft nach Russland kamen sind Staatsbürger aus den umkämpften Gebieten in der Ostukraine. Sie erhielten in Russland Flüchtlingsstatus und konnten sich unter diversen Voraussetzungen niederlassen. Da diese Rückkehr unter völlig anderen Voraussetzungen und Bedingungen geschieht, ist diese Gruppe in den folgenden Beispielen nicht präsent.

Entscheidung für oder gegen Russland ist abhängig von individuellen und grundsätzlichen Rahmenbedingungen, wird regelmäßig überprüft und kann bei Bedarf revidiert werden. Diese Gruppe verfügt über die finanziellen und organisatorischen Mittel, etwaige Verlagerungen des Lebensmittelpunktes aus eigenen Mitteln zu finanzieren und zu realisieren. Eine zweite große Gruppe ist diejenige der ethnischenRussen vornehmlich aus Zentralasien, die auf das Territorium der heutigen Russischen Föderation zurückkehren. Kunze und Beutel (2006)[15] konstatieren, dass 25 Millionen Russen im Ausland leben, davon rund 16 bis 17 Millionen in den Nachfolgestaaten der Sowjetunion. Die strategische Siedlungspolitik der Sowjetunion zum Machterhalt beziehungsweise -ausbau seit den 1950er Jahren, aber auch politische Repressionen und die damit verbundene zwangsweise Umsiedlung ganzer Bevölkerungsgruppen führte dazu, dass in Kasachstan, aber auch in Kirgistan, Usbekistan und den anderen sowjetischen Republiken ein beträchtlicher Anteil der Bevölkerung sich als »russisch« definierte. Nach der Unabhängigkeit der ehemaligen Republiken wurden sie konfrontiert mit einer erstarkenden titularnationalen Rhetorik, mit der Neudeutung und Neufindung der jungen Nationalstaaten, die meist einherging mit einer demonstrativen Abwendung vom sowjetrussischen Erbe. »Es war kein Platz mehr für uns«, berichten Interviewpartner aus Kirgistan und Kasachstan und führen an, dass die neu erstarkenden Titularnationen mit ihrer Rückbesinnung auf vorsowjetische Zeiten und der Uminterpretation der jüngeren Geschichte kein geeigneter Platz für die persönliche und berufliche Verwirklichung mehr seien. Das Erstarken der jeweiligen Nationalsprachen zu Ungunsten des Russischen und – im Falle der zentralasiatischen Staaten sicher nicht unwichtig – das Erstarken des Islams trugen ebenfalls zu dieser Entwicklung bei. Diese Rück-, beziehungsweise Neubesinnung (da Grenzverläufe zu vorsowjetischen Zeiten durchaus nicht immer mit den neu entstandenen Staaten übereinstimmten) auf das Nationale in sich rekonstruierenden Nationalstaaten trug bei den Befragten entscheidend zum Wunsch bei, nach Russland zu ziehen. Die erste erwähnte Gruppe – die mobilen, sich transnational bewegenden Migranten zwischen Russland und dem (oft west-) europäischen Ausland sind von der Forschung mehrfach beschrieben. Im Folgenden soll deshalb exemplarisch am Beispiel Kaliningrad gezeigt werden, wie Akteure der zweiten Gruppe, die so genannten »Mit-Vaterländer«, eine Rückkehr nach Russland realisieren.

15 | Diese Zahlen sind mit großer Vorsicht zu verwenden beziehungsweise zu interpretieren, da 2006 erhoben. In diesem Jahr trat das staatliche russische Programm zur Remigration in Kraft, durch das eine große Anzahl ethnischer Russen aus Zentralasien in die Russische Föderation migrierte. Faktisch wird die Größe der russischen Diaspora in Bezug vor allem auf die Nachfolgestaaten der ehemaligen Sowjetunion also inzwischen weit kleiner sein.

Programm und Akteure

Um diesen »Mit-Vaterländern«, den *sootčestveniki*, den als Rückkehr inszenierten und imaginierten Umzug in die Russische Föderation finanziell und organisatorisch zu ermöglichen, wurde eigens ein staatliches Programm aufgelegt. Dieses Programm soll einerseits den demografischen Wandel in Russland mildern und andererseits Arbeitskräfte in Regionen abseits der Metropolen holen – in die großen, beliebten Städte wie Moskau und Sankt Petersburg kann über das Programm explizit nicht zurückgekehrt werden. Ein weiterer, nicht minder wichtiger Punkt ist die hohe Symbolkraft eines solchen Programms nach innen wie nach außen. Seit dem Jahr 2006 ist das Programm auf föderaler Ebene nutzbar. Die »Mit-Vaterländer« bewerben sich bei russischen Konsulaten in ihren Aufenthaltsländern und werden je nach persönlicher Voraussetzung in das Programm aufgenommen – oder auch nicht. Positiv auf die Entscheidung wirken sich absolvierte Berufsausbildungen und ein höchstens mittleres Alter aus – Russland ist nicht daran interessiert, Pensionären den Lebensabend zu finanzieren. Erfolgreiche Kandidaten erwerben innerhalb von drei Monaten das Recht auf die russische Staatsbürgerschaft und werden mit diversen Hilfsprogrammen unterstützt. Im Jahr 2015 wurden 180 Millionen Rubel investiert; ein Großteil der Summe ging in die Gebiete Kaluga, Tula, Omsk, Woronesh und Kaliningrad. Den Remigranten wird der Umzug des kompletten Haushalts finanziert, außerdem die Flugtickets in einfache Richtung. Zudem erhält jedes Familienmitglied einen bestimmten Betrag für die ersten Monate vor Ort. Auch für einen Übergangswohnsitz in einem Wohnheim samt staatlicher Registrierung ist über das Programm gesorgt.

Danach freilich, so wird erwartet, müssen sich die Remigranten selbst um eine Unterkunft kümmern. Dies führt teilweise zu großen Problemen: Konnten die Remigranten zwar ihre Wohnungen in – zum Beispiel – Kasachstan und Kirgistan verkaufen, so reichte das zur Verfügung stehende Geld vor allem nach dem exorbitanten Fall des Rubels in den Jahren 2014 bis 2016 kaum aus, um sich in Russland Immobilien anzuschaffen. Auch in sozialer Hinsicht ergeben sich Probleme: So werden koethnische Remigranten zum Beispiel an Nuancen im sprachlichen Ausdruck erkannt und teils belächelt. Die Koethnizität mag zwar auf den ersten Blick vorteilhaft für die Integration der Remigranten sein (bzw. eine Integration überhaupt unnötig machen; vor allem in dem in Russland viel diskutierten Kontext der als hochproblematisch empfundenen Arbeitsmigration von als »anders« empfundenen ethnischen Tadschiken und Usbeken in die großen Städte). Dies verschließt aber den Blick darauf, dass die kulturelle, politische und soziale Entwicklung in Russland und in den anderen, aus der Sowjetunion hervorgegangenen Staaten seit 1992 teilweise eklatant divergierte, was den Eingliederungsprozess beeinflusst (Beer 2010). Über Themen wie Familie und die (im Vergleich zum Westen frühen) Geburt von Kindern, die in Russland seit dem Erstarken der Orthodoxie und der Schaffung staatlicher Programme (wie dem »Mutterschaftskapitel«, das einen beträchtlichen Finanzzuschuss für die Geburt eines zweiten oder dritten Kindes bedeutet) an Bedeutung gewinnen, finden die Remigranten allerdings schnellen und unverdächtig Zugang zur Aufnahmegesellschaft.

»Also, wir haben die Staatsbürgerschaft im Jahr 2012 erhalten, und schon in ebendiesem Jahr haben wir unsere Reisepässe bekommen, unsere ersten Visa. Wir waren so glücklich. Sind das erste Mal nach Europa gereist. Und ein großes Haus wurde bei uns gebaut, und wir haben uns schon entschieden, ja, ein drittes Kind zu planen. Wir wollten unbedingt eine Tochter.«[16]

So erzählt eine Interviewpartnerin, die mithilfe des Programms aus der kasachischen Hauptstadt Astana nach Kaliningrad umgezogen war. Interessant ist, dass positiv belegte Ereignisse wie der Hausbau, die Reise nach Europa und die Geburt eines Kindes unmittelbar mit dem Erhalt der Staatsbürgerschaft konnotiert sind. Die Konstituierung als handelndes, selbst die eigene Zukunft gestaltendes Subjekt wird hier verbunden mit den Insignien nationalstaatlicher Zugehörigkeit. Die von Appadurai beschriebenen Möglichkeiten transnationaler Räume, in denen interagiert werden kann, die ausgehandelt und gestaltet werden können abseits von sozialer und ethnischer Zugehörigkeit (Appadurai 1996), scheinen gegenüber dem von der Regierung Angebotenen deutlich an Attraktivität zu verlieren. Der Mehrwert der Remigration, der hier geradezu sinnlich wahrgenommen und gefühlt wird (Teampău/Van Assche 2010: 158), liegt ganz im Gegenteil in einer festen Verortung,[17] die zwar Ausbrüche wie die beschriebene Reise, für die das Visum genehmigt wurde, zulässt, dabei aber nie die endlich erlangte »feste Basis« infrage stellt. Während in Europa das Verhältnis von Migration, Staat, Nation und Territorialität »in den letzten 25 Jahren gravierenden Veränderungen unterworfen [war] [...] [und] ein Prozess der Entstaatlichung, De- und Internationalisierung des Staates zu beobachten ist [...], [insbesondere] [...] für den Bereich der Migrationskontrolle, die mehr und mehr supranational (re-organisiert) wird« (Wagner ^{2}2012: 237), war in Russland eine gegenläufige Entwicklung[18] zu beobachten, die in der Etablierung des staatlichen Programmes für Remigranten kulminierte.

---

16 | Die Interviewpartnerin war nach einem telefonischen Erstkontakt bereit, sich mit der Autorin in einem Café zu treffen, das mit dem entsprechenden Dekor und der Speisenauswahl den Anschein eines »original französischen« Bistros erwecken wollte. Nach dem vorsichtigen ersten Gespräch lud sie in ihr Haus ein und stellte ihren Ehemann und ihre drei Kinder vor. Außerdem zeigte sie ihren Arbeitsplatz und lud zu einem Konzert ein. Das Konzert wurde auch gemeinsam besucht. Im Rahmen der Forschungsaufenthalte zur Dissertation war es der Autorin generell wichtig, neben dem formalen, aufgezeichneten Interview möglichst viel persönlich vom Leben der Interviewpartner zu erfahren. Beim Besuch von Interviewpartnern auf der Datscha, bei Einladungen ans Meer und in Privatwohnungen, bei gemeinsamen Treffen mit Freunden und Bekannten sollte eine möglichst »dichte Beschreibung« (Geertz 1973) der zu untersuchenden Phänomene möglich werden – gerade durch die Interaktion der Interviewpersonen mit der Autorin wurden Situationen geschaffen, die zu vielfältiger Interpretation einladen.

17 | Zu Verortung und Neuverortung nach Brüchen im Lebenslauf siehe auch Pahor (2005).

18 | Zu erwähnen ist hier die Eurasische Wirtschaftsunion, die – 2014 gegründet – inzwischen die Russische Föderation, Belarus, Kasachstan, Armenien und Kirgistan umfasst und zumindest im Binnenverhältnis dieser Länder mit der Zollunion supranationale Lösungen vorhält. Dies bezieht sich freilich nicht auf die jeweils unterschiedlich geregelten Migrationsregime.

»Kaliningrad ist einfach so. Fast alle hier sind Zugereiste. Alle sind sehr wohlwollend. Sie zeigen immer alles. Man kann immer einfach so auf der Straße sich an jemanden wenden. Falls du etwas nicht weißt, dann führen sie dich fast mit der Hand hin. [...] Die Menschen sind sehr entgegenkommend, nett, das ist für mich sehr ungewohnt. Das ist verdächtig nach [einem Leben in] Kasachstan. Mir kommt es immer vor, dass irgendwo ein Haken ist. Dass irgendwas nicht stimmt. Dass ein Mensch nicht einfach so nett sein kann.«

Hier wird die Darstellung der Überlegenheit des Lebens in Russland vor allem im Vergleich konstituiert. Nach den in Kasachstan erfahrenen Schwierigkeiten, als ethnischer Russe eine ähnliche berufliche[19] und private Anerkennung wie Angehörige der Titularnation zu bekommen, scheint die Situation in Russland »fremd«, »nicht wirklich«. Einschränkend muss freilich gesagt werden, dass die »relative Ähnlichkeit« (Esser 1980: 75) zwischen dem Herkunfts- und Ankunftskontext das »Ankommen« erheblich erleichtert. Geprägt durch die Realität des sowjetischen Alltags, funktionieren viele alltägliche Phänomene (sei es das Fahren in Sammeltaxis *[maršrutkas]*, die Bedeutung der Registrierung, die Gesundheitsvorsorge durch Polikliniken, die Bildungseinrichtungen, um nur einige Beispiele zu nennen) – im Prinzip wie in den Staaten Zentralasiens.

Ein ähnliches Phänomen ist auch auf einer anderen Abstraktionsebene festzustellen:

»Du kommst zum Einwohnermeldeamt oder in die Poliklinik, und alle sind total freundlich und entgegenkommend. Man möchte ihnen einfach danken. [...] In Kasachstan ist ja die Korruption sehr weit verbreitet. Das heißt, um schnell eine Bescheinigung vom Arzt zu erhalten, muss man ihm entweder Geld geben oder Pralinen. Das heißt, andernfalls wirst du gleich komplett anders behandelt.«

Die über das Programm einreisenden Remigranten berichten ausnahmslos wohlwollend über die Vertreter der Staatlichkeit, mit denen sie zu tun hatten. Dies könnte natürlich – so eine anfängliche Vermutung – auch mit Selbstschutz, mit Vorsicht zu tun haben, doch eine Einladung der Migrationsbehörden in Novosibirsk bestätigte der Autorin die Erzählungen. Rund 50 gerade eingereiste Programmteilnehmer versammelten sich im Sommer 2015 im Festsaal der Migrationsbehörde und wurden feierlich vom Leiter der Einrichtung begrüßt. Eine Vertreterin des Arbeitsamtes, ein Zollmitarbeiter, ein Priester sowie der Fachmann der Migrationsbehörde gaben in den darauffolgenden 1,5 Stunden Informationen und Ratschlägen für die Ankunft in Russland. Wie kommt das Auto über die Grenze, ohne dass Steuern bezahlt werden müssen? Welche Berufe sind gesucht? Wie bekomme ich eine Meldeadresse? Ganz entgegen früheren persönlichen Erfahrungen der Autorin traten die Offiziellen zu-

19 | So ist es an bestimmten Stellen in staatlichen Apparaten obligatorisch, die Titularsprache des jeweiligen Landes auf muttersprachlichem Niveau zu beherrschen – was vielen ethnischen Russen mangels schulischer Bildungsangebote (und vielleicht auch, weil sie ehedem als Angehörige der politisch bestimmenden Ethnie die spätere Notwendigkeit von Fremdsprachenkenntnissen nicht voraussehen konnten) verwehrt bleibt.

gewandt, menschlich und pragmatisch auf und vermittelten nach besten Kräften den Eindruck, den Antragstellern zu dienen und nicht umgekehrt. Der eingangs erwähnte, für den russischen Nationalismus entscheidende Dreiklang aus Raum, Religion und Sprache war auch in den offiziellen Kräften, die frontal vor den erschienenen Gästen saßen, präsent. Der beschriebene Empfang und die engmaschige Betreuung ist entscheidender Teil des Programms und soll zur Identifizierung mit der »eigentlichen« Heimat beitragen (Chepinitskaya 2012: 197 ff.).

Remigranten als Rezipienten oder Gestalter nationaler Identitätspolitik?

Während das Leben der Remigranten vor ihrer Remigration von individuellen Netzwerkbeziehungen geprägt war – die meisten von ihnen wohnten als ethnische Minderheit im postsowjetischen Zentralasien, vor allem in Kasachstan –, betonen die Interviewpartner den stark erlebten Moment des Vertrauens auf staatliche Strukturen und die (positiv besetzte) Macht staatlicher Regulierung, als sie mithilfe des Rückkehrprogramms der russischen Regierung nach Russland zogen. Obwohl die individuelle Situation in den emischen Betrachtungen der Remigranten in Bezug auf Verwirklichung am Arbeitsplatz und im Privatleben durchaus auch als schwierig eingeschätzt wird, überwiegt doch das Vertrauen in die regulierende Macht der Staatlichkeit auch vor dem Hintergrund diverser innen- und außenpolitischer Krisen. Das Programm für die *sootčestveniki* wird einerseits als organisatorische Erleichterung im Hinblick auf administrative Anforderungen betrachtet, zum andern bietet es aber auch eine hohe symbolische Identifikationsebene mit dem Narrativ, dass die »Mit-Vaterländer« nun wiederkehren können. Zeveleva (2014) konstatiert, dass Rückkehrprogramme sowohl eine praktische als auch eine ideologische Komponente beinhalten müssen, um erfolgreich zu sein. Während die praktische Komponente allein den Programmteilnehmern sichtbar wird und ihnen schnell und vergleichsweise unbürokratisch zu russischen Pässen und Registrierungen verhilft und außerdem den Umzug zu großen Teilen finanziert, geht die ideologische Komponente darüber hinaus: Das Narrativ des »Heimkehrens« wird vor dem Hintergrund der russischen Nationalpolitik – man denke hier auch an die Idee der »russischen Welt«, die politisch forciert wird – genutzt, um auch den Dagebliebenen zu zeigen, dass es sich lohnt, in Russland zu wohnen. Somit wird ein größerer Kontext geschaffen. Die »Mit-Vaterländer« ziehen nicht einfach nur nach Kaliningrad oder Novosibirsk, sie kehren nach Erfahrungen prekärer Zugehörigkeit (Schönhut 2006: 378) in den Staaten Zentralasiens zurück in ihre wie auch immer geartete »historische Heimat« und haben doch auch in der Fremde, so das gängige Narrativ, nie aufgehört, Russen zu sein.

In Bezug auf die vom russischen Staat forcierte nationale Identitätspolitik hat das Programm zur Remigration verschiedene Wirkweisen: In der Sowjetunion und im Zeitraum der individuellen Konsolidierung in den unabhängigen Ländern während der 1990er Jahre konnten sich die ethnischen Russen gut bewegen. Der Status des

Russischen wurde nicht infrage gestellt, Religion (ob orthodoxes Christentum, Islam oder Judentum) war im sowjetischen Kontext marginalisiert. Mit dem Erstarken der Nationalstaaten in Zentralasien änderte sich diese Situation: Russisch hat zwar teilweise noch den Status der »Sprache der Verständigung zwischen den Ethnien«, aber ohne die Kenntnisse der Titularsprachen sind die individuellen Handlungs- und Gestaltungsmöglichkeiten für den eigenen Lebenslauf eingeschränkt. Der Rückbezug auf religiöse Werte im islamisch geprägten Zentralasien schließt viele ethnische Russen, die traditionell orthodoxe Christen sind, aus. In der Russischen Föderation finden sie nach dem Scheitern der Ideologie des Marxismus-Leninismus und dem ideologischen Vakuum in den 1990er Jahren hingegen eine Rückbesinnung auf vorrevolutionäre Zeiten vor. Das Staatsgebiet entspricht zwar nicht dem des Zarismus, sondern – mit Ausnahme von Tschetschenien – dem des Moskauer Staates des 17. Jahrhunderts (Kappeler 2016: 9), doch bieten der religiöse Bezug mit dem Erstarken der Ostkirche und der engen Verbindung zwischen Kirche und Staat sowie die russische Sprache als einende Elemente Orientierung im Vielvölkerstaat Russland. Wegen der wachsenden Unterschiede zwischen Russland und den zentralasiatischen Staaten bezüglich der Möglichkeiten zur wirtschaftlichen (Selbst-)Realisierung gewann zudem der russische Arbeitsmarkt an Attraktivität (Siegelbaum/Moch 2014: 151). So fungieren die Remigranten einerseits als dankbare Rezipienten des erstarkenden russischen Nationalismus und des Rückbezugs auf »nationale«, vorrevolutionäre Werte, Normen und Lebensweisen sowie auf das Imaginieren eines kulturellen Erbes;[20] andererseits sind sie aber auch Akteure, die mit ihrer koethnischen Remigration entscheidend zum gängigen Narrativ beitragen.

Zitierte Literatur

Adell, Nicoals u. a. (Hg.) (2015): Between Imagined Communities and Communities of Practice. Participation, Territory and the Making of Heritage. Göttingen Studies in Cultural Property, Vol. 8. Göttingen.

Appadurai, Arjun (1996): Modernity at Large. Cultural Dimensions of Globalization. Minneapolis, London.

Beer, Matthias (2010): Kleiner Unterschied – große Wirkung. Der Stellenwert kultureller Differenz im Eingliederungsprozess koethnischer Migranten. In: Čapo-Žmegač/Voß/Roth (Hg.): Co-Ethnic Migrations Compared, S. 101–118.

Beisheim, Marianne/Schuppert, Gunnar Folke (Hg.) (2007): Staatszerfall und Governance. Baden-Baden.

Borowsky, Kay/Müller, Ludolf (Hg.) ([6]2006 [1983]): Russische Lyrik. Von den Anfängen bis zur Gegenwart. Stuttgart, S. 522, 523.

20 | Siehe Tauschek (2015: 303), der »kulturelles Erbe« sieht als »assemblage of actors, ideas, concepts, practices and discourses, and – from the perspective of discourse analysis – cultural heritage is also an assemblage of scientific approaches (legal, anthropological, sociological, etc.)«.

Čapo-Žmegač, Jasna/Voß, Christian/Roth, Klaus (Hg.) (2010): Co-Ethnic Migrations Compared. Central and Eastern European Contexts. München, Berlin.

Chepinitskaya Polina (2012): State Cooperation with the Russian Compatriots Abroad: Reflexive Governance, http://cyberleninka.ru/article/n/gosudapstvennoe-vzaimodeystvie-s-possiyskimi-sootechestvennikami-za-pubezhom-problema-pefleksivnogo-uppavleniya (letzter Zugriff: 20.4.2017).

Darieva, Tsypylma (2004): Russkij Berlin. Migranten und Medien in Berlin und London. Zeithorizonte. Perspektiven Europäischer Ethnologie, Bd. 9. Berlin.

Esser, Hartmut (1980): Aspekte der Wanderungssoziologie. Assimilation und Integration von Wanderern, ethnischen Gruppen und Minderheiten. Eine handlungstheoretische Analyse. Soziologische Texte, Bd. 119. Darmstadt, Neuwied.

Gallina, Nicole/Gehl, Katerina (Hg.) (2016): Kultur der politischen Eliten in Osteuropa. Neue Zugänge zum Forschungsfeld. Freiburger Sozialanthropologische Studien. Bd. 49. Zürich.

Geertz, Clifford (1973): Thick Description: Toward an Interpretive Theory of Culture. In: The Interpretation of Cultures: Selected Essays. New York, S. 3–30.

Hayoz, Nicolas (2016): Das Syndrom der Machtkultur in Osteuropa. In: Gallina/Gehl (Hg.): Kultur der politischen Eliten in Osteuropa, S. 55–72.

Hess, Sabine/Kasparek, Bernd (Hg.) ([2]2012): Grenzregime. Diskurse, Praktiken, Institutionen in Europa. Berlin.

Ipsen-Peitzmeier, Sabine/Kaiser, Markus (Hg.) (2006): Zuhause fremd. Russlanddeutsche zwischen Russland und Deutschland. Bielefeld.

Kaiser, Markus/Schönhut, Michael (Hg.) (2015): Zuhause? Fremd? Migrations- und Beheimatungsstrategien zwischen Deutschland und Eurasien. Bielefeld.

— (2015): Einmal Deutschland und wieder zurück. Umkehrstrategien von (Spät) Aussiedlern im Kontext sich wandelnder Migrationsregime. In: dies.: Zuhause? Fremd?, S. 275–292.

Kappeler, Andreas [2]2008 (1992): Russland als Vielvölkerreich. Entstehung, Geschichte, Zerfall. München.

Klimeniouk, Nikolai (2015): Moskaus neuer Nationalismus. Frankfurter Allgemeine Zeitung, 21.2.2015, http://www.faz.net/aktuell/feuilleton/debatten/russlands-sprachpolitik-wer-russisch-spricht-ist-russe-13429053.html (letzter Zugriff: 20.4.2017).

Kunze, Thomas/Beutel, Stefan (2006): Russland und seine Diaspora. Konrad-Adenauer-Stiftung, Außenstelle Moskau, http://www.kas.de/wf/doc/kas_8854-1522-1-30.pdf?080717162212 (letzter Zugriff: 20.4.2017).

Luks, Leonid (2015): Putin in der Nationalismusfalle. In: The European, 19.4.2015, http://www.theeuropean.de/leonid-luks/10045-putin-und-nationalismus-in-russland (letzter Zugriff: 20.4.2017).

Menzel, Birgit/Engel, Christine (Hg.) (2014): Rückkehr in die Fremde? Ethnische Remigration russlanddeutscher Spätaussiedler. Berlin.

Oswald, Ingrid (2000): Die Nachfahren des »homo sovieticus«. Ethnische Orientierung nach dem Zerfall der Sowjetunion. Münster u.a.

Pahor, Marija (2005): Geburtsmetaphern: Gedanken zur Entbettung und Neu(Ein-bettung) jenseits vertrauter Fixpunkte und Grenzen. In: Tschernokoshewa/Pahor (Hg.): Auf der Suche nach hybriden Lebensgeschichten, S. 43–114.

Roth, Klaus/Hayden, Robert (Hg.) (2010): Migration in, from, and to Southeastern Europe. Part 1: Historical and Cultural Aspects. Ethnologia Balkanica 13/2009. Berlin.

Schneckener, Ulrich (2007): Fragile Staatlichkeit und State-building. Begriffe, Konzepte und Analyserahmen. In: Beisheim/Schuppert: Staatszerfall und Governance, S. 98–120.

Scholl-Schneider, Sarah (2011): Mittler zwischen Kulturen. Biographische Erfahrungen tschechischer Remigranten nach 1989. Schriftenreihe der Kommission für deutsche und osteuropäische Volkskunde in der Deutschen Gesellschaft für Volkskunde, Bd. 94. Münster u. a.

Schönhut, Michael (2006): Heimat? Ethnische Identität und Beheimatungsstrategien einer entbetteten »Volksgruppe« im translokalen Raum. In: Ipsen-Peitzmeier/Kaiser, Zuhause fremd, S. 365–380.

Siegelbaum, Lewis H./Moch, Leslie Page (2014): Broad Is My Native Land. Repertoires and Regimes of Migration in Russia's Twentieth Century. Ithaca u. a.

Sommer, Stephanie (2016): Postsozialistische Biografien und globalisierte Lebensentwürfe. Mobile Bildungseliten aus Sibirien. Ethnographische Perspektiven auf das östliche Europa. Bielefeld.

Tauschek, Markus (2015): Imaginations, Constructions and Constraints: Some Concluding Remarks on Heritage, Community and Participation. In: Adell u. a., Between Imagined Communities and Communities of Practice, S. 291–306.

Teampău, Petruta, Kristof Van Assche (2010): Migratory Marginalities: Making Sense of Home, Self and Mobility. In: Roth/Hayden, Migration In, From, and to Southeastern Europe, S. 147–162.

Tschernokoshewa, Elka/Juric Pahor, Marija (Hg.) (2005): Auf der Suche nach hybriden Lebensgeschichten. Theorie – Feldforschung – Praxis. Hybride Welten, Bd. 3. Münster u. a.

Wagner, Fabian (22012): Let's Talk About The State: Anmerkungen zu Migration und materialistischer Staatstheorie. In: Hess/Kasparek, Grenzregime, S. 229–242.

Zeveleva, Olga (2014): Political Aspects of Repatriation: Germany, Russia, Kazakhstan: A Comparative Analysis. In: Menzel/Engel, Rückkehr in die Fremde?, S. 35–65.

»Nationales« als Erfolgsfaktor?

Konstruktion und Funktion des »Nationalen« in erfolgreichen populärkulturellen Produkten am Beispiel Russlands

Julia Person

Seit es die Debatte um Russland und den »Westen«[1] gibt, wird automatisch in Ost-West-Oppositionen gedacht (Lehmann-Carli 2011: 13). Die Diskussion um das nationale Selbstverständnis ging stets mit Russland-Europa-Vergleichen einher. Klaus Städtke (2002: VII f.) nennt dies einen »zentralen Topos«. Die Fragen nach der individuellen und kollektiven Verortung, den Selbst- und Fremdbildern sowie die Analyse von Aneignungs- und Abgrenzungsdiskursen aus Russlands Eigenperspektive können also getrost als »eternal questions«, als »ewige Fragen« bezeichnet werden, die in einem engen Zusammenhang mit der Konstruktion kollektiver nationaler Identitäten zur Legitimation von politischen Ordnungssystemen und Machtstrukturen stehen. Insbesondere am Beispiel der Alltags- und Populärkultur Russlands ab 1990, die in vielen Bereichen durch ausländische Importe von Unterhaltungserzeugnissen, Formaten und Konsumgütern geprägt wurde, lassen sich jedoch zahlreiche Verflechtungsmomente zwischen dem »vermeintlich Russischen« und dem »vermeintlich Westlichen« beobachten, denen gerade im Kontext von transkultureller Kommunikation, die »über verschiedene Kulturen hinweg« (Hepp 2006: 9 f.) funktioniert, und zunehmender Globalisierung der Medien eine komplexe mehrdimensionale Struktur zugesprochen werden muss. Im Folgenden werden zunächst der kulturgeschichtliche Hintergrund sowie die ökonomischen Rahmenbedingungen für Glokalisierungsprozesse auf Medieninhaltsebene im Kontext Russlands diskutiert, bevor schließlich empirische Befunde aus der Inhaltsanalyse konkreter Medienprodukte einen knappen Einblick in Strategien und Mechanismen der Content-Anpassung gewähren sollen.

Blickt man auf Russlands Unterhaltungsbranche nach dem Ende des Sowjetregimes, entsteht zu dieser Zeit einerseits eine eigene, neue Populärkultur, die in

---

1 | Die Anführungszeichen sollen für den Konstruktionscharakter des Begriffes »Westen« und die damit häufig einhergehende Gleichsetzung von »westlich« mit »ausländisch« und »US-amerikanisch« sensibilisieren. Das gilt insbesondere für die von mir verwendeten russischsprachigen publizistischen und wissenschaftlichen Quellen.

zahlreichen Veröffentlichungen zu diesem Thema gern mit Begriffen wie »Einfall«, »Einbruch«, »Überflutung« beschrieben wird. Damit werden der »neuen Kultur der Massen« Elemente des Gewaltsamen und auch Fremden unterstellt (Trepper 2002: 11), die sich scheinbar nicht kontrollieren lassen. Tatsächlich aber lassen sich Hartmute Trepper zufolge vielfältige Verbindungen und Kontinuitäten zwischen der neuen Populärkultur der 1990er Jahre und der Kultur des »späten Totalitarismus« erkennen:

»Nicht nur ›niederen‹ Gattungen der ›kapitalistischen‹ Popularkultur ordnet man Merkmale wie ›Verständlichkeit‹, Narrativität, eindeutige Wertemuster und eine emotionale anstelle einer ästhetischen Wirkungsweise zu. Diese charakterisierten auch die auf die Beeinflussung der ›Massen‹ zielende nachrevolutionäre offizielle Kultur in den sozialistischen Gesellschaften – die allerdings keiner über einen Markt vermittelten Bestätigung seitens der Rezipienten ausgesetzt war –, wobei die populären Genres, politisch korrekt gehandhabt, mit ihrem ›Biss‹ viel von ihrem Reiz verloren« (Trepper 2002: 11).

Weitere Anknüpfungspunkte zur sowjetischen Vergangenheit ergeben sich aus vormals unterdrückten Interessen und Bedürfnissen der Rezipientinnen und Rezipienten. Nachfrage und Angebot geben laut Trepper Aufschluss über einen dringenden Nachholbedarf im Bereich aller aktionsorientierten, ehemals kurzgehaltenen Gattungen, die regelmäßig Spitzenpositionen in Leserumfragen belegen. Das galt beispielsweise im Bereich der Populärliteratur für Fantasy-Romane und das Genre des Kriminalromans, dem beispielsweise die Autorin Aleksandra Marinina ihren spektakulären Auflagenerfolg verdankt (Trepper 2002: 12). Parallel zur Entstehung einer eigenen Populärkultur begünstigten die neuen Marktverhältnisse in allen zentral- und osteuropäischen Ländern den Import ausländischer, überwiegend amerikanischer Unterhaltungserzeugnisse, noch bevor die einheimische Unterhaltungsindustrie auf breiter Front Neues erproben konnte. Trotz kulturpessimistischer Prophezeiungen, es käme in Folge dieser Entwicklung zu »Überfremdung«, zu »Amerikanisierung« oder gar zum »Untergang der eigenen Kultur«, waren diese in Russland als *zapadnye* [westlich] bezeichneten Unterhaltungserzeugnisse um die Jahrtausendwende herum – also lediglich zehn Jahre später – fester Bestandteil des Alltagslebens und sie sind es bis heute (Trepper 2002: 13 f.).

Global agierende Medienkonzerne schaffen populärkulturelle Formate, Produkte, die über Nationalkulturen hinweg konsumiert und durch die Rezipientinnen und Rezipienten »innerhalb der eigenen Lebens- und Alltagswelt diskursiv verortet«, also »kulturell lokalisiert« werden (Hepp 2006: 255). Entfernt man sich nun etwas von den Rezeptionsmechanismen zugunsten der Perspektive der Medienproduktionsebene, lassen sich Lokalisierungsprozesse transkulturell orientierter Medienproduktion am besten durch das Konzept der »Glokalisierung« beschreiben. Glokalisierung als Marketingstrategie zielt darauf ab, dass ein Unternehmen bei der Vermarktung seiner Produkte nicht von der Einheitlichkeit eines globalen Marktes ausgeht, sondern die »Anpassung an lokale und andere spezielle Umstände in einer Welt kapitalistischer Produktion« (Robertson 1998: 198) in den Vordergrund rückt. Andreas Hepp verweist in diesem Zusammenhang auf die Dichotomie von Standardisierung (Homogenisierung, Universalität) und Fragmentierung (Differenzierung, Partikularität), auf die das Konzept der Glokalisierung aufmerksam macht. Im Hinblick auf transkulturelle Medienmärkte bedeute dies, dass mit der bestehenden Standardisierung des globalen Medienkapitalismus als Muster des Austauschs von Medienprodukten die Notwendigkeit des Schaffens von Differenz einhergeht« (Hepp 2006: 159). Demnach reagiert Glokalisierung nicht einfach auf bereits bestehende Differenzen unterschiedlicher Märkte, sondern stiftet diese bewusst. Bei der Glokalisierung handelt es sich also keineswegs um ein russlandspezifisches Phänomen, dennoch hat sie in einem besonderen Maße die Etablierung von internationalen Hochglanzmagazinen auf dem russischen Printmedienmarkt begünstigt. Letztere dienen aus ökonomischer Sicht zwar vorrangig als Werbe- und Präsentationsplattformen für überwiegend internationalen Lifestyle, Mode und Kosmetikprodukte, sind jedoch gleichzeitig Botschafter für globale Symbolwelten, universelle Werte und Themen, die auf der Inhaltsebene kulturelle Übersetzungs- und Anpassungsprozesse durchlaufen. Aus diesem Grund eignet sich die empirische Untersuchung von »westlichen« Zeitschriftenimporten besonders gut, um die Konstruktionsmechanismen des »Nationalen«[2] innerhalb von globalen, im russländischen Kontext fast ausschließlich als »westlich« bezeichneten, populärkulturellen Produkten mit einer klaren ökonomischen Ausrichtung offenzulegen.

Internationale Hochglanzmagazine und der russländische Glamour-Diskurs

Internationale Zeitschriften sind spätestens seit Mitte der 1990er Jahre ein fester Bestandteil des russländischen[3] Printmedienmarktes. Nicht selten erreichen ausländi-

2 | Gerade im Hinblick auf den spielerischen Umgang mit nationalen »Wir-Konstruktionen« in populärkulturellen Unterhaltungserzeugnissen ist es notwendig, den Konstruktionscharakter solcher Begrifflichkeiten zu betonen. In Anlehnung an die Konzepte neuerer Forschung seit Ende der 1960er Jahre sollen die Anführungszeichen den Konstruktionscharakter der Nationen (Hobsbawm 2005: 16) und folglich des »Nationalen« unterstreichen. Insbesondere Benedict Andersons einflussreiches Werk *Imagined Communities* liefert mit seinem Titel ein populäres Schlagwort, um den konstruierten Charakter der Nation herauszustellen (Spencer/Wollman 2002: 37). Eine Nation ist nach Anderson »an imagined political community – and imagined as both inherently limited and sovereign« (Anderson 2006: 6). Diese Ausführungen entstammen dem Kapitel »Nation aus Sicht der Nationalismusforschung« (Baeva 2014: 64) aus Gergana Baevas Dissertation *Nationale Identität als Medieninhalt* am Beispiel Bulgariens. Aufgrund eingehender Beschäftigung mit der theoretischen Konzeption und empirischen Messung kollektiver Identität mittels Inhaltsanalyse bietet Baevas Arbeit entscheidende Hilfestellungen für die Operationalisierung von nationaler Identität.

3 | Der vorliegende Artikel differenziert zwischen den beiden Begriffen *russländisch [rossijskij]* und *russisch [russkij]*. Während sich *russländisch* auf den Staat und seine Staatsbürger in ihrer multiethnischen Gesamtheit bezieht, wird *russisch* im Zusammenhang mit der russischen Ethnie, Sprache, Kultur, Ge-

sche Importe mit ihren hohen Auflagen und Reichweiten eine deutliche Marktführung in den jeweiligen Segmenten.[4] Hinter dem erfolgreichen Markteinstieg zahlreicher globaler Printmedienmarken im Zuge der politischen und ökonomischen Transformation Russlands steht neben einem klaren internationalen Branding mit hohem Wiedererkennungswert vor allem eine strategische Anpassung des globalen Printmedienformats an die lokalen und kulturspezifischen Rahmenbedingungen des russländischen Zielpublikums, die den reinen Import universalisierter Inhalte zu Beginn der 1990er Jahre ablöste. Die gängigen Geschäftsmodelle sind bis heute Franchising und Lizenzierung durch die ausländischen Verlagshäuser. Der streng reglementierte Lizenzvertrag schreibt vor, dass Titel, Konzept und Design der Mutterversionen und Teile der Inhalte übernommen werden müssen. Durch vertraglich gebundene ausländische Werbepartner und ein festes Werbebudget, das 80 Prozent der Gesamteinnahmen ausmacht, ist den »neuen« Lizenzzeitschriften *[licenzionnye žurnaly]* zumindest für die Markteinführungsphase ökonomische Stabilität garantiert. Das Franchising für den Markteinstieg stellte sich als lukratives Geschäftsmodell für alle Beteiligten heraus, nicht zuletzt, weil der Formatimport trotz streng reglementierter Lizenzverträge zahlreiche Vorteile bot, darunter kostensparende Fotodatenbanken, Inhalte, die nur übersetzt werden mussten und Papier von hoher Qualität, welches in Russland zu diesem Zeitpunkt absolute Mangelware war. Ausländische Verlage brachten zu dieser Zeit also vor allem ihr technisches und organisatorisches Knowhow mit nach Russland, weshalb den Zeitschriften in dieser Hinsicht nicht zu Unrecht eine Art Vorreiterrolle zugeschrieben wird.

Den größten Anteil an ausländischen Zeitschriftenimporten machen die Hochglanzmagazine aus. 90 Prozent der Printerzeugnisse im Bereich der *glossy magazines* haben ausländische Mutterversionen (Maksimatikina 2008: 24). Mit einem jährlichen Wachstum von 13 Prozent war dieser Markt mit einem Umsatz von 37,5 Milliarden Rubel oder 1,4 Milliarden US-Dollar allein im Jahr 2006 bis zur Finanzkrise im Jahr 2008 einer der dynamischsten in der neuen russländischen Wirtschaft (Menzel 2008: 18). In Folge der Krise brachen die Verkaufszahlen im Bereich der unterhaltenden Publikumszeitschriften ein. Die russländischen Leser und Leserinnen interessierten sich situationsbedingt mehr für die Wirtschaftspresse und wollten Informati-

schichte usw. verwendet. In den verwendeten Zitaten ist diese Differenzierung nicht immer anzutreffen. Aus diesem Grund wird hier auf den jeweiligen Kontext verwiesen.

4 | Die Aussage bezieht auf die in Russland etablierten Publikumszeitschriften und bezieht sich sowohl auf *General-Interest*-Titel wie das Reportagemagazin *Geo*, die Illustrierte *Hello* oder das Wirtschaftsmagazin *Forbes* als auch auf diverse *Special-Interest*-Magazine, die sich mit einem eindeutig definierten Themengebiet befassen, sich von Fachzeitschriften aber dadurch unterscheiden, dass sie aus privatem und nicht aus beruflichem Interesse gelesen werden (von Lucius 2007: 258 f.). Ein Beispiel hierfür wäre die Zeitschrift *Architectural Digest*, die sich mit Inneneinrichtung, Design und Architektur beschäftigt. Die dichteste Konzentration internationaler Titel auf dem russländischen Zeitschriftenmarkt findet sich jedoch im Bereich der Zielgruppenzeitschriften, umfasst also die in diesem Beitrag betrachteten Frauen- und Männermagazine.

onen über die ökonomische Situation im Land (Miljukova 2008) Hinzu kamen eine »Übersättigung« und ein stark gesunkenes Interesse an hochpreisigen Lifestyle-Produkten, die in den Magazinen angepriesen werden. Die Zurückdrängung von Printprodukten zugunsten von Online-Content, die lebendige Bloggerszene im Beauty- und Fashionbereich sowie die zunehmende Popularität von sozialen Netzwerken auf der einen Seite und politische Rahmenbedingungen auf der anderen Seite zunächst mit dem gesetzlichen Verbot der Alkoholwerbung in den Massenmedien, die einen hohen Anteil der Anzeigenwerbung in den Magazinen ausmachte, im Jahr 2012 und später mit dem international viel diskutierten »*Gesetz über die Beschränkung des Anteils ausländischer Aktionäre an russischen Medien*« von 2014 führten dazu, dass die russländischen Hochglanzmagazine ihre Blütezeit hinter sich gelassen haben.

Olga Mesropova charakterisiert Hochglanzzeitschriften neben TV-Serien, Talkshows mit Prominenten und Populärliteratur als wichtigste Orte der Kultivierung von Glamour als »dominanten ästhetischen Modus« (Mesropova 2008).

In einer Ausgabe der Zeitschrift *kultura*, die den Titel *Glamouröses Russland* trägt, wird die Spezifik des russländischen Glamour-Phänomens, seine Erscheinungsformen, seine gesellschaftlichen Implikationen und Ursprünge untersucht. Larissa Rudova zufolge nahm die russländische Glamour-Kultur erst unter Vladimir Putin Gestalt an. Sie habe ihren Ursprung in Putins Politik, die »Russland aus den politischen Turbulenzen und wirtschaftlichen Problemen der 1990er Jahre unter Jelcin herausführen« und die Wirtschaft mithilfe von Öl- und Gasexporten stabilisieren sollte. Obwohl die Armut, insbesondere in den Provinzen, nicht verschwand, wurde die Mittelklasse größer und konnte sich importierte Autos, Elektrogeräte, modische Kleidung und Auslandsreisen leisten (Rudova 2008: 2). Das Wort »Glamour« (russ. *glamúr* ausgesprochen) beschreibt in Russland nicht ausschließlich eine Kultur nach »westlichem« Vorbild, die sich um Hochglanzmagazine, Prominente, Oligarchen und ihre Umgebung, Haute Couture, Schönheitsindustrie und Luxusgüterkonsum dreht. Es dringt auch in den Sprachgebrauch ein und erfasst die untere Mittelschicht. *Glamourös [glamurno]* ist eins der am häufigsten verwendeten Adjektive zur Beschreibung von Kleidung und Accessoires »nicht nur in Modezeitschriften, sondern auch in der Alltagssprache« (Gussarova 2008: 4). Hierbei können jedoch unterschiedliche Konnotationen beobachtet werden, denn dieses Wort kann sowohl schmeichelnd als auch abwertend verwendet werden. Denn dem »Glamour« als Massenphänomen steht eine ebenfalls weitverbreitete Glamour-kritische Rhetorik gegenüber, die hinter diesem Phänomen wahlweise »eine gefährliche Ideologie« (Rudova 2008: 13) erkennt, die vor allem Frauen ein falsches Rollenbild vermittelt, oder durch die »Inszenierung von Ideologie, Politik und Machtausübung als glamouröses Spektakel« die Diskussion kontroverser oder problematischer Themen aus der Öffentlichkeit zu verdrängen vermag (Mesropova 2008: 15). Ohne die Bedeutung des russländischen Glamour-Phänomens zu überschätzen, darf angesichts der kontroversen Diskussionen zu diesem Thema durchaus behauptet werden, dass sich ein beträchtlicher Teil der Gesellschaft in der einen oder anderen Weise auf dieses Phänomen bezieht (Gussarova 2008: 4).

Birgit Menzel beschäftigt sich mit den Hauptmerkmalen des neuen russischen Glamours und attestiert dem Phänomen unter anderem »eine Mischung aus patriotischem Kult der russischen Vergangenheit, Glorifizierung der aktuellen post-imperialen Renaissance« (Menzel 2008: 16) und verweist damit auf einen dynamischen Aushandlungsprozess, der die importierten Praktiken aneignet und transformiert. Nationale Selbstrepräsentation und Selbstverortung finden hier somit stets im Kontext der Aneignung eines globalen, internationalen Lebensentwurfes statt. Ergänzend dazu kann Klaus Städtkes These von der russischen Kultur als »Übersetzungskultur« gesehen werden, »[...] nicht im Sinne passiver Nachahmung, sondern produktiver Wechselwirkung, wobei das Eigene im Akt der Berührung mit dem Fremden modelliert wird und dabei Neues hervorbringt« (Städtke 2002: VIII).

Tatsächlich lässt sich bei der Betrachtung russländischer populärkultureller Medienprodukte eine nahezu symbiotische Beziehung zwischen Populärkultur und dem Nationalen[5] ausmachen, wobei die Grenzen zwischen Nationalem und Patriotismus zum Teil nicht mehr zu erkennen sind. Das »Nationale«, *Russische [russkoe]* und *Russländische [rossijskoe]* findet über die massenmediale Verbreitung Eingang in Alltagspraktiken und offeriert den Rezipientinnen und Rezipienten medial konstruierte Angebote kollektiver Identität. Massenmedien sind insofern dafür von Bedeutung, »weil sie Orientierung liefern, Differenz erfahrbar und sowohl Elemente einer Selbstinszenierung als auch von Zuschreibung möglich machen« (Krotz 2003: 28). Somit dienen sie gleichzeitig »als Ressourcen der Präsentation wie der Zuschreibung« (Krotz 2003: 28).

Die im Jahr 2000 mit Vladimir Putins Amtseintritt vollzogene autoritäre Wende in Russland wird in einem immer stärkeren Ausmaß geprägt durch die Abkehr von der europäischen Idee und die immer wiederkehrende Thematisierung eines Neo-Eurasiens (Kolstø 2016: 44) unter russischer Führung – Ideen, die eine einigende, identitätsstiftende Funktion haben. Untermauert wird diese Entwicklung durch eine medial inszenierte Glorifizierung der eigenen Nation. Laut Gleb Morev und Marija Stepanova verfolgt schleichende Unterdrückung unabhängiger Medien schon seit 2001 das Hauptziel, die wichtigsten Medien möglichst unbemerkt unter staatliche Kontrolle zu bringen. Kremltreue Unternehmer wie beispielsweise Ališer Usmanov bekämen Assets in diesem Sektor »in den vergangenen zehn Jahren regelrecht aufgedrängt« (Morev/Stepanova 2015: 142). Als eine der wichtigsten Informationsquellen gilt das Fernsehen, doch fast alle Fernsehsender sind entweder staatlich kontrolliert oder gehören staatsnahen Oligarchen oder Konzernen. Alternative, vom offiziellen Diskurs abweichende Medieninhalte sind vor allem im Internet verfügbar (dazu zäh-

5 | An dieser Stelle wird bewusst nicht gesprochen von einem »Gesamtkonstrukt Nationalismus« als nationale Ideologie (Spencer/Wollman 2002: 2), als Theorie politischer Legitimation (Gellner 1983: 1) oder einem »ethnischen Nationalismus, dessen erklärtes Ziel es ist, alle Nationszugehörigen in einem Nationalstaat zu vereinen, [...] einschließlich ›Mitbürgern‹ aus anderen Ländern« (Smith 1991: 82, zit. n. Baeva 2014: 76 ff.), sondern der Fokus ist auf die vielfältigen Konstruktionen, Repräsentationen und Inszenierungen des »Nationalen« in populären Medienformaten gerichtet.

len Politikweblogs, Gruppen in sozialen Netzwerken, der TV-Kanal *Dozhd'* [Regen]), aber auch Radiosender wie *Èho Moskvy* [Echo Moskaus] oder die für investigativen Journalismus bekannte liberal-intellektuelle *Novaja gazeta* [Neue Zeitung]. Freie Information ist in Russland immer noch verfügbar, erfordert jedoch Aktivität und Eigeninitiative der Medienrezipienten und -rezipientinnen. Begibt man sich nicht aktiv auf die Suche nach differenzierten Antworten auf politische Fragen, sondern sucht eher nach Unterhaltung, Entspannung und Zerstreuung, stößt man vor allem im Fernsehen »jenseits des Offensichtlichen« wie den mit großem Pathos als Massenspektakel zur Machtdemonstration inszenierten jährlichen Militärparaden zum *Tag des Sieges* am 9. Mai auf konstante Motive der Heimatverbundenheit, des Nationalstolzes und der absoluten Loyalität zum Geburts- und Heimatland Russland, die sich in zahlreichen russländischen TV-Komödien und Liebesfilmen der letzten Jahre widerspiegeln. Solche Narrative gehen oft mit einer klaren Absage an ein Leben im Ausland einher. Historische und zum Teil höchst umstrittene Figuren wie *Ivan der Schreckliche* oder *Dschingis Khan* erfahren durch Neuverfilmungen eine Umdeutung und Aufwertung wie zum Beispiel in *Tajna Žingis Haana* [Das Geheimnis des Dschingis Khan] oder in der 16-teiligen TV-Serie *Ivan Groznyj*, beide aus dem Jahr 2009. Im Vordergrund der Verfilmungen steht die Inszenierung starker Herrscher, die stets das große Ganze sehen; sie impliziert die Einsicht, dass das Leid Einzelner dafür durchaus in Kauf genommen werden darf. Sie lesen sich als Ergänzung zur offiziellen Politik und eignen sich als Projektionsfläche für Legitimierungsdiskurse von Macht und Gewalt. Nach der Annexion der Krim durch die Russische Föderation im Zuge des Ukrainekonflikts verstärkt sich die beschriebene Tendenz zur Polemisierung maßgeblich, der Ton wird schärfer und die »Wir-gegen-den-Westen«-Rhetorik findet genauso wie das Thema der Sanktionen und Gegensanktionen spielerisch Eingang in erfolgreiche russländische Romantic-Comedy-Serien des Kanals TNT wie zum Beispiel in *Ozabočennye ili ljubov' zla* [Besessene oder wo die Liebe hinfällt, 2015] oder sind konkreter Gegenstand der Sendung *Comedy Club*. Dazu zählt beispielsweise das Lied *Patriotičeskaja – erotičeskaja* [Patriotisch – Erotisch] von Comedian und Songwriter Semën Slepakov, dessen Rezeption nicht nur auf die TV-Sendung beschränkt blieb, sondern vor allem durch Youtube virale Verbreitung fand. Die russländische Unterhaltungsbranche und in besonderen Maße die TV-Landschaft ist aufgrund ihrer zu Beginn geschilderten Entstehungssituation im Transformationskontext traditionell noch mit vielen internationalen Akteuren beziehungsweise Formaten besetzt, da diese werblich lukrativ und bei den Zuschauern überaus beliebt sind. Gemeint sind internationale Formatimporte vor allem im TV-Bereich wie *Golos* [The Voice] oder *Tancy so zwëzdami* [Let's Dance]. Hier treffen globale Formate, ähnlich wie im Fall der internationalen Hochglanzmagazine, auf lokale Akteure, lokales kulturelles Erbe sowie lokale Präferenzen und Bewertungskritierien.

Das »Russische« im Hochglanzformat – empirische Befunde

Wie manifestiert sich nun das »Nationale« innerhalb von globalen Formatimporten jenseits der audiovisuellen Ebene? Die hier präsentierten Ergebnisse basieren auf einer qualitativen und quantitativen Medieninhaltsanalyse der russländischen Ausgaben der beiden Hochglanzmagazine *Cosmopolitan* [Sanoma Independent Media] und *Maxim* [Hearst Shkulev Media] in dem Untersuchungszeitraum von 1995 bis 2011. Beide Zeitschriften zählen zu den auflagenstärksten internationalen Importen im Segment der Frauen- und Männermagazine. Das gilt bis heute, bezieht sich aber vor allem auf den oben genannten Zeitraum. So erreichte die *Cosmopolitan*, die als erstes internationales Frauenmagazin 1994 nach Russland kam, im Jahr 2011 über sechs Millionen Leser und Leserinnen.[6] Derk Sauer, langjähriger Geschäftsführer von Independent Media in Russland und in besonderer Verantwortung für internationale Medienprojekte des Verlagshauses, setzte von Anfang an auf eine kulturspezifische Content-Anpassung und charakterisiert die russländische *Cosmopolitan*-Version wie folgt:

»Es gibt wesentliche Unterschiede zwischen den Lesern der Cosmo USA und der Cosmo Russia. In der russischen Variante gibt es mehr Text, da die Russen mehr lesen [sic] als die Amerikaner. Doch die allgemeinen Schwerpunkte bleiben unverändert. Es ist eine Zeitschrift über Karriere, Gesundheit, Schönheit und die Beziehung zwischen den Geschlechtern. Die Konzeption ist global, doch der Inhalt lokal.«[7]

Auch Aleksandr Malenkov, langjähriger Chefredakteur der russländischen Ausgabe des Männermagazins *Maxim*, sieht seine »Adaptionsstrategie« als »unique selling point« und ist regelrecht stolz darauf, fast keine übersetzten Artikel zu drucken. Früher wäre diese Vorgehensweise bequem und erfolgreich gewesen. In der Vergangenheit habe gereicht, lediglich ein »Gefühl« davon zu erzeugen, dass die Texte »hier und nicht hinter dem Ozean geschrieben worden sind«, sei es auch nur durch Umwandlung der Währungseinheiten von Dollar in Rubel (von Malenkov zit. n. Vartikov 2008: 102). Das Männermagazin *Maxim* ist in Russland seit dem Jahr 2002 auf dem Markt, und erreichte im Jahr 2011 2,3 Millionen Leser und Leserinnen. Beide Zeitschriften stehen also exemplarisch für die konsequente Anpassung universeller, globaler Medieninhalte an lokale Interessen, Dispositionen und Rahmenbedingungen. Ihre Produzentinnen und Produzenten sehen die Content-Anpassung als zentrale Marketingstrategie für ihr Medienformat, folglich eignen sie sich besonders gut als Textkorpus für die inhaltsanalytische Untersuchung des »Lokalen im Globalen«.

Die auf dem Mixed-Methods-Ansatz (Kuckartz 2014: 33) basierende und durchgeführte Medieninhaltsanalyse von 36 Zeitschriftenausgaben (jeweils 18 pro Zeitschrift), erlaubt es, die vor der Erhebung aufgestellten Hypothesen über Strategien

6 | Die Zahlen stammen von TNS Gallup Media. Jeder Report muss pro Anfrage neu generiert werden.

7 | von Sauer (2007) zit. n. Maksimatkina 2008: 25. Alle Übersetzungen von Interviewtexten oder Auszügen aus den analysierten Zeitschriften stammen, wenn nicht anders gekennzeichnet, von der Autorin.

redaktioneller Content-Lokalisierung anhand von quantitativen und qualitativen Daten zu überprüfen. Im Zuge der Inhaltsanalyse wurden knapp 4000 redaktionelle Artikel und 3054 Werbeanzeigen erfasst und ausgewertet. Der Analyseschwerpunkt lag auf der Textebene, das Visuelle wurde lediglich zur Kontextualisierung herangezogen. Obwohl der redaktionelle Teil ebenfalls neueste Trends aus dem Modebereich oder Kosmetikprodukte, teilweise mit Preisangaben, beinhaltet, hebt sich dieses »Serviceangebot« schon allein durch einen dominierenden Ratgeberstil und zusätzliche Hintergrundinformationen (z.B. zur Markenherkunft) von den eindeutig als Werbung identifizierbaren Anzeigen ab. Mit 82 Prozent ist eine klare Dominanz internationaler Produkte in den Werbeanzeigen zu verzeichnen. Handelt es sich um nationale Produkte, belegen Anzeigen für russländische Modemarken und Modegeschäfte, Alkohol (allen voran Vodka-Werbung) und Mobilfunkanbieter mit Abstand die ersten Plätze.

Etwa ein Drittel aller relevanten[8] redaktionellen Artikel weisen explizit nationale Bezüge auf. Erkennbar werden sie durch die Verwendung von »little words« (Billig 1995: 106) wie »wir«, »hier bei uns« sowie durch greifbarere Indikatoren nationaler Wir-Konstruktionen wie unter anderem »russisch«, »russländisch«, »in unserem Land«, »für uns Russen«, »otečestvennyj« [vaterländisch, einheimisch], die sodann als Kriterien für die Codierung eines Textsegments fungieren. Während sich auf impliziter Ebene die Lokalisierung und kulturelle Adaption der untersuchten Texte überwiegend über Intertextualität, also über das Zitieren kanonischer filmischer oder literarischer Texte von Aleksandr Puškin oder Anton Čechov, kulturelle Übersetzungen und die Konstruktion und Reproduktion kollektiver, teils nostalgisch besetzter Erinnerungen an die »gemeinsame« sowjetische Vergangenheit manifestiert, bewegt sich die Aushandlung des »Nationalen« naturgemäß im expliziten Bereich. Weisen Artikel »lokalisierte Textsegmente« auf, handelt es sich in den meisten Fällen um einzelne Textsegmente, die einem »universellen« Artikelthema zugeordnet sind.

Nationale Themen, denen ein ganzer Artikel gewidmet wird, machen etwa neun Prozent der als lokalisiert identifizierten Beiträge aus. Nikolaj Us'kov, ehemaliger Chefredakteur (2003–2012) des Männermagazins *GQ*, verweist auf die Schwierigkeit, eine Zeitschrift zu adaptieren, deren Schwerpunkt auf modischen Trends und prominenten Persönlichkeiten liegt. Beide Themen bezeichnet er als global und zieht daher für Interviews verstärkt öffentliche Personen heran, die vor allem in Russland einen hohen Bekanntheitsgrad genießen, darunter zum Beispiel die Moderatorin Ksenija Sobčak (von Us'kov [2007] zit. n. Maksimatkina 2008: 26). Diese Strategie lässt sich auch in den untersuchten Magazinen nachweisen. In Beiträgen, die eindeutig der Ka-

8 | Die Bezeichnung »relevant« schließt Beiträge aus, die nach erster Durchsicht keiner oder nur in seltensten Fällen einer Lokalisierung bedürfen und daher in die Kategorie »nicht zu codieren« fallen, unter anderem Herstellernachweise, Impressum, Horoskope.

tegorie »Stars and People«[9] zugeordnet werden, liegen die Präferenzen auf der Hand: Lediglich 30 Prozent internationale Akteure kommen auf 70 Prozent nationale Akteure – darunter überwiegend Schauspieler und Schauspielerinnen, Sänger und Sängerinnen. Interpretiert man diese aus Medienproduktionssicht für die Content-Anpassung nicht unwesentliche Kategorie ebenfalls als »nationales Thema«, erhöht sich dessen Anteil innerhalb aller relevanten redaktionellen Artikel auf 22,7 Prozent. Auf Rubrikenebene kommen nationale Themen und Anlässe äußerst selten vor, Ausnahmen bilden sogenannte Spezialsektionen, *specsekcii*, zum Beispiel zum *Tag des Sieges* in der Maiausgabe des *Cosmopolitan* 2011. Die Sektion enthält unter anderem einen mehrseitigen Beitrag, in dem Enkelinnen über die Kriegserlebnisse ihrer Großmütter berichten. »Einst haben sie den wichtigsten, großen Sieg errungen, damit wir, ihre Enkelinnen und Urenkelinnen, heute in Ruhe über etwas kleinere Siege nachdenken können«, lautet der Einstieg in diesen Beitrag (Cosmopolitan 05/2011: 142). In einer ähnlich konzipierten Rubrik mit dem Titel *I love Moscow* wird die »typische Moskauerin« aus Petersburger Perspektive »als arrogant und auf Mode fixiert«, aus der Perspektive von Bewohnerinnen und Bewohnern peripherer Regionen als »sonderbar« und »geschlechtslos« und schließlich aus ausländischer Perspektive als Exempel für »echte, russische Weiblichkeit« beschrieben (Cosmopolitan 5/2011: 402 ff.). Die Dezemberausgabe des Männermagazins *Maxim* im Jahr 2011 widmet den bevorstehenden Duma-Wahlen ein Themenspecial mit zahlreichen regierungskritischen Aussagen: »Eines Tages hörten wir im Fernsehen, dass wir in einem demokratischen Land leben. Wir waren furchtbar überrascht, griffen zu Wörterbüchern, kratzten uns am Kopf« (Maxim 12/2011: 97), und die Novemberausgabe des *Cosmopolitan* aus dem Jahr 1995 entwickelt eine Typologie der für diese Zeit symptomatischen »Neuen Russen« und erklärt, wie man diesen Männertypus für sich gewinnt (Cosmopolitan 11/1995).

Eines der Kernziele der Untersuchung war die Typologisierung aller lokalisierten Textsegmente und durch sie wiederkehrende Content-Lokalisierungs- und Adaptionsstrategien zu identifizieren, die Aufschluss über redaktionelle Praktiken der publikumsspezifischen Anpassung von Medieninhalten liefern – vollkommen unabhängig davon, ob diese bewusst oder unbewusst angewendet werden. Als »lokalisiert« gelten sinngebundene Textteile, die thematische oder referenzielle nationale Bezüge aufweisen. So dominieren auf der Ebene der als »explizit« codierten Textsegmente folgende neun Lokalisierungsstrategien, von denen einige als Gegensatzpaare aufgestellt sind und bereits auf dieser ersten Auswertungsebene das duale, zum Teil auch mehrdimensionale Wesen medial konstruierter Nationalidentitäten offenbaren (siehe Tabelle).

Die tabellarisch aufbereiteten Content-Lokalisierungsstrategien sind mit ausgewählten, prototypischen Beispielen versehen, die sich vergleichsweise eindeutig den

9 | Das Sonderthema »Stars and People« wurde nur vergeben, wenn eine einzelne Person, ihr Leben und Wirken, eindeutig als Hauptthema des Artikels identifiziert werden können. Das ist meist bei Interviews oder Personenporträts der Fall.

vordefinierten Themenkategorien zuordnen ließen. Tatsächlich ist eine solch eindeutige Zuordnung aufgrund der Nähe von Themenkategorien nicht immer ohne eine Ausblendung einiger Bedeutungsdimensionen zugunsten von Clusterbildung möglich. Betrachtet man exemplarisch die Lokalisierungsstrategie »Nationalstolz«, geht sie nicht selten mit Ironisierungen, Kritik und Vergleichen einher. Wenn also etwa Leserinnen und Leser dazu aufgerufen werden, auf ein »Made-in-Russia«-Produkt stolz zu sein, wird dies zugleich relativiert. Das empfohlene Produkt würde zwar von der Qualität nicht an »internationale Konkurrenz« heranreichen können, sei aber doch schon einmal »besser als nichts«. Ein konkretes Beispiel dafür liefert ein Artikel, in dem neueste Smartphone-Prototypen der Zukunft vorgestellt werden. Auf die russländische Variante könne man ruhig stolz sein, denn »andere Gründe für Stolz gibt es noch nicht«, heißt es dort (Maxim 1/2011: 122). Explizit geäußerter Nationalstolz findet sich am häufigsten im Zusammenhang mit Aussagen über die »schier unendliche« Größe und besondere Schönheit des Landes oder er wird durch berühmte Persönlichkeiten aus Literatur, Sport oder Wissenschaft thematisiert, die entweder aus Russland stammen, in Russland leben oder sich selbst als russisch bezeichnen. Schon an den in der Überblickstabelle angeführten Beispielen lässt sich in der Mehrheit der Fälle ein klarer Bezug zu »dem Anderen« erkennen. Diese Beobachtung stärkt die These, dass die Konstruktionslogik expliziter »nationaler Aussagen« auf dem Prinzip des »constituting other« basiert. Der Begriff »constituting other« ist hier gemeint als Notwendigkeit der Präsenz eines »Anderen«, dem gegenüber man sich erst in seiner Selbst- beziehungsweise Eigenbedeutung gewahr werden kann (Drosihn 2011: 162 f.). Als das »Andere«, das als Kontrastmittel das »Eigene« verstärkt, fungieren in den untersuchten Magazinen überwiegend Europa, die USA und der »Westen« als nicht näher erläuterte Kategorie, mit der an keiner Stelle eine kritisch-reflektierende Auseinandersetzung erfolgt.

Schließlich bleibt noch auf eine Strategie zu verweisen, die sich induktiv aus dem untersuchten Material heraus ergeben hat und nicht im Vorfeld in Betracht gezogen worden war. Es handelt sich um die im Beispiel Nr. 7 dargestellte Beziehung des »Nationalen« mit kreativen »*Problemlösungen*«. Symptomatisch für diese Kategorie sind unmögliche oder originelle Situationen, aus denen man dank einer »besonderen« Anpassungs- und Leidensfähigkeit, die als »nationalspezifisch« bezeichnet wird, am Ende doch noch einen originellen Ausweg findet. Boris Groys zufolge ist diese Form der Selbstexotisierung jedoch keinesfalls etwas Russlandspezifisches. Durch die »Appropriation der verschiedenen Diskurse über das Andere« werde eine eigene kulturelle Originalität und Identität versucht zu modellieren, so Groys weiter. Es handelt sich, laut Groys, um eine Strategie, die »viele historisch erfolglose Nationalkulturen oder soziale Subkulturen im 19. und 20. Jahrhundert benützten« (Groys 1995: 35).

Schließlich lässt sich bei der Betrachtung der journalistischen Darstellungsformen eine deutliche Affinität zu illustrativen Darstellungsformen mit Produktempfehlungen und Beiträgen mit Ratgeberfunktion feststellen. Diese Präferenz ist vor allem ökonomisch motiviert, denn Hochglanzmagazine arbeiten mit der Werbung Hand in Hand. Ihre Medieninhalte sind so konzipiert, dass sie auf tief verborgene

Tabelle 1: Überblick über dominierende Lokalisierungsstrategien für explizit adaptierte Textsegmente
(Die Reihenfolge steht nicht im Zusammenhang mit den Codehäufigkeiten, sondern ergibt sich aus der Relevanz der jeweiligen Themenkategorien.)

Nr.	Lokalisierungsstrategie	Bemerkungen	Hauptthema des Artikels	Beispiel
1	Nationalstolz	beinhaltet auch Bewunderung, Lob und Vorbildhaftigkeit im Zusammenhang mit »Nationalem«	Nachrichten aus dem Bereich Kosmetik und Körperpflege	»Die russländischen Frauen sind die schönsten auf der Welt. Wir haben natürlich nie daran gezweifelt, aber eine weitere Bestätigung dieser Tatsache freut uns. Die Schauspielerin und Moderatorin Julija Snigir' wird L'Oréal Paris Botschafterin […]« (Cosmopolitan 4/2011: 410).
2	Kritik	beinhaltet auch Appelle und Warnungen, die an die Leserschaft gerichtet sind	Interview mit dem Schauspieler Ivan Stebunov	»Ich weiß zu gut, wie Menschen im Altai mit 4000 Rubel im Monat auskommen müssen. Solange ihr Gehalt so bleibt, kann ich diesen Staat nicht respektieren. Und es wird weiterhin nur schlechter, härter« (Cosmopolitan 7/2011: 88).
3	Aneignung	beinhaltet auch Integration, Innovation	Das Phänomen Flashmob wird vorgestellt.	»Ein neues Epochenphänomen – der sogenannte Flashmob – verbreitete sich mit außergewöhnlicher Geschwindigkeit in Nordamerika und Europa und wütet schon mit aller Gewalt in Russland […]« (Maxim 10/2003: 34).

Nr.	Lokalisierungs-strategie	Bemerkungen	Hauptthema des Artikels	Beispiel
4	Abgrenzung	auch Ablehnung und Verwunderung	In einem umfangreichen Themenartikel geht es um Kryptozoologie. Ein Teil des Artikels widmet sich »Phantom-Katzen«.	»Um einige Tausende Kryptozoologen glücklich zu machen, kannst du morgen in die nächste Polizeidienststelle kommen und melden, dass abends, als du im Hof geparkt hast, ein riesiger Löwe aus der Dunkelheit trat […], seine Reißzähne fletschte und dann in einer Seitenstraße verschwand. Wichtig ist, dass die Gegend so gewählt ist, dass es dort keine Riesenkatzen gibt – zum Beispiel in London. Territorien der GUS-Staaten eignen sich für solche Übungen nicht besonders, da es hier leider von Luchsen und Irbissen in den umliegenden Wäldern nur so wimmelt« (Maxim 12/2011: 228).
5	Selbst- und Fremd-verortung	auch Selbstexotisierung, Fremdurteile und nationalspezifische Erkennungsmerkmale	Der Ratgeberbeitrag nennt 29 Dinge, die man endlich hinter sich lassen sollte.	»Kurzhaarschnitt aus Prinzip. Das ist schon national. Aus irgendeinem Grund ist ein Großteil unserer Landsleute überzeugt davon, dass Haare, die länger als ein Zentimeter sind, ihre Männlichkeit unwiederbringlich unterdrücken. […]. Aus diesem Grund sind die Stiernacken unserer Landsleute an jedem Strand so eindeutig zu erkennen« (Maxim 5/2011: 64).
6	Vergleich (positiv)	Hier wird zwischen drei Bewertungskategorien unterschieden: positiv, negativ und neutral aus Sicht Russlands.	Anlässlich des Weltfrauentags gibt es eine übergeordnete Themenrubik »Freiheit«. Darin geht es um Frauenrechte und Feminismus.	»Die Suffragettenbewegung breitet sich in Europa aus. Russland wird das siebte Land, wo Frauen im Zuge der Februarrevolution das Stimmrecht erhalten. Die Französinnen dagegen erhielten es fast 30 Jahre später. So viel zu Europa!« (Cosmopolitan 3/2011: 159).

Nr.	Lokalisierungsstrategie	Bemerkungen	Hauptthema des Artikels	Beispiel
7	Problemlösung	außergewöhnliche, kreative, oft als »national-spezifisch« bezeichnete Ansätze zur Lösung von Problemen	kuriose Meldungen aus der ganzen Welt	»Ein Geschäftsmann verbrauchte beim Hausbau in einem abgelegenen Dorf der Ivanovo Region das Zweieinhalbfache der kalkulierten Materialien. Grund dafür waren ständige Diebstähle seitens der Anwohner. Um sie zu stoppen, wurde um das Haus ein massiver Zaun gebaut und mit Stacheldraht bestückt. Aber im Winter fiel dem Neureichen Russen auf, dass die Dorfbewohner zwar komplett aufgehört hatten, ihre Öfen zu heizen, ihnen aber offenbar nicht kalt war. Es stellte sich heraus, dass sie einfach die Stromversorgung des Stacheldrahtzauns anzapften, ihre Häuser mithilfe von Elektrokaminen beheizten und dadurch viel Brennholz sparten« (Maxim 04/2003: 30).
8	Explikation	beinhaltet auch Aufklärung und Belehrung	Kuriose Leserfragen zu gemischten Themen werden von Experten beantwortet.	»Weltweit gibt es keinen einheitlichen Dienst, der Hotelsterne vergibt. […]. Bei uns im Land zum Beispiel ist dafür die Föderale Agentur für Tourismus zuständig« (Maxim 8/2011: 38).
9	Dekonstruktion	Dekonstruktion von Stereotypen, Mythen, beinhaltet auch enttäuschte Erwartungen	Interview mit dem finnisch-russischen Eishockeyspieler Leo Komarov	Leo Komarov wird gefragt, wie ihm das Leben in Moskau gefällt. »Vor kurzem habe ich meine Freunde aus dem Dorf hierher eingeladen – sie hatten das Gefühl, sie seien im Paradies. In Finnland werden viele Filme über Russland gezeigt, dass bei euch gemordet wird, das Leben furchtbar ist. Aber es hat sich als umgekehrt herausgestellt, Moskau – die Stadt, wo jeder Wunsch in Erfüllung geht« (Maxim 1/2011: 168).

Träume, Wünsche und Sehnsüchte setzen, wobei sie die Rezipienten und Rezipientinnen gleichzeitig dazu anstiften, sich ständig neu zu entscheiden. Durch die ständig wiederkehrende Offenlegung von Wahlmöglichkeiten präsentieren sie sich als Gegenmodell zur vorangegangenen Epoche, indem sie bewusst dem »Kollektiven« das »Individuelle« und der »Mangelwirtschaft« eine »Angebotsfülle« entgegensetzen. In diesem Kontext dient die exponierte Beraterfunktion in erster Linie der Glaubwürdigkeit des Magazins und unterstreicht die Kompetenz derer, die für die Medieninhaltsproduktion verantwortlich sind. Insbesondere dort, wo beispielsweise Mythen um sowjetische Kriegshelden dekonstruiert (Maxim 4/2003: 84 ff.) oder alternative, geschichtskorrigierende Narrative vermittelt werden sollen, gewinnt diese Art der Positionierung als »beratende Instanz« an Bedeutung.

Die im Rahmen der Inhaltsanalyse ermittelten Ergebnisse erlauben vom Inhalt auf die Situation zu schließen; sie geben einen Einblick in die Rahmenbedingungen, innerhalb derer Kommunikationsinhalte formuliert und gegebenenfalls auch rezipiert werden. Dazu zählen unter anderem gesellschaftliche Werte, Vorstellungen, Wissens- und Glaubensbestände, politische Zwänge oder ökonomische Restriktionen, aber auch der »Zeitgeist« einer kulturellen Epoche (Merten 1995: 14 ff.). Die Auseinandersetzung mit dem »Lokalen« im »Globalen« am Beispiel erfolgreicher Importe internationaler Printprodukte, hier Hochglanzmagazine, ermöglicht also einen Einblick in die Konstruktions- und Dekonstruktionslogik von lokalisierten, unterhaltenden Medieninhalten. Zugleich scheint es interessant, die Situation umzudrehen und ein international erfolgreiches, in Russland produziertes Unterhaltungsprodukt auf ähnliche Mechanismen zu untersuchen.

Von der Kinderserie *Maša i medved‹* [Mascha und der Bär], die auf einem gleichnamigen russischen Volksmärchen basiert, gibt es seit der Erstausstrahlung im Jahr 2009 bis zum aktuellen Zeitpunkt 62 Episoden. Die Zeichentrickserie wird bereits in mehr als 100 Ländern weltweit ausgestrahlt, Tendenz steigend. Nur 30 Prozent des Umsatzes generiert sich aus dem Verkauf der Serie an TV-Sender. Den Rest bringen Merchandisingprodukte wie Schulranzen, Kleidungsstücke, Puppen, Puzzles und Ähnliches (Bidder 2016), die auch in Deutschland regelmäßig in Discounterregalen zu finden sind. *Mascha und der Bär* ist also zum Aushängeschild, zum Exportschlager aus Russland, geworden und überbietet durch seine Popularität Exportprojekte aus der Vergangenheit, die Anna Zafesova als »Konkurrenzversuche auf westlichem Terrain« bezeichnet, wie das Telefon mit zwei Bildschirmen des russischen Mobiltelefonherstellers Yota, den Fantasythriller *Nočnoj dozor* [Wächter der Nacht] oder die Kriminalromane von Boris Akunin (Zafesova 2016). Trotz und wahrscheinlich gerade wegen der Popularität von *Mascha und der Bär* streiten sich Experten der Psychologie und der Pädagogik regelmäßig über eine vermeintliche Gefährdung der kindlichen Psyche durch das »aggressive«, »egoistische« und »unverantwortliche« Verhalten der Figuren, die sich im Gegensatz zu den als Vorbilder herangezogenen sowjetischen Zeichentrickfilmen nicht eindeutig in Gut und Böse einteilen lassen (Araptanova 2012: 10). Die ungewöhnliche Geschichte einer Freundschaft zwischen der etwas vorlauten Mascha und dem gutmütigen Bären basiert zwar auf einem Volksmärchen, hat aber nicht viel Märchenhaftes an sich, stellt Anna Zafesova in ihrer Analyse fest. Die Tendenz gehe viel eher hin zu einem Realismus (Zafesova 2016). Betrachtet man das Lebensumfeld und vor allem die Wohnungseinrichtung der beiden Hauptfiguren, wird mit kollektiven Erinnerungen sowjetisch sozialisierter Zuschauer und Zuschauerinnen gespielt, die naturgemäß weniger Kinder und Jugendliche als vielmehr deren Eltern sind (Zafesova 2016).

Die behandelten Themen sind universell: Es geht um Freundschaft, Fürsorge, Fehler und das Einsehen von Fehlern, doch gerade auf der Detailebene äußert sich das sowjetische kulturelle Erbe. Mascha singt sowjetische Kriegslieder (Zafesova 2016) wie *Tri Tankista* [Drei Panzersoldaten] oder es erklingt der bis heute auf Militärparaden präsente Marsch *Prošanie slavjanki* [Abschied der Slavin], der zwar bereits 1912 komponiert, aber erst nach dem »Großen Vaterländischen Krieg« durch seine filmische Verwertung zu einem der bekanntesten Märsche in Russland wurde. Dass solch ein »kanonisches«, durch seine neueste Textfassung »patriotisch gefärbtes« Musikstück auch von einem Gewinner beziehungsweise einer Gewinnerin der Musikshow *Golos* [The Voice] Dina Garipova gemeinsam mit dem Militärchor im Rahmen der Feierlichkeiten zum *Tag des Sieges* präsentiert wird, unterstreicht die Verzahnung zwischen internationalen Unterhaltungsformaten und »national konnotierten« Inhalten. Für Zafesova ist die Kinderserie *Mascha und der Bär* nicht nur »russisch/russländisch«, sondern vor allem »postsowjetisch« – zu erkennen beispielsweise an der Kombination des spätsowjetischen Einrichtungstrends von Teppichen an der Wand mit einer Lebensmittelauswahl im Kühlschank des Bären, die es in der Sowjetunion so nie gegeben habe (Zafesova 2016).

Umgekehrt findet aber auch über das Zitieren weltweit bekannter »westlicher« audiovisueller Figuren und Medientexte, wie zum Beispiel *Ice Age* oder *Madagascar* (Zafesova 2016) das »Globale« Eingang in das »Lokale«. Neben zahlreichen intertextuellen Referenzen spielt auch die für populärkulturelle Produkte typische Vermischung von Hoch- und Massenkultur – als zentrale Strategie zur Integration nationaler Bezüge in unterhaltende Medienformate – eine nicht zu unterschätzende Rolle. In einer der neuesten Serienfolgen *Na Privale* [Wandertag] von 2016 plant der Bär, ein Allroundtalent und Hobbymaler, sich gemeinsam mit Mascha auf eine Wanderung durch die Wälder auf den Spuren der Motive des Künstlers Ivan Šiškin zu begeben, einem der bedeutendsten Landschaftsmaler und Vertreter des Naturalismus in der russischen Malerei. Zur Vorbereitung auf die Wanderung zeigt der Bär Mascha ein Bild, welches sie sofort erkennt. Es handelt sich um *Utro v sosnovom lesu* [Morgen im Kiefernwald], ein Bild von Ivan Šiškin und Konstantin Savickij aus dem Jahr 1889 – ein populärkulturell angeeignetes Motiv, da es auch auf der Verpackung der in der Sowjetunion populären Pralinen *Miška Kosolapyj* abgebildet ist. Dieses Beispiel steht für die hohe Anzahl referenzieller nationaler Bezüge in der Kinderserie *Mascha und der Bär*. Es ist zu stark bezweifeln, dass Kinder, insbesondere außerhalb Russlands, diese Bezüge korrekt herstellen können. Dadurch wird deutlich, dass das »Nationale« in erfolgreichen populärkulturellen, transnational rezipierten Produkten nur einen Aspekt von vielen ausmacht.

Aufgrund der Popularität und breiten Rezeption der Serie im Internet, was nicht zuletzt dem für die Branche ungewöhnlichen Geschäftsmodell[10] zu verdanken ist (die Clips von *Mascha und der Bär* auf Youtube erreichen Klickzahlen in Milliardenhöhe und generieren hohe Werbeeinnahmen; Bidder 2016), ist zu vermuten, dass die Serie auch ohne aufwendige kulturspezifische Adaptionsleistung transnational und transkulturell funktioniert.

Schlussbemerkungen

Zusammenfassend lässt sich feststellen, dass populärkulturelle Unterhaltungserzeugnisse das »Nationale«, in diesem Fall das »Russische«, als wandelbares, vielseitig nutzbares Marketingtool einsetzen; wandelbar und flexibel deshalb, weil das Material eine große Bandbreite an Bezügen, Referenzen und Markern des Nationalen aufweist, die je nach Kontext und Verkaufsziel beliebig miteinander kombinierbar sind. Dabei können die identifizierten nationalen Bezüge sehr unterschiedlich konnotiert sein – und das keineswegs immer positiv. Die Instrumentalisierung und Funktionalisierung des »Nationalen« für ökonomische Zwecke und somit das Zuschneiden von Formaten, entsprechender Werbung und in besonderem Maße von Medieninhalten für zunehmend differenzierte lokale Märkte ist zugleich ein Prozess des Befüllens universeller, transnational funktionierender Formatschablonen mit kulturspezifischen Inhalten. Die diskursanalytische Untersuchung dieser Prozesse bei gleichzeitiger Berücksichtigung der konkret in den Texten artikulierten thematischen und referenziellen Bezüge, aus denen sich kollektive Identitätsangebote ähnlich wie ein Puzzle zusammensetzen lassen, ermöglichen zeitgeschichtliche Einblicke, Erkenntnisse über kollektive Wissensvorräte, Rollenverständnisse der Geschlechter –, aber sie liefern vor allem Erkenntnisse darüber, wie die strategische Anpassung von Medieninhalten an die Medienproduktionsebene funktioniert. Begreift man Medienprodukte grundsätzlich als Identitätsressourcen, die zwar nicht per se identitätsbildend wirken, aber durchaus Prozesse und Strategien kollektiver Identitätsbildung maßgeblich prägen können (Krotz 2003), so definiert man gleichzeitig Medienräume als Identitätsräume und muss ihnen Möglichkeiten zur Konstruktion von Zugehörigkeit oder eben Abgrenzung zugestehen (Sūna 2013: 92). Für die Zukunft gilt es also zu untersuchen, ob globale, kulturübergreifend unterhaltende Medieninhalte, die redaktionelle Lokalisierungsprozesse durchlaufen, tatsächlich neue »hybride Formen« des »Nationalen« konstruieren oder doch lediglich als eine ökonomisch motivierte Ankerfunktion für die Rezipienten und Rezipientinnen zu verstehen sind.

---

10 | Während andere Filmproduktionsfirmen juristisch gegen Raubkopierer vorgehen, haben die Macher und Macherinnen von *Mascha und der Bär* Netzpiraten und illegalen Downloadplattformen Episoden kostenlos zur Verfügung gestellt, um die Serie möglichst schnell bekannt zu machen. Neue Folgen sind auf Youtube zu finden, noch bevor sie auf DVD erscheinen (Bidder 2016).

Zitierte Literatur

Anderson, Benedict (2006): Imagined Communities. Reflections on the Origin and Spread of Nationalism. 2., überarbeitete Aufl. London, New York.

Araptanova, Olga (2012): The Analysis of a Modern Children's Cartoon Film as Audiovisual Media Text with Educational Potential (on an Example of the Russian Cartoon Film »Masha and a Bear«). In: Mediaobrazovanie. Russian Journal of History, Theory and Practice of Media Education, Jg. 3, S. 8–26.

Baeva, Gergana (2014): Nationale Identität als Medieninhalt. Theoretische Konzeption und empirische Messung am Beispiel Bulgariens. Baden-Baden.

Bidder, Benjamin (2016): Hitserie »Mascha und der Bär«. Die Erfolgstrickser aus Russland, 6.9.2016, http://www.spiegel.de/wirtschaft/unternehmen/mascha-und-der-baer-aus-russland-erobert-den-weltmarkt-a-1108851.html (letzter Zugriff: 10.4.2017).

Drosihn, Yvonne (2011): Zwischen Russophobie und Russophilie: Der Westen und der »Osten« und ein russisches »writing back«. In: Lehmann-Carli, Gabriela u.a.: Russland zwischen Ost und West?, S. 161–264.

Forschungsstelle Osteuropa an der Universität Bremen (Hg.) (2008): kultura. Russland-Kulturanalysen. Glamouröses Russland, Jg. 6.

Gellner, Ernest (1983): Nations and Nationalism. Ithaca.

Groys, Boris (1995): Die Erfindung Russlands. München.

Gussarowa, Xenia (2008): Norm und Abweichung: Glamour in der Mode. In: Forschungsstelle Osteuropa an der Universität Bremen (Hg.): kultura, Jg. 6, S. 4–9.

Hepp, Andreas (2006): Transkulturelle Kommunikation. Konstanz.

Hobsbawm, Eric (2005): Nationen und Nationalismus: Mythos und Realität seit 1780. Frankfurt am Main.

Ivanov, Dmitri (2008): Glem-Kapitalism [Glem-Kapitalismus]. Sankt-Petersburg.

Krotz, Friedrich (2003): Medien als Ressource der Konstitution von Identität. Eine konzeptionelle Klärung auf der Basis des Symbolischen Interaktionismus. In: Winter, Carsten/Thomas, Tanja/Hepp, Andreas (Hg.): Medienidentitäten. Identität im Kontext von Globalisierung und Medienkultur. Köln, S. 27–48.

Kuckartz, Udo (2014): Mixed Methods. Methodologie, Forschungsdesigns und Analyseverfahren. Wiesbaden.

Lehmann-Carli, Gabriela (2011): Vorwort. In: dies. u.a. (Hg.): Russland zwischen Ost und West? Gratwanderungen nationaler Identität. Ost-West-Express. Kultur und Übersetzung, Bd. 9. Berlin, S. 7–12.

Lehmann-Carli, Gabriela/Drosihn, Yvonne/Klitsche-Sowitzki, Ulrike (2011): Russland zwischen Ost und West? Gratwanderungen nationaler Identität. Ost-West-Express. Kultur und Übersetzung. Bd. 9, Berlin.

Lucius, Wulf D. von (2007): Verlagswirtschaft. 2., aktualisierte Aufl. Konstanz.

Maksimatikina, Alina (2008): Franchising in Mass Media. In: Media al'manah. Moskau, S. 22–39.

Menzel, Birgit (2008): Der Glamour-Diskurs in Russland. In: Forschungsstelle Osteuropa an der Universität Bremen (Hg.): kultura, Jg. 6, S. 16–22.

Merten, Klaus (1995): Inhaltsanalyse. Einführung in Theorie, Methode und Praxis. Opladen.

Mesropova, Olga (2008): Andrei Konchalovskii: *Gloss* (*Glianets*, 2007), http://www.kinokultura.com/2008/20r-gloss-om.shtml (letzter Zugriff: 14.4.2017).

Miljukova, Jana (2008): Rossijane hotjat men'št gljanca [Russen wollen weniger Hochglanz], http://www.sbo-paper.ru/publications/NPI/NPI_01/bfm_2008.12.25/ (letzter Zugriff: 14.4.2017).

Morev, Gleb/Stepanova, Marija (2015): Im Würgegriff. Russlands Medienlandschaft unter Druck. In: Osteuropa. Entfremdet Russland und der Westen, Jg. 3, S. 141–149.

Robertson, Roland (1998): Glokalisierung: Homogenität und Heterogenität in Raum und Zeit. In: Beck, Ulrich (Hg.): Perspektiven der Weltgesellschaft. Frankfurt am Main, S. 192–220.

Rudova, Larissa (2008): Russland – in Glamour vereint. In: Forschungsstelle Osteuropa an der Universität Bremen (Hg.): kultura, Jg. 6, S. 2–3.

Smith, Anthony. D. (1991): National Identity. Reno.

Spencer, Philip/Wollman, Howard (2002): Nationalism. A Critical Introduction. London.

Städtke, Klaus (2002): Vorwort. In: ders. (Hg.): Russische Literaturgeschichte. Stuttgart, Weimar, S. VII–XI.

Sūna, Laura (2013): Medienidentitäten und geteilte Kultur. Vermittlungspotenzial von Populärkultur für lettisch- und russischsprachige Jugendliche. Wiesbaden.

Trepper, Hartmute (2002): Von der »Massenkultur« zur »Popularkultur«. In: dies./Bock, Ivo/Schlott, Wolfgang (Hg): Kommerz, Kunst, Unterhaltung. Die neue Popularkultur in Zentral- und Osteuropa. Bremen, S. 7–22.

Vartikov, Andrej (2008): Kak otkryt' svoj gljancevyj žurnal [Wie gründet man ein eigenes Hochglanzmagazin]. Moskau.

Zafesova, Anna (2016): »Maša i medved'«: fenomen mul'tfilma, zavoevavšego mir [»Mascha und der Bär«: Phänomen eines Zeichentrickfilms, der die Welt eroberte], 5.7.2016, http://inosmi.ru/social/20160705/237073152.html (letzter Zugriff: 13.4.2017).

Slovakia as a Good Idea[1]

The Politics of Nation Branding and the Making of Competitive Identities

Petra Steiger

Introduction

This article examines the semiotic construction of the brand Slovakia which was introduced and put into practice by the Slovak government in 2016. The information and multimedia policy of nation branding, with its promise of international reputation management and potential to steer the discourse on national identities »at home«, has grown in global presence and importance over the last three decades. Nation branding, capable of offering new motifs and icons of identification, has recommended itself as a contemporary medium for the on-going negotiation and re-articulation of national identities in countries of central and eastern Europe that have undergone a process of political and economic transformation relatively recently. Drawing on empirical material and political discourse, I track the joint efforts of the governments of Slovakia and its elite to recast some of the established narratives and the symbolic repertoire of the nation via nation branding. I argue that a re-narration of the Slovak nation with its origins in the Romantic movement has been introduced to establish an image and auto-stereotype of Slovakia as a modern and progressive country. As illustrated by the brand programme *Good Idea Slovakia*, the inner and outer boundaries of belonging suggested by this type of mobilization of nation are no longer merely defined along the lines of ethnicity. Instead, it is the capacity for competitiveness in its various forms that a »good« citizen is expected to show. As multiple research suggests, the case of Slovakia is not an exception. Contrary to that, the competitiveness of national identity is internationally assumed to serve as a premise and normative demand inscribed in the practice of nation branding. It is, therefore, argued, that nation branding should not be reduced to what it merely claims to be – a marketing strategy

1 | This article is part of the research I have been conducting for my PhD project at the Institut für Volkskunde/Europäische Ethnologie, Ludwig-Maximilians-Universität München, under the supervision of Professor Irene Götz and the kind support of Schroubek Fonds Östliches Europa. In it, I have been looking at the performative and discursive aspects of identification as observed in multiple contexts and fields in the nation building project in Slovakia.

targeting the attention of tourists and investors. Rather, nation branding, employed by governments worldwide as a set of practices and beliefs, should be understood and studied as a transnationally practiced programme of neoliberal identity politics that operates within both national and global discursive frameworks. This testifies to the »polyvalence«[2] of the fields in which the national, as a theme and strategy, can be observed nowadays.

Nation Branding as Ideology and Practice

Echoing the spirit of the World's Fair – a famous showcase of the technological, economic and cultural achievements of states – the last decade of the 20th century has given birth to yet another way by which the symbolic capital of the nation-states[3] is being construed, manifested and employed in the era of globalized communication. The novel marketing strategy for states came to be known as nation branding and refers to the idea that countries need to manage and cultivate their images if they want to forward their interests successfully and create demand for their commodities and services on the global market. The emergence of academic disciplines and privately sponsored international charts[4] measuring image attractiveness of states soon followed suit, and helped to institutionalize nation branding as a legitimate art of governance. What is more, despite the fact that the practice of nation branding and what it encompasses exactly remain notoriously contested in academia and among the marketing experts themselves (Kaneva 2011), governments from countries as diverse as Macedonia, Germany, and South Africa[5], to name but a few, have embraced the idea that »competitive national identity« (Anholt 2007) is something to be honed and marketed. Nation branding is, meanwhile, conceived of in many countries as indispensable to the exercise of modern diplomacy – a tool of soft power (Bátora/Gyelnik 2012).

Therefore, it does not come as a surprise that nation branding, promising to serve as an international reputation management capable of attracting investors and tourists, appeared especially apt to the political elite of the post-socialist states seeking economic stimuli (Kaneva 2012). Not least, many of the states in transformation con-

---

2 | The argument of »polyvalence« of the fields in which the national is deployed and can be observed nowadays is discussed in Götz (2011b).

3 | I have opted to speak of nation-states rather than nations or states where the symbolic capital is concerned. The reason for this decision is that the terms »nation« and »state« are often used and understood interchangeably in the context of nation branding.

4 | See, for example, Anholt-GfK Nation Brands Index.

5 | See Muari (2011), Götz (2016) and Graan (2016).

sidered nation branding as a chance to narrate the story of their country anew – to the world and their own citizens.[6]

This has been the case with Slovakia, a young state and EU member, which has, since 2009, invested considerable efforts into developing a branding strategy, making it one of the targets of the government's 2012–2016 work programme.[7] The new brand entitled *Good Idea Slovakia,* that aimed to offer a fresh narrative of the nation was eventually introduced in spring 2016. In it, Slovakia casted away its image of a rural country and presented itself as modern and progressive.

In order to elucidate the narratives and symbols that inform this emerging concept of the Slovak nation, empirical material, media and political discourse will be analysed and historical, political and cultural arguments upon which the present brand is built, delineated. The reception of the brand in the media will be touched upon briefly to better illustrate the context and the atmosphere in which the brand has been set. Institutions and actors involved in the making of the brand Slovakia will be mentioned to complete the picture. These have been essential for legitimizing the branding project and reveal the nature of the mechanisms through which the modern programmes of identity politics are enlivened. By way of conclusion, I will briefly discuss what some of the nation branding projects have in common and will explain the ways in which they operate not only in the national, but also in the global discursive framework. Despite its growing global influence, the marketization of »nation« exercised and sponsored by the state in the form of various strategies and campaigns has been, so far, with a few exceptions,[8] a neglected phenomenon in the critical studies of the nation (Kaneva 2011). However, nation branding is worth analysing empirically as this new way of governance might be indicative of the future trends in identity politics.

When political scientist Joseph Nye spoke about what he famously believed to be the soft power of states, he recalled the Florentine, Niccolò Machiavelli. According to a maxim of the amoral father of politics, it was wiser to be feared than to be loved. Nye, contrary to him, claimed that it might be more tactical in the present world to be both – loved and feared. Not only did he identify the non-coercive instruments of states to influence the international *opinio communis* by positive perceptions of the state's culture, political values and policies. He was also among the first advocates of soft power as a more effective way than hard carrots and sticks.[9] He suggested promoting and advancing states' interests by making them desirable to and desired by

---

6 | See, for example, the case of the reunified Germany in 1999 when British advertising agency Wolff Olins was tasked with reinventing the image of Germany, which – after reunification – underwent a process of transformation. A massive campaign was launched to turn the image of a traditional and conservative country into a modern, creative destination that was no longer boring, but brimming with inspiring people and innovative goods (Götz 2011a: 209–215).

7 | See the Programme of the Government of the Slovak Republic for Years 2012–2016.

8 | See, for example, Meyer (2005), Götz (2011a), and Graan (2016).

9 | Punishments and rewards.

others (Nye 2004). This power of a favourable image arising from positive perceptions of a strong economy and an attractive culture, could be interpreted, in the sense of Pierre Bourdieu, as the symbolic capital of nation-states (Bourdieu 1986).

Theoretically, nation branding is based on two premises. Firstly, the symbolic capital of nation-states has been imagined as a traditional property of distinctive and essentialized culturally bound national identity. Secondly, in the era of global capitalism, nations, understood as immanent cultural entities, are subject to a normative request to cultivate and perform »competitive identities« (Anholt 2007). On the one hand, they seem to be contested by the overall global influence and, on the other hand, promise – when strongly promoted – to offer a visibility and distinctness on an international market.

Empirically speaking, the endeavours that fall under the scope of nation branding are usually, at the very least, commissioned, but often also, to different extents, sponsored by the state. They may involve media campaigns, interventions in public space, production of visual artefacts or other practices for that purpose. Although these activities are frequently justified as means to attract tourists, highly qualified migrants and investors, and, therefore, suggest that they are outward-oriented, this is not the whole story. In order to make the brand effective, as marketing experts argue, its messages have to be initially internalized by the members of the imagined community (Anderson 2006) and, ideally, to even conceptually inform state policies (Dinnie 2007). This condition is widely shared among the architects of national brands and has also been considered when designing the brand Slovakia. The Slovak Ministry of Foreign and European Affairs (MFEA) defines nation branding on its website as:

»a process by which the brand of the country is created and the most fitting and specific attributes of the country are identified and expressed in an attractive and trustworthy manner and delivered to the target groups. Its aim has been to create and introduce [...] a set of attractive, trustworthy messages, including their graphic representation, with which relevant domestic actors will identify and which will help to create a positive image of Slovakia abroad. A quality presentation identity of a country helps to create better conditions for attracting foreign investors, to increase [...] attractiveness for the tourists and to support the export of Slovak products onto the world markets« (MFEA n.d.).

Therefore, nation branding, as argued by Andrew Graan (2016), should be understood as a tool by which normative demands on the performance of citizenship are organized, namely through semiotic regimentation of public communication. As an inward-oriented exercise, nation branding works through an intertextual dialogue with members of the imagined community, shaping the established themes and opening up new fields of identification. Through the encouragement to identify with the brand (and, hence, with the nation it represents), subjects are deliberately called upon to perform aspects of identification chosen for them by the marketing gurus. This is at the heart of a slow process of negotiating identities with repercussions for the imagined community that are far from imaginary. Consequently, nation branding should be conceived and studied as a specific form of identity politics. Nadja Kaneva (2011) proposes that it is both practice and ideology.

Hence, although this article recognizes the outward-directed dimension of nation branding, it focuses mainly on how the brand Slovakia has tried to engage those who identify themselves as members of the imagined community (including the diaspora).

SLOVAKIA AS A *GOOD IDEA*[10]

A key element in communicating the brand messages to the public in Slovakia has been a video spot introduced by Miroslav Lajčák, the Minister of Foreign and European Affairs, at a press conference in April 2016, with the following words:

»I believe it is [the brand, P. S.] the beginning of a story that will help us to improve the visibility of our country abroad and will help us strengthen our image, of which we often say that we are missing it. In order to achieve this, it is, understandably, important that we all internalize it, that we approach it positively and that we start applying it in real life: state institutions, business, the creative sector, just everybody. I believe the concept fulfills every criterion for our citizens to be able to identify with it«[11] (Lajčák 2016).

---

10 | The sources examined for the purpose of this paper are official materials available online at the website of the Slovak Ministry of Foreign and European Affairs (MFEA). The materials comprise, apart from the branding video and the website itself, four research papers that the MFEA commissioned between 2011 and 2013: The Anholt-Gfk Roper Nation Brand Index Report, produced for the government agency for tourism in 2011 to assess how Slovakia had been perceived abroad, and the results of two structured surveys on nation branding. Two of these research papers are concerned with the analysis of the existing narratives of the nation in Slovakia and propose possible themes for the future brand creation. Another two papers deal with the image of Slovakia as perceived abroad and examples of the successful branding strategies of Norway, Sweden, and Finland, respectively. The Anholt-Gfk Roper Nation Brand Index asked 20.000 respondents in 20 countries about their knowledge of Slovakia. The results have been revealing, especially regarding the recommendations made to the Slovak government and its subsequent way into its branding programme. Lastly, there are the results of the two surveys made available on the website of MFEA. The first was intended as a public discussion that took place in the form of a semi-structured questionnaire from July to December 2014 on a website www.BrandingSlovenska.com designed by MFEA especially for the purpose. Out of 8000 visitors of the website, 500 took part in the survey. Although the questionnaire at issue is no longer available, the results suggest that the questions were asked in a way to reflect the proposed themes and concepts from the research papers mentioned already. The second representative survey commissioned in 2015 produced answers to questions whether Slovakia should invest into the creation of a brand, preferred ways of presentation and enquiring about the attributes of Slovakia and its inhabitants selected, thus, being a formal exercise to legitimize the process of making the brand. The brand concept that was eventually presented in the form of a video spot was the winner of a public procurement and selected by a committee of experts nominated by the ministry.

11 | All translations in the text have been done by the author.

Arguing with Stuart Hall that images »constantly construct us through our phantasy relationship to the image in a way it implicates us in the meaning« (Hall 2006), in what follows, I offer my reading of the video on the »brand Slovakia«. As somebody who considers herself part of the imagined community at issue (by socialization and choice), my perspective is both auto-ethnographic and reflexive.

The opening of the two-minute spot makes you indeed wonder what comes next: »Presentation of Slovakia abroad. A good idea is wanted.« reads the text featured prominently on the screen, attended by a beat reminiscent of a Western-style movie. If you happen to be at least remotely familiar with the country, in what follows, you will be watching an evocative sequence of cliché-ridden national symbols: a folk-style flowery ornament, swiftly replaced by a contour map of Slovakia with a heart beating at its centre, superseded by the iconic Kriváň peak of the Tatra mountains and, to complete the set of simplistic graphic sketches, a violin. If these do not ring a bell, no need to worry – a voiceover explains: »Beautiful and diverse, the very heart of Europe. Beautiful landscapes, multifaceted culture, unique folklore.« What might justifiably appear to an uninitiated observer as yet another Romantic-inspired national imagery will possibly (although not necessarily) call to mind more semiotic layers among those who have been spoon-fed these images. One might think, for example, of the lavishly embroidered colourful costume your grandmother used to put on before going to church on Sundays; school trips to the Tatra mountains or the alleged centre of Europe near the town of Kremnica; the multiple articles in the media that occur with every anniversary of the »Czechoslovak divorce« and represent Slovakia as the emotional heart of the former federation. The trained ethnographer of the region (and surely anybody who has ever paid attention to the discourse of and on the nation in the country) might further think of the well-received myth of a peasant-plebeian nation[12] or the popularly invoked conception of Slovakia as a geographical, hence cultural, bridge between East and West.

Luckily, before one gets the chance to delve too deeply into the national sentiments (or not), the *raison d'être* of the video and its main message is revealed. As the sun illuminates the slopes covered by the shadows – stressing the novel aspects of an »enlightened« country which is going to leave its past behind – the voice, in a some-

12 | The most prominent proponent of what is today referred to as »the plebeian myth« was the Slovak author, journalist and essayist Vladimír Mináč (1922–1996). In his book *Blowing on the Embers* [Dúchanie do pahrieb] the convinced socialist – by way of cultivating a regime-affirmative class consciousness – asserted that if history was a history of kings and aristocracy, hence violence and exploitation, Slovaks had no history. But if history was measured by labour, Mináč maintained, Slovaks indeed were a historical nation, namely a nation of builders. His interpretation worked well with yet another, much older, auto-stereotype of Slovaks as peasants. These came to be represented, during the Romantic ethnization of culture, through the depiction of shepherds in high art (Krekovičová 2002). As Eva Krekovičová (2002) documented, the auto-image of a peasant nation remains valid until today and is highly ambivalent. On the one hand, it is negatively connoted as representative of poverty, on the other, celebrated as authentic. Thus, it is more often found in »official culture« than spontaneously invoked by people.

what liberating manner, promulgates that »Slovakia is no longer in need of its beaten path«. To accentuate the message, the authors make use of two easily comprehensible representations: The spreading light as a trope of coming progress and mountains as (and not only in the Slovak context) an established and widely recognizable symbol of the national territory. But the 19th century Romantic tradition offers yet another way to interpret the scene, namely, as one in which nature symbolizes the beacon of premodern authenticity and the home of a rural way of life. Coming back to the mountains: one might wonder if the authors had thought about the national anthem called *Lighting over the Tatras?* In addition to that, mountains represent, in different cultures, an elevated wisdom achieved on an arduous journey »to the summit« (Biedermann 1996). Are we watching a self-reflexive moment of a country, enlightened by its past experiences, stepping out of its primordial shadows? Possibly – at least the movie seems to suggest so at this point.

When the voice pronounces that »We are writing a different and modern story«, a way is being opened for new narratives, symbolically leaving behind the established images of a national self. If you doubt, keep on watching and become convinced by a car leaving a garage to fly off into the sky (fig. 1)! The flying car – a creation by Slovak designer Štefan Klein – lends itself well as a demonstration of the country's quirky inventiveness. One can spot here a wish and a call to move away from what has often enough been represented as and by the »Gellnerian Ruritania«.[13] Paradoxically, the idea of emancipation that is present in much of the 19th century accounts of the birth of nations serves here to communicate the idea of breaking with the Romantic past, in a genuinely Romantic, culturally-bound way when traditional images, such as the forest and the mountains, are recalled and the idea of a »rebirth« of the national spirit is reshaped in a modern fashion. The oblique intertextual hint about writing a new and modern story betrays yet something else. The video clearly addresses those who consider themselves part of the imagined community and not only potential investors for, it refers to received and implicit knowledge about the country and its history as anchors for further identification with the country.

The spot does not shy away from more controversial topics either. As the Roma band[14] *Devil's Violin* bows to its audience after a concert (fig. 2), the voice continues: »A story about a forward-looking and inviting country.« In the light of the notorious Roma poverty and racial stigmatisation,[15] and the country's rejection of a common EU quota scheme on the allocation of refugees, one suspects a wish to assure the viewer, despite all odds, of the country's inward and outward »cultural openness«. This is not necessarily a contradiction to the state's immigration politics, for, when it comes to attracting highly qualified migrants, culture does not usually play a decisive role. And it is the highly-skilled that Slovakia is interested in: »Appealing country, being

13 | An image of a region trapped in the »backwardness« of nationalist passions.

14 | The representation as musicians is possibly the most often invoked »positive« and, hence, reductive stereotype of Roma.

15 | See Sebők-Polyfka in this volume.

Fig. 1 (right page, top down): The flying car ready to take off into the sky. Screenshot of the campaign's website.
Fig. 2: The band Devil's Violin *bowing to its audience after a concert. Screenshot of the campaign's website.*
Fig. 3: Ecocapsule as shown on the video. Screenshot of the campaign's website.
Fig. 4: An image of a celebrating crowd. Screenshot of the campaign's website.

able to attract talent and investments«.[16] Showcasing yet another successful domestic design – a transportable energy self-sufficient house known as *Ecocapsule*[17] (fig. 3) – a message about a country that is home to innovative thinking is being sent out.

As the sun rises above the horizon and spreads its warm light again, the imagined community is reminded: »We are a small country not abounding in mineral resources. That is why we have to sell ideas.« Progress and emancipation are evoked yet again: A humanoid known from the banners of Slovakia's ESET antivirus provider – a true symbol and icon of the international start-up success of Slovakia – is transported through a Star Trek-like ray tunnel into an unknown place full of bright light. When a door opens and the humanoid walks out, the voiceover asserts: »If there is something we can be really proud of, it's the power of ideas.« It is the desire to articulate a distinctive object of pride common to most nation-building projects that the video aims to address at this point. At last, it seems, the gap has been closed.

The camera then follows an old train, metaphorically reminding the viewer of Slovakia's journey. As it travels through the rural landscape, it is magically transformed into a high-tech one, moving fast forward. »So let us introduce Slovakia to the outside world as a country where ideas are both born and turned into reality.« The message that is being sent out could not be clearer: Slovakia, a country with the highest number of cars produced per person in the world, has, so far, been known and perceives itself as the workshop of Europe. Now, it is ready to become a knowledge-based economy as well.

A presentation of two more of the »good ideas« from Slovakia follows: a snapshot of the open-air music festival Pohoda and of the Sygic navigation system. The

16 | Part of the government strategy to attract highly-skilled persons currently missing on Slovakia's labour market consists in trying to attract highly qualified diaspora. Under a recently adopted scheme, young Slovak graduates of elite foreign universities who return to Slovakia are eligible for substantial non-returnable financial support. The NGOs, too, have worked to address the consequences of the massive brain drain that has occurred in recent years in the wake of the country's transformation to a market economy and new freedom of movement. The NGO LEAF, for example, is almost solely devoted to attracting young Slovak graduates and professionals who studied abroad to return to Slovakia, by mediating them high-quality jobs and internships, many of which are offered by government institutions (for more information, see www.leaf.sk).

17 | Ecocapsule represents a product of one of the locally better known successful start-up companies and hence lends itself well as domestically recognized symbol of entrepreneurship and progressivity.

Good Idea Slovakia - english
MODERN
0:24 / 2:07

Good Idea Slovakia - english

Good Idea Slovakia - english
0:28 / 2:07

Good Idea Slovakia - english
GOOD
IDEA
0:50 / 2:07

voice encourages: »Let us present a country of good ideas.« The patriotism evoked here through technology and the capacity to think in a specific way is, in fact, nothing new on the market (recall, for example, Germany's nation branding slogan »Land of Ideas«, see Götz 2011b). What these reflect is the move to a service-oriented and experience-based capitalism of post-industrial societies. Digging still a little deeper, the capacity to fuel technological progress, providing control over nature, lends itself well as a powerful mythological narrative of the nation. Technology, as a symbol of taming the unpredictable powers of nature, has been used and abused to answer the deepest human fears.

To wrap up, the »nation« and its »good ideas« are at last celebrated: a merry mass of people in front of the stage at a concert is shown (fig. 4). In a quasi-religious ecstasy, they raise their hands synchronously and release a sea of balloons. The voice joins in the party: »Because Slovakia is a good idea.« The viewer is subconsciously reminded that it is the collective body that gives rise to a nation.

Finally, we learn who the authors aim to speak to: »Good Idea Slovakia. A simple, powerful idea being able to inspire the world as well as Slovaks themselves. Good Idea Slovakia is both the slogan and the brand of Slovakia at the same time.«

The new logo appears against a background of the night sky with stars (common to all nationalist projects has been a perspective that places them in the centre of the universe). The only allusion to official state symbols is a playfully deconstructed slim tricolour stripe at its side. The voice comments: »Multilayered typography created by applying a type face by the world famous Slovak designer stands for the variety and richness of ideas.« Suggestions of how and in which contexts the logo should be used follow by showing its possible, flexibly employable headings: Travel in Slovakia, Invest in Slovakia, Culture and Slovakia, Sport and Slovakia, and Ideas from Slovakia.

The concluding text then lists the »stars« of the video – the new symbols of Slovakia and its modern identity: »Our gratitude goes to the following partners from Slovakia: *ESET* – a worldwide antivirus software manufacturer, *Aeromobil* – a progressive flying car from Slovakia, *Sygic* – the trendsetter in mobile navigation and travel, *Ecocapsule* – the winner of the public award at the StartupAwards.SK 2014, *Pixel Federation* – one of the fastest growing companies in Central Europe, *Viva musica!* – a non-traditional festival of top-class classical music performers and *Festival Pohoda* – the largest multi-genre festival in Slovakia.

It is, above all, regarding these, that one learns what exemplary citizenship ought to look like. The companies listed tell not only stories of individual start-up successes or innovative ways of thinking, but also define who the new elites of the nation are. It is then equally interesting to ask who has been left out of the narrative. While the video clearly addresses the »native« audience, what strikes one is how rarely people appear in the video. In fact, they do so only as crowds. This shows a new grammar and hierarchy of belonging, namely between the entrepreneur »elite« and the rest.

However, people and their stories are not completely left out of the branding concept of Slovakia. Shortly after the brand was introduced, the first »ambassador« of the »Good Idea« (the »pantheon of national heroes« should be extended in the future) was named by the Foreign Minister. Peter Sagan, the world champion cyclist from Slovakia whose star has been rising in the last years, had been chosen for the task. The internationally acclaimed sportsman as the first »ambassador« is no surprise. Not only are successful sportsmen and -women the heroes of modern nations, waging symbolic battles on their country's behalf on the global stage of sport arenas, but as performers of the body, they are also the incarnation of the symbolic strength of the nation and embody the imagined capacities within the reach of its members. Thus, they are personas *exempla virtutis*, whose performance is to be emulated. Exuding a sense of discipline, power and competitiveness, what they represent comes in handy to the neoliberal ethics of the »survival of the fittest«. At the »inauguration« ceremony, Sagan was introduced as a miracle boy from a modest family, who had been a great influence on the young. His story, resembling the »American dream«, had been employed as a lesson: it pays off to work hard and that »miracles« are indeed possible. The rooftop of the National Bank of Slovakia, as the news reported, was picked for the ceremony to show symbolically that nation branding will have a positive impact on the economy and stimulate growth and the gross domestic product GDP. The bank – worshiped as the modern temple of prosperity – was further announced to be the storage place of the decrees of the ambassadors-to-be. This showed yet another face of the enterprise of nation branding, namely that of economic nationalism.

On the Reception of the Brand – a »Good Idea«?

It should be pointed out that however ambitious the authors of the brand Slovakia had been, the brand presentation attracted attention mainly from the media and the marketing experts which had continually accompanied the process of its making. The liberal part of the elite particularly applauded. The business weekly, *Trend*, for example, commented:

»Slovakia presents its new brand today under the slogan Good Idea Slovakia. It is a culmination of a process that had stretched over several years and for which the Ministry of Foreign Affairs was responsible. Compared to states with strong narratives and personalities, it was, namely, at first necessary to define, with the help of experts, how Slovakia actually perceives itself in the 21st century. Understandably, not every citizen desires to be represented by a marketing shortcut. But there exist more reasons why Good Idea Slovakia is a good idea. Image of a country, namely, arises spontaneously too, and many people surely are not happy when confronted by a romanticizing image of a shepherd nation with modest intelligence and cultivated taste for alcohol. The absence of positive examples these days, moreover, hunts people to xenophobe ›protest‹ groups, what, aside from political standstill, brings the country unfavourable reputation. Apart from that, to say that Slovakia is a country of good ideas is not plain imagination. The media is full of evidence these days that the coming generation means to use its head and not only to wear a hipster hat on it, and that it actively tries to promote and realize its projects« (Garaj 2016).

A well-known marketing expert from Bratislava, Martin Bajaník, said of the new brand in an interview for the liberal daily *Denník N:*

»Czechs could have built on the First Republic,[18] we practically constantly reject something. We have rejected the Kingdom of Hungary, we reject the First Republic, the Slovak state,[19] socialism and mečiarism,[20] of course with self-reflection. It is difficult to build our story on history, and so it is probably good that the concept ›Good Idea‹ looks into the future.[21] […] finally, we have left folklore and the image of a rural country and moved more towards what we call a knowledge-based economy. Subconsciously, we attract other types of investors, not only the ones who want to, at best, build a fabric here« (Mikušovič 2016b).

But there were also sceptical reactions. The presentation of the brand came out at the same time as the school teachers' strike for an increase in wages. The striking teachers commented ironically on the new brand slogan with posters such as »Saving on education, Good Idea Slovakia«.[22]

Igor Kupec, the Slovak graphic designer and copywriter, also reacted to the new brand by offering his own »rebranding of Slovakia«. In it, he spelled out the problems that should, according to him, be addressed by the government with the following slogans:

»Slowakia. We are not slow. We just don't hurry. We don't hurry with tolerance. We don't hurry with health. We don't hurry with poverty. We don't hurry with highways. We don't hurry with ecology.[23] We don't hurry with corruption. We don't hurry with transparency. We don't hurry with education« (Mikušovič 2016a).

---

18 | The Czechoslovak Republic (1918–1938) – the first common democratic state of Czechs and Slovaks. The author of the quote refers to a popular conception according to which the state was centrally run from Prague, leaving less autonomy for the at the time predominantly non-industrialised Slovak part of the federation.

19 | The Slovak Republic (1939–1945), a satellite fascist state of the Third Reich.

20 | Vladimír Mečiar was the first prime minister of the Slovak Republic after Czechoslovakia split up. His style of politics was described as authoritarian in Slovakia and abroad and is believed to have postponed Slovakia's invitation to join the EU and the NATO until after the end of his premiership in 1998.

21 | The »rejection« of history refers to the popular idea that until 1993, when Slovakia became an independent state, its destiny had been determined by »foreign« powers. The year 1993 is often represented as the beginning of the modern Slovak history.

22 | Discontent School-Teachers' March Through the Streets of Bratislava: People Applauded, Many Have Even Joined Them, http://www.pluska.sk/spravy/z-domova/07/foto-protest-ucitelov-bratislave-je-vel kym-sklamanim-silne-transparenty-mizerna-ucast.html (last time accessed on 30. 4. 2017)

23 | This slogan reflects the wide-spread criticism of the government's focus on foreign investments in the car industry on the grounds that Slovakia should strive to attract more highly skilled industries and think more about the environmental impact of car production.

Fig. 5: »Re-branding« of Slovakia as ironically proposed by designer Igor Kupec, criticizing the country's focus on investments into car industry.

One of Kupec's graphics, *SlovaKIA*, for example, alludes to the Korean car manufacturer, KIA, based in Slovakia (footnote 23 and fig. 5).

The reactions to the brand are representative of the multitude of discourses and perspectives on the »nation« and what it represents. The different views are symptomatic of the tension between the country's liberal elite (mostly living in Bratislava) and »the rest«. These arise from the dramatic regional and societal inequalities pertaining to the distribution of opportunities, the living standards, wages and education.

The »Invisible Government«[24] and the Making of the Brand Slovakia

As has already been suggested in the introduction, the »brand Slovakia« has been in the making since 2009. Contrary to what one might expect when thinking about the complexity of nation branding as an ideology and practice, the motifs behind the first steps to institutionalize mechanisms of the presentation of the country reflected the practical needs of the economy. Since the inception of the young state in 1993, the state-owned agencies in charge of tourism and investment had employed diverse communication strategies and visuals. In those, Slovakia was often portrayed as a rural country with various accompanying narratives. According to the government of Slovakia, the lack of a coordinated approach regarding the country's presentation

24 | I borrowed the term from E. L. Bernays's book *Propaganda* (1928). The author suggested that a great deal of the ideas that determine the way we think about society had been produced by people we will never know or be aware of.

at international fairs and occasional re-emerging criticism from the public and the media as to the quality and cost of such endeavours, called for hands-on solutions.[25] Although pragmatically motivated in the first place, the diversity of national representations perceived and the need to coordinate them revealed at least two things: The negotiation of identities, symptomatic of the years following political ruptures (in the case of Slovakia, the emergence of the new state and transition to a market economy), and the search for stabilizing narratives supporting the new status quo. The »presentation of Slovakia abroad« provided a mere context for these.

As evidenced by a lot of documents and studies commissioned by the Slovak MFEA,[26] it was during the debates on how to approach the theme of the country's presentation abroad that nation branding, as a complex strategy suitable for the task, was identified and began to be developed. It is only understandable that such an endeavour had to, sooner or later, encounter the question of representation and to reopen the discussion on national identities.

This negotiation took place predominantly among the network of groups of the liberal elite appointed by the government with a view to elaborating the conceptual base for the forthcoming brand. Although the public had been involved in the process by using representative surveys, these were framed in a way that had reflected themes predefined by the expert team in its research papers. Hence, I argue that the involvement of the public had served merely to legitimize the process.[27] Most of the conceptual work on the brand had already been done by the experts. This makes Slovakia's nation branding project – as has often been the case in the history of nationalist movements – an elite undertaking through and through.

The Semiotic Programme of the Brand and the Reconstitution of Narratives and Stereotypes of the Nation[28]

It is precisely the understanding of the elite of the nation and the dominant auto- and hetero-stereotypes, as observed in the research papers commissioned by the MFEA, that one has to look at to understand the vantage points and conceptual background that informed the *Good Idea Slovakia*. By suggesting a working definition, I refer to these ideas as a »semiotic programme« of the brand Slovakia. In my reading, there are at least two thematic areas that constitute the programme: what nation branding is and what it should deliver in the Slovak context, and the reconstitution of the narratives and stereotypes of the nation.

25 | A Brief Overview of the Steps Undertaken Thus Far, https://www.mzv.sk/znacka-slovenska/strucny-prehlad-doterajsich-aktivit (last time accessed on 7. 4. 2017).

26 | See footnote 10.

27 | See footnote 10.

28 | See, above all, MFEA n. d.

As far as the first aspect is concerned, nation branding is understood as a theoretically informed creation, measurement and management of the reputation of a country, while accentuating its intrinsic symbolical value. Although it is acknowledged that the reputation of a country cannot be controlled by marketing devices, the authors of the programme seem to be convinced (or aim to convince their audience) that the image of a country can be changed, namely through a systematic strategy. Such a conceptual strategy, according to them, should involve products, services, policies and initiatives that will become the hallmark of the brand. The search for key attributes unique to Slovakia is, thus, conceived as an adequate framework of shaping strategies for the country's future. This, among other things, has involved an essentialized and essentializing concept of national identity: »The goal was to find a base for the modern identity of Slovakia and to draw attention to its potential for all areas« (MFEA 2011).

The second, more complex part of the programme consists of the discussion of some of the key narratives of the national history and established and proposed images of self and others. It is the understanding and interpretation of the national history, including »lessons« derived from it, I argue, that provide legitimacy for the branding programme and open up new fields of identification.

To start with, the interpretation of the Slovak history unfolds from two main lines of argument.

The first affirms and is justified by the myth of the plebeian nation. It asserts that Slovakia had no history of its own prior to 1993; the history that had been played out on its territory before it emerged as an independent state »belongs« to other nations.[29] The argument originates from an ethnical-cultural interpretation of class consciousness and understanding of who held the power in the Austro-Hungarian monarchy and Czechoslovakia. Framed as power asymmetry between foreign aristocracy and native peasants where the Austro-Hungarian monarchy is concerned, and between foreign intellectuals and bourgeoisie, and the native rural population with respect to Czechoslovakia, the historical nations are, in this account, Austrians, Hungarians, and Czechs, respectively. The notion of to whom the history »belongs«, therefore, is derived from an understanding of a nation as a state-forming and state-running entity.

The second interpretation of the past embraces history prior to 1993. It refers, above all, to the »totalitarian regimes«, lumping together and with little nuanced reflection, real socialism and the period of the neo-fascist Slovak State. The underlying narrative is that of a victim nation, not unlike in other post-socialist states. What, however, gives the »victim« narrative of Slovakia its own twist, is the aforementioned conception of a nation as a state-running community. Under this aspect, it is often

29 | If one takes the Macedonian project »Skopje 2014« to be an attempt at nation branding (see Graan 2016), its basic strategy would be the absolute opposite of the Slovak one: it makes the (largely constructed) »ancient national history« the one and only element of branding the young Balkan nation (see Klaus Roth's paper in this volume).

argued that the totalitarian regimes were a foreign »import« of the Third Reich and the USSR.

What is common to both these accounts of the past is a popularly invoked understanding of »Slovak history« as a struggle for freedom and independence (echoing an older narrative of a thousand years of suppression under the Hungarian rule). Part and parcel of the narrative of »struggle« is the recourse to events that constitute a stable part of the »national« historical canon. To name but a few: the 1944 anti-fascist uprising that took place in Slovakia during the Second World War, the Prague Spring and the 1968 occupation of Czechoslovakia, the 1989 Velvet Revolution or the 1993 split-up of Czechoslovakia.

It is the notion of »struggle« that is further developed by the »semiotic programme« of the brand and is subsequently transported into the latest history of Slovakia. One of the discussion papers, for example highlights the argument by the Slovak historian, Roman Holec (Gyárfášová/Bútora/Bútorová 2012). According to him, the story of Slovakia (that is, post 1993) is that of a country that started from scratch and »struggled« its way through to become a member of the elite clubs of the EU and NATO. Membership to these organizations symbolized not only prosperity and the freedom so much desired, but also belonging to the wider family of European nations. Although the victim narrative still persists, according to Holec, the country was partially able to free itself from it, as demonstrated by its ambitious take on the challenges of transformation (Gyárfášová/Bútora/Bútorová 2012). The fairy tale-like story of the EU, NATO, and Eurozone accessions that were eventually achieved despite Slovakia's starting position as an underdog of the region, constitutes one of the newer struggle-emancipation myths of Slovakia. However, as the excitement of the momentum was gradually fading and losing its immediate power to offer positive identification narratives, the elite started to pose the question of what the future vision of the country should be, and how Slovakia ought to imagine itself in and for the future. The vacuum that followed the »golden years« needed to be filled with new visions. Nation branding, as a project in the making, presented the necessary platform and legitimacy for articulating such novel ideas.

The consensus among the creators of the brand was that it should not focus on the history prior to 1993, with its many controversies, but that it should build upon the success story of the integration years. The idea of a progressive country was born out of this premise. Key to the concept of a »country with potential« was the construction of four defining attributes of Slovakia that, to different extents, rearticulate and reactivate existing auto- and hetero-stereotypes. The four attributes are individuality, diversity, vitality, and inventiveness.

In the account of the brand architects,[30] »individuality« has been chosen to reflect the conservative aspect of the Slovak culture rooted in tradition and heritage. It should also refer to the »turbulent past« and »short history« – clearly, the first taking place before and the second after 1993. The formulation of this attribute can be seen as

30 | MFEA n. d.

an acknowledgement on the side of the liberal elite that »ethnos«, as a conception of a nation in Slovakia, is around and is difficult to ignore. »Vitality« has been delineated from the country's »historical capacity to survive« (tapping again into the narrative of struggle). In the background of »vitality« stand naturalist ideas, such as »original power, health, authenticity, and originality«. The vital country, according to the brand authors, is full of energy, opportunities, and interesting people. In an ideal case, such attributes are best fitted to unfold the creative potential of society (and make it marketable). Lastly, Slovakia is described as a »diverse« country full of contrasts – naturally, culturally and socially (the last being a euphemism, considering the persisting regional inequalities in the standards of living). What is described as »diversity« and a »laboratory of central Europe« (one immediately thinks of the neoliberal market reforms of the 1990s) should become the basis for the future capacity of the nation that lies within »innovation«.

Conclusion

As can been seen from the above, the brand programme of Slovakia has made use of multiple streams of thoughts and ideas. In its attempt to formulate »trustworthy« identifications and narratives, it has combined an essentialist-cultural conception of nation with naturalist properties, such as »vitality«. Hence, the *Good Idea Slovakia* that came of out these and tells a story of breaking with the Romantic past is based, to a great extent, on some of the very ideas it rejects. What is more, the Romantic narratives are redressed through naturalist interpretations in a way to make them »attractive« on the global market of »competitive identities«.

As the studies of the nation branding of Britain, Germany, and Macedonia show (Meyer 2005; Götz 2011a; 2011b; Graan 2016), there are at least two factors that they and Slovakia have in common and that, I believe, should inspire further questions in thinking about nation branding. Firstly, in all the cases mentioned, nation branding is a policy organized and financed by the state. Although there is no denying the fact that nation-building has always been a project of the elite, the democratic legitimacy of such a practice ought not to remain unquestioned. Not only does it postulate prescriptive ideas of nation and citizenship, but its practical aspects often rest in the hands of »invisible governments« of unelected marketing experts. Secondly, while nation branding is based on a premise of a world that consists of nation-states (including the illusion of their alleged power), its practice testifies to the fact that the nation-state, as an actor capable of defining conditions under which it conducts its policies, is ever more depended on external factors. While the symbolic power of the national experiences its discursive revival, the nation-state is on decline and becomes ever more challenged by an unequal competition in respect to the global flows of investment, purchasing power and »brains« (Götz 2011b).

Central to the functioning of the global economic system has been the idea and ideology of competitiveness. As has been shown by the Slovak case, the imperative of global competitiveness has, on the one hand, legitimized the production of a distinctive market-affirmative narrative of »national identity« through nation branding. On the other hand, competitiveness has informed the semiotic construction of the brand in a way that provides normative prescriptions of a citizen. How and to what extent this utilitarian conception of man and society will become internalized, remains to be seen. Nevertheless, it seems not farfetched to suggest, even at this point, that a marketing logic applied to and by politics of identity will further fuel the inequalities within and among the states.

Bibliography

Anderson, Benedict (2006): Imagined Communities. 4. Aufl. London.

Anholt, Simon (2007): Competitive Identity. The New Brand Management for Nations, Cities and Regions. Houndmills u. a.

Biedermann, Hans (1992): The Wordsworth Dictionary of Symbolism. 4. Aufl. New York.

Bernays, L. Edward (1928): Propaganda. New York.

Bourdieu, Pierre (1986): The Forms of Capital. In: Richardson, John (Hg.): Handbook of Theory and Research for the Sociology of Education. New York, S. 241–258.

Dinnie, Keith (Hg.) (2008): Nation Branding. Concepts, Issues, Practice. Oxford.

Götz, Irene (2011a): Deutsche Identitäten. Die Wiederentdeckung des Nationalen nach 1989. Köln, Weimar, Wien.

— (2011b): Zur Konjunktur des Nationalen als polyvalenter Vergemeinschaftungsstrategie. Plädoyer für die Wiederentdeckung eines Forschungsfeldes in der Europäischen Ethnologie. In: Zeitschrift für Volkskunde 107, 2, S. 129–155.

— (2016): The Rediscovery of »the National« in the 1990s – Contexts, New Cultural Forms and Practices in Reunified Germany. In: Nations and Nationalism 22, 4, S. 803–823.

Graan, Andrew (2016): The Nation Brand Regime: Nation Branding and the Semiotic Regimentation of Public Communication in Contemporary Macedonia. In: Signs and Society 4 (S1), S. 70–105.

Hall, Stuart (2006): Representation and the Media, https://www.youtube.com/watch?v=6sbYyw1mPdQ (last time accessed on 13. 4. 2017).

Kaneva, Nadja (2011): Nation Branding: Toward an Agenda for Critical Research. In: International Journal of Communications 5, S. 117–141.

— (Hg.) (2012): Branding Post-Communist Nations. Marketizing National Identities in the »New« Europe. New York.

Krekovičová, Eva (2002): Identity a mýty novej štátnosti na Slovensku [Identities and Myths of the New Statehood in Slovakia]. In: Slovenský národopis [Slovak Ethnology] 50, 2, S. 147–170.

Meyer, Silke (2005): »Cool Britannia«: Zur Konstruktion des Nationalen im Millenium Dome, London. In: Zeitschrift für Volkskunde 101, S. 49–68.

Mináč, Vladimír (1970): Dúchanie do pahrieb [Blowing on the Embers]. Bratislava.

Nye, S. Joseph (2004): Soft Power: The Means to Succeed in World Politics. New York.

Roth, Klaus (1998): »Bilder in den Köpfen«. Stereotypen, Mythen, Identitäten aus ethnologischer Sicht. In: Heuberger, Valeria/Suppan, Arnold/Vyslonzil, Elisabeth (Hg.): Das Bild vom Anderen. Identitäten, Mythen und Stereotypen in multiethnischen europäischen Regionen. Frankfurt am Main, Bern, S. 21–43.

Primary Sources

Anholt-GfK Nation Brands Index, http://nation-brands.gfk.com (last time accessed on 30. 4. 2017).

Bátora, Jozef/Gyárfášová, Oľga/Timoracký, Marián (2013): Branding Slovenska. Od ideového konceptu k posolstvám a komunikácii [Branding of Slovakia. From Concepts to Messages and Communication], https://www.mzv.sk/documents/10182/12495/BRANDING_SLOVENSKA_studia_komunikacne_posolstva.pdf/675019fa-077d-45ea-9b38-3b01bb71d566 (last time accessed on 30. 4. 2017).

Bátora, Jozef/Gyelnik, Teodor (2012): Branding krajiny: skúsenosti Nórska, Švédska a Fínska [Country Branding: Experience of Norway, Sweden and Finland], https://www.mzv.sk/documents/10182/12365/Branding+-+Norsko%2C+Svedsko%2C+Finsko+%281.pdf/3dcd6c59-dd5b-4345-b650-466d542aec62 (last time accessed on 30. 4. 2017).

Good Idea Slovakia (video 2016), https://www.mzv.sk/znacka-slovenska/ako-vznikalo-logo-znacky-spot (last time accessed on 30. 4. 2017).

Lajčák (2016): Minister Lajčák predstavil novú značku Slovenska [Minister Lajčák Introduced the New Brand Slovakia] [video], https://www.mzv.sk/aktuality/detail/-/asset_publisher/Iw1ppvnScIPx/content/minister-m-lajcak-predstavil-novu-znacku-slovensko?p_p_auth=tPEhmOD7&_101_INSTANCE_Iw1ppvnScIPx_redirect=%2Fministerstvo%2Fverejna_diplomacia-branding_slovenska (last time accessed on 7. 4. 2017).

Ministerstvo zahraničných vecí a európskych záležitostí Slovenskej republiky [Ministry of Foreign and European Affairs – MFEA] (2011): Slovensko krajina s potenciálom. Ideový koncept prezentácie Slovenska [Slovakia, a Country with Potential. Concept of Presentation of Slovakia], https://www.mzv.sk/documents/10182/12365/Slovensko_krajina_s_potencialom_DEF.pdf/b55d5ed2-e4e6-40b0-a413-a8a2181cf248 (last time accessed on 30. 4. 2017).

— (n. d.): Obsahové východiská značky Slovensko [The Conceptual Vantage Points of Brand Slovakia], https://www.mzv.sk/znacka-slovenska/obsahove-vychodiska-znacky-slovensko (last time accessed on 7. 4. 2017).

— (n. d.): Stručný prehľad doterajších aktivít [A Brief Overview of the Steps Undertaken Thus Far], https://www.mzv.sk/znacka-slovenska/strucny-prehlad-doterajsich-aktivit (last time accessed on 7. 4. 2017).

Nation Brands Index Slovakia (2011), https://www.uvo.gov.sk/vyhladavanie-dokumentov/document/195473/profil/1703/Predmet/151267/guid/43b6e43a-34b2-4d69-b50d-6c9c7c61d487/id/216088 (last time accessed on 30.4.2017).

Oľga Gyárfášová/Bútora, Martin/Bútorová, Zora (2012): Imidž Slovenska z pohľadu zahraničia. Vnímanie Slovenska očami zahraničných expertov. Pohľad na Slovensko vo vybraných zahraničných médiách. [Image of Slovakia as Perceived Abroad. Perception of Slovakia by Foreign Experts. Slovakia as Perceived in Selected Media Abroad], https://www.mzv.sk/documents/10182/12365/Studia_imidz_Gyarfasova_Butora_Butorova.pdf/a09de88a-d3f3-41da-a59e-aedbdff46bea (last time accessed on 30.4.2017).

Vláda Slovenskej republiky [The Government of the Slovak Republic] (2012): Programové vyhlásenie vlády Slovenskej republiky na roky 2012–2016 [The Programme of the Government of the Slovak Republic for Years 2012–2016], http://www.vlada.gov.sk/data/files/2008_programove-vyhlasenie-vlady.pdf (last time accessed on 13.4.2017).

Internet Sources

Garaj, Patrik (2016): Kedy bude Slovensko skutočne »dobrý nápad« [When will Slovakia relly be a »good idea«], http://www.etrend.sk/trend-archiv/rok-2016/cislo-17/kedy-bude-slovensko-skutocne-dobry-napad.html (last time accessed on 30.4.2017).

Mikušovič, Dušan (2016a): Namiesto Good Idea skutočné problémy: košický dizajnér reaguje na značku Slovenska ironicky [Real Problems Instead of a Good Idea: Designer from Košice Reacts Ironically to the Brand Slovakia], https://dennikn.sk/583075/namiesto-good-idea-skutocne-problemy-kosicky-dizajner-reaguje-na-znacku-slovenska-ironicky/ (last time accessed on 30.4.2017).

— Dušan (2016b): Interview with Martin Bajaník, https://dennikn.sk/458803/dizajner-bajanik-nove-lido-dobra-reklamna-kampan-aj-ked-sa-netvari/ (last time accessed on 30.4.2017).

Poklembová, Patrícia (2016): Bratislavou pochodovali nespokojní učitelia: Ľudia tlieskali, mnohí sa k nim dokonca pridali [Discontent School-Teachers' March Through the Streets of Bratislava: People Applauded, Many Have Even Joined Them], http://www.pluska.sk/spravy/z-domova/07/foto-protest-ucitelov-bratislave-je-velkym-sklamanim-silne-transparenty-mizerna-ucast.html (last time accessed on 30.4.2017).

TABLE OF FIGURES

Wir und die Anderen: innere und äußere Fremde

»Es schwebte immer vor ihren Augen, dass sie es mit einem Zigeuner zu tun haben«

Antiziganismus in der Slowakei und sein Einfluss auf die Lebenswelten von slowakischen Roma und Romnja

Noémi Sebők-Polyfka

»[D]a habe ich gesagt: ›Herrgott, wo leben wir? Wo leben wir?‹ Und deshalb sage ich, dass [stöhnt] vielleicht werde ich jetzt Quatsch erzählen, ich werde wirklich Quatsch erzählen, aber, aber wenn es zum Schlimmsten kommen würde, wenn es schon wirklich –, ich – ich hoffe, dass es nie so weit kommen wird, aber es in diesem Staat so weit kommen würde, dass jetzt – ja, die Zigeuner separieren, fertig, irgendwo wegbringen, oder was weiß ich, dann werden sie nicht fragen, ob du jetzt arbeitest? Ob du studierst? Verstehen Sie mich? Also, was passiert dann?«

Das sind die Worte von Kinga,[1] einer Romni, die im Rahmen einer Feldforschung 2014 in der Slowakei interviewt wurde. Dieses und weitere sechs autobiografisch-narrative Interviews[2] mit Menschen, die sich als Roma und Romnja[3] definieren, flossen in meine Masterarbeit[4] ein, in der ich mich mit Antiziganismus in der Slowakei und seinem Einfluss auf die Lebenswelten von slowakischen Roma und Romnja beschäftigte. Auf dieser Studie baut der vorliegende Aufsatz auf.

Der Antiziganismus ist ein hochgradig sensibles Thema, da er mit Stigmatisierung und Diskriminierung verbunden ist. Dies erfordert einen besonders einfühlsamen

---

1 | Die Namen aller zitierten Interviewten, bis auf den Janette Maziniovás wurden verändert. Janette Maziniová ist eine öffentlich bekannte Aktivistin, die ihre Erfahrungen auch als Buch veröffentlicht hat.

2 | Die Interviews wurden auf Slowakisch oder Ungarisch geführt – abhängig davon, in welcher Sprache sich die Befragten am wohlsten fühlten.

3 | Bei dieser Bezeichnung wird je nach Genus folgendermaßen differenziert: Rom beziehungsweise Romni stehen für die männliche und weibliche Singularform, Roma und Romnja für die jeweilige Pluralform.

4 | Diese Studie mit dem Titel *Antiziganismus in der Slowakei. Einfluss auf Lebenswelten und Bewältigungsstrategien der slowakischen Rom_nja* wurde von Irene Götz und Marketa Spiritova im Rahmen des Elitestudiengangs Osteuropastudien (Ludwig-Maximilians-Universität München) betreut und 2015 abgeschlossen.

Zugang zu potenziellen Interviewpartnerinnen und Interviewpartnern. Aus diesem Grund wurden zunächst Personen angefragt, die ihre Antiziganismuserfahrungen bereits an die Öffentlichkeit getragen haben, sei es durch Blogeinträge, eine Autobiografie oder öffentliche Auftritte. Weitere Personen, die bereit waren, zu diesem Thema ein Interview zu geben, wurden durch die Vermittlung dieser ersten Befragten gefunden. Das Sample[5] wurde aus Personen gebildet, die allesamt eine Hochschulbildung genossen haben. Damit sollte einerseits die Reproduktion des Stereotyps vom ungebildeten Rom vermieden werden. Auf der anderen Seite bedeutet dieser Fokus, dass es sich – wie bei qualitativen Forschungen generell – nicht um eine repräsentative Studie handeln kann. Vielmehr sind die im Folgenden beschriebenen Erfahrungen einer Handlungsmacht im Umgang mit Antiziganismus solche, die sich aus der spezifischen Stellung der interviewten Akteurinnen und Akteure im sozialen Raum ergeben. Das erworbene Bildungskapital macht sie in gewisser Weise zu Privilegierten unter Roma und Romnja, jedoch schützt es sie nicht vor antiziganistischen Vorurteilen.

Die theoretische Grundlage der Masterstudie lieferte das Konzept des »Antiziganismus« nach Markus End,

> »ein historisch gewachsenes und sich selbst stabilisierendes soziales Phänomen, das eine homogenisierende und essenzialisierende Wahrnehmung und Darstellung bestimmter sozialer Gruppen und Individuen unter dem Stigma ›Zigeuner‹ oder anderer verwandter Bezeichnungen, eine damit verbundene Zuschreibung spezifischer devianter Eigenschaften an die so Stigmatisierten sowie vor diesem Hintergrund entstehende diskriminierende soziale Strukturen und gewaltförmige Praxen umfasst« (End 2013: 47).

In Anlehnung an die zitierte Definition wird Antiziganismus als Vorgang begriffen, in dem Menschen als »Zigeuner« fremdidentifiziert werden. Markus End betont, dass seine Definition von Antiziganismus eine Vorurteilsstruktur einschließt, die sich gegen vermeintliche »Zigeuner« richtet. Die Entscheidung, wer in diese Kategorie gehört, obliegt jedoch der Mehrheitsgesellschaft (ebd.). Antiziganistisch diskriminierten Menschen wird in diesem Sinne unterstellt, zu einer homogenen Gruppe zu gehören. Dieser werden bestimmte, negativ bewertete Eigenschaften und Handlungsweisen zugewiesen, die zuvor dem Stigma »Zigeuner« zugeordnet wurden (ebd.; Bartels 2013: 25).

Die Markierung von Personen als »Zigeuner« erfolgt durch die *weiße* Mehrheitsgesellschaft. Mit *weiß* ist dabei nicht die Hautfarbe gemeint, sondern die privilegierte Position innerhalb eines rassistischen gesellschaftlichen Systems. Im Sinne der Critical Whiteness Studies[6] soll mit der Kursivsetzung und Kleinschreibung der Konst-

---

5 | Die Interviews dauerten 1–3 Stunden. Sie wurden zwischen 25. 4. 2014 und 22. 5. 2014 in der Slowakei geführt. Mit Janette (41), János (30), Kristína (34), Lívia (55) und Michal (54) fand das Gespräch jeweils an ihrem Arbeitsplatz statt. Kinga (41) wurde zu Hause interviewt.

6 | Der Ansatz der Critical Whiteness Studies betrachtet das »Weißsein« (Whiteness) als Privileg und betont die Wichtigkeit des Aufzeigens gesellschaftlich produzierter Machtdifferenzen, die auf der Zuordnung von Menschen zu unterschiedlichen »Rassen« oder »Ethnien« basieren. Er geht von *weißen*

ruktionscharakter der Kategorie *weiß* betont werden. Damit wird sichtbar gemacht, was sonst als Norm gesetzt ist: das *Weiß*-Sein (Eggers u.a. 2009: 13).

In der hier verfolgten dekonstruktivistischen Perspektive[7] werden Rassifizierungsprozesse fokussiert und dabei die Machtverhältnisse zwischen der Mehrheitsgesellschaft und der betroffenen Minderheit reflektiert. Damit nicht einmal mehr der weiteren Homogenisierung dieser Gruppe Vorschub geleistet wurde, sollten nicht »die Roma und Romnja« untersucht werden, sondern die Erfahrungen von Menschen, die als solche markiert werden. Entsprechend plädiert Wolfgang Kaschuba dafür, nicht mehr in ethnischen Kategorien zu denken, sondern »andere Formen der Erfahrung von Zugehörigkeit« in den Mittelpunkt der europäisch-ethnologischen Forschung zu rücken (Kaschuba 2012: 147).

Es war ein Anliegen der hier vorgestellten Studie, die Akteurinnen und Akteure nicht als passive Opfer von Rassismus zu beschreiben. So stehen vielmehr ihre situativ entwickelten Strategien und Praktiken im Umgang mit Antiziganismus als alltäglicher Erfahrung im Sinne einer subjektorientierten Perspektive im Mittelpunkt der Untersuchung. Gezeigt werden soll, wie antiziganistische Gesellschaftsbilder und die daraus resultierenden Handlungsweisen von bestimmten Vertreterinnen und Vertretern der Mehrheitsgesellschaft nicht nur die Lebenswelt der Befragten durchdringen, sondern auch zu einer spezifisch widerständigen Handlungsmacht der Gesprächspartnerinnen und -partner führen.

Das eingangs wiedergegebene Zitat von Kinga, einer ehemaligen Bankangestellten, ist ihre Reaktion auf Vorgänge, die wir in Europa in den letzten Jahren verstärkt beobachten können: Eine wiederentdeckte Besinnung auf das Nationale (Götz 2011), das klare Grenzen zwischen Eigen und Fremd zieht und bestimmte Gruppen aus der »Nation« ausschließt. Die nachfolgend beschriebenen Erfahrungen derjenigen, die von diesen Ausschlüssen betroffen sind, sowie der politische Diskurs um das Nationsverständnis, der hier nur am Rande für den Fall der Slowakei behandelt werden kann, zeigen eine Verwobenheit von antiziganistischen Vorstellungen der slowakischen Gesellschaft mit ihrem nationalem Selbstbild.[8]

Der Antiziganismus ist jedoch in der Slowakei und in Europa kein neues Phänomen. Er ist historisch gewachsen,[9] und das über Jahrhunderte aufgebaute rassistische Wissen entfaltet seine Wirkmacht auch in der Gegenwart. Das verstärkte Aufgreifen

---

hegemonialen Machtzusammenhängen aus. Diese Forschungsrichtung entstand im US-amerikanischen akademischen Umfeld. Seit den 1990er Jahren halten Critical Whiteness Studies Einzug in die Forschung im bundesdeutschen Raum (Piesche 2009: 14).

7 | Die Kategorien »Ethnie«, »ethnische Zugehörigkeit« und »Nation« sind Konstrukte, die jedoch von den Akteurinnen und Akteuren oft als etwas real Existentes wahrgenommen und damit handlungsrelevant im Alltag werden.

8 | Zu einer anderen Facette des slowakischen Selbstbildes siehe den Beitrag von Petra Steiger in diesem Band.

9 | Einen Überblick der Entstehung des »Zigeuner«-Bildes in Europa schafft Klaus-Michael Bogdal mit seinem Buch *Europa erfindet die Zigeuner* (2011).

dieser Vorurteilsstrukturen in der Politik und ihre weitreichende Akzeptanz geht mit einem Rechtsruck in der Gesellschaft einher. Im Vorfeld der Parlamentswahlen der Slowakei 2016 haben mehrere Parteien mit Behauptungen gearbeitet, die auf dem weitverbreiteten »Zigeuner«-Stereotyp fußten.

Antiziganismus in der Praxis: der Fall Slowakei

Im Jahr 2013 wurde der für seine rechtsextremen Parolen bekannte Politiker Marian Kotleba zum Regionalpräsidenten des Bezirks Banská Bystrica gewählt (Süddeutsche Zeitung 2013). Seine Äußerungen und Kampagnen richteten sich auch verstärkt gegen Roma und Romnja. Bei den jüngsten Parlamentswahlen im März 2016 ist er mit seiner rechtsextremen Partei *Kotleba – Ľudová strana Naše Slovensko* [Kotleba – Volkspartei unsere Slowakei] angetreten. Diese erhielt acht Prozent der Stimmen und zog mit 14 von 150 Mandaten ins Parlament ein (Frankfurter Allgemeine Zeitung 2016). Ein Blick in das Parteiprogramm, das für den Wahlkampf 2016 entworfen wurde, offenbart Aussagen, die gängige antiziganistische Vorurteilsstrukturen bedienen. Das Zehn-Punkte-Programm der Partei kursierte im Vorfeld der Wahlen in den sozialen Medien. Hier heißt es unter Punkt zwei: »Wir räumen auf mit den Parasiten in den Siedlungen.«[10] Gemeint sind damit sogenannte *Roma-Siedlungen* [osady]. Und weiter heißt es: »Wir werden die Menschen vor dem wachsenden Zigeuner-Terror beschützen. [...] Anständige Menschen in der Slowakei werden tagtäglich beklaut, vergewaltigt und ermordet von Zigeuner-Extremisten« (Kotleba 2016: 1). Die Bezeichnung von Roma und Romnja als »Parasiten« und die Rede von »Terror«, der von Roma und Romnja ausgehe, kommen in der Rhetorik der Partei regelmäßig vor.[11] Der die Mehrheitsgesellschaft angeblich parasitär ausnützenden Bevölkerungsgruppe werden die »Anständigen«, die »Nicht-Roma«, also die *weiße* Mehrheitsgesellschaft gegenübergestellt.

In dem eingangs erwähnten Zitat reagiert die Befragte Kinga, die sich selbst als Romni bezeichnet, auf die Wahl von Kotleba zum Regionalpräsidenten 2013. Sie fühlt sich dadurch bedroht. Wie dem Zitat entnommen werden kann, hat sie Angst davor, rassistische Aussagen, aber auch die Machtergreifung einer Person wie Kotleba könnten die Lage derjenigen in der Slowakei verschärfen, die als Roma beziehungsweise Romnja markiert werden. Sie schließt dabei auch nicht aus, dass solche Entwicklungen zu einem Genozid führen könnten, egal ob die Betroffenen selbst sich zu der »anständigen«, arbeitenden Bevölkerung zählen oder nicht.

---

10 | Diese und alle weiteren Übersetzungen aus dem Slowakischen stammen von der Autorin.

11 | Siehe dazu mehrere Beiträge auf der Webseite der Partei: www.naseslovensko.net. Hier ist vermehrt die Rede von *asozialen Parasiten* [asociálni paraziti] und vom *Zigeuner-Terror* [cigánsky teror]. Vgl. dazu z. B. die Einträge *Cigánske útoky sa stupňujú!* [Angriffe durch Zigeuner steigern sich!], 20. 9. 2010; *Cigánsky teror v Kameňanoch sa stupňuje!* [Zigeuner-Terror in Kameňany steigt an!] 10. 3. 2011; *Protest proti cigánskemu teroru v Zborove* [Demonstration gegen den Zigeuner-Terror in Zborov], 24. 1. 2016.

Sie greift auf die binäre Opposition der »integrierten«, der »angepassten« Roma und Romnja gegenüber denjenigen zurück, die aus ihrer Sicht nicht anpassungsfähig sind. Wie weiter unten gezeigt wird, ist dies eine Strategie der Identitätsarbeit, die alle Befragten in den Interviews praktizieren. Diese Dichotomie hat sich aber auch im breiteren gesellschaftlichen Diskurs mittlerweile durchgesetzt und wird von den Medien sowie von Politikerinnen und Politikern demokratischer Parteien, wie der sozialdemokratischen SMER, regelmäßig aufgegriffen. In einer jüngeren Rede geht der Parteivorsitzende von SMER und Premierminister Robert Fico noch einen Schritt weiter und entwirft eine Definition der slowakischen Nation, die auf ihrer Abgrenzung gegenüber Minderheiten beruht:

»Es gibt eine besondere Entwicklung, nämlich, dass auf Kosten der slowakischen staatsbildenden Nation die Probleme der Minderheiten überall in den Vordergrund geschoben werden. Als ob in der Slowakei gar keine Slowakinnen und Slowaken leben würden. In den 20 Jahren haben wir eine unabhängige, demokratische Republik aufgebaut, die für alle eine Chancengleichheit bietet, die niemanden bevorzugt oder umgekehrt benachteiligt. Ich wünsche mir, dass die Erpressung mit Minderheitenrechten aufhört, egal ob es sich um die Roma-Minderheit handelt, andersorientierte Menschen, eine Meinungsminderheit oder eine ethnische Minderheit. Es gilt, dass der Staat national ist und die Gesellschaft bürgerlich. Unseren unabhängigen Staat haben wir nicht in erster Linie für Minderheiten gegründet, egal wie sehr wir sie schätzen, sondern vor allem für die slowakische staatsbildende Nation. [...] Es wird zu einer modischen Gewohnheit, dass von den in der Slowakei lebenden Minderheiten hauptsächlich Forderungen kommen, aber keine Verpflichtungen gegenüber dem Staat eingehalten werden, vielmehr ausgestreckte Hände, dafür wiederum fast nur eine minimale Akzeptanz der bürgerlichen Tugenden« (Úrad vlády 2013).

Die zitierte Passage stammt aus der Rede Robert Ficos, die er im Februar 2013 auf der Konferenz des slowakischen Kulturvereins Matica Slovenská gehalten hat. Ein wesentliches Merkmal dieser Rede ist, dass Minderheiten außerhalb der slowakischen Nation positioniert werden, wobei die Vorstellung von einer Nation in diesem Zusammenhang einerseits auf der Staatsbürgerschaft und den Rechten und Pflichten als Bürgerinnen und Bürger beruht, andererseits aber auf der »ethnischen Zugehörigkeit« zur Mehrheitsgesellschaft der »ethnischen« Slowaken. Diese ethnozentrische Auffassung teilen laut einer Studie fast 68 Prozent der Slowakinnen und Slowaken (Gallová Kriglerová/Kadlečíková 2012: 10). Robert Fico stellt in diesem Ausschnitt seiner Rede eine binäre Opposition her von einem »Wir«, den »ethnischen« Slowakinnen und Slowaken, und »den Anderen«, den im slowakischen Staat lebenden Minderheiten wie der ungarischsprachigen Bevölkerung und den Roma und Romnja. Bemerkenswert ist der Appell an die bürgerschaftlichen Pflichten der Minderheiten bei ihrem gleichzeitigen Ausschluss aus der Nation: der slowakische Staat sei hauptsächlich für »die Slowaken« als »staatsbildender Nation« geschaffen worden.

Roma und Romnja spielten immer wieder eine Rolle in den Reden des Premierministers. Zuletzt auf der Klausurtagung von SMER im Dezember 2016, wo Robert Fico und Innenminister Robert Kaliňák ankündigten, das »Roma-Problem« zu einer Priorität der Partei zu machen. Zur Begründung berichtete Fico von Beispielen, in denen Roma und Romnja das slowakische Sozialsystem ausnutzen (Denník N 2016). Damit bedient er erneut das Stereotyp der kriminellen, nicht arbeitenden Roma und Romnja.

Diese Argumentation ist nicht neu, sondern in der slowakischen Gesellschaft verwurzelt, wie zahlreiche Studien bestätigen.[12] Roma und Romnja werden in Umfragen als mehrheitlich straffällig und unangepasst eingestuft. Letzteres bedeutet für die meisten Studienteilnehmerinnen und -teilnehmer,[13] dass sie als »laut«, »schmutzig«, »arrogant und frech« sowie »faul« beschrieben werden können (Benkovičová 1995: 5–6). Die von mir Befragten sind diesen Vorurteilen auf mehr oder weniger subtile Weise bereits unzählige Male begegnet. So berichteten sie in den Interviews über antiziganistische Diskriminierungen im privaten Umfeld, in ihrer Schullaufbahn und in ihrem Arbeitsleben.

Antiziganismus in den Lebenswelten von Roma und Romnja

Die Interviewten berichten von Antiziganismus im Familienalltag und in Partnerschaften. Lívia, die Leiterin einer NGO, erzählt, dass sie von ihren Eltern angehalten wurde, sich mit ihrer Herkunft nicht zu brüsten: »damit hast du nicht zu prahlen! Niemand mag Roma.« Erniedrigungen in früheren Beziehungen und das Wissen über Beziehungen, die aufgrund unterschiedlicher Herkunft scheitern, beeinflussen das Selbstwertgefühl der Akteurinnen und Akteure und wirken sich auf ihre Wahl des Partners oder der Partnerin aus, wie unten näher ausgeführt wird.

Diskriminierungserfahrungen und das Bewusstsein von antiziganistischen Einstellungen in der Gesellschaft wirken sich außerdem auf die Kindererziehung aus. Das ist auch bei János der Fall. Er bekleidet eine Stelle im öffentlichen Dienst und bezeichnet sich als »Zigeuner ungarischer Herkunft«. Da er in seiner Jugend des Öfteren Fremdethnisierungen erdulden musste, beispielsweise durch seine Lehrer, gelangte er irgendwann zu dem Schluss: »man kann die Rasse nicht leugnen, der man angehört.« In diesem Sinne wolle er auch seinen Sohn erziehen. Er »muss sich bezüglich seiner Herkunft bewusst machen, dass er ein Zigeuner ist«.

Die Befragten berichten, dass der Antiziganismus besonders in der Grundschulzeit präsent gewesen sei. Teilweise sprechen sie von einer massiven Ausgrenzung durch Lehrende sowie Mitschülerinnen und Mitschüler. Wie János sagt: »Es schwebte immer vor ihren Augen, dass sie es mit einem Zigeuner zu tun haben.« Die meisten Befragten gaben an, während der Schulzeit durchgehend das Gefühl gehabt zu haben, sich erst einmal beweisen zu müssen, um dieselbe Anerkennung zu erfahren wie ihre

12 | Siehe dazu exemplarisch die Studien von Benkovičová 1995; Dráľ 2006; Kriglerová 2002 und Vašečka 2002.

13 | Hierbei handelt es sich um eine repräsentative empirische Studie, die 1995 vom Institut für Öffentliche Meinungsforschung des slowakischen Statistischen Amtes [Ústav pre výskum verejnej mienky pri Slovenskom štatistickom úrade] durchgeführt wurde.

Mitschülerinnen und Mitschüler. Dies zeigt auch das Beispiel von Kristína, die in der freien Wirtschaft in einem Hotel als Bereichsleiterin arbeitet:

»Außerdem musste ich selbstverständlich doppelt so viel lernen, weil das jeder erwartet hat. Wissen Sie, dass ich mir meinen Platz verdienen musste, den ich dort hatte. Ich musste echt doppelt so viel lernen. [...] Wenn ich abgefragt wurde, dann hatte ich beim mündlichen Abfragen echt das Gefühl, dass ich immer mehr weiß als die anderen. Dass sie das von mir erwarten, dass ich das weiß. [...] Ich hatte einfach, ich hatte dieses Gefühl, dass ich einfach bessere Leistungen bringen, besser antworten muss. Wissen Sie, das sehen Sie halt, wenn ihre Mitschülerin abgefragt wird und sagt ein Viertel davon, was Sie gesagt haben, und sie kriegt dieselbe Note. Dann ist wohl das Problem woanders. Und mir ist es regelmäßig passiert.«

Differenzierungen und Selbstpositionierungen in der Roma-Gemeinschaft

Die erste der im Folgenden aufgeführten Strategien im Umgang mit Antiziganismus bezieht sich auf die Selbstpositionierung der Befragten innerhalb der Roma-Gemeinschaft. Die Interviewten beschreiben sich zwar als der Gruppe zugehörig, betonen aber an einigen Stellen, dass sie zu den *Anständigen* [slušní] gehören und sie distanzieren sich von den *Unangepassten* [neprispôsobiví]. Ein Beispiel dafür liefert Kinga in der eingangs zitierten Passage aus ihrem Interview.

Sich selbst zählen die Interviewten zu den »besseren«, da »angepassten« Roma beziehungsweise Romnja, die sich ein gewisses Bildungsniveau erarbeitet haben und – nach ihren Vorstellungen – in geordneten Verhältnissen leben. Sie ziehen diese Trennlinie und bedienen sich in den Interviews immer wieder der im öffentlichen Diskurs geläufigen Dichotomie von »anständigen« versus »unangepassten« Roma und Romnja. So ordnet sich auch Lívia den »Anständigen« zu:

»Ich muss aber anmerken – ich will nicht, dass es sich wie Selbstlob anhört, sondern einfach als Fakt – dass ich sozusagen aus einer besseren sozialen Gruppe stamme. [...] das hat mich beeinflusst, dass wir auch mit diesen Kindern zusammen waren, die aus einer niedrigeren sozialen Schicht stammten, die verschiedene Probleme hatten, die wir nicht hatten. Auch wenn es uns mit der Zeit bewusst war, dass wir in eine andere Gruppe gehören, aber das waren unsere Freunde.«

Das Wissen darüber, dass es anderen Roma und Romnja finanziell schlechter geht, hat sie dazu bewogen, zwei soziale Gruppen auszumachen, wobei sie ihre eigene Familie und sich zur sozial besser gestellten zählt.

»Ethnische Zugehörigkeit« verschweigen und offenlegen

Die Befragten gehen in den Interviews mehrmals auf alltägliche Situationen ein, in denen sie sich benachteiligt oder gar gedemütigt fühlten, weil sie aufgrund ihrer (antizipierten) Herkunft angesprochen beziehungsweise beleidigt wurden. Die Befragten berichten von antiziganistischen Diskriminierungen sozusagen »auf Verdacht«: noch bevor sie nach ihrer Herkunft gefragt wurden. Kinga erzählt beispielsweise über Kundinnen und Kunden, die sich vom Staat schlechter als Roma und Romnja behandelt fühlen. Sie haben die Vorstellung, dass Roma und Romnja auf Kosten der Mehrheit alles vom Staat geschenkt bekommen. Auf die Frage, wie sie in solchen Fällen reagierte, erwidert sie Folgendes:

»Ich reagiere nicht. Auf so etwas reagiere ich nicht. [...] Wie hätte ich denn reagieren sollen? ›Ja, Sie haben Recht?‹ Oder, hätte ich mich mit Kunden streiten sollen? Also nein, solche habe ich ganz ignoriert. Aber das ist mir sehr oft passiert, dass jemand gesagt hat: ›Ich muss mir eine Hypothek nehmen und die Zigeuner bekommen eine Wohnung umsonst.‹ Also, wie soll ich denn auf so etwas reagieren?«

Kinga fühlte sich als Romni in solchen Fällen durchaus angesprochen, doch sie entschied sich, darauf nicht einzugehen. Durch das Verschweigen der eigenen Herkunft umgeht sie eine Diskussion mit ihrem Gegenüber, verpasst jedoch gleichzeitig die Gelegenheit, dessen Vorurteile zu widerlegen.

Auch János schweigt im Zweifelsfall über seine Herkunft, obwohl er vermutet, dass sie den Arbeitskolleginnen und -kollegen bekannt ist. Er geht von der »Sichtbarkeit« seiner »ethnischen Zugehörigkeit« aus. Auf die Frage, ob es an seinem Arbeitsplatz bekannt ist, dass er ein Rom ist, antwortet er: »Ich denke, die wissen es jetzt sicher, weil sie es sehen.« Sein Aussehen soll seiner Meinung nach generell bei Menschen immer folgende Reaktion auslösen: »das ist ein Zigeuner.« An seiner Arbeitsstelle wird das jedoch nie thematisiert.

Die Autorin, Bloggerin und Aktivistin Janette Maziniová, die über ihre Antiziganismuserfahrungen regelmäßig in Blogbeiträgen und ihrer Autobiografie (Maziniová 2012) berichtet, geht mit ihrer »ethnischen Zugehörigkeit« souverän – manchmal auch spielerisch – um und entscheidet situationsabhängig, ob sie sie enthüllt oder verschweigt. Den folgenden Fall beschreibt sie in einem Blogeintrag:

»Hungrig betrete ich ein Restaurant auf dem Marktplatz in Prešov und hoffe, dass sie einen Salat haben. [...] Ich suche nach einer guten Ecke, aber ich schaffe es nicht, mir einen Platz auszusuchen. Ein Kellner mit einem Zettel in der Hand steuert mich direkt an ... Oh oh, also diesen Gesichtsausdruck kenne ich. Nur nicht aus der Ruhe bringen lassen! Lächeln und los geht's [...]
Er hält mich jedoch an und sagt: ›Alle Tische sind reserviert. Es ist nichts frei. Sie müssen sich ein anderes Restaurant suchen.‹ Fünf Sekunden Stille. Ich lächele immer noch. Der Kellner fängt mit seinem Vortrag wieder von vorn an und mir fällt die rettende Idee ein, wie ich herausfinden kann, wie das mit den Reservierungen wirklich ist. Und schon fange ich an in fließendem Französisch: ›Excusez-moi, monsieur, mais je ne comprend pas.‹ Ein Moment des Staunens, aber Hut ab vor seiner schnellen Reaktion. Fast verbeugt er

sich vor mir und fragt: ›I am sorry, but I don't speak French. Can I speak English?‹ Ich sage: ›Yes, of course‹. Und schon saß ich und hielt eine Speisekarte in der Hand. Ich ließ ihn mich noch mit gebrochenem Englisch bei der Wahl des Salats beraten [...] und dann schaute ich ihn an. Mit einem Lächeln im Gesicht (und Genugtuung) habe ich seine Verwunderung beobachtet, als ich im akzentfreier Slowakisch gesagt habe: ›Dann hätte ich gerne den Salat mit gegrilltem Huhn und ein stilles Mineralwasser. Wenn möglich, ungekühlt. Danke.‹ Übrigens, eine sehr gute Restaurant-Wahl. Der Salat war ausgezeichnet.« (Maziniová 2008)

So tarnte sich Janette zunächst als Touristin, um bedient zu werden und nicht aufgrund der Vorurteile des Kellners oder womöglich sogar auf Anordnung des Restaurantbesitzers wegen ihrer Herkunft aus dem Restaurant ausgeschlossen zu werden. Nachdem der Tisch gesichert war, offenbarte sie dem Kellner, dass sie eine Romni ist und verblüffte ihn damit, dass sie nicht seinen stereotypen Vorstellungen entspricht. Die Begründung des Kellners für sein Verhalten, die weiter die Gruppe abwertet, zitiert Janette in einem späteren Zeitungsinterview: »Na ja, wissen Sie, wir haben hier alles Mögliche an Zigeunern« (Sudor 2009).

Es gibt auch Situationen, in denen die Befragten das Offenlegen der eigenen Roma-Herkunft als Schutzmechanismus anwenden. Lívia argumentiert, dass sie auf diese Weise von vornherein Vermutungen und damit verbundene Unannehmlichkeiten vermeiden kann: »Niemand kann mich beleidigen, wenn ich mich dazu offen bekenne. Wissen Sie, das ist schon eine ganz andere Haltung. Wenn ich die Tür öffne, wie könnte sie dann noch jemand eintreten?«

Das Offenlegen der Herkunft, noch bevor das Gegenüber Spekulationen anstellt, dient letztlich dazu, die Kontrolle zu behalten. Im Gegensatz dazu wird die eigene »ethnische Zugehörigkeit« in anderen Situationen verschwiegen, um Demütigungen und Diskriminierung auszuweichen, wie sie sie bereits erlebt haben.

Mehr Leistung bringen

Wie schon erwähnt, hatten die Befragten das Gefühl, in bestimmten Bereichen mehr Leistung erbringen zu müssen, um dieselbe Anerkennung zu erfahren wie ihre Mitstreiterinnen und Mitstreiter. Diesen Leistungsdrang haben sie insoweit verinnerlicht, als sie in anderen Situationen von sich aus über das Erforderliche hinaus gearbeitet haben. Die Befragten streben höhere Bildungsabschlüsse an, um eine Chance auf Stellen zu haben, für die unmarkierte *weiße* Personen wesentlich weniger vorweisen müssen. Eine Befragte stellte während der Arbeitssuche fest, dass sie als Romni für jede Position einen höheren Abschluss braucht als eine *weiße* Mitbewerberin oder ein *weißer* Mitbewerber. Den Moment, als ihr eine Leitungsposition verweigert wurde, weil ihre Mitarbeiterinnen und Mitarbeiter möglicherweise ein Problem mit einer Romni als Vorgesetzten haben könnten, beschreibt sie als Wendepunkt in ihrem Leben: Ihr wurde bewusst, dass sie einen Hochschulabschluss braucht, um eine Stelle zu bekommen, für die eigentlich das Abitur reichen müsste.

Grundsätzlich hat Bildung bei den Befragten hohe Priorität, weil sie mehr Chancen in der slowakischen Gesellschaft eröffnet. Auch in der Forschung von Elizabeta Jonuz sehen Roma und Romnja aus dem ehemaligen Jugoslawien in Deutschland Bildung als »Chance sozialer Anerkennung« (Jonuz 2009: 201–203). Auf der angestrebten Arbeitsstelle angekommen, hört der besondere Leistungsdruck jedoch nicht auf. Die befürchtete Nichtanerkennung durch Kolleginnen und Kollegen sowie durch Vorgesetzte und der dadurch drohende Arbeitsplatzverlust hält den Leistungsdruck konstant hoch. Kinga und János erzählen, dass sie ihre Arbeit immer pünktlich oder noch früher als nötig erledigen und mehr tun als sie müssten: János gibt sich immer Mühe, »alles schneller und besser zu lösen. [...] [Ich] versuche immer zusätzlich noch etwas mehr zu leisten, als die anderen. Weil ich weiß, dass ich mich beweisen muss«.

Antiziganismus-freie Räume erschaffen

In Reaktion auf eigene Diskriminierungserfahrungen oder auf die Kenntnis von Benachteiligungen in der Gesellschaft versuchen die Interviewten Räume zu schaffen, die frei von Antiziganismus sind. Als »Antiziganismus-freie Räume« werden im Folgenden Räume bezeichnet, in denen als Roma oder Romnja markierte Personen keine Nachteile durch ihre Herkunft erfahren. Hier gelten nicht die Vorurteilsstrukturen, denen Roma und Romnja in der slowakischen Gesellschaft sonst begegnen. Antiziganismus-freie Räume können mit dem Konzept der Heterotopien von Michel Foucault beschrieben werden. Es sind – im Gegensatz zu Utopien – »wirkliche Orte, wirksame Orte«, die innerhalb der jeweiligen Gesellschaften zu verorten sind und gleichzeitig als »Gegenplatzierungen oder Widerlager« dazu fungieren (Foucault 1990: 39). Das Konzept der Heterotopien wird auch von der Kulturanthropologin Anna Friedrich angewendet, um eine Strategie gegen Antiziganismus zweier Selbstorganisationen von Roma und Romnja zu beschreiben (Friedrich 2013). Die Schaffung heterotoper Orte soll ihren Ausführungen zufolge dazu beitragen, eine »postantiziganistische Gesellschaft«, also eine Gesellschaft ohne Hierarchisierungen auf der Grundlage von essentialistisch gefassten Identitäten zu schaffen (Friedrich 2013: 270–272).

Die von mir befragten Personen suchen aufgrund ihrer Antiziganismuserfahrungen in ihren verschiedenen lebensweltlichen Sphären nach sozialen Räumen, in denen sie Anerkennung erfahren und sich nicht der Diskriminierung ausgesetzt fühlen. Sehr deutlich wird dies bei der Arbeitssuche. Oft sind es Nichtregierungsorganisationen, die sich für Roma und Romnja oder allgemein für Demokratisierungsprozesse einsetzen, in denen sich die von mir Befragten als Mitarbeiterinnen und Mitarbeiter am wohlsten fühlen.

Kristína, die sich selbst als Aktivistin bezeichnet, ist in ihrer Führungsposition darauf bedacht, jungen Roma und Romnja zu helfen. Sie besetzt freie Stellen bevorzugt durch Bewerberinnen und Bewerber mit Roma-Herkunft. Als Geschäftsführerin hat sie im Kleinen die Möglichkeit, sich der etablierten Praxis in der slowakischen Gesellschaft zu widersetzen:

»Ich kann von dieser Stelle aus, von der Stelle der Geschäftsführerin heraus [...] helfen, ähm den Menschen, die das brauchen. So zum Beispiel [...] habe ich also [...] einer Romni eine Arbeitsmöglichkeit gegeben, ja? Sie arbeitet als Kellnerin, sie ist wahnsinnig geschickt und ich weiß, dass, wenn ich nicht hier wäre, dann hätte sie es nicht in das Hotel geschafft. Also das war eine Sache. Und das andere ist, dass dieses Hotel mit der Berufsschule eine Kooperation hat. Und für den praktischen Teil der Ausbildung frage ich ausschließlich Roma-Schüler an. Weil ich denke, dass sie sehen müssen, dass wenn man sich bemüht, dass es einfach einen Sinn hat, weil sie es schaffen können, sich weiterzuentwickeln.«

Sie selbst schreibt also an ihrer Arbeitsstelle eine Art Ethnisierung fort, die jedoch Sonderrechte für diejenigen einräumt, die sonst in der Gesellschaft benachteiligt werden – für die Roma und Romnja. Außerdem glaubt sie damit Vorurteile abbauen zu können, wenn Gäste auf diese Weise mit Roma und Romnja in Kontakt kommen, die nicht dem gängigen Stereotyp des »Sozialschmarotzers« entsprechen.

Im Privaten werden Antiziganismus-freie Räume auch durch die Partnerwahl geschaffen. So betont Kinga im Interview, dass sie auf keinen Fall bereit wäre, eine Ehe oder eine Beziehung mit einem Nicht-Rom einzugehen – aus Angst vor Demütigungen durch den Partner. Sie habe in ihrer Familie gesehen, dass eine »interethnische« Ehe nicht funktioniert, oder zumindest nicht dasselbe ist wie eine Ehe zwischen einem Rom und einer Romni. Eine Begegnung auf Augenhöhe sei in interethnischen Beziehungen kaum möglich. Es könne schnell passieren, dass sie – wie es ihr Bruder erlebt hat – im Streit vom Partner beziehungsweise der Partnerin als »Zigeuner/-in« beschimpft würde und das fände sie äußerst demütigend. Das ist auch der Grund, weshalb sie ihrer Tochter einen Rom als Ehemann wünscht: »Das würde mir sehr weh tun, wenn meine Tochter beim Heimkommen erzählen würde: ›Mama, er hat mich als schmutzige Zigeunerin beschimpft!‹« In gewisser Weise ist auch dieser Fall eine Strategie der Selbstethnisierung und Abgrenzung von der Mehrheitsgesellschaft als Reaktion auf Fremdethnisierung. Wenn man »unter sich« bleibt, kann man sich besser schützen und unterstützen.

Antiziganismus-freie Gesellschaft: eine Utopie?

Nicht nur im eigenen Umfeld versuchen die von mir Befragten, die Situation von Roma und Romnja zu verbessern. Neben ihrem Einsatz für Roma-Auszubildende am Arbeitsplatz bringt sich Kristína auch aktivistisch in öffentlichen Diskussionen ein und veröffentlicht Zeitungsartikel, in denen sie unter anderem politische Entscheidungen kommentiert. Auch Elizabeta Jonuz stellt bei ihren Befragten derartiges Engagement fest. Den Einsatz für marginalisierte Gruppen, denen die Akteurinnen und Akteure selbst angehören, beschreibt sie in Anlehnung an den Soziologen Friedrich Heckmann als »Politisierung« (Jonuz 2009: 219).

Auch János will auf die aktuellen Entwicklungen in der Gesellschaft Einfluss nehmen. Dies tut er mit seiner ehrenamtlichen Arbeit für ein Forschungsinstitut, das sich mit Minderheitenfragen befasst. Er begründet es so: »Ich denke, das war in meinem

Inneren, auch aus der eigenen Erfahrung. Denn wenn ich als Rom [...] nicht versuche das zu verbessern, wer soll das sonst für mich tun?« Kinga versucht durch ihre Tätigkeit im Gemeinderat ihrer Heimatstadt die Benachteiligungen von Roma und Romnja vor Ort zu mildern und die Einstellung der Bevölkerung zu beeinflussen. Bei Lívia zeigt sich das Streben nach einer Gesellschaft ohne Ressentiments gegenüber der Minderheit darin, dass sie sich im Rahmen ihrer Arbeit bei der Bürgerinitiative für die Pflege der Kultur und Sprache und für eine positivere mediale Darstellung »ihrer Ethnie« einsetzt. Die Veröffentlichungen von Janette – ihre bereits erwähnte Autobiografie (Maziniová 2012) und ihr Blog (http://maziniova.blog.sme.sk) – sollen der Mehrheitsgesellschaft zeigen, wie es ist, als Romni aufzuwachsen und ein Leben lang von den Vorurteilen der Mehrheitsgesellschaft begleitet zu werden. Sie verbindet diese Aktivitäten auch mit der Hoffnung, etwas verändern zu können. So soll Kindern mit Roma-Herkunft nicht mehr mit Vorurteilen begegnet werden, sondern mit mehr Verständnis. Sie sollen als Individuen wahrgenommen werden und nicht als Mitglieder einer homogenen und stereotyp klassifizierten Gruppe.

Antiziganismus in der Slowakei: ein Fazit

Der Blick auf die gesellschaftlichen Verhältnisse in der Slowakei hat gezeigt, dass negative Darstellungen der Rom_nja in den slowakischen Medien und der Politik weit verbreitet sind. Hier werden negativ behaftete Stereotype reproduziert, was der aktuellen Forschung zufolge letztlich auch ihre Verbreitung in der Gesellschaft stärkt. Häufig werden Gegenüberstellungen der »anständigen« Mehrheit und der »unangepassten« Roma-Minderheit vorgenommen. Erwähnte Umfragen bestätigen zudem eine starke Präsenz von negativen Bildern über Roma und Romnja in der Mehrheitsgesellschaft. Das Wissen um diese Einstellungen in der Gesellschaft sowie die anfangs beschriebenen politischen Entwicklungen der letzten Jahre, wie die Wahl eines rechtsextremen Politikers zum Repräsentanten einer Region, zwingen die von mir Befragten dazu, zu reagieren und Umgangsweisen mit den Ressentiments und Ausgrenzungen zu finden.

Erstens betrifft dies das Selbstbild der von mir Befragten. Diese versuchen als Reaktion auf die Konfrontation mit negativen Bildern für sich eine »annehmbare« Identität als Rom oder Romni herauszubilden. Dabei greifen sie oft selbst wieder auf eine Differenzierung zurück, die sich an den gesellschaftlichen Stereotypen orientiert. Auch wird die eigene Person in der »besseren«, weil arbeitenden, ordentlichen und sozial besser gestellten Gruppe innerhalb der »Ethnie« verortet.

Zweitens entwickeln die Befragten eine Reihe von alltäglichen Strategien, die sie in verschiedenen Alltagssituationen einsetzen, um mit Antiziganismus umzugehen. Dazu gehört es, situationsbedingt entweder über die »ethnische Zugehörigkeit« zu schweigen oder sie offenzulegen und in Schule und Beruf mehr Leistung als andere zu erbringen, um das durch die »ethnische Zugehörigkeit« verursachte »Defizit« auszugleichen.

Eine weitere Strategie umfasst das Suchen nach und das Schaffen von Antiziganismus-freien Räumen. Es sind – mit Michel Foucault gesprochen – heterotope Orte, an denen Roma und Romnja eine andere Stellung als üblicherweise in der slowakischen Gesellschaft einnehmen können. An Antiziganismus-freien Orten werden sie gegenüber Vertreterinnen und Vertretern der weißen Mehrheitsgesellschaft bevorzugt. Solche Orte können in der Familie, in der Bildungssphäre oder in der Arbeitswelt entstehen.

Hierbei besteht jedoch die Gefahr eines Rückzugs aus der breiteren Öffentlichkeit. Dadurch, dass die Befragten aufgrund der Ausgrenzungen in der Gesellschaft dazu tendieren, einen Beruf auszuüben, der ihnen einen geschützten Rahmen bietet, oder aber im Beruf ihre Herkunft verschweigen, machen sie sich selbst und andere Roma und Romnja unsichtbar. Das wird beispielsweise bei János und Kinga deutlich, die ihren Roma-Hintergrund am Arbeitsplatz so lange es geht verborgen halten. Janette, Lívia und Michal arbeiten dagegen jeweils in einer Sphäre, in der sie Antiziganismus weitgehend vermeiden können. Durch diese »Unsichtbarkeit« in der Arbeitswelt können jedoch bereits etablierte Stereotype, wie das »Nicht-Arbeiten-Wollen«, in der Mehrheitsgesellschaft weiter reproduziert werden.

Ein anderes Verhalten zeigt Kristína, die eine Leitungsposition in einem Hotel innehat und ihre Roma-Herkunft offen lebt. Sie engagiert sich zivilgesellschaftlich vielfältig, worauf sie stolz ist. Und das möchte sie der Öffentlichkeit auch präsentieren. Um es in ihren Worten zu sagen: »das was ich mache, ist richtig und ich muss es so machen, dass es klar wird, dass es eine Romni macht.« Die Offenlegung ihres Roma-Hintergrundes hält sie für wichtig, um als positives Beispiel zu fungieren und mit Vorurteilen zu brechen. Der »Kampf um Anerkennung« wird nicht nur mikrosozial, sondern auch auf der Ebene der Gesellschaft ausgetragen: Die Befragten versuchen durch politisches und ehrenamtliches Engagement die Machtstrukturen des Antiziganismus aufzuweichen und für Roma und Romnja in der gesamten Gesellschaft Anerkennung zu schaffen.

Die vorgestellten Ergebnisse stimmen zum Teil mit der Arbeit der Soziologin Elizabeta Jonuz überein, die Roma und Romnja aus dem ehemaligen Jugoslawien und ihre Bewältigungsstrategien zu Ethnisierungs- und Marginalisierungsprozessen untersucht hat. Strategien wie das Verschweigen der Herkunft oder die Erbringung von mehr Leistung, gehören zu den Ergebnissen beider Arbeiten.

Zusammenfassend lässt sich feststellen, dass die genannten Strategien als Reaktion auf Antiziganismen in zwei Richtungen gehen. Einerseits führen Strategien, wie das Verschweigen der Herkunft sowie Abgrenzung von »schlechten« Roma und Romnja, zu einer gewissen Reproduktion von Antiziganismus. Andererseits münden Antiziganismuserfahrungen und das wachsende Bewusstsein darüber auch in eine Art Selbstmobilisierung, die sich in politischem Aktivismus, dem Wunsch nach Bildungserfolg und dem Interesse an der wissenschaftlichen Auseinandersetzung der Akteurinnen und Akteure mit antiziganistischen Themen äußert.

Zitierte Literatur

Bartels, Alexandra (2013): Antiziganismus benennen. Zur sprachlichen Diskriminierung durch das »Zigeuner«-Wort. In: dies./von Brocke, Tobias/End, Markus/Friedrich, Anna (Hg): Antiziganistische Zustände 2. Kritische Positionen gegen gewaltvolle Verhältnisse. Münster, S. 20–38.

Benkovičová, Ľudmila (1995): Tolerancia a intolerancia v každodennom živote [Toleranz und Intoleranz im Alltag]. In: Sociológia. Slovak Sociological Review, Heft 5–6, S. 385–398.

Bogdal, Klaus-Michael (2011): Europa erfindet die Zigeuner. Eine Geschichte von Faszination und Verachtung. Berlin.

Cigánske útoky sa stupňujú! [Angriffe durch Zigeuner steigern sich!], 20.9.2010, http://www.naseslovensko.net/nase-nazory/ciganske-utoky-sa-stupnuju (letzter Zugriff: 21.4.2017).

Cigánsky teror v Kameňanoch sa stupňuje! [Zigeuner-Terror in Kameňany steigt an!], 10.3.2011, http://www.naseslovensko.net/nase-nazory/cigansky-teror-v-kamenanoch-sa-stupnuje/ (letzter Zugriff: 21.4.2017).

Denník N (2016): Kaliňák dostal na sneme Smeru 318 hlasov, nový nepriateľ sú Rómovia. [Kaliňák hat auf der Klausurtagung der SMER 318 Stimmen, der neue Feind sind die Roma], 10.12.2016, https://dennikn.sk/630572/kalinak-dostal-na-sneme-smeru-318-hlasov-novy-nepriatel-su-romovia/ (letzter Zugriff: 1.7.2017).

Dráľ, Peter (2006): Roma Image in Slovak Folklore and Recent Print-Media. In: Slovenský národopis [Slowakische Volkskunde] 3, S. 357–379.

Eggers, Maureen Maisha (2009): Rassifizierte Machtdifferenz als Deutungsperspektive in der Kritischen Weißseinsforschung in Deutschland. In: dies./Kilomba, Grada/Piesche, Peggy/Arndt, Susan (Hg.): Mythen, Masken und Subjekte. Kritische Weißseinsforschung in Deutschland. Münster, S. 56–72.

End, Markus (2013): Antiziganismus. Zur Verteidigung eines wissenschaftlichen Begriffs in kritischer Absicht. In: ders./Bartels, Alexandra/Brocke, Tobias von/Friedrich, Anna (Hg): Antiziganistische Zustände 2. Kritische Positionen gegen gewaltvolle Verhältnisse. Münster, S. 39–72.

Foucault, Michel (1990): Andere Räume. In: Barck, Karlheinz/Gente, Peter/Paris, Heidi/Richter, Stefan (Hg.): Aisthesis. Wahrnehmung heute oder Perspektiven einer anderen Ästhetik. Leipzig, S. 34–46.

Frankfurter Allgemeine Zeitung (2016): Politiker in Uniform. Neofaschisten in der Slowakei, 9.3.2016, http://www.faz.net/aktuell/politik/ausland/europa/neofaschisten-in-der-slowakei-politiker-in-uniform-14113262-p2.html (letzter Zugriff: 22.3.2017).

Friedrich, Anna (2013): »Ich bin Rotationseuropäer«. Strategien gegen Antiziganismus aus der Perspektive einer Selbstorganisation. In: dies./Bartels, Alexandra/Brocke, Tobias von/End, Markus (Hg.): Antiziganistische Zustände 2. Kritische Positionen gegen gewaltvolle Verhältnisse. Münster, S. 246–274.

Gallová Kriglerová, Elena/Kadlečíková, Jana (2012): Verejná mienka v oblasti pravicového extrémizmu. Výskumná správa [Öffentliche Meinung im Bereich des Rechtsextremismus. Forschungsbericht]. Bratislava.

Götz, Irene (2011): Deutsche Identitäten. Die Wiederentdeckung des Nationalen nach 1989. Köln, Weimar, Wien.

Jonuz, Elizabeta (2009): Stigma Ethnizität. Wie zugewanderte Romafamilien der Ethnisierungsfalle begegnen. Opladen.

Kaschuba, Wolfgang (2012): Einführung in die Europäische Ethnologie. München.

Kotleba (2016): Kotleba – Ľudová strana Naše Slovensko [Kotleba – Volkspartei unsere Slowakei]: 10 bodov za naše Slovensko. Volebný program politickej strany [10 Punkte für unsere Slowakei. Wahlprogramm der politischen Partei], http://www.naseslovensko.net/wp-content/uploads/2015/01/Volebný-program-2016.pdf (letzter Zugriff: 30. 3. 2017).

Kriglerová, Elena (2002): Rómovia verzus majorita – postoje, vzťahy, konflikty [Rom_nja versus Mehrheitsgesellschaft – Einstellungen, Beziehungen, Konflikte]. In: dies./Vašečka, Michal/Jurásková, Martina/Puliš, Peter/Rybová, Jana (Hg): Rómske Hlasy. Rómovia a ich politická participácia v transformačnom období [Roma Stimmen. Roma und ihre politische Partizipation in der Transformationsperiode]. Bratislava, S. 119–151.

Maziniová, Janette (2008): http://maziniova.blog.sme.sk: *Zvedavka, cyklista, jeden čašník … a ja- čistokrvná csC.* [Die Neugierige, der Radler, ein Kellner … und ich – eine vollblütige csC.], 25. 11. 2008, http://maziniova.blog.sme.sk/c/173198/Zvedavka-cyklista-jeden-casnika-ja-cistokrvna-csC.html (letzter Zugriff: 28. 3. 2017).

— (2012): Cigánka [Die Zigeunerin]. Bratislava.

Piesche, Peggy (2009): Das Ding mit dem Subjekt, oder: Wem gehört die Kritische Weißseinsforschung? In: dies./Eggers, Maureen Maisha/Kilomba, Grada/Arndt, Susan (Hg.): Mythen, Masken und Subjekte. Kritische Weißseinsforschung in Deutschland. Münster, S. 14–17.

Protest proti cigánskemu teroru v Zborove [Demonstration gegen den Zigeuner-Terror in Zborov], 24. 1. 2016, http://www.naseslovensko.net/nasa-praca/protest-proti-ciganskemu-teroru-v-zborove/ (letzter Zugriff: 21. 4. 2017).

Süddeutsche Zeitung (2013): Aufstieg eines Roma-Hassers, 25.11.2013, http://www.sueddeutsche.de/politik/regionalwahlen-in-der-slowakei-aufstieg-eines-roma-hassers-1.1826766 (letzter Zugriff: 22. 3. 2017).

Sudor, Karol (2009): Janette Maziniová: Bratislava je k nám tolerantnejšia [Bratislava zu uns toleranter]. In: SME.sk, 30. 4. 2009, http://www.sme.sk/c/4822268/janette-maziniova-bratislava-je-k-nam-tolerantnejsia.html (letzter Zugriff: 26. 3. 2017).

Úrad vlády (2013): Úrad vlády Slovenskej republiky [Regierungsamt der Slowakischen Republik]: Príhovor Roberta Fica na konferencii o Matici slovenskej v Martine [Rede von Robert Fico auf der Konferenz über die Matica slovenská], 26. 2. 2013, http://www.vlada.gov.sk/prihovor-roberta-fica-na-konferencii-o-matici-slovenskej-v-martine/ (letzter Zugriff: 28. 3. 2017).

Vašečka, Michal (2002): Vzťah majority k Rómom [Die Beziehung der Mehrheitsgesellschaft zu Rom_nja]. In: ders. (Hg.): ČAČIPEN PAL O ROMA. Súhrnná správa o Rómoch na Slovensku [Gesamtbericht über Roma in der Slowakei]. Bratislava, S. 335–352.

Nationalismus und die Darstellung der »Anderen«

Die diskursive Konstruktion von Rassismus in der ungarischen Provinz

Margit Feischmidt

Einleitung: Forschungsfragen und Methoden

Das Verhältnis zu Migranten und ethnisch »Anderen« wurde in Ungarn wie auch in anderen europäischen Ländern immer wieder mit quantitativen Methoden untersucht. Das TÁRKI Sozialforschungsinstitut hat diese Einstellung regelmäßig auf der Grundlage von drei Kategorien gemessen (TÁRKI 2016): »Jeden zu akzeptieren«, »Niemanden zu akzeptieren« oder zu »überlegen, wer aufgenommen werden sollte«. Die so gemessene Fremdenfeindlichkeit nahm seit 2014 signifikant zu. Der Anteil der Unentschlossenen sank, ebenso wie die Zahl der Xenophilen, die letztlich das Mindestmaß an Messbarkeit (1 %) im Jahr 2016 erreicht hat.[1] Das Ziel des Projektes »Soziale Konflikte und neue Formen der Identitätspolitik«,[2] das die Grundlage des vorliegenden Beitrags bildet, war es, auch qualitative Methoden in die Forschung über die Angst vor und die Ablehnung von Migranten aufzunehmen. Wir wollten die Dynamik und damit die Schaffung, Beibehaltung und Veränderung von Fremdenfeindlichkeit im Kontext von Diskursen und (v. a. lokalen) sozialen Beziehungen verstehen.

Zwei Dörfer in der Nähe der sogenannten Balkan-Route, eines auf der ungarischen, eines auf der serbischen Seite, standen im Mittelpunkt der Untersuchung. Der vorliegende Beitrag nimmt das ungarische Dorf Ásotthalom in den Blick, über das serbische Dorf Királyhalom hat kürzlich György Szerbhorváth (2016) publiziert. Mehrere Gründe sprachen für die Untersuchung dieser beiden Dörfer: Beide waren direkt von der internationalen Migrationsbewegung im Jahr 2015 betroffen, sodass ihre Bewohner Erinnerungen und Erfahrungen teilten – auch weil ihnen erhebliche politische und mediale Aufmerksamkeit zuteil wurde. Nach verschiedenen Schätzungen beträgt die Zahl der internationalen Migranten, die das Dorf in größeren und kleineren Gruppen durchquert hat, rund 100.000. Einerseits verursachte dieser

1 | Tárki Omnibusz 1992–2016, http://www.tarki.hu/hu/news/2016/kitekint/20160404_idegen.html (letzter Zugriff: 27. 5. 2017).

2 | Das Projekt wurde von der Ungarischen Akademie der Wissenschaften, Zentrum für Sozialforschung, gefördert.

Durchzug an Flüchtlingen bei der Bevölkerung Unsicherheit und Angst, andererseits bot er die Gelegenheit für alltägliche Begegnungen, die positiv wahrgenommen wurden.

Die Kernfrage unserer Forschung ist daher die Wahrnehmung von Migranten und Flüchtlingen durch die einheimische Bevölkerung in einer bestimmten Situation, in der Politik, Medienberichte und alltägliche Begegnungen zusammen eine Rolle spielten. Unsere Perspektive auf das Phänomen konzentriert sich mehr auf die sozialen Diskurse und hier besonders auf die diskursive Konstruktion des »Fremden« und nicht auf die Einstellungen im sozialpsychologischen Sinne. In der Analyse werden zwei Dimensionen dieser Diskurse unterschieden: die eine bezieht sich auf das alltägliche Gespräch und die andere auf Aussagen in der Öffentlichkeit, genauer in der Politik und den sozialen Medien. In Bezug auf die empirischen Daten, die von August 2015 bis Februar 2016 erhoben wurden, stützt sich der Beitrag zum einen auf etwa 30 leitfadengestützte Interviews und Beobachtungen vor Ort. Zum anderen wurden von Beginn der Feldforschung an bis Ende des Jahres 2016 Online-Ethnografien durchgeführt, indem die Facebook-Aktivitäten des Bürgermeisters von Ásotthalom untersucht wurden.

In der Analyse verwenden wir drei miteinander verknüpfte Perspektiven: (1) einen diskursanalytischen Ansatz zur Entstehung von Angst, Rassismus und Entmenschlichung von Fremden in alltäglichen Diskursen, (2) einen anthropologischen Ansatz zur Erforschung der Praktiken und Interaktionen lokaler, nationaler und transnationaler Akteure, die an der Konstruktion von Sicherheitsvorstellungen beteiligt sind, und (3) einen strukturellen Ansatz, um die Diskurse der Fremdenfeindlichkeit und die Unterstützung für die extreme Rechte zu erklären.

Versicherheitlichung, Rassismus und der Diskurs der Dehumanisierung

Frühere Untersuchungen hatten bereits den Einfluss von Diskursen auf die Erzeugung und Ausbreitung von Angst vor Fremden und vor dem Verlust des Sicherheitsgefühls hervorgehoben. Einschlägige Studien brachten mit der Sprechakttheorie ein zunächst linguistisches Paradigma in die Erforschung internationaler Beziehungen und politischer Prozesse in diesen Kontext. Unser Ansatz konzentriert sich auf die Zusammenhänge zwischen dem Konzept der Sicherheit und der diskursiven Konstruktion von Angst als wesentlich für die Entstehung, Ausbreitung und Stärkung der Macht insbesondere durch rechtsradikale Parteien oder Bewegungen. Diese Strategien werden immer mehr in die Mainstreampolitik integriert. Nach der Kopenhagener Schule für Sicherheitsforschung bedeutet Versicherheitlichung (securitisation), dass bestimmten Themen wie Migration oder kulturelle Unterschiede eine zentrale Bedeutung für die Vorstellung von Sicherheit gegeben wird (Buzan/Wæver/de Wilde 1998).

Medien tragen zu dieser performativen Macht bei, indem sie Angst schüren und schließlich die Bedrohung als glaubwürdig darstellen und damit die Notwendigkeit legitimieren, gegen sie zu vorzugehen. Die Entstehung der internationalen Migration als wirtschaftliches und kulturelles Risiko war in dieser Hinsicht ein Meilenstein der medialen und politischen Angsterzeugung. So wurde suggeriert, dass alle möglichen Bedrohungen und Gefahren, wie zum Beispiel die Gefahr einwandernder Terroristen, von den Migrierenden ausgingen. In den meisten Aufnahmeländern entstanden parallel zum einen die Debatte über die Krise des Multikulturalismus und zum anderen über die Krise des Asylsystems sowie der Rechte von Flüchtlingen.

Insgesamt hat sich damit die bereits bestehende Tendenz gestärkt, das Gefühl von Gefahr und Bedrohung aus dem ökonomischen Bereich in die Bereiche von Kultur und Identität zu verlagern (Huymans 2000; Szalai/Göbl 2015). Der Diskurs über kulturelle Bedrohung wird weiter verstärkt durch die Repräsentation von Fremden als den Anderen, die mit den europäischen Nationen unvereinbar seien. Statt biologischer Unterscheidungen führt der Diskurs des neuen Rassismus den Unterschied auf moralische und kulturelle Gründe zurück. Damit bietet er zunächst ein Argument für die extremistischen Akteure am Rande der politischen und medialen Landschaft, und er findet dann Eingang in das tägliche Gespräch. Laut Fekete (2001) ist der »Xeno-Rassismus« der Diskurs, der Angst gegenüber Fremden in fremdenfeindlicher Form ausdrückt, wobei er gleichzeitig der Logik des Rassismus folgt. Implizite Formen des Rassismus waren in Europa in den letzten Jahrzehnten stärker verbreitet als der explizite Rassismus (Essed 1991). Die Angst, die durch xenophobe Diskurse artikuliert wird, ist nicht an konkrete Gegenstände gebunden. In der Regel sind die tatsächlichen Gründe der Angst nicht offensichtlich. Allerdings wurde die Fremdfeindlichkeit, durch Furcht und Unzufriedenheit, die in sozialen und wirtschaftlichen Ursachen wurzeln und in den Diskurs über die »minderwertigen Anderen« eindringen, in der Gesellschaft gestützt.

Das freudianische Argument, das von Adorno und Horkheimer weiterentwickelt wurde, verknüpft zwei verschiedene Logiken: die Äußerung der Ängste einerseits und die Abgrenzung und Ausgrenzung von Fremden andererseits (Wodak/Delanty/Jones 2008). Mit anderen Worten stellt die Manipulation von Emotionen hier vor allem durch die Benennung und Objektivierung von Ängsten einen Hauptanteil dar, die indirekt auch auf die Wiederherstellung von Stolz und Selbstwertgefühl zielt. Diskursanalytiker (Wodak/KhosraviNik 2013) und Forscher des Neonationalismus betonen diese Wiedererlangung und die Rehabilitation des Stolzes und Selbstwertgefühls durch die »Wiederverzauberung der Nation« (Feischmidt u. a. 2014). Diese wird von Ausgrenzung und Abwertung des Andersseins begleitet, von der Abwertung der Anderen, die die imaginäre Reinheit und Authentizität der Nation zu verletzen scheinen. Mit anderen Worten: Neue Formen des Rassismus sind mit neuen Formen des Nationalismus verknüpft (Feischmidt/Hervik 2015).

Politische Propagandaforschung zeigt seit langem, dass das Beginnen und dann die Aufrechterhaltung eines Krieges vor allem durch die Manipulation von Massengefühlen möglich sind. Das wichtigste Element hierfür ist die Schaffung einer Vision vom Feind und die Kontrolle über ihn durch die Macht der Diskurse, die den Fremden als Feind und als das »minderwertig Andere« darstellen. Es gibt zwei Arten der

Erniedrigung des Anderen: Die eine ist der Rassismus, der die Feinde zwar noch als Menschen, jedoch einer anderen Rasse zugehörig, zuordnet; die andere ist die Entmenschlichung, die den Feind als zur Welt der Tiere zugehörig identifiziert. Wie oben angemerkt, werden Strategien der Entmenschlichung vor allem von Autoren identifiziert und diskutiert, die die Mediengespräche über Schutz und Sicherheit sowie den Krieg gegen den Terror analysieren (Buzan/Wæver/de Wilde 1998).

Nach den 9/11-Terrorangriffen entwickelte sich ein solcher dehumanisierender medialer und politischer Diskurs sowohl in den extremistischen als auch in den Mainstreammedien, der Muslime als Feinde, die Gefahr bringen, betrachtete. Der Diskurs diente auch dazu, die Außenpolitik der Bush-Regierung zu legitimieren (Steuter/Wills 2010). Gleichwohl sind Äußerungen, die Tiermetaphern in Zusammenhang mit Menschen muslimischen Glaubens und entsprechenden Gruppen verwenden, auch in europäischen politischen Diskursen anzutreffen. Beispielsweise identifizierte der dänische Abgeordnete Pia Kjærsgaard die Muslime als »Krebs«, der Dänemark bedrohe (ebd.: 55). Einige der Krankheit und Tiermetaphern sind furchterregend, andere empörend und furchtbar, aber ihr Hauptmerkmal ist alles in allem die Minderwertigkeit von Lebewesen, die ihre Ausrottung – auch moralisch – legitimieren soll. Wenn der Fremde, der zum Gegner wird, eine Krankheit oder oder einen Parasit darstellt, ist seine Vernichtung eine verantwortungsbewusste und logische Antwort im Namen des »Menschen«.

Das Emporkommen von Sicherheit als zentralem Begriff in politischen Diskursen erzeugt einen Ausnahmezustand sowohl in der Regierungsführung als auch in der sozialen Wahrnehmung und im alltäglichen Gespräch. Laut Agamben (2005) wird der Ausnahmezustand durch bestimmte Kategorisierungen von Räumen und Menschen und die damit verbundenen Technologien der Macht festgelegt. Der Ausnahmezustand bezieht sich auf außergewöhnliche, »gesetzlose« Zonen wie Lager, in die die »Fremden« aufgrund der Bedrohung, die sie für den Rest der Gesellschaft repräsentieren, gebracht werden.

Didier Fassin (2011) stellt fest, dass die Grenzen eine Schlüsselrolle in der Governance durch Sicherheit haben: einerseits durch die verstärkte Überwachung der Staatsgrenzen (als physische Barrieren in Form von Zäunen und Mauern, aber auch durch die Anwesenheit von Strafverfolgungsbehörden), andererseits durch Diskurse, die zwischen den verschiedenen Bevölkerungsgruppen immer mehr undurchlässige Grenzen setzen.

Im folgenden Abschnitt möchte ich zeigen, wie in Ungarn soziale Grenzen zu Migrantinnen und Migranten gezogen und wie diese als Feinde konstruiert werden und wie damit die Notwendigkeit, die Staatsgrenzen zu verteidigen, legitimiert wird.

Versicherheitlichung und das »bedrohliche Fremde« im Diskurs der ungarischen Regierung

Wie Szalai und Göbl (2015) in Bezug auf die Konstruktion des politischen Diskurses über Sicherheit und ihre Bedrohung durch die internationale Migration argumentieren, verfolgt die Regierungsrhetorik in Ungarn westeuropäische Präzedenzfälle mit dem Verweis auf die negativen Folgen des Multikulturalismus und führt eine für ungarische Begriffe zu tolerante Migrationsstrategie an.

Die erste koordinierte Aktion im Auftrag der Regierung war die Einführung einer »nationalen Konsultation« zu Fragen der Migration und des Terrorismus. Auf die Konsultation folgte eine Reihe weiterer Maßnahmen, die die kollektiven Sorgen und den Ausnahmezustand, wie sie Agamben (2005) versteht, ansprechen: die Initiierung einer Plakatkampagne, die Schließung der Staatsgrenze und die harte Behandlung von Flüchtlingen, die im Staatsgebiet eingeschlossen waren. Aufgrund der Grenzschließung war die Zahl der Asylsuchenden, die nach Ungarn einreisen konnten, deutlich zurückgegangen. Das bedeutete allerdings nicht, dass das polizeiliche Vorgehen ihnen gegenüber humaner geworden wäre. Im Gegenteil, nach einigen Monaten folgte eine nahezu vollständige Beseitigung der Infrastruktur, die für die Versorgung und Unterbringung von Flüchtlingen geeignet gewesen war.

Im Frühjahr 2016, als fast keine Flüchtlinge mehr im Hoheitsgebiet des Staates waren und nach der Unterzeichnung einer EU-Bestimmung über die Verteilung der Zuständigkeiten, initiierte die ungarische Regierung eine weitere, gegen die EU-Flüchtlingspolitik gerichtete Kampagne. Die Kampagne war insofern erfolgreich, als sie zu einer Zunahme der Fremdenfeindlichkeit beitrug, auch wenn das Referendum über die Migrantenquoten der EU am Ende aufgrund geringer Wahlbeteiligung ungültig war.[3]

Im Folgenden betrachten wir den Regierungsdiskurs über Sicherheit, Gefahr und die Darstellung von »Fremden« auf der Grundlage der Regierungserklärung für das Referendum vom Oktober 2016.[4] Das Hauptargument für die Durchführung des Referendums war vor allem das problematische Verhältnis zwischen Ungarn und der EU. Es handelt sich im Grunde um eine Souveränitätserklärung der ungarischen Regierung, die als Reaktion auf das Migrantenquotensystem entworfen wurde. Das Referendum zielt darauf, das Image eines starken Nationalstaates schaffen, der sein Territorium und seine Bürger verteidigen kann. Die Bedeutung des Kampagnentitels *Wir senden eine Botschaft an Brüssel, damit sie es auch verstehen* wird hier explizit, ebenso das Hauptanliegen (das in der Tat eng mit dem ersten zusammenhängt), Macht gegenüber der Europäischen Union zu zeigen. Die Plakatkampagne im Jahr 2015 schuf ein Bild der Gefahr auf der Grundlage von drei Themen: öffentliche Sicherheit, wirt-

3 | Die Frage des Referendum war: »Möchten Sie der Europäischen Union erlauben, die Neuansiedlung nicht ungarischer Staatsbürger ohne Zustimmung der Nationalversammlung an Ungarn zu richten?«, https://en.wikipedia.org/wiki/Hungarian_migrant_quota_referendum,_2016 (letzter Zugriff: 27. 5. 2017).

4 | http://nepszavazas2016.kormany.hu/ (letzter Zugriff: 27. 5. 2017).

schaftlicher Wohlstand und kulturelle Identität, die – nach der Logik des Diskurses – von den als Terroristen betrachteten Flüchtlingen bedroht werde:

»Niemand kann feststellen, wie viele Terroristen unter den Migranten bislang ankamen und wie viele von ihnen Tag für Tag ankommen [...] So stellt die massive Umsiedlung von Menschen, die von verschiedenen Kontinenten und aus unterschiedlichen Kulturen kommen, eine Bedrohung für unsere Kultur, unsere Lebensart, unsere Sitten und Traditionen dar. Wenn wir nicht handeln, werden wir in ein paar Jahrzehnten Europa nicht mehr erkennen. Die EU möchte die Migranten in einem Augenblick neu ansiedeln, in dem die Arbeitslosigkeit unter europäischen Jugendlichen seit mehreren Jahren über 20 Prozent liegt. [...] In einigen EU-Ländern ist die Situation so verzweifelt, dass jeder zweite junge Mann arbeitslos ist. Unser Standpunkt ist, dass in erster Linie diese Jugendlichen, die bereits hier leben, unterstützt werden sollten. Sie sind in Europa zu Hause; Brüssel sollte in erster Linie mit ihnen solidarisch sein.«[5]

Zusammenfassend kann man argumentieren, dass die internationale Migration im ungarischen Regierungsdiskurs als ein sicherheitspolitisches Thema und als Frage der Staatssouveränität auf die Tagesordnung kam. Humanitäre Bedenken spielten hier kaum eine Rolle. Sie waren nur Teil der Kritik von lokalen und internationalen Menschenrechtsorganisationen, von zivilen Aktivistinnen und Aktivisten sowie kleiner, linksorientierter Parteien. Die Regierung setzte sich über diese Kritik allerdings hinweg. Flüchtlinge oder Migranten spiel(t)en im Regierungsdiskurs sogar eine untergeordnete Rolle, indem sie als Problem für die Strafverfolgungsbehörden erscheinen, etwa wenn die Grenze beschädigt oder illegal überschritten wurde. Es ist jedoch gerade dieser Diskurs über Gewalttaten, der Raum für die Entstehung bestimmter alltäglicher Diskurse schafft. Auf sie werde ich auf der Grundlage unserer Feldforschung in den Dörfern an der ungarisch-serbischen Grenze eingehen.

Narrative alltäglicher Begegnungen mit dem »migrierenden Anderen«

Im Fokus dieser Analyse steht eine Siedlung, die nahe der südlichen Grenze Ungarns liegt und die zum Einzugsgebiet Szeged gehört. Sie ist eine der am stärksten ausgedehnten Siedlungen von verstreuten Bauernhöfen (ihr Verwaltungsgebiet umfasst 12.254 ha, wovon 12.088 ha die äußere Zone repräsentieren). Nach der Volkszählung im Jahr 2012 leben dort 4019 Personen, davon fast die Hälfte (43 %) in der äußeren Zone, von wo die infrastrukturellen Dienstleistungen nur schwer zu erreichen sind. Die Zahl der Einwohner in der äußeren Zone wächst ständig durch den Zuzug von Familien mit vielen Kindern, die vom städtischen Zentrum oder von anderen Zonen des Bezirkes fliehen, und die täglich mit dem Überleben kämpfen. So war die Siedlung

5 | http://kvota.kormany.hu/ (letzter Zugriff: 27. 5. 2017).

sowohl von der sozial bedingten internen Migration als auch von der temporären internationalen Migration betroffen.[6]

Im Sommer 2015, so unsere Feldforschungsergebnisse, erzeugte der Anblick großer Gruppen fremder Menschen auf den Dorfstraßen, auf den Feldern und um die Gärten zunächst Mitgefühl unter den Dorfbewohnern, später Bedrohung, wie es ein Gesprächpartner beschrieb: »Als wenige kamen, hatten die Menschen Mitleid mit ihnen und halfen ihnen, so viel sie konnten. Aber da die Zahl größer wird und [die Einheimischen] von ihnen müde werden, sind sie nach einer Weile immer mehr unerwünscht.« Die Erklärung vor Ort für das anfängliche Mitgefühl war, dass zu Beginn der Migrationsbewegung im Winter 2014/Frühjahr 2015 weniger Menschen ankamen, und viele von ihnen gut gekleidete und vermutlich gut ausgebildete Männer waren und die Begegnung mit den Einheimischen eher mieden. In der »zweiten Welle« im Sommer 2015 waren unter den Flüchtlingen, so die Wahrnehmung im Dorf, vor allem Familien mit vielen Frauen und Kindern. In dieser Phase hat sich die Hilfsbereitschaft der Dorfbewohner am meisten manifestiert. Eine im Ort sehr angesehene Dame erzählte – mit einem unverkennbaren Ton des Mitleids in ihrer Stimme – Folgendes über diese Zeit:

»Es war so herzzerreißend zu sehen, wie diese Leute dort sitzen, in der eisigen Kälte zittern und dort bleiben. Wir haben dann mit meinen Kollegen darüber gesprochen, dass wir ihnen vielleicht Tee bringen sollten, und um herauszufinden, was noch zu tun ist, dass etwas getan werden muss, weil dies erschreckend ist. Unser Arzt sagte uns, dass er zu einem Baby gerufen wurde, das praktisch halb erfroren war.«

Im Sommer 2015, als bereits größere Massen ankamen, verlagerte sich der Fokus der Alltagswahrnehmung auf junge Männer als den hauptsächlich migrierenden: »Als sie übermäßig zu kommen begannen, Hunderte, die 13 bis 14 Jahre alten Burschen in großen Gruppen. Wir spürten nur, dass es schon eine Flut war.«

Tatsächlich kann diese Wahrnehmungsverschiebung sowohl mit tatsächlichen Veränderungen zusammenhängen als auch mit dem Wandel ihrer diskursiven Rahmung. Den Medien und lokalen politischen Akteuren gelang es, die alltäglichen Erfahrungen der Einwohner neu zu ordnen beziehungsweise sie durch andere zu ersetzen. Vorher, so die Bewohner, habe es Mitgefühl gegenüber den Fremden gegeben: dann sei das Gefühl von Einschüchterung gekommen; später habe die Angst alles überschattet. Die Bewohner von Ásotthalom konnten weder aus den politischen Diskursen noch den Medien erkennen, ob sie denen, die unterwegs waren, Wasser geben oder sie unter den Bäumen liegen lassen sollen. Nach und nach wurden die unbekannten Fremden als Bedrohung identifiziert, was zunehmend die Interaktion mit den Einwohnern delegitimierte.

6 | Programm zur Chancengleichheit 2008, http://asotthalom.hu/regi/15%2520-%2520Es%25c3%25a9lyegyenl%25c5%2591s%25c3%25a9gi%2520Program%2520%2520elfogad%25c3%25a1safb99.pdf?type=file&id=2995 (letzter Zugriff: 27. 5. 2017).

Im September und Oktober 2015, unmittelbar nachdem die Grenzbarriere gebaut worden war und die Siedlung nicht mehr direkt von den migrierenden Menschen betroffen war, behaupteten die Einwohner bereits, dass sie keinen persönlichen Kontakt zu den Flüchtlingen, die das Dorf und das Gebiet passierten, gehabt hätten. Auf meine Frage, ob es einen Fall gegeben habe, dass sie mit jemandem gesprochen hätten, war die häufigste Antwort: »Ich weiß wirklich nichts über solche Dinge, aber vermutlich würden die Leute nicht einmal mit ihnen reden. Einmal wurde ich von einem Mann angesprochen, aber ich verstand nichts, deshalb ging ich einfach weiter.«

Die örtliche Regierung, so die Einwohner, habe persönliche Kontakte mit Flüchtlingen verboten, »es verbreitete sich im Dorf, dass es nicht erlaubt ist, mit Flüchtlingen zu sprechen«. Die Begegnungen seien sogar unter Strafe gestellt geworden:

»Zum Beispiel hatte eine Lehrerin Mitleid mit einer Frau mit zwei Kindern, also holte sie sie mit ihrem Auto ab. Der Polizist beschuldigte sie daraufhin des Menschenhandels. Das Gerichtsverfahren steht noch aus. Was sie tat, tat sie aus humanitären Gründen, ohne Geld dafür zu anzunehmen. Und was ist mit den Bussen, die [die Flüchtlinge] mitgenommen haben? War das auch Menschenhandel? Mit einem Wort, nicht jeder, der so beurteilt wird, ist auch ein Schleuser.«

Die Bestrafung und Stigmatisierung hilfsbereiter Dorfbewohnerinnen und Dorfbewohner haben die gewünschte Wirkung erreicht. Gleichzeitig setzte sich der Schmuggel in großem Maßstab fort. Während unserer Feldforschung haben wir zahlreiche Autos gesehen, die an der Sammelstelle, die sich in der Nähe der Siedlung oder sogar im Dorfzentrum befand, auf Flüchtlinge warteten. Überraschenderweise konnten jedoch wirtschaftliche Interessen das Bild der Flüchtlinge nicht in Positive wenden. Auch wenn einige Gesprächspartnerinnen und Gesprächspartner bereit waren, ihre Ansichten zu diesem Thema zu überdenken, gingen sie nur so weit, als sie über »Zigeunerhändler« sprachen, die »uns von Migranten befreien«. Nach Ansicht der Dorfbewohner waren die »Zigeuner« aus anderen Siedlungen »voll im Geschäft«, während »die einheimischen Ungarn nur eine oder zwei Fahrten hatten«. Es ist bemerkenswert, dass die Bewohner im serbischen Dorf auf der anderen Seite der Grenze über den Transport der Flüchtlinge als einem legitimen Thema sprachen, das sie zum Teil als eine Dienstleistung oder ein Geschäft, zum Teil als freiwillige Hilfe verstanden.

Allerdings ist es wichtig zu erwähnen, dass sich das Verhältnis einiger Ortsansässiger zu Flüchtlingen von Anfang an von dem der Mehrheit abhob. Der örtliche katholische Priester zum Beispiel beschrieb seine eigene Position als ambivalent, was sich in seiner Predigt widerspiegelte und auch in unseren Diskussionen bestätigte:

»Wenn wir auf unsere Herzen hören, dann müssen wir sagen, dass es hier um Menschen geht. [...] Während die Wohlfahrtsstaaten genug zu essen haben, verhungern die Menschen in anderen Ländern. Es ist verständlich, dass sie, wenn sie uns nicht mit Waffen erobern können, dies ohne sie tun. [...] Zumindest sollten wir uns den armen Familien mit vielen Kindern liebevoll zuwenden. In der anderen Person sehen wir Jesus, der sich mit uns identifiziert, die Menschen, also müssen wir helfen, da Gott sie uns anvertraut hat. [Jedoch] ist es die Pflicht der ungarischen Regierung, unsere Nation zu verteidigen.«

Der katholische Priester löste das Dilemma für sich selbst, indem er Flüchtlinge im Dorf persönlich unterstützte. Die Gemeinde war für sie für eine Weile offen und diente als vorübergehende Unterkunft für viele Familien und kleine Gruppen. Einige der Gäste waren Christen, und dem Priester zufolge trugen manche sogar die Bibel auf Arabisch bei sich. Als sie in den Büchern des Priesters, einem ehemaligen franziskanischen Mönch, die Bibelausgaben in verschiedenen Sprachen gesehen hätten, wollten sie ihm ihre eigene als Geschenk geben, aber er habe mit der Begründung abgelehnt, dass sie sie auf der langen Reise brauchen könnten.

Im besten Fall wurde der Priester bei seiner Arbeit mit Flüchtlingen von zwei Messdienern aus der Stadt Szeged unterstützt. Obwohl sich die Einwohner gewöhnlich als »Kirchgänger« und »konservative Leute« bezeichneten, waren sie weder in der Arbeit mit Flüchtlingen aktiv noch haben sie sich in der Gemeinde engagiert. Es gab jedoch vereinzelt Fälle, wo persönlicher Kontakt zwischen lokalen Bewohnern und Fremden hergestellt wurde. Zum Beispiel trafen wir einen jungen Wachmann einer Bürgerwehr, der seine Aufgabe als »Verteidigung« des Dorfes konzipiert hatte, indem er die Flüchtlinge »umleitete«.

Die Motivation ziviler Wachen ist in der Regel, dass sie Anerkennung der lokalen Gemeinschaft bekommen, aber dieser Befragte sei auch von der Neugier für Fremde getrieben gewesen, wie er sagte: »Die ganze Welt ging durch das Dorf.« Während er die verhafteten Menschen bewachte, sprach er auch mit ihnen, und »deshalb kenne er sich in der Weltpolitik viel besser aus«. Seit drei Jahren arbeitet er als ziviler Wachmann, mittlerweile hat er Englisch und teilweise auch Serbisch gelernt. Flüchtlinge gingen regelmäßig durch den Garten seiner Familie, aber abgesehen davon, dass sie einige Pfirsiche mitgenommen haben, hätten sie keinen Schaden verursacht. Die Familienmitglieder hätten keine Angst vor ihnen, sondern sogar Mitleid und gäben ihnen bereitwillig alles, was sie können. Der junge Wachmann und seine Familienangehörigen betonten ihre »menschlichen« Beziehungen zu den Flüchtlingen und die »Natürlichkeit« der alltäglichen Begegnungen:

> »Ich mochte ein paar von ihnen, sozusagen […], wir sprachen, und es war alles gut. Einer erzählte mir von seinem Plan, nach Deutschland zu ziehen und dass er arbeiten will. Sobald wir die ganze Fußball-Weltmeisterschaft mit den Kosovaren besprochen haben, war eine Gemeinsamkeit hergestellt.«

Aus dieser Perspektive waren die Erzählungen die emotional positiven – genau wie im Fall der Erinnerung des Priesters an die syrische Familie, die die Bibel in einem Rucksack bei sich trug.

Die Überwindung von Angst und die Verachtung in Alltagsdiskursen

Zu einem bestimmten Zeitpunkt verschwand die anfängliche Vielfalt der Diskurse plötzlich und die Erzählungen begannen zunehmend homogen zu werden. Themen wie Schmutz, gesundheitliche Gefährdungen und Schäden wurden zunehmend dominant:

»Der elektrische Zaun eines Jungen wurde zerstört und seine Kühe sind alle weggelaufen, so dass er sie zwei Tage lang zusammentreiben musste. [...] und die Obstgärten [...] Und außerdem die Müllhaufen, die sie zurückgelassen haben. Das ist ein riesiges Problem, ganz zu schweigen von dem Risiko einer Infektion, die Windeln wurden an den Straßenrand geworfen. 40–50 Prozent der Menschen hier leben in Gehöften und sie wagen es nicht, hinaus auf den Hof zu gehen. Nachts klopft man an die Tür. Das Gefühl der Sicherheit ... Ásotthalom war ein sicherer Ort, und er ist es auch heute, abgesehen von dieser Migrationswelle, die jetzt hinter uns ist, aber es wird nicht mehr derselbe Ort sein.«

Da die Zahl der Abfalleimer nicht zunahm, wurden Flaschen, Lebensmittelverpackungen und Schaber, Windeln und auf den Äckern sogar menschliche Exkremente gefunden. Während manche unterstrichen, dass dies unter den gegebenen Bedingungen verständlich sei, haben die meisten Einwohner die Wanderung als Beweis für die Gefahren und das abweichende Verhalten sowie für ein intrinsisches Merkmal von Flüchtlingen im Allgemeinen begriffen.

Während Kommunikation und persönliche Interaktion zunehmend seltener wurden, erschienen in lokalen Erzählungen die Fremden in Rollen, die mehr und mehr auf ihre biologische, körperliche Existenz beschränkt waren. In den Darstellungen der Beziehungen zu Flüchtlingen überwogen mit der Zeit Empfindungen wie Ekel, Wut und Irritation. Sprachen die Anwohner über die »typischen« Handlungen von Flüchtlingen, verwendeten sie Verben, die zur Beschreibung von Bewegungen von Tieren benutzt werden – zum Beispiel, dass Fremde die Busse oder den Krankenwagen »überfielen« und dadurch die Anwohner in ihren Alltagsroutinen behinderten.

Die lokale Regierung informierte uns darüber, dass in Ásotthalom im Herbst 2016 sechs Beschwerden über die Verletzung des Privateigentums registriert wurden, mit einem gemeldeten Gesamtschaden von 1,6 Millionen Forint (ca. 5134 Euro). Nicht einmal diese Information war bis dahin nachgewiesen worden, aber die soziale Wahrnehmung spiegelt einen viel bedeutenderen Verlust. Die Erzählungen beruhten nicht nur auf den tatsächlichen Erfahrungen, sondern sie wurden von allgemeinen Ängsten genährt, die auf dem Vormarsch waren. Und statt sie zu zerstreuen, verstärkten die Mediendarstellungen die Angst vor dem Unbekannten noch:

»[Die Medien] berichten ständig darüber und die Menschen sorgen sich darüber, was passieren wird, wenn eines Tages die Familien dieser Männer nachkommen. Wie viele Menschen werden es sein? Weil ich jetzt nicht weiß, wie viele Tausende hier durchgegangen sind, und ich weiß nicht, wie viele Tausend bereits im Ausland sind – ich glaube nicht, dass jemand ihre Zahlen kennt, die Daten sind nur annähernd. Aber noch eine beträchtliche Menge von Menschen kann noch hinzugefügt werden. Und ich muss auch sagen, das ist noch nicht einmal so lange her, als dieser Streit an der Grenze bei Röszke vor sich ging, eine Woche zuvor kam ein Mann hierher und mit ihm neun bis zehn Kinder und drei Frauen. [...] aber wer weiß, wie viele von ihnen mehrere Frauen haben und dann, wie viele Kinder werden ihnen nachkommen. Eigentlich hängen diese Themen in der Luft, die Leute diskutieren über sie im Dorf, und wir teilen absolut diese Meinung. Und wer wird sie füttern, woher soll man dafür Geld bekommen? Wir haben auch gehört, dass sie in dem Glauben kommen, dass in Deutschland und Österreich die Situation einfach schrecklich gut ist. Und was dann, wenn sie nicht bekommen, was sie wollen? Das eine ist, dass sie enttäuscht sein werden, das andere ist, was wir im Fernsehen gehört haben, dass viele von ihnen zurückgeschickt werden.«

Die Abscheu und die Angst vor Flüchtlingen wurden durch Neid und Misstrauen noch verstärkt. Wie kommt es, fragten sich die Einwohner von Ásotthalom, dass Menschen, die Hilfe von anderen benötigen, in der Welt aber mit teuren Smartphones, Kleidern und Schuhen herumlaufen? Eine Person mit solch einem Telefon könne nicht arm sein, und wenn sie so tut, so müsse es eine Lüge sein. Der wachsende Zorn und der Hass hätten zwar nie zu körperlichen Übergriffen geführt, wurden aber oft verbal ausgedrückt:

»So viele junge Männer, wer weiß, wie geschickt sie mit Waffen umgehen können oder wann sie zustechen. Wir haben Angst, ja wir haben Angst. Nun, wenn sie die Schule mit ungarischen Kindern besuchen dürfen, was werden sie dorthin mitnehmen. Ich habe Angst davor, oder dass ich auf der Straße spaziere und dann, wenn sie meinen Anblick nicht mögen, greifen sie mich an, oder wenn jemand ein Auto fährt, es gab diesen Unfall, wo der Lehrer von Zigeunerkindern getötet wurde. Seitdem ist es auch anderswo passiert.«

Die Leute, die von den Hassreden berichteten, waren im Allgemeinen diejenigen, die den Hassrednern nichts entgegensetzen können: »Manche schrien aus 20 Metern. […] ›Warum werfen Sie nicht Bomben auf sie und warum schießen sie nicht auf Sie?‹« Direkte Erfahrungen und Interaktionen mit Fremden wurden aus dem Alltagsdiskurs ausgeschlossen. Dasselbe geschah auch mit Erfahrungen, die die Einwohner selbst als Migranten gemacht hatten, einschließlich der früheren Erfahrungen als »Gastarbeiter« oder mit »Gastarbeitern«, die seit langer Zeit im Dorf leben. Die Einheimischen schlossen ebenso die Erfahrungen der alltäglichen Begegnungen mit Menschen unterschiedlicher kultureller Herkunft aus sowie die Erinnerungen an Flucht, die mit der Verschiebung der Staatsgrenzen in der Nachkriegszeit, mit der Revolution von 1956 oder mit dem Krieg im ehemaligen Jugoslawien zusammenhingen. Der Ausschluss dieser Erinnerungen aus dem Alltagsdiskurs verweist darauf, dass die Menschen anfällig sind für die medialen und politischen Diskurse.

Die politische und mediale Darstellung des xeno-rassistischen Diskurses

Verschiedenen Quellen zufolge wurde die Idee für einen Sicherheitszaun vom Bürgermeister von Ásotthalom, László Toroczkai, vorgeschlagen. Das bestätigte er uns auch während unseres Interviews.

»Die ungarische Regierung ist jetzt sehr korrekt. Ansonsten denke ich, das ist ein historischer Akt, denn hier handelt es sich um ein globales Problem. Was die Regierung tut, ist perfekt, die Schengen-Grenzen müssen geschlossen werden. Die Schengen-Grenzen müssen verteidigt werden. Es gibt Grenzen, und die Gesetze müssen eingehalten werden, sie können nicht aggressiv verletzt werden. Was nun geschah, ist ein Angriff, eine Aggression. [Die Flüchtlinge] waren nicht aggressiv, nur als wir ihnen gesagt haben, dass [der Grenzübertritt] rechtswidrig ist, dass sie das nicht tun können, dann sind sie sofort aggressiv geworden. Kein Wunder, sie sind nicht aggressiv, wenn wir ihnen Brot und Wasser geben und sie mit dem Bus zur österreichischen Grenze mitnehmen. Als der slowenische Polizist sie stoppte, gingen sie ihn sofort an. Wir sahen die Angriffe gegen die Behörden in Röszke. Das ist Aggression, ungesetzliche Aggression.«

Die Grenzbarriere wurde nach der Entscheidung der Regierung errichtet. Ihre Überwachung oblag jedoch der Gemeindeverwaltung, die örtliche *Milizen* [polgárőrség] einsetzte sowie die vom Bürgermeister gegründete *Feldwacht* [mezőőr], die aus Sympathisanten, auch von außerhalb, bestand. Toroczkai berichtete über diesen Teil seiner Tätigkeiten:

»Wenn ich Recht habe, habe ich in Ásotthalom mit drei Mitgliedern die erste Einheit der Feldwächter im Land gegründet. Außerdem haben wir eine lokale Miliz mit 18 Mitgliedern; Ich glaube, ich unterstütze sie viel mehr als mein Vorgänger – und zwar in materieller wie moralischer Hinsicht. Zuerst fuhren sie ein altes russisches Auto, einen Lada Niva oder manchmal ritten sie auch auf Pferden. Später, als die Situation eskalierte, bat ich das Ministerium für Innere Angelegenheiten, uns einen neuen Jeep zur Verfügung zu stellen. Sie gaben uns keinen – aus formalen Gründen. Es war so dringend, dass wir auf meiner Facebook-Seite einen Aufruf gepostet haben, dass wir für einen Landrover sammeln. Wir sammelten in einem Monat fünf und eine halbe Million Forint (ca. 17.808 Euro) und wir kauften einen Toyota Landrover von diesem Geld. Ich verstärkte die Feldwächter in Folge des Toyota Landrovers. Jetzt sind wir an dem Punkt, dass ich die Zahl der Feldwächter von drei auf fünf erhöht habe, und neben denen, die einen 24-Stunden-Service anbieten, gibt es auch einen Wachmann, der 24 Stunden arbeitet. Und deshalb arbeiten wir mit sechs Mitarbeitern. Sie sind diejenigen, die als Beamte für die Gemeinde arbeiten oder mit ihr in einem Arbeitsverhältnis stehen.«

Während einer Dorfversammlung, die von der Mehrheit der Anwohner besucht wurde, lenkte der Bürgermeister die Aufmerksamkeit auf die Gefährdung der öffentlichen Abwasserentsorgung. Der Vertreter der zuständigen Behörde bemühte sich auf der Sitzung vergeblich, die Panik zu verringern, indem er betonte, dass es keine wirklichen Fälle gebe, die Anlass zur Besorgnis seien. Plakate tauchten in der ganzen Siedlung auf, die die Hand eines Leprapatienten und einen medizinischen Eingriff zeigten. Während des ganzen Sommers sollten diese Plakate die Anwohner davor warnen, jeglichen Kontakt mit den Fremden und den Gegenständen, die sie zurückließen, zu vermeiden.

Eine Gruppe der Anwohner lebt auf Bauernhöfen, die relativ einsam liegen. Der Bürgermeister baute seine Argumente hauptsächlich auf ihren Ängsten auf und darauf, wie man diese Einwohner schützen werde. Darüber hinaus erhöhte er die Sichtbarkeit der Bürgerwachen und Feldhüter, die in Tarnuniformen durch die Siedlung patrouillierten. Über diese Aktionen wurde auch ein Video gedreht und in den sozialen Medien verbreitet. Darin werden die Bürgerwachen und vor allem der Bürgermeister in einem Stil dargestellt, der an Szenen aus Hollywoodfilmen erinnert.[7] Zum Video sagt der Bürgermeister:

»Die Botschaft dieses Videos ist einzig und allein, dass Ungarn ab dem 15. September seine Grenzen schützen wird, und dass es nicht möglich sein wird, illegal einzuwandern, außer mit Pässen, Dokumenten an ausgewiesenen Grenzübergängen. Und wir begrüßen diejenigen, die auf diesem Wege kommen. Diejenigen, die illegal kommen, können aufgrund der neuen Verschärfung der Gesetze in Ungarn leicht ins Gefängnis kommen, und hier in Ásotthalom hilft eine sehr militante Gruppe von Bürgerwachen einigen Tausend Polizisten und Soldaten. Im Video stellen wir vor, wie die Soldaten arbeiten, sie kommen auf Motorrädern, Jeeps und auf Pferden. Es ist ein ziemlich militärisches [Video], vielleicht ist es deshalb so populär geworden, weil es eine Botschaft hat, dass wir die Grenze schützen. Inzwischen sind meine letzten beiden Sätze am Ende dieses 2,5 Minuten langen Videos sprichwörtlich geworden: Wenn Sie ein illegaler Migrant sind, glauben Sie nicht den Menschenhändlern, Ungarn ist eine schlechte Wahl und Ásotthalom ist das Schlimmste.«

Im Video scannen die Wächter die Staatsgrenze nach Autos, Pferden und Motorrädern ab, die der Zuschauer teils aus der Vogelperspektive, teils aus nächster Nähe sieht. Das Dorf und seine Bewohner sind unsichtbar, sie dienen nur als Hintergrundszenerie einer Performance. Das kurze und dynamische Video verbreitete sich schnell auf Youtube. In einem Kommentar, der nur einen Tag nach der Online-Veröffentlichung des Videos herauskam, schrieb Alfahír, eine der führenden Webseiten der ungarischen extremen Rechten: »Toroczkai erhält Anerkennung aus ganz Europa.«[8] Einen Tag später erreichte der Spot annähernd 150.000 Klicks, danach wurden es immer mehr, sodass der Bürgermeister bereits behauptete, das Video habe schon im September eine halbe Million Streamings erreicht.

Das Video wurde unter dem Titel »Anti-Flüchtlingsfilm« berühmt und seine internationale Karriere war durch negative und positive Reaktionen geprägt. Beide führten dazu, dass Toroczkai zu einem Medienstar der Antiflüchtlingsaktion wurde. *Russia Today* zum Beispiel verwies bei ihrem Bericht über das Video auf Toroczkais früheren Rechtsradikalismus,[9] *Sputnik News* lobte die »tägliche Arbeit« der »Wachsoldaten« und legitimierte damit Toroczkais Aussage, er »würde alle illegalen Einwanderer in die USA schicken«.[10] Ein paar Monate später berichtete *Imperya News* eifrig, dass für den russischen Kosmonautenhelden Juri A. Gagarin in Ásotthalom ein Denkmal errichtet und eine Straße nach ihm benannt wurde. An der Einwei-

7 | Das Video ist unter anderem zu sehen auf: http://alfahir.hu/szerte_europabol_koszonetet_mondanak_toroczkainak (letzter Zugriff: 31. 5. 2017).

8 | Ebd.

9 | https://www.rt.com/news/315917-hungary-anti-refugee-movie/ (letzter Zugriff: 27. 5. 2017).

10 | »I would send all illegal migrants to US« – Hungarian Town Mayor, http://sputniknews.com/europe/20151012/1028404649/asotthalom-mayor-interview.html#ixzz471oqyFLu (letzter Zugriff: 27. 5. 2017).

hungszeremonie des Denkmals nahm auch der russische Konsul in Budapest teil.[11] Die britische Boulevardzeitung *Daily Mail* wiederum zitierte Toroczkais Film im Zusammenhang mit den Szenen, die sich Anfang September 2015 an der Grenze zwischen Serbien und Ungarn abspielten, als Flüchtlinge den Zaun durchbrachen und die ungarische Polizei mit Tränengas gegen sie vorging. Trotz ihres kritischen Tenors bot der Artikel auch Raum für Zuspruch, den er von britischen Lesern auch bekam.[12]

Laut anerkannten Publizisten sind Toroczkais Haltung und das Antiflüchtlingsvideo die radikalste Sichtweise auf die Migration in Europa. Die *New York Times* veröffentlichte einen Artikel mit dem Titel *Hat Europa seine Belastungsgrenze erreicht?* Darin wurden die Not der EU in Bezug auf Unsicherheit und der Grenzzaun als Symbol europäischer Ängste analysiert. Toroczkai wurde als »ein aufsteigender ultranationalistischer Star der rechtsextremen europäischen Politik« tituliert, der zum Teil ein dramatischer, zum Teil absurder Charakter sei, dessen politische Karriere mit der Antiflüchtlingskampagne und dem Bau des Zauns, der Ungarn aus der EU ausschloss, seinen Höhepunkt erreicht habe.[13]

Am meisten aber wurde Toroczkai bekannt durch seinen Auftritt in der Fernsehsendung *Last Week Tonight* des populären amerikanischen politischen Kommentators John Oliver. Die Sendung vom 28. 9. 2015, in der Toroczkai zu Gast war, behandelte die Themen Migranten und Flüchtlinge in Europa. Sie zeigte, wie Migranten bei der Suche nach Zuflucht in Europa mit Hass und Rassismus konfrontiert werden. Toroczkai wurde als der Hauptdarsteller in dieser Hass-Industrie präsentiert und lächerlich gemacht.

Die dritte wichtige Säule der öffentlichen Diskurse in Bezug auf den Fall Ásotthalom sind die sozialen Medien, in denen der Bürgermeister mit seinen Facebook-Anhängern (ihre Zahl übersteigt 40.000 User) in Kontakt tritt. Seine Kommunikation ist intensiv, er postet fast täglich einen Beitrag und nahezu alle behandeln oder streifen das Thema Migration. In den Posts geht es zum Beispiel um das Verhältnis zwischen ihm und der *Jobbik-Partei,* um die Hilfe für die Armen im Dorf, das historische Gedächtnis (Sándor Rózsa, historischer Rebell, die Heilige Krone, Johannes Capistran), internationale Beziehungen (Russland als Priorität, Kritik an der EU) und schließlich auch um sein Privatleben (seine Kinder und Religiosität). Die auf Migranten bezogenen Beiträge lauten etwa so:

---

11 | http://www.imperiyanews.ru/details/4aa26571-b6ed-408a-9b86-1b32037ecaea (letzter Zugriff: 27. 5. 2017).

12 | http://www.dailymail.co.uk/news/article-3240272/Hungarian-mayor-mocked-action-movie-video-warning-migrants-not-enter-town-including-choreographed-chase-horseback.html (letzter Zugriff: 27. 5. 2017).

13 | »The fence had sealed Hungary off, and that made Laszlo Toroczkai – the 37-year-old mayor of Ásotthalom, a Hungarian farming town on the Serbian border, and a rising ultranationalist star of far-right European politics – very happy.«, http://www.nytimes.com/2015/12/20/magazine/has-europe-reached-the-breaking-point.html?_r=0 (letzter Zugriff: 27. 5. 2017).

»[...] Vor kurzem wachte ich zweimal mitten in der Nacht durch Schreie von Eindringlingen am Zaun unseres Gehöfts auf. Auf dem Bild sehen Sie unseren Fang dieser Woche. Unsere Feldwehr berichtet immer öfter, dass Migranten von der anderen Seite des Grenzzauns mit ihren Messern den Wächtern, Polizisten und Soldaten zeigen, wie sie ihnen den Kopf abschneiden werden. Dann, wenn keine Wache da ist, beginnen sie sofort damit, den Zaun zu zerschneiden, um ins Land zu eilen. Zur selben Zeit, jetzt sind wir auch viele hier, fangen und fesseln wir sie. Das Problem ist, dass sie [die Migranten], auch wenn wir auf diese Weise erreichen, dass sie nicht in das Land in einer unkontrollierten Weise eindringen können, trotzdem wegen der verrückten Gesetze – nach Fingerabdruck und Vertreibung – nach ein paar Tagen wieder frei sind, zu gehen. Das liegt in der Verantwortung des Gesetzgebers. Dieses Problem ist also noch lange nicht gelöst, auch wenn es unsere Welt bedroht« (FB 24. 4. 2016).

Um dieser einfachen, doch dramatischen Geschichte Authentizität zu verleihen, wurde ein Foto hinzugefügt, das den Bürgermeister mit seinem Hund zeigt, während im Hintergrund eine Bürgerwache in siegreicher Pose mit einer Gruppe von jungen gefangenen Männern zu sehen ist. Einige der Kommentare unter dem Post beziehen sich auf die Schönheit des Hundes. Vom Zustand des Hundes wird die Diskussion in Richtung Fütterung (der wird nur mit »Qualitätshaustierfutter« gefüttert), von der Tiernahrung zu den Flüchtlingen und dann wieder zurück zum Hund geleitet. Die meisten Kommentatoren stellen Verbindungen zwischen dem Hund und den Flüchtlingen her, die gefangengenommen wurden. In mehreren Fällen wird angedeutet, dass die Flüchtlinge an die Hunde verfüttert werden sollen (»Was wird dann mit [den Hunden] passieren?«). Zwischen den Kommentatoren gibt es keine Debatte, die einzige Dynamik in ihrer Kommunikation ist, dass sie sich gegenseitig bei der Herabwürdigung der Flüchtlinge überbieten und sich darin bestärken, den Bürgermeister zu preisen. Der Höhepunkt der interaktiven Auftritte ist meist die Vernichtung der Flüchtlinge, begleitet von Emoticons wie Lächeln und ähnlichem: »Es ist wie Wasser auf die Mühlen kippen, denn selbst wenn Sie sie einfangen, werden sie nach einigen Stunden oder Tagen wieder frei herumlaufen. Peng in den Kopf.« Die verbale Gewalt ist von Humor geprägt, der eine Stimmung aus Hass und Zynismus schafft.

Ein weiteres Hauptthema der Kommunikation in den sozialen Medien ist der politische Feind, zum einen die lokalen und internationalen Organisationen, die sich für Menschenrechte und die Unterstützung von Flüchtlingen einsetzen – hier hat der Bürgermeister Klage eingereicht und später über das Gerichtsverfahren auf Facebook informiert. Zum anderen zählen zu den Feinden Politiker der Europäischen Union, gegen die er ein Bündnis auf nationaler und internationaler Ebene angekündigt hat:

»Der echte Terror kam gerade nach Europa, wie ich schon sagte, aber nur wenige haben mich ernst genommen. Alle Verantwortung tragen jene stöhnenden und entsetzten Politiker, die den Multikulturalismus in Europa erzwungen haben und heute auch erzwingen wollen. Das ist nur der Anfang; ein viel härterer und weiter reichender Terror erwartet die Europäische Union (auch). Die Lösung ist ganz einfach: 1. Merkel, Juncker und Hollande sollen mit allen Grab-Graben-Politikern zusammen abgeschafft werden. 2. Die Außengrenzen der EU sind mithilfe von Streitkräften zu schließen, mit einem brutal starken doppelreihigen Zaun, einem offenen Graben, einer Marineflotte und Befehlen, auf alle Rebellen zu schießen.

3. Die Millionen von illegalen Migranten sind einer nach dem anderen zu begutachten und diejenigen, die nicht hierher gehören, sind sofort zu vertreiben. 4. Wenn all dies erreicht ist, können wir darüber nachdenken, wem und wie man von Europa aus aus christlicher Zuneigung helfen kann. Aber sicher nicht so, wie es bisher geschah« (FB 15. 11. 2015).

Zusammenfassung und abschliessende Bemerkungen: der soziale Hintergrund des xeno-rassistischen Diskurses

Der erste Teil dieses Aufsatzes ging von der Beschreibung der alltäglichen Diskurse in der Siedlung Ásotthalom aus, es ging konkret um die lokalen Erzählungen über die Begegnungen mit Flüchtlingen. Wie oben erwähnt, fallen persönliche Begegnungen oder Assoziationen mit früheren Erinnerungen völlig aus den alltäglichen Diskursen heraus. Stattdessen sind die Erzählungen von Diskursen mächtiger Akteure aus Politik und Medien überformt.

Daher führte der darauffolgende Abschnitt des Artikels die politischen und medialen Diskurse ein, um einerseits die Verbindungen hervorzuheben zwischen lokalen und überlokalen politischen Praktiken und andererseits zwischen diesen und den Medien, einschließlich der sozialen Medien und ihrer diskursiven Macht. Im Fokus standen die Diskurse um Sicherheit und die Praktiken, die Migrationsbewegung auf lokaler Ebene unter Kontrolle zu bringen. Politik und Medien arbeiten also in hohem Maße an der Entwicklung fremdenfeindlicher Rhetorik mit.

Es hat sich gezeigt, dass die alltäglichen Rassismusdiskurse politische Leitfiguren haben. Indem sich der Bürgermeister von Ásotthalom als der Wiederhersteller der Sicherheit darstellt, nimmt er eine führende Rolle bei der Konstruktion von Fremden als Feinden ein. Dies verstärkt einerseits seinen politischen Einfluss und andererseits schafft es eine Öffentlichkeit für die Entstehung und Routinisierung der Entmenschlichung. Als Strategie der Darstellung wurden Kulturalisierung der Differenz und Erniedrigung durch Rassismus und Entmenschlichung identifiziert. Die Hauptunterschiede zwischen diesen Varianten bestehen darin, dass der erste eine bloße Ablehnung von Migranten legitimiert, der zweite tut es mit Verachtung und der dritte mit Vernichtung.

Basierend auf den theoretischen Überlegungen kann man argumentieren, dass der dominierende Diskurs in Ásotthalom durch eine Kombination von Xenophobie und Rassismus gekennzeichnet ist. Die Hegemonie des Xeno-Rassismus im Fall von Ásotthalom wurde durch zwei Bedingungen ermöglicht. Einer ist der lokale politische Diskurs, der durch eine in vielen Punkten verwandte Regierungsrhetorik des ungarischen Staates verstärkt wird und nicht nennenswert durch Kritik in den nationalen und internationalen Medien geschwächt wird.

Viele der zitierten Interviews und Kommentare aus den sozialen Medien deuten darauf hin, dass die Erniedrigung der Anderen, die mit der Erniedrigung der Roma begann (bis hin zum sogenannten Zigeunerverbrechen), mit dem Diskurs über Migranten eine weitere Radikalisierung – vor allem in der metaphorischen Förderung der Entmenschlichung – erfuhr.

In ihrem Selbstverständnis und ihren Wahlpräferenzen ist die hier beforschte Bauernhofsiedlung durch konservative Werte gekennzeichnet. Während der ersten Wahlperiode nach 1989 war der Bürgermeister ein lokaler Anwalt, der in der Stadt Szeged lebte und die Unterstützung der liberalen Partei *Vereinigung der Freien Demokraten* (SzDSz) genoss. Seither dominiert im Verwaltungsbezirk sowie auch in der parlamentarischen Vertretung der Region die *FIDESZ-Partei*. Denn während es dem Bürgermeister der benachbarten Siedlung gelungen ist, wichtige Akteure der Wirtschaft zu gewinnen und damit das Bild eines blühenden regionalen Zentrums zu erzeugen, nahm die Bedeutung Ásotthaloms allmählich ab. In diesem Zusammenhang waren die Eröffnung eines kleinen Grenzübergangs und die Intensivierung des Transitverkehrs die einzigen Faktoren, die zu positiven lokalen Entwicklungen geführt haben.

Im Jahr 2010, seiner zweiten Amtsperiode, führten die moralische Krise des damaligen Bürgermeisters und die Konflikte innerhalb der lokalen Regierungsorgane zur allmählichen Auflösung des lokalen öffentlichen und politischen Lebens. Im Jahr 2013 folgte auf seinen Rücktritt ein neues Vakuum in den Machtverhältnissen. Die allmähliche Schwächung der politischen Linken erreichte ihren Tiefpunkt. Auch wenn dies nicht auf streng lokale Faktoren zurückzuführen ist, war es den Sozialisten nicht möglich – wie etwa in Szeged –, an die Macht zurückzukehren. Bei den Kommunalwahlen unterstützte ein linksgerichteter Meinungsführer der Siedlung selbst den Kandidaten der radikalen Rechten, und erklärte uns im Interview: »Als Linker schäme ich mich, immer noch ein Anhänger dieser Linken zu sein. Das ist eine Tragödie.«

Der jetzige Bürgermeister, László Toroczkai, vorwiegend den Anhängern der radikalen rechten Szene bekannt, trat 2013 als Ortsansässiger im Alter von etwa 40 Jahren in die Kommunalpolitik ein. Er erlangte einen Ruf in den nationalen Mainstreammedien durch Aktionen wie seine Teilnahme am Angriff auf das Hauptquartier des ungarischen Staatsfernsehens im Herbst 2006, ein paar Jahre später durch seinen Angriff auf das Budapester Bank Center, das das ungarische IWF-Büro beherbergt, sowie seine revisionistischen Aktivitäten in den Nachbarländern.

Anhänger der rechtsradikalen Szene betrachten ihn als eine führende Hauptfigur, die eine Zeitlang zusammen mit György Budaházy erwähnt wurde, einem informellen und später inhaftierten Führer radikaler rechter Protestbewegungen. Toroczkai war der Anführer und Initiator zahlreicher Organisationen wie der revisionistischen *Jugendbewegung von Vierundsechzig Komitaten* sowie des *Betyársereg*, einer paramilitärische Organisation. Darüber hinaus initiierte er Veranstaltungen wie das Festival nationalistischer Rockmusik *Ungarische Insel* und Gedenkfeiern und Märsche anlässlich des Trianon-Gedenktags oder der Auflösung »Großungarns« am 4. Juni. Außerdem war er 2007 am Angriff auf den *LGBTQ-Pride-Aufmarsch* in Budapest beteiligt.

Toroczkai gewann die vorgezogenen Kommunalwahlen in Ásotthalom im Jahr 2013, ein Erfolg, den er ein Jahr später bei den regulären Kommunalwahlen wiederholen konnte. Die lokale Wahlbasis des *FIDESZ* unterstützte ihn dabei; das Prestige von Viktor Orbán und seiner Partei wurde dadurch auf nationaler Ebene nicht geschädigt.

Die Radikalisierung der politischen Haltung ist vor allem bei jungen und Menschen mittleren Alters zu beobachten. Die Älteren neigen eher dazu, die radikale Vergangenheit des Bürgermeisters einfach zu übersehen, weil ihnen sein soziales Engagement für die Gemeinschaft wichtiger scheint. Aus diesen Gründen genießt er auch die Unterstützung der örtlichen intellektuellen und wirtschaftlichen Eliten, die ansonsten den Rechtsradikalismus ablehnen. Diese Unterstützung ist in der Zeit der Flüchtlingskrise deutlich gestiegen. Wie es ein Dorfbewohner ausdrückte: »Ohne ihn hätten sie uns gefressen.«

Ein lokaler Kontext ohne politische Alternativen und öffentliche Aktivitäten war für eine ehemalige Führungsfigur der rechtsradikalen Szene gut geeignet, um breite soziale Unterstützung zu bekommen. Seine Bemühungen, sein Dorf vor Migranten zu verteidigen, wurden bei der Parteiführung anerkannt. Während Toroczkai zuvor seine Distanz zu *Jobbik* betonte, akzeptierte er nach dem Vorschlag des Präsidenten seine Nominierung zum Vizepräsidenten der Partei im Sommer 2016. Es gab zwei wichtige Faktoren, die zur Verschiebung von einer radikalen »Politik der Straße«, die oft die Grenzen der Legalität verletzte, hin zum Mainstream beigetragen haben. Beide hängen mit der sogenannten Flüchtlingskrise zusammen.

Der erste Faktor war die Radikalisierung der konservativen ungarischen Regierung, die im Zuge der Flüchtlingskrise Strategien adaptierte, die ursprünglich vom rechtsextremen Bürgermeister Ásotthalom vorgeschlagen wurden und ihre Befürworter unter rechtsextremen Akteuren der europäischen politischen Landschaft finden. Die Medien spielten dabei eine wichtige Rolle sowie die politischen Akteure, die bewusst und effizient die Medien, vor allem die sozialen Medien, benutzen. So wie der rechtsextreme Bürgermeister von Ásotthalom, ein begabter und gebildeter Journalist, der sich und seine Gemeinde als Verteidiger der lokalen Bevölkerung und der ungarischen Nation darstellt. Die aktive Logik rechtsradikaler Politik spiegelt sich in der Art und Weise wider, wie der Grenzschutz organisiert, visualisiert und durch ständig neue Ereignisse aktualisiert wird. Die Popularität Toroczkais hängt auch mit seiner häufigen Anwesenheit in den internationalen Medien zusammen. Da Ásotthalom auf dem Weg zu den Grenzübergängen bei Röszke und Horgos nach Serbien liegt, haben hier mehrere internationale Medien Aufnahmen gemacht und vor hier aus berichtet. Toroczkai wird von der internationalen Presse als ein Beispiel der extremsten Formen des Rassismus dargestellt, und die osteuropäische Landschaft dient dabei als legitimierender und authentisierender Hintergrund.

Die Popularität rechtsextremer Politik und die Akzeptanz rassistischer Diskurse haben auch strukturelle Gründe. Für ein halbes Jahrhundert sicherten die Dorfbewohner ihren Lebensunterhalt durch eine duale Beschäftigung: in der Fabriken von Szeged einerseits und in der lokalen Landwirtschaft andererseits. Als die großen Arbeitgeber wegbrachen und die Nachfrage nach Arbeitskräften in den verbliebenen Firmen zurückging, wurden die meisten in die Landwirtschaft zurückgetrieben. Gleichzeitig hat aber auch die landwirtschaftliche Produktion nachgelassen. Der sandige Boden, der schwer zu bewirtschaften ist, und die Bodenverteilung beziehungsweise Gehöft-Struktur in Form kleiner Parzellen können nur durch ein gut organisiertes Verkaufssystem rentabel gemacht werden. Während der späten Periode des Staatssozialismus wurden Verkäufe mit Staatsbetrieben abgeschlossen, während die Kultivierung auf Feldern stattfand, die zum Teil in privatem, teils im Genossenschaftsbesitz waren. Nach der Transformation wurden die meisten Genossenschaften aufgelöst, am Absatzmarkt sind noch einige erhalten, die den Handel mit Fleisch und Gemüse mit großen Einkaufszentren vollführen konnten. Allerdings ist auch dieses System zu Beginn der 2000er Jahre zusammengebrochen. Die riesigen Lager- und Kühlhäuser, die in den 1990er Jahren gebaut wurden, stehen nun leer und die Bauern kämpfen ums Überleben. Für den Verkauf blieben zwei, drei mittelständische Unternehmen in Ásotthalom erhalten, die sehr niedrige Löhne zahlen, und meist in Saisonarbeit beschäftigen.

Dementsprechend ist die Fluktuation der Belegschaft hoch: viele Bewohner, vor allem Jugendliche, suchen Arbeit im Ausland, und die kleinen Betriebe, die landwirtschaftliche Produkte verpacken und verteilen, beschäftigen hauptsächlich Saisonarbeiter aus dem Ausland. Die aktive Erwerbsbevölkerung verfügt über ein niedriges Einkommen, das dem Mindestlohn entspricht oder der Sozialhilfe.[14] All diese Faktoren führten zu einem signifikanten Verlust der sozialen Position sowie zu einer zunehmenden Unsicherheit, was Einkommen und Beschäftigung betrifft. Ein wichtiger Aspekt im Hinblick auf die Unzufriedenheit sind die nostalgischen Erinnerungen an den Staatssozialismus der älteren Generationen. Basierend auf Feldforschungen in einem anderen ungarischen Dorf (Tázlár) führt Christopher Hann in einem kürzlich erschienenen Artikel das Konzept der »overheated underdogs«, der »überhitzten Außenseiter« ein, um die sozialen Gruppen der europäischen Semiperipherie im ländlichen Ungarn zu beschreiben, die der Kapitalismus in eine Situation der Verzweiflung stürzte (Hann 2016). Im Gedenken an die Sicherheit im Spätsozialismus sehen sich postindustrielle Bauern als Verlierer des Postsozialismus und des Beitritts zur Europäischen Union. Daraus enstehen Euroskeptizismus, erneute Formen des Traditionalismus sowie die politische Instrumentalisierung des Fremdenhasses (ebd.). Diese Befunde entsprechen früheren Analysen des aus sozialer Angst und Enttäuschung hervorgegangenen Antiziganismus in der ungarischen Landbevölkerung (Feischmidt/Szombati 2016). Unsere Untersuchung ergänzt die strukturellen Analysen durch die Erforschung von rassistischen Diskursen über »das migrantische Andere«.

In diesem Aufsatz wurde dargestellt, wie die Angst vor Fremden durch die diskursive und emotionale Manipulation allgemeiner sozialer Ängste entstehen konnte. Wir behaupten, dass Xenophobie in der Sprache des alltäglichen Rassismus zum Aus-

14 | Das sind 52.000–60.000 Forint pro Person im Monat (ca. 168–192 EUR).

druck gebracht wurde, die die Vorstellungen von der Bedrohung durch die Feinde und ihre Dehumanisierung verbindet. Dass Xenophobie und Rassismus letzendlich einen hegemonialen Status erreicht hatten, wurde erstens durch die Delegitimierung und Ausgrenzung von primären Wahrnehmungen und persönlichen Erfahrungen aus dem öffentlichen Diskurs ermöglicht, und zweitens durch frühere Formen des Rassismus und Nationalismus (Feischmidt u.a. 2014). Unsere Fallanalyse zeigt, dass neuer Nationalismus dazu neigt, Fremde in kultureller und biologischer Hinsicht zu definieren, wobei die »Fremden«, die sich am unteren Ende der gesellschaftlichen Hierarchie befinden, in diesem Diskurs nicht mit der Nation vereinbar sind. Rassismus bedeutet hier vor allem die Wiederherstellung einer hierarchischen Sichtweise, die hier eine enthumanisierende Sprache erzeugt, die versucht, den Unterschied zwischen »Eigenen« und »Fremden« zu rechtfertigen und zu naturalisieren. Die Bedrohung der Nation auf diskursiver Ebene und die Empörung der Unterdrückten auf der strukturellen erklären die Wiederkehr des Nationalismus und Rassismus und ihrer Koppelung (Feischmidt/Hervik 2015).

Zitierte Literatur

Agamben, Giorgio (2005): State of Exception. Chicago.

Ásotthalom község önkormányzat települési esélyegyenlőségi programja 2008 [Programm zur Chancengleichheit Ásotthalom 2008].

Buzan, Barry/Wæver, Ole/Wilde, Jaap de (1998): Security. A new Framework for Analysis. Boulder (CO).

Fassin, Didier (2011): Policing Borders, Producing Boundaries. The Governmentality of Immigration in Dark Times. In: Annual Review of Anthropology 40, 2, S. 213–226.

Feischmidt, Margit u.a. (2014): Nemzet a mindennapokban: Az újnacionalizmus populáris kultúrája [Alltagsnationalismus. Die populare Kultur des Nationalismus]. Budapest.

Feischmidt, Margit/Hervik, Peter (2015): Mainstreaming the Extreme: Intersecting Challenges from the Far Right in Europe. In: Intersections. EEJSP 1, 1, S. 1–15.

Feischmidt, Margit/Szombati Kristóf (2016): Understanding the Rise of the far Right from a Local Perspective: Structural and Cultural Conditions of Ethno-Traditionalist Inclusion and Racial Exclusion in Rural Hungary. In: Identities, doi: 10.1080/1070289X.2016.1142445.

Fekete, Liz (2001): The Emergence of Xeno-Racism. Race & Class, vol. 43, no. 223–40, doi: 10.1177/0306396801432003.

Hann, Christopher (2016): Overheated Underdogs: Civilizational Analysis and Migration on the Danube-Tisza Interfluve. In: History and Anthropology, doi:10.1080/02757206.2016.1219353.

Huysman, Jef (2000): The European Union and the Securitization of Migration. In: Journal of Common Market Studies 38, 5, S. 751–777.

Steuter, Erin/Wills, Deborah (2010): The Vermin Have Struck again': Dehumanizing the Enemy in Post 9/11 Media Representations. In: Media, War & Conflict. August 3, 2, S. 152–167.

Szalai, András/Göbl, Gabriella (2015): Securitizing Migration in Contemporary Hungary. Working Paper (CEU Center for EU Enlargement Studies. Budapest.

Szerbhorváth, György (2016): Menekültek a faluban. Médiareprezentáció, helyi emlékezet, társadalmi viszonyok és a válság lokális értelmezései [Flüchtlinge in dem Dorf. Medienrepresentation, lokale Erinnerung und sozialen Verhaltnisse]. In: Regio 4, S. 33–60.

Tárki Omnibusz 1992–2016, http://www.tarki.hu/hu/news/2016/kitekint/20160404_idegen.html (letzter Zugriff: 27. 5. 2017).

Wodak, Ruth/Delanty, Gerard/Jones, Paul (2008): Introduction: Migration, Discrimination and Belonging in Europe. In: dies. (Hg.): Identity, Belonging and Migration. Liverpool, S. 10–18.

Wodak, Ruth/KhosraviNik, Majid (2013): Dynamics of Discourse and Politics in Right-wing Populism in Europe and Beyond: An Introduction. In: dies. (Hg.): Rightwing Populism in Europe: Politics and Discourse. London, S. xvii–xxviii.

»Gott, Ehre, Vaterland«

Das Wiederaufleben rechtsextremer Strömungen in Polen nach der Wende von 1989

Agnieszka Balcerzak

Westeuropa ist laizistisch und kosmopolitisch, antinational und antipatriotisch. Mittelosteuropa ist deutlich religiöser und nationaler. [...] Deshalb ist das, was uns gewissermaßen vorschwebt, dass Polen niemals solch ein Land wie Deutschland, Frankreich oder Großbritannien wird. Das wollen wir einfach nicht!
Jakub Siemiątkowski, Warschau 2012[2]

Einleitung

Aktuelle gesellschaftspolitische Entwicklungen in zahlreichen Ländern Europas wie Großbritannien, Frankreich, Ungarn oder wie im hier präsentierten Fall in Polen, sind ein dynamischer Nährboden für Nationalismus und sie fördern einen Anstieg diverser rechtradikaler Parteien, Gruppierungen und sozialer Bewegungen.[3] Der langjährige EU-Musterstaat Polen verwandelt sich jedoch nicht erst seit dem parlamentarischen Sieg der rechtskonservativen Partei *Prawo i Sprawiedliwość* [Recht und

1 | Dieser Artikel basiert auf meiner vom Schroubek Fonds geförderten, von Irene Götz und Klaus Roth betreuten Dissertation über Formen der polnischen Protestlandschaft nach 1989. Der Arbeit liegt ein Methodendesign zugrunde, das aus Diskurs- und Dispositivanalyse, teilnehmender Beobachtung sowie qualitativen Interviews in den Jahren 2010 bis 2015 besteht. In Breslau, Danzig, Krakau, Posen und Warschau ethnografierte ich die von mir auf der Rechts-Links-Achse positionierte Protestlandschaft. Sie unterteilt sich in national-konservativen und klerikal-religiöse Bewegungen einerseits und andererseits in liberal-proeuropäische und freiheitlich-anarchistische Gruppierungen.

2 | Jakub Siemiątkowski (geb. 1989) ist Geschichtsstudent und Aktivist des national-konservativen Milieus. Er wurde durch die Autorin am 13. 11. 2012 in Warschau interviewt.

3 | Zum Rechtsextremismus in Europa siehe Kolls/Spöhr 2010; Melzer/Serafin 2013; Pankowski 2010; 2013.

Gerechtigkeit, PiS] 2015[4] in ein europäisches Bollwerk des Nationalismus. Bereits seit fast drei Jahrzehnten agieren in Polen soziale Bewegungen mit einem rechtsradikalen Profil, die im Geiste eines affirmativ-martyrologischen Patriotismus der Aufstände und Opfernarrative sowie in Abgrenzung zu klar definierten inneren Feinden (Schwule, Lesben, Feministinnen) und äußeren Feinden (EU, Islam) eine homogene, national-religiöse Identität konstruieren und vermitteln. Die als bedrohlich definierten Europäisierungs- und Säkularisierungstendenzen sowie Ängste vor »Überfremdung« stehen im Zentrum ihrer von kulturell-religiöser Heterogenität befreiten Identitätspolitik. Wie diese Narrationen und Abwehrsemantiken in die alltägliche Praxis der jungen Rechtsradikalen Einzug halten, wird im vorliegenden Beitrag am Beispiel kultureller Repräsentationen wie ikonografischen Ausdrucksformen, urbanen Straßendemonstrationen, milieuspezifischer Mode und popkultureller Medien wie Street-Art veranschaulicht.

Für Religion und Polen. Rechtsradikale Gruppierungen auf dem Vormarsch

Nach der Typologie des Politikwissenschaftlers Michael Minkenberg[5] lässt sich die national-konservative Bewegungsfamilie allen vier Richtungen der extremen Rechten zuordnen. Analytisch gesehen sind diese Varianten des rechtsgerichteten sozialen Widerstandes voneinander abgegrenzt und jede von ihnen hat ihre ganz besondere Logik und Ästhetik, ihren Duktus und ihr Symbolrepertoire. In der Praxis verschwimmen die Grenzen, die analysierten Bewegungen vermischen sich und repräsentieren Synthesen sowohl radikaler als auch gemäßigter rechtsextremer Nuancen. Einerseits zählen dazu hierarchisch strukturierte Organisationen mit Sektionen in allen 16 polnischen Wojewodschaften wie *Młodzież Wszechpolska* [Allpolnische Jugend, MW],

4 | Seit dem absoluten Sieg der europaskeptischen PiS in den Präsidentschafts- und Parlamentswahlen 2015 erlebt Polen – unter der Leitung des PiS-Vorsitzenden Jarosław Kaczyński – eine konservative Revolution sowie die stärkste politische Umwälzung und gesellschaftliche Spaltung seit 1989. Der rasant fortschreitende Rechtsruck Polens, den die neue polnische Regierung durch die Verabschiedung umstrittener Gesetze besiegelt, führt zum permanenten Konflikt zwischen den konservativen und liberalen Gesellschaftsteilen. Kritischen Stimmen zufolge könnte die Umsetzung der undemokratischen Ideen der PiS unter dem Motto des »guten Wandels« dazu führen, dass Europa mit Polen einen im Umgang komplizierten Nationalstaat nach russisch-ungarischem Vorbild bekommen könnte (siehe Sapper/Weichsel 2016).

5 | Minkenberg (2013: 11 f.) unterscheidet zwischen vier Varianten rechtsradikaler Kräfte: der autokratisch-faschistischen, ethnozentrischen, populistisch-autoritären und der religiös-fundamentalistischen Rechten. Seine Typologie beruht auf Kriterien wie ethnische Zugehörigkeit, Kultur, Religion und/oder Geschlecht sowie auf der grundlegenden Unterscheidung, ob sich die sozialen Gruppen oder Bewegungen »historische Bewegungen, Ideologien oder Regime wie Nazismus oder Faschismus [...] zu eigen mach[en] oder sich davon distanzier[en], und ob sie Gewalt als Mittel zum Erreichen politischer Ziele gutheiß[en] oder sogar einsetz[en]«.

Obóz Narodowo-Radykalny [National-Radikales Lager, ONR] oder *Narodowe Odrodzenie Polski* [Nationale Wiedergeburt Polens, NOP].[6] Ihre politische Identität beruht auf einer antipluralistischen und ethno-nationalistischen Vorstellung der Nation, einem konservativ gedeuteten Verständnis der Familie sowie auf dem Katholizismus beziehungsweise dem »christlichen Nationalismus«.[7] Andererseits gehören dazu die seit den 2000er Jahren aktiven *Autonomiczni Nacjonaliści* [Autonome Nationalisten, AN], unabhängige und nach dem Prinzip des führerlosen Widerstandes organisierte rechtsradikale Zellen, wie zum Beispiel *Warszawscy Patrioci* [Warschauer Patrioten], *Autonomiczni Nacjonaliści Wielkopolska* [Autonome Nationalisten Großpolen] mit Zentren in Posen oder *Narodowy Front Częstochowa* [Nationale Front Tschenstochau], die weder eine feste Hierarchie noch ein einheitliches ideologisches Programm aufweisen und zahlreiche Atheisten vereinen.[8]

Rechtsextreme Gruppen haben nach 1989 zuerst eine Randposition des gesellschaftlichen und politischen Lebens in dem sich transformierenden Polen eingenommen. In den 1990er Jahren bestimmten die Mitglieder der Skinhead-Subkultur[9] und Black-Metal-Musikszene, bekannt für ihre Teilnahme an Krawallen und ihre hohe Gewaltbereitschaft zum Beispiel bei Protesten gegen Ausländer, das Bild der rechtsgerichteten Protestlandschaft. In den darauffolgenden Jahren ist der Einfluss rechtsextremer Gruppen und somit der national-konservativen Bewegungsfamilie deutlich gewachsen. Denn die aus dem Übergang zum Kapitalismus resultierenden sozialen und wirtschaftlichen Probleme wurden viel intensiver in national-konservativen als in links-progressiven Begriffen formuliert. »Hatreds were a way to explain economic problems«, betont in diesem Kontext der US-amerikanische Politologe David Ost (1999: 88), der sich mit der Thematik des polnischen Systemwandels befasst. In diesem Sinne führten der Schock der Transformation und die sozialen Missstände dazu, dass die Frustration und Aggressivität der Rebellierenden politisch kanalisiert wurden. Auf diesem Weg konnten Rechtsradikale ihre Nischen sozialer Legitimität schaffen, kulturelle Ressourcen ausbauen und ihre Anhängerschaft kontinuierlich stärken.

6 | Siehe die Homepages und Facebook-Profile von MW: http://www.mw.org.pl, ONR: http://www.onr.com.pl, NOP: http://www.nop.org.pl. Während die ersten beiden Organisationen bereits in der Zwischenkriegszeit – MW 1922 und ONR 1934 – gegründet und nach 1989 reaktiviert wurden, entstand die NOP in den 1980er Jahren und wurde 1993 offiziell in eine politische Partei umgewandelt (letzter Zugriff auf alle Internetseiten: 15. 9. 2016).

7 | Dem Religionswissenschaftler Bogumił Grott (1991) zufolge war der »christliche Nationalismus«, der die polnische Nation der kulturellen Gemeinschaft der lateinischen Zivilisation zuordnete, ein wichtiger Schritt im Prozess der Konsolidierung von Nationalismus und Katholizismus im Polen der Zwischenkriegszeit.

8 | Siehe die Homepages von *Warszawscy Patrioci:* http://www.warszawscypatrioci.wordpress.com, *Autonomiczni Nacjonaliści Wielkopolska:* http://www.anw14.wordpress.com sowie von *Narodowy Front Częstochowa:* http://www.anczwa.blogspot.de (letzter Zugriff auf alle Internetseiten: 15. 9. 2016).

9 | Zur Skinhead-Subkultur in Polen siehe Bąk 2005; Janicki/Pęczak 1994.

Zwar weist das soziale Profil jeder der vier national-konservativen Gruppen je eigene Merkmale auf, die aus der Nuancierung der extremen Rechten resultieren, trotzdem lassen sich einige Charakteristika festmachen, die auf die Mehrheit der Aktivistinnen und Aktivisten zutreffen. Mitglieder dieser Bewegungsfamilie sind vorwiegend junge Männer, größtenteils Studenten oder Schüler im Alter von 20 bis 30 Jahren aus polnischen Klein- und Großstädten. Gleichzeitig betonen unter anderem die MW und das ONR, dass sie auch für weibliche Mitglieder offen sind und deshalb über Frauensektionen verfügen. Als Brutstätten rechtsextremer Gesinnung fungieren neben dem familiären Umfeld in erster Linie schulische Einrichtungen, politische Milieus sowie Fußballstadien. Insbesondere aus der Fußballfan- und Hooligan-Subkultur[10], dank der Fußball zum »Strategieelement der extremen Rechten« (Geisler/Gerster 2009) avanciert, werden viele Mitglieder der national-konservativen Bewegungsfamilie rekrutiert. Das Profil der vier Bewegungen wird regelmäßig durch die Gewaltverbrechen und die Hasssprache der Hooligan-Community gekennzeichnet.

Die Gruppierungen machen kaum Angaben zu ihren Teilnehmerzahlen. Laut Schätzungen des Politikwissenschaftlers und Extremismusforschers Rafał Pankowski (zit. n. Leszczyński 2010) gibt es in Polen insgesamt Zigtausende, die im Einflussbereich der nationalistischen Ideologie bleiben. Der von *Gazeta Wyborcza* angefertigten *Braunen Landkarte Polens* (Harłukowicz 2012: 22) zufolge zählen die rechtsextremen Bewegungen in den Großstädten schätzungsweise bis zu mehrere Dutzend Mitglieder. Die Gruppierungen, besonders aktiv in Ost- und Südpolen, organisieren jährlich bis zu einem gutem Dutzend kleinere Demonstrationen, an denen geschätzt bis zu mehrere Tausend Mitglieder, Sympathisanten und Sympathisantinnen teilnehmen.

International kooperieren sie mit europäischen Rechtsextremisten, vor allem aus Ungarn, Italien, Kroatien, Spanien, Schweden, Serbien, Tschechien und der Slowakei. Insbesondere seit den Migrationsbewegungen aus den überwiegend muslimisch geprägten Regionen nach Europa 2015 setzen die polnischen Rechtsradikalen auf die Schaffung einer »Polen-Ungarn-Kroatien-Achse«, um die osteuropäischen Mitgliedstaaten der EU vor der von Brüssel und Berlin angestrebten Flüchtlingspolitik »zu schützen«. Ein jüngstes Beispiel dieser internationalen Kooperation und Vernetzung nationalistischer Bewegungen und Parteien war die europaweite Demonstration *Twierdza Europa* [Festung Europa] am 6.2.2016.[11]

10 | Den Psychologen Przemysław Piotrowski (2012) und Tomasz Janus (2011) zufolge existiert keine einheitliche Typologie der Zuschauer von Fußballveranstaltungen. In der polnischen Öffentlichkeit werden Fußballfans sehr zwiespältig wahrgenommen. Sie sind »fanatische, nach Raufereien lechzende Krawallmacher – wie es die Einen wollen oder ritterliche, auf die Zukunft ihres Landes und seine Geschichte empfindliche Patrioten, die als gesundes Gewebe die zukünftige Elite der polnischen Nation repräsentieren, wie es die Anderen sagen« (Wąsowicz u. a. 2014: 3).

11 | Rechtsextreme Aktivisten und Aktivistinnen aus 15 europäischen Ländern protestierten im Rahmen der in Prag beschlossenen Demonstration gegen die europäische Asylpolitik, die Masseneinwanderung

Das Spektrum des partizipatorischen Aktionsrepertoires der jungen Rechtsradikalen reicht von Demonstrationen, Kundgebungen, sozialen Kampagnen und Happenings über zivilen Ungehorsam bis hin zu einer ganzen Reihe von Online-Aktionsformen. Dabei schöpfen die Akteure aus einem europaweit tradierten Themen-Potpourri der radikalen Rechten. Dieses umfasst in erster Linie nationalistisches Gedankengut und Anti-EU-Haltung, ferner eine starke Bindung an den Katholizismus und traditionell-konservative Ansichten über Familie, Geschlechterrollen und Sexualität. Hinzu kommen fremdenfeindliche Haltungen gegenüber Ausländern, Immigranten und Andersgläubigen. Diese Modernisierungsverdrossenheit, die kulturelle Entfremdung ebenso wie die alltäglichen Ressentiments und Vorurteile der jungen Rechtsradikalen werden primär durch den unkritischen, stellenweise glorifizierenden Rekurs auf die polnische Geschichte artikuliert.

Im Bann Dmowskis und der Endecja. Die »braunen Chamäleons« und ihre Vorbilder

Die Narrationen der untersuchten Gruppierungen berufen sich auf die Tradition und Organisationen der Endecja, der Nationaldemokratie der Zwischenkriegszeit und den Gründungsvater der polnischen Nationalbewegung Roman Dmowski.[12] Der zentrale Gedanke bei der Vorstellung von Nation und Kirche beruht bei Dmowski (2007a [1927]: 19) darauf, dass nur Katholiken »wahrhafte Polen« sein können:

> »Katholizismus ist keine Ergänzung zum *Polentum*, die es gewissermaßen schattiert, stattdessen ist er vielmehr in seinem Wesen verhaftet, er definiert in hohem Maße sein Wesen. Jeder Versuch bei uns den Katholizismus vom *Polentum* zu trennen, die Nation von der Religion und der Kirche zu trennen, bedeutet die Zerstörung des ureigenen Wesens der Nation« [Hervorhebungen A. B.].

---

und die Islamisierung Europas. Die Protestreihe umfasste auch Deutschland und Polen. In Dresden demonstrierte die rechtsextreme Pegida und in Warschau die MW und das ONR.

12 | In seinen national-konservativen Programmschriften plädierte Roman Dmowski (2007a; 2007b) für einen homogenen, katholischen Ein-Volk-Staat. Diese antiliberale und antiwestliche Tradition wird nicht selten als verschieden vom Faschismus oder Nationalsozialismus dargestellt. Bei genauer Analyse zeigt sich jedoch, dass diese Differenzierung nur rhetorischer Art ist und auf den Bemühungen basiert, ungünstige Assoziationen mit den totalitären Ideologien zu meiden. Aus diesem Grund ist die Wahrnehmung Dmowskis in der polnischen Gesellschaft sehr ambivalent. »Für die Einen ist er der bekannteste polnische Politiker des 20. Jahrhunderts, der wichtigste Mitbegründer der unabhängigen II. Polnischen Republik [1918–1939, A. B.] und des modernen polnischen Nationalbewusstseins. [...] Seine eifrigsten Anhänger verglichen ihn mit polnischen Königen und Nationalhelden. Für die Anderen ist er der Vertreter des prorussischen Loyalismus, ein Antisemit und Xenophober, der internationale Streitigkeiten entfachte, [...] Polens internationales Ansehen schmälerte; der schließlich [...] einen Beitrag zum Entstehen der polnischen Variante des Faschismus geleistet hat« (Wróbel 2009; vgl. auch Klata 2014; Leszczyński 2014).

Nach Ansicht Dmowskis und der Endecja muss das »Polentum« nach strikt ethnischen und religiösen Gesichtspunkten definiert werden: Die katholische Lehre soll das Fundament des nationalen Lebens in Polen bestimmen und der Staat die Interessen der über ganz Osteuropa verstreuten ethnischen Polen[13] verteidigen. Diese Nationalismusidee erlebt ein starkes Comeback im rechtsextremen Bewegungsspektrum. Dmowskis Schriften werden als der »Katechismus der polnischen Nationalidee«[14] behandelt, sie beeinflussen maßgeblich sowohl die politische Identität als auch die subkulturellen Codes und Symbole der radikalen Rechten. Als zentrale Inspirationsquelle ihres Aktivismus gilt daher Dmowskis (2007b [1902]: 29) berühmtes Zitat: »Ich bin ein Pole – deshalb lebe ich mit der weitreichenden Seite meines Geistes das Leben Polens, seine Gefühle und Gedanken, seine Bedürfnisse, Bestrebungen und Ambitionen. [...] Ich bin ein Pole – also habe ich polnische Verpflichtungen.«

Im Zusammenhang mit dieser ideologischen Prägung fallen auch die Selbst- und Fremdbilder der national-konservativen Bewegungsfamilie ambivalent aus. Die Aktivistinnen und Aktivisten aller vier Gruppierungen bezeichnen sich nicht als Rechtsextremisten oder (Neo-)Faschisten, sondern vielmehr als radikale Nationalisten, aktive Patrioten oder in Anlehnung an Dmowski (ebd: 125) als Vertreter des »modernen Patriotismus«. Dabei lautet eine gegenwärtig von vielen Aktivistinnen und Aktivisten propagierte Auffassung vom Nationalismus:

»Der Nationalismus ist eine Idee, die an erster Stelle die großen Worte: Gott, Ehre, Vaterland stellt. [...] Der Nationalismus ist der Wächter der christlichen Tradition. [...] Ein Nationalist ist eine in jeder Hinsicht positive Persönlichkeit. Er verfügt nämlich über eine stärkere Rassen- und Gruppenidentität. Er empfindet eine stärkere Bindung zu seinen nationalen und kulturellen Wurzeln. Er hat eine reine und eindeutige Abstammung. Ein Nationalist repräsentiert einen höheren Menschentyp, der sich seiner Verpflichtungen gegenüber seinem Vaterland bewusst ist« (Greniuch 2013: 10 f.).

Im Gegensatz dazu betrachten viele Gegner der Rechtsextremisten wie linksliberale Publizisten oder Forscher (Pankowski/Kornak 2013) die Mitglieder dieser Bewegungsfamilie als Rechtsradikale oder sogar (Neo-)Faschisten. Die anarchistische Bloggerin Lukrecja Sugar (2011a) beschreibt die polnischen Rechtsextremisten sehr anschaulich als »braune Chamäleons« und für die polnische Historikerin Anna Wolff-Powęska (2012) haben die Mitglieder der national-konservativen Bewegungsfamilie ihre »braunen Hemden versteckt. [...] Sie schleichen sich mit Anzug und Krawatte durch die Küchentür heran« und bedienen sich dabei einer »gepuderten Rhe-

13 | Gemeint sind hier die Kresy-Polen, Polen aus den sogenannten Grenzregionen, die seit der Gründung der Polnisch-Litauischen Adelsrepublik 1569 bis zu den Teilungen Polens 1772–1795 die östlichen Grenzgebiete von Polen-Litauen darstellten und heute zu Litauen, Weißrussland oder der Ukraine gehören.

14 | So Jakub Siemiątkowski im Interview am 19. 1. 2012 in Warschau. Siemiątkowski (geb. 1989) ist MW-Sekretär, Vorsitzender des Warschauer MW-Kreises und stellvertretender Vorsitzender des Masowien-Kreises der MW sowie Redakteur der national-radikalen Zeitschrift *Szturm* [Sturm], http://www.szturm.com.pl (15. 9. 2016).

torik« (Sugar 2011b). Mit der Unterstützung von Tadeusz Rydzyks radikalem und für seine fremdenfeindliche Rhetorik bekanntem *Radio Maryja* [Radio Maria, RM][15] sowie mithilfe der kompromisslos nationalistischen Sprache der PiS-Regierung konnten die Mitglieder der rechtsextremen Gruppierungen im Laufe der Zeit hohe staatliche Posten bekleiden, sich eine beachtliche kulturelle Basis schaffen und politische Organisationen wie *Ruch Narodowy* [Nationale Bewegung, RN][16] aufbauen und somit den Zugang zum politischen Mainstream aufrechterhalten. Dieser radikal ausgelegte nationale Stolz und die regelrechte Glorifizierung eines katholischen Nationalstaates manifestieren sich in den visuellen und sprachlichen Ausdrucksformen sowie in den performativen Demonstrationen und den popkulturellen Repräsentationen der erstarkenden extremen Rechten.

Szczerbiec, Falanga und (Kelten-)Kreuz. Das Symbolrepertoire der radikalen Rechten

In Anlehnung an den italienischen Soziologen Alberto Melucci (1985) lässt sich die Symbolpolitik der national-konservativen Gruppierungen als identitätsstiftend verstehen. Das Symbolrepertoire dieser Milieus stellt ein Mosaik dar aus historischen Symbolen, (inter-)national verbreiteten nationalistischen beziehungsweise faschistischen Zeichen sowie aus den der linksautonomen Szene entliehenen symbolischen Formen. Zu den beliebtesten historischen Symbolen der National-Konservativen gehören – neben der Nationalflagge und dem weißem Wappen-Adler – Szczerbiec, Falanga und Kotwica, die Rekurs auf das Mittelalter, die Zwischenkriegszeit und den Zweiten Weltkrieg nehmen.

15 | Der Redemptoristenpater Tadeusz Rydzyk gründete 1991 in Toruń das erzkatholische *Radio Maryja:* http://www.radiomaryja.pl (letzter Zugriff: 15. 9. 2016), woraus sich ein riesiges klerikal-religiöses Medienimperium entwickelte. Die Soziologin Mirosława Grabowska (2011: 2) schätzt den RM-Marktanteil auf 2 Prozent bis 4 Prozent, was etwa 1.500.000 Hörern und Hörerinnen entspricht. Das millionenschwere Medienimperium umfasst neben dem Radiosender unter anderem eine Tageszeitung, einen TV-Sender, eine Journalistenhochschule, drei Stiftungen, eine Erdwärmeanlage sowie ein Sakral- und Unterhaltungszentrum. Trotz seiner radikalen Haltung gehört Rydzyk zu den einflussreichsten grauen Eminenzen der polnischen Politik (siehe Głuchowski/Hołub 2013; Żurek 2009).

16 | Die Nationale Bewegung: http://www.ruchnarodowy.org (19. 12. 2016) wurde als eine politische Gruppierung 2012 in Warschau gegründet. Als Vorbild für die RN-Gründung gilt die rechtsextreme, nationalistische ungarische Partei *Jobbik* mit der die Nationale Bewegung eng zusammenarbeitet. 2014 wurde die RN durch den aktuellen Vorsitzenden Robert Winnicki in eine politische Partei umgewandelt. Diese bezieht sich ideologisch auf die Nationale Bewegung der 1930er Jahre. Seit ihrer Gründung konnte die RN ihre politische Stellung stärken. Als Beispiel für diese Entwicklung dürfte der Einzug Robert Winnickis und des MW-Vorsitzenden Adam Andruszkiewicz in den Sejm 2015 darstellen. Zur Nationalen Bewegung siehe Spanka/Kahrs 2014.

Die über tausendjährige Geschichte Polens, zerrissen zwischen den geopolitischen Kräften des Westens und des Ostens, ist, wie in der Logik der Rechten betont wird, durch Kriege und Grenzverschiebungen gekennzeichnet. Wie bei den meisten Nationalstaaten Europas begann diese bewegte Geschichte im Mittelalter mit dem Zusammenschluss von Fürstentümern. Als Geburtsstunde des christlichen Polens gilt das Jahr 966, in dem Mieszko I., der erste Herrscher aus der Piasten-Dynastie, sich und sein Volk taufen ließ.

Das schartige Schwert Szczerbiec[17] diente als das Krönungsschwert der polnischen Könige und ist die einzige erhaltene Kroninsignie der Piasten, die mit anderen Kronjuwelen in der Schatzkammer der Krakauer Wawel-Burg aufbewahrt wird. Es ist für die Repräsentationspraxis der Rechtsradikalen von enormer symbolischer Bedeutung. In der nationalistischen Variante wird es zum Beispiel mit einem Band in den polnischen Nationalfarben umwickelt dargestellt und es gehört zu den wichtigsten MW-Symbolen. Der Szczerbiec findet sich zum Beispiel auf Fahnen, Plakaten oder Stickern mit Slogans wie *Idea twarda jak stal* [Eine Idee hart wie Stahl]. Auch wird er dargestellt, wie er symbolisch das verhasste Symbol der LGBT-Bewegung – einen Regenbogen[18] – durchbricht. Die Falanga, ein an das Hakenkreuz erinnerndes Symbol, gehört zu den offiziellen ONR- und NOP-Zeichen. Sie geht auf das 16. Jahrhundert zurück, als sie erstmals auf der Signalflagge der polnischen Korsaren unter Sigismund dem Alten platziert wurde. Das Falanga-Zeichen, grafisch vereinfacht als Darstellung eines Armes mit Schwert, wurde in den 1930er Jahren zum nationalistischen Symbol, als der Szczerbiec verboten wurde. Die Kotwica, aus den Buchstaben »P« und »W« als Abkürzung für *Polska Walcząca* [Kämpfendes Polen] bestehend, rekurriert wiederum auf den Widerstandskampf im Zweiten Weltkrieg, als sie die Hoffnung auf die Wiedererlangung der Unabhängigkeit wiedergab. Dieses symbolträchtige Zeichen wird von allen vier national-konservativen Gruppen verwendet und artikuliert bei Gedenkfeiern Nationalstolz.

17 | Das Symbol wird auch als Chrobry-Schwert bezeichnet, denn einer Legende zufolge entstand die Scharte, als der erste gekrönte König von Polen, Bolesław Chrobry, im 11. Jahrhundert mit dem Schwert das Goldene Tor von Kiew schlug.

18 | Das Symbol des Regenbogens und der Umgang damit in Polen sind symptomatisch für die homophoben Haltungen in der polnischen Gesellschaft. Das 2012 auf dem Warschauer Erlöser-Platz aufgestellte Kunstwerk von Julita Wójcik, das aus mehreren Hunderttausend bunten Plastikblumen bestand, sollte Weltoffenheit und Toleranz symbolisieren, ist aber mit der Zeit zum Symbol des Kampfes der LGBT-Bewegung, aber auch der gesellschaftlichen Spaltung geworden. Das Kunstwerk wurde mehrere Male, unter anderem durch Rechtsradikale am 11. 11. 2013, in Brand gesetzt. Robert Winnicki (zit. n. Karpieszuk 2013) sprach in diesem Kontext davon, dass »das Symbol einer Seuche verbrannt wurde«. Kurz nach dem Sieg der PiS in der Präsidentschaftswahl und der Amtsübernahme durch Andrzej Duda 2015 wurde das Kunstwerk in ein Museum verlagert.

Abb. 1: MW-Plakat für die »Patriotische Pilgerfahrt der nationalen Jugend zum Hellen Berg« 2014 mit der Ikone der Schwarzen Madonna sowie dem Szczerbiec-Symbol (Privatarchiv Balcerzak 2015).

Religiöse Motive wie Kreuze, Rosenkränze oder Maria-Bilder, insbesondere die Ikone der Schwarzen Madonna von Tschenstochau,[19] gehören ebenfalls zum festen Symbolrepertoire der Rechtsradikalen und werden als religiös-patriotische Identitätszeichen eingesetzt. Das Plakat für die »Patriotische Pilgerfahrt zum Hellen Berg« 2014 macht sich zum Beispiel die Maria-Ikonografie zu Nutze und stellt das Jasna-Góra-Kloster[20] mit der Ikone der Schwarzen Madonna im Hintergrund dar (Abb. 1). Auch jüngste – die Affinität der Bewegungsfamilie zur sakralen Symbolik belegende – Beispiele beziehen sich auf den Warschauer *Marsz Niepodległości* [Marsch der Unabhängigkeit] 2016. Auf dem Plakat unter dem Motto *Polska bastionem Europy* [Polen als Bollwerk Europas] ist ein Kavallerist in Hussaria-Stilisierung[21] abgebildet;

19 | Der Schwarzen Madonna von Tschenstochau werden viele Wunder zugeschrieben, weswegen sie bis heute in Polen intensiv verehrt wird. Signifikant für den polnischen Marienkult ist die Verehrung Marias als Beschützerin und Trösterin in Notlagen, die enge Verbindung der Marien-(Volks)-Frömmigkeit mit dem nationalen Selbstverständnis der Polen und mit der Vorstellung exklusiver Schirmherrschaft: Mariä als Königin des polnischen Volkes (Gąsior 2007).

20 | Das Jasna-Góra-Paulinerkloster in Częstochowa [Tschenstochau], Standort der Schwarzen Madonna, ist die berühmteste sakrale Kultstätte der Jungfrau Maria, Polens größter Wallfahrtsort und für viele Polen die geistige Hauptstadt des Landes.

21 | Die Hussaria ist die nach dem Beispiel der Husaren, der leichten Kavallerie-Truppen slawischen Ursprungs, gegründete polnische Reiterei. Einer der berühmtesten Hussaria-Befehlshaber war König Jan III.

im Hintergrund befindet sich eine Fotocollage, deren Konturen ein großes schwarzes Kreuz bilden.

Die Aktivisten und Aktivistinnen der national-konservativen Bewegungsfamilie greifen ebenfalls auf das international tradierte Potpourri rechtsradikaler Symboliken zurück. Dazu zählt an erster Stelle das Keltenkreuz, ein insbesondere in der US-amerikanischen *White-Power*-Bewegung sowie der internationalen Skinhead- und Neonazi-Szene beliebtes Identifizierungssymbol, das die Kultur und die Überlegenheit der »weißen Rasse« repräsentieren soll. Die rechtsextreme Szene leitet das populäre Emblem vom mittelalterlichen Hochkreuz ab, das eine wichtige Rolle in der sakralen Kunst im keltischen Kulturraum der britischen und irischen Inseln spielt (Anonymus [J.] 2011). Im polnischen Kontext wird das grafische Zeichen primär vom ONR, NOP sowie den AN verwendet, die das Keltenkreuz nach internationalem Vorbild als ein gleichschenkliges Balkenkreuz mit einem Ring um den Schnittpunkt darstellen.

Ergänzt wird die weit gefächerte (trans-)national inspirierte Sammlung von Zeichen und Codes national-konservativer Bewegungen durch Anti-System-Emblemata. Die negierte Symbolik von Hammer und Sichel – das wohl bekannteste und am weitesten verbreitete Symbol des Kommunismus – sowie der aus einem Kranz von zwölf goldenen fünfzackigen Sternen auf azurblauem Hintergrund bestehenden EU-Flagge sind ein Paradebeispiel hierfür. Beide Motive, rot durchgestrichen im Stil eines Verbotszeichens, sind zum Beispiel auf dem NOP-Sticker mit dem Slogan *Nacjonalizm znaczy wolność* [Nationalismus bedeutet Freiheit] dargestellt und bringen auf diese Weise visuell die ablehnende Haltung der Rechtsradikalen gegenüber der kommunistischen Ideologie und der EU unmissverständlich zum Ausdruck (Abb. 2). Einen besonderen Platz im Symbolrepertoire der extremen Rechten in Polen nimmt überdies das obszöne Zeichen *Zakaz pedałowania* [»Schwuchtelverbot«] ein. Das Piktogramm, das einen stilisierten Sexualakt zweier Männer darstellt und mit einem roten Balken quer durchgestrichen ist, gehört zu den offiziell registrierten[22] NOP-Symbolen. Es wird bei Anti-LGBT-Demonstrationen, unter anderem bei der Warschauer *Parada Równości* [Parade der Gleichheit], auf Fahnen, Plakaten oder Kleidung als Protestemblem präsentiert (Abb. 3).

Sobieski, der in der siegreichen Schlacht am Kahlenberg 1683 die zweite Wiener Türkenbelagerung beendete und somit das christliche Europa vor dem islamischen Einfluss des Osmanischen Reiches bewahrte.

22 | Die Obszönität des »Schwuchtelverbots« sorgt bereits seit Langem für Kontroversen. Fassungslos über die Registrierung des Symbols, das die Rechtsradikalen oft gebrauchen, zeigt sich insbesondere die LGBT-Community, die immer wieder vor Gericht gegen diskriminierende Beleidigungen klagt. Für Robert Biedroń (zit. n. Lesser 2011), einen der bekanntesten geouteten LGBT-Aktivisten und Politiker in Polen, nimmt dieses Symbol »direkten Bezug auf die Tradition faschistischer, neonazistischer und fremdenfeindlicher Intoleranz. [...] Mit der Majestät des Staates, der Republik Polen, werden nun neofaschistische, xenophobe und rassistische Zeichen offiziell registriert«. Durch die Registrierung des »Schwuchtelverbots« unterliegt das Zeichen den Bestimmungen des Urheberrechtsgesetzes und die NOP darf seine Verunglimpfungen vor Gericht bringen.

In Anlehnung an den Volkskundler Gottfried Korff (1991: 32) können die analysierten Symbole als prägnante »zeichenhaft-vereinfachte Vergegenständlichungen« des erstarkenden Nationalismus in Polen begriffen werden. Gleichzeitig sind sie Trägerinnen von Emotionen und Medien der Verständigung innerhalb der national-konservativen Szene, die als kulturelle Codes die kollektive Identität der Rechtsradikalen definieren, Grenzen abstecken und somit als Werkzeuge ideologisierter Inklusion und Exklusion fungieren. Aus diesem Grund zieren sie nicht nur Kleidung oder Plakate, sondern werden auch aktiv als Form der Artikulation der nationalistischen Gesinnung bei Anti-EU-Demonstrationen oder Aufmärschen visuell inszeniert.

»Eine Armee der Patrioten«. Ritualisierter Strassenprotest im Herzen Warschaus

Soziale Bewegungen sind in einer besonderen Weise darauf angewiesen, ihre kollektive Identität sowie die mit ihr verbundenen Werte und Grundhaltungen immer wieder aufs Neue zu bekräftigen. Die Aktivistinnen und Aktivisten produzieren deshalb selbst Konfliktsituationen, in denen sie ihren Protest inszenieren, oder sie reagieren auf Krisensituationen, herbeigerufen durch ihre ideologischen Opponenten. In diesem Kontext, so die Kommunikationswissenschaftlerin Kathrin Fahlenbrach (2009: 98), »stellen Straßenproteste die älteste und bis heute wichtigste Form des öffentlichen Protestes dar« und sie »weisen historisch tradierte, rituelle Qualitäten auf, die auch im Zeitalter der Massenmedien und des Internets unabdingbar sind für die erfolgreiche Formierung einer Bewegung«.

Davon zeugen im analysierten Fall nicht nur Demonstrationen gegen die EU oder die LGBT-Bewegung, sondern in erster Linie die zahlreichen, über das gesamte Jahr verteilten Gedenkveranstaltungen wie etwa der nationalistische *Marsz Niepodległości* [Marsch der Unabhängigkeit]. Eine zentrale Rolle für die Analyse spielt der rituelle Charakter dieser Großveranstaltung. In Anlehnung an den Soziologen Hans-Georg Soeffner (1986: 22), der das Ritual als »Verknüpfung von Symbolen und symbolischen Gesten in gleichbleibenden und vorstrukturierten Handlungsketten« definiert, sind die Demonstrationen als Indiz sozialer Zugehörigkeit und der ästhetisch-expressiven Artikulation der nationalistischen Gesinnung zu verstehen. Belegt wird das nicht nur durch die Wiederholbarkeit und den Ablauf der Veranstaltung, sondern auch durch die einheitlichen Zeichen kollektiver Inszenierung wie Kleidung, Fahnen und Transparente oder skandierte fremdenfeindliche Parolen.

Der 11. November ist in Polen ein offizieller Nationalfeiertag, an dem alljährlich der Wiedererlangung der Unabhängigkeit 1918 von offizieller Seite mit Gedenkveranstaltungen und Zeremonien in vielen Städten des Landes gedacht wird. Auch Rechtsextreme nutzen den Tag für nationalistische Aufmärsche. Federführend sind die MW und das ONR, deren Warschauer *Marsch der Unabhängigkeit* zu den größten Demonstrationen mit national-konservativem Charakter im Nach-Wende-Polen

Abb. 2 (oben): NOP-Sticker »Nationalismus ist Freiheit« mit einer antikommunistischen und Anti-EU-Botschaft (Privatarchiv Balcerzak 2014).
Abb. 3 (Mitte): Rechtsradikale während der »Parade der Gleichheit« 2012 mit dem »Schwuchtelverbot« auf der Kleidung (Foto: A. B., Privatarchiv Balcerzak 2012).
Abb. 4 (unten): Teilnehmer und Teilnehmerinnen des Marsches der Unabhängigkeit *2012 mit einem ONR-Banner sowie Falanga- und Keltenkreuz-Fahnen (Foto: A. B., Privatarchiv 2012).*

gehört.[23] Der jedes Jahr unter einem anderen »patriotischen« Motto[24] veranstaltete Aufmarsch gilt als Kristallisationspunkt der gesamten rechtsextremen Szene und bietet zahlreichen Gruppierungen Gelegenheit, ihre wachsende Stärke zu manifestieren.

Der *Marsch der Unabhängigkeit* ist schon lange nicht mehr nur ein Randphänomen der polnischen Protestkultur, mittlerweile nehmen Zehntausende daran teil.[25] Der Marsch beginnt traditionell mit einer Messe »für das Vaterland und die Gefallenen im Kampf für das freie Polen«[26] in der Sankt-Barbara-Kirche. Danach folgt das Zusammentreffen im Zentrum der polnischen Hauptstadt, im Roman-Dmowski-Kreisverkehr, der seit 2012 als der offizielle, symbolträchtige Startpunkt der Veranstaltung fungiert. Von dort marschieren die Teilnehmerinnen und Teilnehmer durch Warschau, wobei aufgrund zahlreicher Parallelmärsche und Gegendemonstrationen[27]

23 | Die Idee, einen gemeinsamen *Marsch der Unabhängigkeit* in der polnischen Hauptstadt zu organisieren, tauchte in der national-konservativen Bewegungsfamilie 2010 auf. Bis heute gibt es ähnliche, jedoch deutlich kleinere Märsche, zum Beispiel das Breslauer NOP-Ereignis *Marsz Patriotów* [Marsch der Patrioten].

24 | Das Großereignis, das seit 2011 stattfindet, steht jedes Jahr unter einem anderen Motto, das unter anderem sein Plakat ziert: 2011 *Czas bohaterów! Jutro należy do nas!* [Die Zeit der Helden! Das Morgen gehört uns!], 2012 *Odzyskajmy Polskę* [Gewinnen wir Polen zurück!], 2013 *Idzie nowe pokolenie!* [Eine neue Generation kommt!], 2014 *Armia Patriotów* [Eine Armee der Patrioten], 2015–16 *Polska dla Polaków, Polacy dla Polski* [Polen für die Polen, die Polen für Polen].

25 | Die Bestimmung der Teilnehmerzahlen gestaltet sich, wegen abweichender Angaben der Organisation, der Polizei sowie der Medien, schwierig. Sie variieren zwischen circa 20.000 (2011) und rund 70.000–100.000 Menschen (2015) in Warschau (siehe Anonymus [Wprost.pl] 2012; Siemiątkowski 2012: 282). Zum Vergleich: Das Facebook-Profil des Marsches http://www.facebook.com/MarszNiepodleglosci (letzter Zugriff: 1. 9. 2016) zählt über 250.000 Likes. Anzumerken sei, dass das partizipatorische Spektrum der Veranstaltung sehr heterogen ist und National-Konservative, rechtsextreme Hooligans ebenso wie normale Bürgerinnen und Bürger umfasst, die sich mit der nationalistischen Ideologie nicht identifizieren. Unter den Anhängern sind auch Vertreter der Kirche, der Wissenschaft und rechtsgesinnter Medien wie *Radio Maryja* sowie ausländische Delegationen gleichgesinnter rechtsradikaler Gruppen oder Parteien.

26 | Zit. nach der Website des Marsches: http://www.marszniepodleglosci.pl/msza-sw (letzter Zugriff: 10. 9. 2015).

27 | Bezeichnend für die Feierlichkeiten am 11. November in Warschau ist die Organisation zahlreicher Parallelveranstaltungen und Gegendemonstrationen, die einmal mehr die Spaltung der polnischen Ge-

NACJONALIZM
TO WOLNOŚĆ
WWW.NOP.ORG.PL

ONR
BRYGADA OPOLSKA
POLSKA

die Marschroute fast jedes Mal etwas verändert wird. Zu den festen Streckenpunkten gehören je nach Planung unter anderem der zentrale Verfassungsplatz sowie die in seiner Nähe, auf dem Erlöser-Platz, lokalisierte »Regenbogen«-Installation als Ort des Protests gegen die LGBT-Bewegung. Weiter führt der Marsch durch den bereits im 18. Jahrhundert als Bestandteil des Warschauer Königsweges angelegten Straßenzug Ujazdowskie-Allee, dann die Jerusalemer Alleen als den Hauptadern Warschaus, die Poniatowski-Brücke, in die die Alleen übergehen, sowie den George-Washington-Kreisverkehr, in dessen Nähe sich der Skaryszewer Paderewski-Park befindet. Kennzeichnend ist bei der Route der Rekurs auf den Fürsten Józef Poniatowski und den Komponisten Ignacy Jan Paderewski, die im »kulturellen Gedächtnis« (Assmann 1999) der Polen als Symbolfiguren des Kampfes um die Unabhängigkeit fungieren. Bis 2013 endete der Marsch traditionell am Roman-Dmowski-Denkmal, das mit Blumenkränzen, Kerzen, Kreuzen und kleinen Szczerbiec-Modellen dekoriert wurde. Seit 2014 endet der Marsch vor dem Nationalstadion, wo Organisatoren und Organisatorinnen und geladene gleichgesinnte Gäste Reden halten und – als krönender Abschluss – ein Konzert mit der »patriotischen Identitätsmusik« stattfindet. Die Wahl fiel auf das 2011 errichtete Nationalstadion nicht nur aus organisatorischen, sondern auch aus symbolischen Gründen: In dem unweit gelegenen ehemaligen Dorf Kamionek wurde 1864 Dmowski geboren. Somit wird das Stadion durch die Rechtsextremen symbolisch besetzt, durch die Nähe zu Dmowskis Geburtsort als neue Kultstätte der rechtsradikalen Szene konstruiert und zum Ort nationalen Stolzes umgedeutet.

Zur Inszenierung des *Marsches der Unabhängigkeit* gehört eine audiovisuelle Kulisse, die das Gesamtbild des Events maßgeblich prägt. In das Meer von weiß-roten Nationalfahnen mischen sich Falanga- und Keltenkreuz-Fahnen, Fußballklub-Banner und Transparente diverser rechtsradikaler Gruppen wie der MW und des ONR (Abb. 4). Über den Köpfen der Menschenmasse lodern weiß-rote bengalische Flammen. Tausende Marschierer ziehen, umgeben vom Lärm der Böller und nationalistischen, aber mehrheitsfähigen Losungen wie *Duma, duma, narodowa duma* [Stolz, Stolz, nationaler Stolz], *Roman Dmowski wyzwoliciel Polski* [Roman Dmowski, der Erlöser Polens] oder *Precz z Brukselą* [Nieder mit Brüssel], durch die Hauptstadt. Traditionell wird von den Teilnehmerinnen und Teilnehmern, darunter Reenactment-Gruppen und Pfadfinder, eine mehrere Meter lange Nationalfahne getragen. Auch der Kulturpalast und das Nationalstadion als die Wahrzeichen der Hauptstadt werden weiß-rot beleuchtet. Zwar verhält sich die Mehrheit der Teilnehmer und Teilnehmerinnen ruhig, nichtsdestotrotz gehören auch gewaltvolle Ausschreitungen, Straßenkrawalle und Auseinandersetzungen mit der Polizei oder mit Anarchisten und Anarchistinnen, bei denen Pflastersteine und Molotow-Cocktails in die Luft ge-

sellschaft veranschaulichen. Die Anzahl und die Größe der Märsche variieren von Jahr zu Jahr und hängen auch von der aktuellen politischen Lage ab. Laut offiziellen Angaben wurden zum Beispiel 2011 in der Warschauer Stadtverwaltung 23 öffentliche Versammlungen mit einer geschätzten Teilnehmerzahl von circa 60.000 Personen für den Tag der Unabhängigkeit registriert (zit. n. Szymanik/Machajski 2011).

schleudert oder Fahrzeuge und Gebäude in Brand gesetzt werden,[28] zum ruhmlosen Ritual des »eventisierten Protests«.[29]

Angesichts dieser Trends und der Kontroversen, mit denen die rechtsradikale Demonstration alljährlich verbunden wird, sind zugleich sowohl kritische als auch positive Stimmen über den Marsch in der Öffentlichkeit allgegenwärtig. Die gewaltvollen Ausschreitungen sind Wasser auf die Mühlen der Kritiker wie der Antifaschisten und Antifaschistinnen, die in Bezug auf den 11. November von einem »entfesselten Dämon« (Helena 2012) des Rechtsextremismus sprechen. Auch die linksliberale *Gazeta Wyborcza* berichtet jedes Jahr kritisch über das Großereignis.[30] Für Sympathisantinnen und Sympathisanten der nationalistischen Weltanschauung ist die Veranstaltung wiederum ein durchaus positives Phänomen der Nach-Wende-Protestkultur und ein Instrument, um in Polen »den gesunden Nationalismus wiederzubeleben« (Siemiątkowski 2012: 285). Da seit dem Regierungswechsel 2015 das ONR zum »geheimen PiS-Mitarbeiter« (Woźnicki/Cylka 2016) avanciert ist, erhalten die Veranstalter und Veranstalterinnen des Marsches finanzielle und organisatorische Unterstützung von der regierenden Partei, deren Mitglieder auch bei dem Marsch mitlaufen.[31] Die Popularität der Großveranstaltung bestätigt nicht nur der Anstieg der Teilnehmerzahlen oder das wachsende Mobilisierungspotenzial nationalistischer Gruppen. Zugleich bekräftigt sie die politische Legitimität und den gesellschaftlichen Einfluss der Rechtsradikalen.

28 | Besonders prägend waren die Gewaltausbrüche durch randalierende Teilnehmerinnen und Teilnehmer 2011 bis 2013. Nationalisten und Hooligans lieferten sich 2011 stundenlange Straßenschlachten mit der Polizei und verbrannten zwei TVN-Fernsehwagen. 2013 attackierten die Randalierer wiederum zwei besetze Häuser, sogenannte Squats, in Warsachu und setzten neben der »Regenbogen«-Installation auch das Wachhäuschen vor der Russischen Botschaft in Brand. Medienberichten (zit. n. Machajski/Czarnecki 2013) zufolge wurden insgesamt über 70 Krawallmacher festgenommen und über 30 Personen verletzt. Die Stadtverwaltung schätzte die Schäden auf rund 120.000 Złoty.

29 | Zur Eventisierung öffentlicher Ereignisse siehe Gebhardt/Hitzler/Pfadenhauer 2000. Zu eventisierten Protestformen siehe Betz 2016.

30 | In einem Leserbrief (Machaj 2013), publiziert einen Tag nach dem *Marsch der Unabhängigkeit* 2013, bezeichnete sein Autor den Marsch als »ein irritierendes Geschwür auf dem Arsch« und drückte seine Hoffnung aus, dass dieser »auf der Müllhalde der schandvollen Geschichte« seinen gerechten Platz finden wird.

31 | Durch die 2016 verabschiedete und aufgrund ihrer Verfassungswidrigkeit umstrittene Novellierung des Versammlungsgesetzes werden »zyklische Versammlungen« wie der *Marsch der Unabhängigkeit* bei der Organisation privilegiert. Gegendemonstrationen und Parallelveranstaltungen können dadurch umgeleitet oder sogar nicht genehmigt werden (Kośmiński 2016).

»Patriotische Mode«. Nationaler Stolz auf dem Szene-Shirt der Rechtsradikalen

Der Kultursemiotiker Roland Barthes (1985) argumentiert, dass Mode – deren materielle Grundlage die Kleidung bildet – eine semiotische Sprache darstellt, durch die kulturelle Bedeutungen konstruiert, Identitäten erschaffen sowie soziale Diskurse formuliert werden. In diesem Zusammenhang fungiert der Kleidungsstil – ob während des *Marsches der Unabhängigkeit,* bei internen Treffen oder Auslandsreisen – auch für das rechtsradikale Milieu als wichtiges Mittel der Selbstinszenierung. Neben dem Stil des Schwarzen Blocks, besonders beliebt bei den AN-Mitgliedern, werden die nationalistischen Botschaften in erster Linie mittels der »patriotischen Mode« artikuliert. Das Potenzial dieser Kleidung wurde durch die Community schnell erkannt und zum wichtigen Kommunikationsmedium stilisiert. Auf dem Markt existieren gegenwärtig zahlreiche Modelabels mit »patriotisch« klingenden Namen wie zum Beispiel *Biel i Czerwień* [Weiß und Rot], *Urodzeni Patrioci* [Geborene Patrioten], *Dumni z Polski* [Stolz auf Polen] oder *ProPatriae* [Fürs Vaterland], die ein breit gefächertes Angebot an Kleidung und Accessoires im Angebot haben. *Surge Polonia* [Steh auf Polen], *Red is Bad* und *Grafika Patriotyczna* [Patriotische Grafik] sind die bekanntesten der Fashionlabels, die klein angefangen haben und rasch expandiert sind. An ihnen lässt sich gut veranschaulichen, wie erfolgreich sich rechter Patriotismus in Polens Alltagskultur und Mode niederschlägt und wie ihr öffentliches Inszenieren zum Ausdruck eines kommerzialisierten zeitgenössischen »Pop-Nationalismus« (Jaskułowski 2012: 218) avanciert.[32] Die Modelabels rechnen mit dem Kommunismus und der EU ab und drucken Symbole polnischer Geschichte oder patriotische Embleme auf Kleidung und Gadgets, mittlerweile auch mit eigenen Modelinien für die weibliche Kundschaft. Auf T-Shirts oder Kapuzenpullovern sind mittelalterliche Landeshelden oder Slogans wie *Bóg, Honor, Ojczyzna* [Gott, Ehre, Vaterland] dargestellt, Schals und Mützen gibt es mit dem polnischen Adler oder dem Falanga-Symbol, und auch Accessoires wie Pins oder Smartphonehüllen deckt die breite Motivpalette von unterschiedlich ästhetisierten Szczerbiec- oder Kotwica-Varianten ab.

Die Tatsache, dass der traditionelle Patriotismus mit solcher Wucht in Polens Mode angekommen ist, interpretiert der Soziologe Jarosław Flis (zit. n. Wantuch 2016) als eine Reaktion auf den massiven Rechtsruck Polens, seit jüngstem begüns-

32 | Siehe die Homepages von *Surge Polonia* (seit 2011): http://www.surgepolonia.pl, http://www.facebook.com/surgepolonia, *Red is Bad* (seit 2012): http://www.redisbad.pl, http://www.facebook.com/redisbad, *Grafika Patriotyczna* (seit 2012): http://www.grafikapatriotyczna.pl, http://www.facebook.com/Grafika.Patriotyczna. Heute haben die Fashionlabels neben den Online-Shops auch Geschäfte in mehreren polnischen Städten. Auch die Facebook-Likes sprechen für die enorme Beliebtheit der Fashionbrands: *Surge Polonia* und *Red is Bad* konnten bislang über 243.000 davon sammeln, *Grafika Patriotyczna* belegt den 2. Platz mit deutlich über 106.000 Likes, wobei alle drei stetig wachsende Zahlen verzeichnen (letzter Zugriff auf alle Internetseiten: 22. 11. 2016).

tigt durch die Politik der PiS-Regierung, die Haltung des Staatschefs Andrzej Duda[33] sowie die Krise der EU: »Die Emotionen kommen hoch, die Menschen sind auf der Suche nach ihrer Identität und müssen sie irgendwie manifestieren. Kleidung und Gadgets sind ein deutlicher Ausdruck des Gemeinschaftsgefühls.« Kritisiert wird die »patriotische Mode« durch die anarchistischen Opponenten der rechtsgesinnten Szene.[34] Auch die Kunsthistorikerin und Modedesignerin Barbara Hoff (zit. n. Gawkowski 2016) ist kritisch in ihrer Analyse des neuen Trends der Nationalistinnen und Nationalisten, den sie als Form »oberflächlicher patriotischer Exaltation« bezeichnet. Nichtsdestotrotz ist die »patriotische Mode« aufgrund ihrer Alltäglichkeit und Aussagekraft gegenwärtig aus der Praxis der Rechtsextremen nicht mehr wegzudenken, ähnlich wie popkulturelle Medialitäten wie Plakat, Musik oder Street-Art.

Ruhm den Helden. Street-Art als popkulturelles Medium des neuen Nationalismus

Rafał Pankowski (2012: 15) stellt die Popkultur als eines der wichtigsten Betätigungsfelder der (trans-)nationalen extremen Rechten dar: »Der Spiegel, in dem sich die gegenwärtige Zivilisation betrachtet ist die populäre Kultur. […] Eben der populäre Charakter […] entscheidet darüber, dass sie nicht selten funktionellen Stereotypen und Vorurteilen unterliegt, während sie diese […] stärkt und modelliert sowie rassisch-ethnische Klischees verfestigt und als Treibriemen der Propaganda dient«. Das Paradebeispiel der popkulturellen Inszenierung des Nationalismus ist die Straßenkunst, verstanden als »kulturelle Provokation zwischen Aktivismus und Kunst« (Zańko 2012: 22). Ob während illegaler nächtlicher Sprühaktionen angefertigte Graffitis, in Form von Piktogrammen designte Stencils oder großformatige Wandmalereien – die Street-Art spielt für die polnische rechtsradikale Szene eine wichtige Rolle. Neben der Aneignung des öffentlichen Raumes als Mitteilungsort dient sie einem visuell ausgedrückten Ringen um Interessenartikulation und (Be-)Deutungshegemonie, die mittels Zeichen und Motiven ein ganzes Potpourri nationalistischer Werthaltungen bündelt.

33 | Die »patriotische Kleidung« machte auch Staatschef Andrzej Duda 2015 salonfähig. Bei einer Auslandsreise ließ sich Polens Präsident in einem Poloshirt von *Red is Bad* fotografieren. Dadurch brachte er nicht nur seinen Wirtschaftspatriotismus zum Ausdruck – die *Red-is-Bad*-Kleidung wird in Polen hergestellt – sondern verstieß gegen den guten diplomatischen Ton, denn der Staatsbesuch galt dem »roten« China.

34 | Ein Ausdruck dieser hauptsächlich verspottenden Kritik ist das Facebook-Profil *Beka z odzieży patriotycznej* [Spott über patriotische Kleidung]: http://www.facebook.com/bekazodziezypatriotycznej (letzter Zugriff: 30. 11. 2016) mit über 30.000 Likes. In der Beschreibung der Fanpage lesen wir: »Fotos von Proleten eingewickelt in aufständische Kotwica-Zeichen. Verstoßene Rowdys mit den Hussaria-Flügeln auf den Epauletten. Kitschige Neonationalismus-Mode«. Auf Dutzenden Fotos und Online-Memen wird hier die Popularität der »patriotischen Mode« verhöhnt.

Abb. 5: Roman-Dmowski-Schablone der Posener AN-Gruppe White Boys Wielkopolska. *WBW-Homepage: http://www.wbwlkp.wordpress.com/2012/01/02/szablony-roman-dmowski (letzter Zugriff: 10. 2. 2015).*

Die Glorifizierung der militärischen und politischen Geschichte des Landes ist, ähnlich wie bei den historisierenden Aufmärschen oder dem Symbolrepertoire, ein Hauptthema der rechtsradikalen Street-Art. Zu den populärsten Bildern, die besonders oft Hauswände, Garagentore oder Brücken polnischer Klein- und Großstädte zieren, gehören neben dem beliebten Motiv der »Verstoßenen Soldaten«,[35] der Partisanen in der letzten Phase des Zweiten Weltkrieges und der Volksrepublik Polen, unter anderem auch Aufstände und Schlachten, antikommunistischer Widerstand oder berühmte Persönlichkeiten der Landesgeschichte. Neben simplen einfarbigen Schablonen, zum Beispiel mit einem Dmowski-Konterfei (Abb. 5) buhlen auch künstlerische Concept Walls um die Aufmerksamkeit der Passanten und Passantinnen.[36] Die größtenteils legal angefertigten Murals bedienen sich sehr oft der nationalen Symboliken und pathetischer Slogans wie *Cześć i chwała bohaterom* [Ruhm und Ehre den Helden], die hineinkomponiert werden. Das Mural in Piła in der Wojewodschaft Großpolen, angefertigt von der MW in Zusammenarbeit mit der Stadtverwaltung, ist beispiels-

35 | Zu den »Verstoßenen Soldaten« siehe Wnuk u. a. 2007 und Świder in diesem Band.

36 | Außer in Großstädten wie Breslau, Krakau, Posen oder Warschau entstehen solche großflächigen Wandbilder auch in kleineren Orten wie Kalisz, Świdnica oder Piła. Eine virtuelle Mural-Galerie mit historischer Thematik bieten unter anderem die mit den MW- und ONR-Facebook-Profilen verlinkten Seiten wie *Murale patriotyczne* [Patriotische Murals]: http://www.facebook.com/pg/Muralepatriotyczne (über 7000 Likes und 200 Mural-Fotos) oder *Nasza Polskość Naszą Dumą* [Unser Polentum ist Unser Stolz]: http://www.facebook.com/Nasza-Polskość-Naszą-Dumą-151905471641819 (über 31.500 Likes und 100 Mural-Fotos) an. Die präsentierte Auswahl stellt nur einen Auszug aus der landesweiten Sammlung solcher Murals dar, die den Internetseiten zufolge auf mehrere Hunderte zu schätzen sei (letzter Zugriff auf beide Internetseiten: 10. 2. 2015).

Abb. 6: Mural für die »Verstoßenen Soldaten« in Piła im patriotischen Weiß-Rot-Design (Foto: A. Balcerzak, Privatarchiv 2015).

weise mit dem grafisch ausgefeilten Schriftzug *Ku waszej pamięci Żołnierze Wyklęci* [Im Gedenken an euch, Verstoßene Soldaten] versehen. Ergänzt wird er durch eine Collage aus der weiß-roten Nationalflagge, die den gesamten Hintergrund ausfüllt, dem weißen Adler und dem Kotwica-Symbol sowie der zentral positionierten Darstellung von Widerstandskämpfern in militärischer Montur (Abb. 6). In Anlehnung an den Pionier der polnischen Graffiti-Kunst Tomasz Sikorski (2011: 6) verwandeln solche Wandbilder, als Mischung »kämpfender« und »künstlerischer« Urban-Art, die unkritische Heroisierung des Widerstandskampfes vom Nischen- zum Mainstreamphänomen. Die Street-Art selbst wird dadurch zum Instrument der Veralltäglichung des nationalen Bekenntnisses und zum effektiven, leicht zugänglichen Marketingtool des Nationalen im urbanen Raum.

Resümee

Die präsentierten Skizzen zum Wiederaufleben des Nationalismus im heutigen Polen, insbesondere die Ritualisierung und Medialisierung des Phänomens, veranschaulichen sehr deutlich, wie rechtsradikale Tendenzen die öffentlichen Debatten und alltagskulturelle Praxen dominieren. Mittels einer gezielten Inszenierung des anhaltenden Nationalisierungsschubes spielen die Rechtsradikalen referenziell mit dem kollektiven Wissen sowie mit Selbst- und Fremdwahrnehmungen. Gleichzeitig konstruieren sie ihre neue, »patriotisch« untermauerte, ein heroisches Opferbild skizzierende Identität in Abgrenzung zu inneren und äußeren Feinden. Als die wichtigste Achse dieses mit Emotionen angereicherten und von aggressiver Rhetorik bestimmten polnisch-polnischen Konflikts nennen die Soziologen Ireneusz Krzemiński (2010) und Maria Jarosz (2014) den Kampf um eine bestimmte – national-konservative oder europäisch-liberale – Vision des »Polentums«. Mit ihr einher geht die Frage nach den konträren Patriotismusvorstellungen sowie danach, auf welche Weise sie die gesellschaftlich-kulturellen Ordnungen und Schemata bestimmen sollten.

»In Polen beeinflussen der politische Konflikt, aber auch die sehr wichtigen, quer durch das Alltagsleben verlaufenden gesellschaftlichen Spaltungen vor allem die Dimension der nationalen Identität. Was beinhaltet das ›Pole-Sein‹ (natürlich das ›Guter-Pole-Sein‹) und wie sollte das nationale Bewusstsein und die nationalen Interessen im politischen und in den Formen des gesellschaftlichen Lebens definiert werden?« (Krzemiński 2010: 35).

Erschwert wird die Beantwortung dieser Frage durch das »Dilemma der Gleichzeitigkeit« (Offe 1991), das heißt durch die Komplexität und Simultanität der auf diversen Ebenen verlaufenden Transformationsschritte sowie ihre Beeinflussung durch die Prozesse der massiven Globalisierung und der EU-Krisen. Dadurch entsteht ein Zustand, in dem die »kulturelle Welt [...] in Polen gleichzeitig vormodern, modern und postmodern ist«, wie die Kultursoziologin Grażyna Kubica (2006: 103) betont. Die polnische Gesellschaft ist demzufolge immer noch weitgehend geprägt durch die Dominanz der national-religiösen Homogenität mit einem traditionellen Verständnis der Geschlechterrollen sowie einer mangelhaften Offenheit für kulturelle, religiöse oder sexuelle Vielfalt. In Anlehnung an den Kultursoziologen Ernest Gellner (1994) kann in diesem Zusammenhang abschließend betont werden, dass die entschlossene Durchbrechung der Homogenität eine unerlässliche Bedingung für die Entwicklung offener zivilgesellschaftlicher Strukturen sei. Aufgrund der politisch-kulturellen Dominanz der »holistischen nationalistisch-religiösen Ideologie, die gewissermaßen die gesamte Landschaft ausfüllt und keinen Raum für Andere zulässt«, so Kubica (2006: 103), gestaltet sich dieser Prozess in Polen äußerst schwierig.

Zitierte Literatur

Anonymus [J.] (2011): Skąd w naszym ruchu Krzyż Celtycki? [Woher stammt in unserer Bewegung das Keltische Kreuz?]. In: Autonom.pl, 27.11.2011, http://www.autonom.pl/?p=1404 (letzter Zugriff: 24.8.2015).

Anonymus [Wprost.pl] (2012): Marsz Niepodległości – policja oskarżona o prowokację [Der Marsch der Unabhängigkeit – Polizei erhebt Vorwürfe wegen Provokation]. In: Wprost, 11.11.2012. URL: https://www.wprost.pl/356064/Swieto-Niepod leglosci-relacja-minuta-po-minucie (letzter Zugriff: 18.11.2012).

Assmann, Aleida (1999): Erinnerungsräume. Formen und Wandlungen des kulturellen Gedächtnisses. München.

Bąk, Tadeusz Władysław (2005): Skinheadzi w Polsce [Skinheads in Polen]. Warschau.

Barthes, Roland (1985): Die Sprache der Mode. Frankfurt am Main.

Betz, Gregor J. (2016): Vergnügter Protest. Erkundungen hybridisierter Formen kollektiven Ungehorsams. Wiesbaden.

Braun, Stephan/Geisler, Alexander/Gerster, Martin (Hg.) (2009): Strategien der extremen Rechten. Hintergründe – Analysen – Antworten. Wiesbaden.

Dmowski, Roman (2007a [1927]): Kościół, naród i państwo [Kirche, Nation und Staat]. Skultuna.

— (2007b [1902]): Myśli nowoczesnego Polaka [Die Ansichten des modernen Polen]. Skultuna.

Fahlenbrach, Kathrin (2009): Protest-Räume – Medien-Räume. Zur rituellen Topologie der Straße als Protest-Raum. In: Geschke: Strasse als kultureller Aktionsraum, S. 98–109.

Falzon, Mark-Anthony (Hg.) (2009): Multi-Sited Ethnography. Theory, Praxis and Locality in Contemporary Research. Aldershot.

Gawkowski, Jakub (2016): Każda moda minie, moda patriotyczna też. Rozmowa z Barbarą Hoff [Jede Mode vergeht, auch die patriotische Mode. Ein Gespräch mit Barbara Hoff]. In: Krytyka Polityczna, 12.8.2016, http://www.krytykapolityczna.pl/artykuly/kultura/20160811/barbara-hoff-moda-patriotyczna (letzter Zugriff: 19.8.2016).

Gąsior, Agnieszka (2007): Die Gottesmutter. Marias Stellung in der religiösen und politischen Kultur Polens. In: Samerski/Zach: Die Renaissance der Nationalpatrone, S. 77–98.

Gebhardt, Winfried/Hitzler, Ronald/Pfadenhauer, Michaela (Hg.) (2000): Events. Soziologie des Außergewöhnlichen. Opladen.

Geisler, Alexander/Gerster, Martin (2009): Fußball als Extrem-Sport – Die Unterwanderung des Breitensports als Strategieelement der extremen Rechten. In: Braun/Geisler/Gerster: Strategien der extremen Rechten, S. 189–207.

Gellner, Ernest (1994): Conditions of Liberty. Civil Society and Its Rivals. London.

Geschke, Sandra Maria (Hg.) (2009): Strasse als kultureller Aktionsraum. Interdisziplinäre Betrachtungen des Strassenraumes an der Schnittstelle zwischen Theorie und Praxis. Wiesbaden.

Głuchowski, Piotr; Hołub, Jacek (2013): Ojciec Tadeusz Rydzyk. Imperator [Pater Tadeusz Rydzyk. Der Imperator]. Warschau.

Grabowska, Mirosława (2011): Dwadzieścia lat Radia Maryja [Zwanzig Jahre Radio Maryja]. Warschau.

Greniuch, Tomasz (2013): Droga nacjonalisty [Der Weg des Nationalisten]. Opole.

Grott, Bogumił (1991): Nacjonalizm chrześcijański. Narodowo-katolicka formacja ideowa w II Rzeczypospolitej na tle porównawczym [Der christliche Nationalismus. Die national-katholische ideologische Formation in der II. Polnischen Republik in vergleichenden Perspektive]. Krakau.

Harłukowicz, Jacek (2012): Pełzanie brunatnej Polski [Das Kriechen des braunen Polens]. In: Gazeta Wyborcza – Duży Format 262, 9. 11. 2012, S. 22–23.

Helena (2012): 11. listopada, czyli rozbudzony demon [Der 11. November, das heißt der geweckte Dämon]. In: Inny Świat 1, 36, S. 19.

Janicki, Mariusz/Pęczak, Mirosław (1994): Polska siła: skini, narodowcy, chuligani [Die polnische Macht: Skinheads, Nationalisten, Hooligans]. Warschau.

Janus, Tomasz (2011): Subkultura kibiców – między szansą a zagrożeniem dla współczesnej młodzieży [Die Fußballfan-Subkultur – Zwischen Chance und Gefahr für die gegenwärtige Jugend]. In: Przybyłowski/Robek: Rodzina, młodzież i media, S. 31–52.

Jarosz, Maria (Hg.) (2014): Polska europejska czy narodowa? [Europäisches oder nationales Polen?]. Warschau.

Jaskułowski, Krzysztof (2012): Wspólnota symboliczna. W stronę antropologii nacjonalizmu [Die symbolische Gemeinschaft. In Richtung der Anthropologie des Nationalismus]. Danzig.

Karpieszuk, Wojciech (2013): Lider narodowców o tęczy: spłonął symbol zarazy [Der Chef der Nationalisten äußert sich über den Regenbogen: Das Symbol der Seuche ist niedergerbrannt]. In: Wyborcza.pl, 11. 11. 2013, http://wyborcza.pl/1,75478,14933380,Lider_narodowcow_o_teczy__splonal_symbol_zarazy.html (letzter Zugriff: 9. 12. 2013).

Klata, Henryk (2014): Współczesny odbiór Romana Dmowskiego i jego spuścizny politycznej [Gegenwärtige Rezeption von Roman Dmowski und seinem politischem Erbe]. In: Myśl.pl 32, 3, S. 54–56.

Kolls, Sarah/Spöhr, Holger (Hg.) (2010): Rechtsextremismus in Deutschland und Europa. Aktuelle Entwicklungstendenzen im Vergleich. Frankfurt am Main.

Korff, Gottfried (1991): Symbolgeschichte als Sozialgeschichte? Zehn vorläufige Notizen zu den Bild- und Zeichensystemen sozialer Bewegungen in Deutschland. In: Warneken: Massenmedium Straße, S. 17–36.

Kośmiński, Paweł (2016): Miesięcznice smoleńskie i Marsz Niepodległości uprzywilejowane. Specjalna ustawa pędem idzie przez Sejm [Smolensk-Gedenkmärsche und »Marsch der Unabhängigkeit« priviligiert. Ein Sondergesetz rast durch den Sejm]. In: Wyborcza.pl, 30. 11. 2016, http://wyborcza.pl/7,75398,21054363,miesiecznice-smolenskie-i-marsz-niepodleglosci-uprzywilejowane.html (letzter Zugriff: 5. 12. 2016).

Krzemiński, Ireneusz (2010): Masse, Zivilgesellschaft und Nationalkirche. Der polnische Streit um Symbole und nationale Identität des Jahres 2010. In: Deutsch-Polnisches Magazin DIALOG 33, 93, S. 35–42.

Kubica, Grażyna (2006): Tęczowa flaga przeciwko Wawelskiemu Smokowi. Kulturowa interpretacja konfliktu wokół krakowskiego Marszu Dla Tolerancji [Die Regenbogen-Fahne gegen den Wawel-Drachen. Kulturelle Interpretation des Konflikts um den Krakauer Marsch der Toleranz]. In: Studia Socjologiczne 4, 183, S. 69–106.

Lesser, Gabriele (2011): Homophobie in Polen. »Schwuchtelverbot« ist rechtens. In: TAZ, 24. 11. 2011, http://www.taz.de/!5106894/ (letzter Zugriff: 5. 11. 2013).

Leszczyński, Adam (2010): Faszyści są wśród nas [Faschisten sind unter uns]. In: Wyborcza.pl, 6. 11. 2010, http://wyborcza.pl/1,76842,8622382,Faszysci_sa_wsrod_nas.html (letzter Zugriff: 8. 1. 2014).

— (2014): Jak prawica cenzuruje Dmowskiego [Wie die Rechte Dmowski zensiert]. In: Wyborcza.pl, 3. 1. 2014, http://wyborcza.pl/1,75968,15216829,Jak_prawica_cenzuruje_Dmowskiego.html#TRrelSST (letzter Zugriff: 12. 11. 2014).

Machaj, Jakub (2013): Jesteś, Marszu Niepodległości, jak wrzód na tyłku. Czas przeprosić Warszawę [Du bist, Unabhängigkeitsmarsch, wie ein Geschwür auf dem Arsch. Es ist an der Zeit sich bei Warschau zu entschuldigen]. In: Wyborcza.pl, 12. 11. 2013, http://wyborcza.pl/1,95892,14938886,Jestes__Marszu_Niepodleglosci__jak_wrzod_na_tylku_.html (letzter Zugriff: 29. 11. 2013).

Machajski, Piotr/Czarnecki, Maciej (2013): Bilans zadym na Marszu Niepodległości. Czy i gdzie zawiniła policja? [Eine Bilanz der Raufereien während des Unabhängigkeitsmarsches. Ob und wo trägt die Polizei die Schuld?]. In: Wyborcza.pl, 13. 11. 2013, http://wyborcza.pl/1,75478,14940347,Bilans_zadym_na_Marszu_Niepodleglosci__Czy_i_gdzie.html#TRrelSST (letzter Zugriff: 25. 12. 2013).

Marcus, George E. (1995): Ethnography in/of the World System: The Emergence of Multi-Sited Ethnography. In: Annual Review of Anthropology, 24, 1, S. 95–117.

Melucci, Alberto (1985): The Symbolic Challenge of Contemporary Movements. In: Social Research 52, 4, S. 789–816.

Melzer, Ralf/Serafin, Sebastian (Hg.) (2013): Rechtsextremismus in Europa. Länderanalysen, Gegenstrategien und arbeitsmarktorientierte Ausstiegsarbeit. Berlin.

Minkenberg, Michael (2013): Die europäische radikale Rechte und Fremdenfeindlichkeit in West und Ost: Trends, Muster und Herausforderungen. In: Melzer/Serafin: Rechtsextremismus in Europa, S. 9–37.

Offe, Claus (1991): Das Dilemma der Gleichzeitigkeit. Demokratisierung und Marktwirtschaft in Osteuropa. In: Merkur 45, 4, S. 279–292.

Ost, David (1999): The Radical Right in Poland: Rationality of the Irrational. In: Ramet: The Radical Right in Poland, S. 85–108.

Pankowski, Rafał (2010): The Patriots. The Populist Radical Right in Poland. London, New York.

— (2012): Kultura popularna jako pole działalności ruchów rasistowskich [Popkultur als Wirkungsraum rassistischer Bewegungen]. In: Animacja Życia Publicznego. Zeszyty Centrum Badań Społecznych i Polityk Lokalnych [Animation des Öffentlichen Lebens. Hefte des Zentrums für Gesellschaftsforschung und Lokalpolitiken] 2, 7, S. 15–17.

Pankowski, Rafał/Kornak, Marcin (2013): Radikaler Nationalismus in Polen. Von der Theorie zur Praxis. In: Melzer/Serafin: Rechtsextremismus in Europa, S. 165–179.

Piotrowski, Przemysław (2012): Chuligani a kultura futbolu w Polsce [Hooligans und die Fußballkultur in Polen]. Warschau.

Przybyłowski, Jan/Robek, Edmund (Hg.) (2011): Rodzina, młodzież i media. Problemy z życia i działalności Kościoła w Polsce [Familie, Jugend, Medien. Probleme aus dem Leben und dem Aktivismus der Kirche in Polen]. Warschau.

Ramet, Sabrina P. (Hg.) (1999): The Radical Right in Central and Eastern Europe Since 1989. University Park (PA).

Rucht, Dieter (1994): Modernisierung und neue soziale Bewegungen. Deutschland, Frankreich und USA im Vergleich (Theorie und Gesellschaft 32). Frankfurt am Main u. a.

Samerski, Stefan/Zach, Krista (Hg.) (2007): Die Renaissance der Nationalpatrone. Erinnerungskulturen in Ostmitteleuropa im 20./21. Jahrhundert. Köln, Weimar, Wien.

Sankowski, Robert (2016): Rock patriotyczny, tożsamościowy i nacjonalistyczny, czyli Bóg, honor i gitara [Patriotischer, identitärer und nationalistischer Rock das heißt Gott, Ehre und Gitarre]. In: Wyborcza.pl, 22. 1. 2016, http://wyborcza.pl/1,75475,19514789,rock-patriotyczny-tozsamosciowy-i-nacjonalistyczny-czyli-bog.html (letzter Zugriff: 22. 1. 2016).

Sapper, Manfred/Weichsel, Volker (Hg.) (2016): Gegen die Wand. Konservative Revolution in Polen. Berlin.

Siemiątkowski, Jakub (2012): Refleksje nacjonalisty po Marszu Niepodległości [Reflexionen eines Nationalisten nach dem Unabhängigkeitsmarsch]. In: Polityka Narodowa [Nationale Politik] 10, S. 282–285.

Sikorski, Tomasz (2011): Wprowadzenie [Einleitung]. In: Sikorski/Rutkiewicz: Graffiti w Polsce 1940–2010, S. 5–9.

Sikorski, Tomasz/Rutkiewicz, Marcin (Hg.) (2011): Graffiti w Polsce 1940–2010 [Graffiti in Polen 1940–2010]. Warschau.

Soeffner, Hans-Georg (1986): Emblematische und symbolische Formen der Orientierung. In: ders.: Sozialstruktur und soziale Typik, S. 1–30.

— (Hg.) (1986): Sozialstruktur und soziale Typik (Campus Forschung 465). Frankfurt am Main, New York, S. 1–30.

Spanka, Eva/Kahrs, Andreas (2014): Die Bewegung marschiert. Ruch Narodowy und Polens extreme Rechte. In: Osteuropa 64, 1, S. 129–140.

Stegbauer, Christian/Rausch, Alexander (2001): Die schweigende Mehrheit – »Lurker« in internetbasierten Diskussionsforen. In: Zeitschrift für Soziologie 30, 1, S. 48–64.

Sugar, Lukrecja (2011a): Brunatne kameleony [Braune Chamäleons]. In: Blog LS, 12. 9. 2011, https://lukrecjasugar.wordpress.com/2011/09/12/brunatne-kameleony/ (letzter Zugriff: 1. 6. 2012).

— (2011b): ONR 2011. Ofensywa trwa! Od pudrowania do upupienia! [Das ONR 2011. Die Offensive dauert an! Vom Pudern zum Verspotten]. In: Blog Lukrecji Sugar, 14. 11. 2011, https://lukrecjasugar.wordpress.com/2011/11/14/onr-2011-ofensywa-trwa-od-pudrowania-do-upupienia/ (letzter Zugriff: 1. 6. 2012).

Szymanik, Grzegorz/Machajski, Piotr (2011): Operacja »11 Listopada« [Operation »11. November«]. In: Wyborcza.pl, 10. 11. 2011, http://wyborcza.pl/1,76842,10620549,Operacja___11_Listopada__.html (letzter Zugriff: 3. 1. 2014).

Wantuch, Dominika; Gurgul, Aleksander (2016): Rynek odzieży i gadżetów patriotycznych to w Polsce biznes wart miliony [Der Markt für patriotische Kleidung und Gadgets ist in Polen ein millionenschweres Geschäft]. In: Wyborcza.biz, 18. 8. 2016., http://wyborcza.biz/biznes/1,147752,20561687,rynek-odziezy-i-gadzetow-patriotycznych-to-w-polsce-biznes-wart.html (letzter Zugriff: 9. 9. 2016).

Warneken, Bernd Jürgen (Hg.) (1991): Massenmedium Straße. Zur Kulturgeschichte der Demonstration. Frankfurt am Main.

Wąsowicz, Jarosław/Magyar, Ádám/Winnicki, Robert u. a. (2014): Ankieta: Kim są współczesni kibice? [Umfrage: Wer sind die gegenwärtigen Fußballfans?]. In: Myśl.pl 30, 1, S. 3–8.

Wnuk, Rafał/Jaczyńska, Agnieszka/Poleszak, Sławomir u.a. (Hg.) (2007): Atlas polskiego podziemia niepodległościowego 1944–1956. The Atlas of the Independence Underground in Poland 1944–1956. Warschau, Lublin.

Wolff-Powęska, Anna (2012): Schowali brunatne koszule [Sie haben die braunen Hemden versteckt]. In: Wyborcza.pl, 3. 10. 2012, http://wyborcza.pl/magazyn/1,128597,12603568,Schowali_brunatne_koszule.html#TRNajCzytSST (letzter Zugriff: 8. 1. 2014).

Woźnicki, Łukasz/Cylka, Tomasz (2016): ONR – tajny współpracownik PiS [ONR – geheimer PiS-Mitarbeiter]. In: Wyborcza.pl, 7. 11. 2016, http://wyborcza.pl/7,75398,20940251,onr-tajny-wspolpracownik-pis.html (letzter Zugriff: 8. 11. 2016).

Wróbel, Piotr (2009): Sześć twarzy Romana Dmowskiego [Die sechs Gesichter von Roman Dmowski]. In: Wyborcza.pl, 3. 1. 2009, http://wyborcza.pl/1,97737,6116001,-Szesc_twarzy_Romana_Dmowskiego.html (letzter Zugriff: 13. 7. 2014).

Zańko, Piotr (2012): »Zabijemy was słowami«. Prowokacja kulturowa w przestrzeni miejskiej i w internecie [»Wir töten euch mit Worten«. Kulturelle Provokation im urbanen Raum und im Internet]. Warschau.

Żurek, Robert (2009): Für Kirche und Volk! Die Radio-Maryja-Bewegung in Polen. In: Osteuropa 59, 6, S. 113–128.

Onlinequellen

Autonomiczni Nacjonaliści Wielkopolska [AN Großpolen]: http://www.anwl4.wordpress.com (letzter Zugriff: 7. 11. 2013).

Beka z odzieży patriotycznej [Spott über patriotische Kleidung]: http://www.facebook.com/bekazodziezypatriotycznej (letzter Zugriff: 30. 11. 2016).

Grafika Patriotyczna [Patriotische Graphik]: http://www.grafikapatriotyczna.pl, http://www.facebook.com/Grafika.Patriotyczna (letzter Zugriff: 22. 11. 2016).

Marsz Niepdległości [Marsch der Unabhängigkeit]: http://www.marszniepodleglosci.pl (letzter Zugriff: 30. 11. 2016).

Młodzież Wszechpolska [Allpolnische Jugend]: http://www.mw.org.pl (letzter Zugriff: 15.9.2016).

Murale patriotyczne [Patriotische Murals]: http://www.facebook.com/pg/Muralepatriotyczne (letzter Zugriff: 10.2.2015).

Narodowe Odrodzenie Polski [Nationale Wiedergeburt Polens]: http://www.nop.org.pl (letzter Zugriff: 15.9.2016).

Narodowy Front Częstochowa [Nationale Front Tschenstochau]: http://www.anczwa.blogspot.de (letzter Zugriff: 15.9.2016).

Nasza Polskość Naszą Dumą [Unser Polentum ist Unser Stolz]: http://www.facebook.com/Nasza-Polskość-Naszą-Dumą-151905471641819 (letzter Zugriff: 10.2.2015).

Obóz Narodowo-Radykalny [National-Radikales Lager]: http://www.onr.com.pl (letzter Zugriff: 15.9.2016)

Radio Maryja [Radio Maria]: http://www.radiomaryja.pl (letzter Zugriff: 15.9.2016).

Red is Bad: http://www.redisbad.pl, http://www.facebook.com/redisbad (letzter Zugriff: 22.11.2016).

Ruch Narodowy [Nationale Bewegung]: http://www.ruchnarodowy.org (letzter Zugriff: 19.12.2016).

Surge Polonia [Steh auf Polen]: http://www.surgepolonia.pl (letzter Zugriff: 22.11.2016).

Szturm [Sturm]: http://www.szturm.com.pl (letzter Zugriff: 15.9.2016).

Warszawscy Patrioci [Warschauer Patrioten]: http://www.warszawscypatrioci.wordpress.com (letzter Zugriff: 15.9.2016).

White Boys Wielkopolska [Weiße Jungs Großpolen]: http://www.wbwlkp.wordpress.com (letzter Zugriff: 10.2.2015).

Autorinnen und Autoren

Balcerzak, Agnieszka (M.A.) ist Absolventin des Elitestudienganges Osteuropastudien der Ludwig-Maximilians-Universität München und derzeit Doktorandin am Institut für Volkskunde/Europäische Ethnologie an ebendieser Universität. Sie beendet 2017 ihre Dissertation zu sozialen Bewegungen und Protestkultur in Polen nach der Wende von 1989.

Feischmidt, Margit (Dr. habil.) ist wissenschaftliche Mitarbeiterin am Institut für Minderheitenforschung des Zentrums für Sozialwissenschaften der Ungarischen Akademie der Wissenschaften und lehrt überdies am Lehrstuhl für Kommunikations- und Medienwissenschaft der Universität Pécs. Ihre Forschungsschwerpunkte sind Nationalismus und Identitätspolitiken, interethnische Verhältnisse und Minderheiten in Zentral- und Osteuropa. Ihre jüngeren Publikationen handeln über neue Formen des Nationalismus und Rassismus in der Politik und in der Alltagskultur.

Götz, Irene (Prof. Dr.) lehrt Europäische Ethnologie an der Ludwig-Maximilians-Universität München mit den Schwerpunkten Nationalismus und Identitätspolitiken, Arbeitsethnografie sowie Altersforschung. Sie habilitierte über »Deutsche Identitäten. Die Wiederentdeckung des Nationalen nach 1989« (Köln u. a.: Böhlau 2011). Sie ist Mitherausgeberin der Zeitschrift für Volkskunde.

Luleva, Ana (Ass. Prof. Dr.) ist wissenschaftliche Mitarbeiterin am Institut für Ethnologie und Folkloristik mit Ethnographischem Museum der Bulgarischen Akademie der Wissenschaften in Sofia und lehrt Ethnologie an der Südwest-Universität »Neofit Rilski«, Blagoevgrad. Ihre Forschungsschwerpunkte sind Alltagskultur im Sozialismus und Postsozialismus, Gedächtniskultur, Informalität und Genderordnung.

Person, Julia (M.A.) promoviert an den Universitäten Erfurt und Potsdam in den Fächern Empirische Kommunikationswissenschaft und Slavistik. Das interdisziplinäre Forschungsprojekt befasst sich mit »Kulturellen Adaptionsstrategien für den russländischen Medienmarkt« und nimmt erfolgreiche Importe internationaler Printprodukte in den Blick. Ihre Forschungsschwerpunkte sind Populärkultur, Medien und Identitätskonstruktionen in Russland und Osteuropa.

Reith, Sara (M.A.) promoviert an der Johannes-Gutenberg-Universität Mainz am Institut für Film-, Theater- und empirische Kulturwissenschaft im Fach Kulturanthropologie zum Thema »Remigration nach Russland«. Sie beschäftigt sich mit politischen Strategien zur Nationen- und Identitätsbildung im postsovietischen Raum.

Roth, Klaus (Prof. Dr. Dr. h. c.) hat einen Master in Folklore der Indiana University, Bloomington, und promovierte in Volkskunde an der Universität Freiburg. Von 1982 bis 2005 war er Professor für Europäische Ethnologie an der Universität München mit dem Schwerpunkt Südosteuropa; 1988 und 1991 war er Gastprofessor am Department of Anthropology in Berkeley. Er leitete internationale Forschungsprojekte zur (post-sozialistischen) Alltagskultur im östlichen Europa sowie wissenschaftliche Vereinigungen zu der Region. Er ist Herausgeber der Zeitschrift Ethnologia Balkanica und Vorsitzender des Schroubek Fonds.

Sabo, Klaudija (Dr. phil.) lehrt derzeit Zeitgeschichte an der Universität Wien mit den Schwerpunkten Südosteuropa und nationale Identitäten, Visuelle Kultur sowie Medientheorien. Sie promovierte über das Thema: »Ikonen der Nationen. Heldendarstellungen im post-sozialistischen Kroatien und Serbien«.

Schlegel, Simon (Dr. phil.) promovierte 2016 am Max-Planck-Institut für ethnologische Forschung in Halle (Saale) mit einer Dissertation zur historischen Entwicklung ethnischer Grenzen im Südwesten der Ukraine. Er arbeitet derzeit als Friedensfachkraft bei der Kiewer Nichtregierungsorganisation »Coalition Justice for Peace in Donbas« in dem durch das BMZ geförderte Projekt »Stärkung der Zivilgesellschaft für eine Transformation der Erinnerungskultur«.

Schwell, Alexandra (Prof. Dr.) lehrt derzeit Empirische Kulturwissenschaft am Institut für Kulturanalyse der Alpen-Adria-Universität Klagenfurt. Ihre Forschungsschwerpunkte sind die Anthropologie des Politischen, Europäisierungsprozesse, Border Studies, Emotionen und ethnografische Methoden.

Sebők-Polyfka, Noémi (M.A.) promoviert am Institut für Volkskunde/Europäische Ethnologie der Ludwig-Maximilians-Universität München über weibliches Alter(n) in der ländlichen Slowakei. Zu ihren Schwerpunkten zählen die Alters-, Geschlechter- und Rassismusforschung. Sie ist Stipendiatin der Heinrich-Böll-Stiftung und Mitglied im internationalen Promotionsprogramm »Transformations in European Societies«.

Simon-Nanko, László (M.A) ist Archäologe, Religionswissenschaftler und Altorientalist. Er arbeitet unter anderem zu Themen der politischen sowie gesellschaftlichen Rezeption von (alternativer) Geschichtsschreibung.

Spiritova, Marketa (Dr.) ist wissenschaftliche Mitarbeiterin am Institut für Europäische Ethnologie an der Ludwig-Maximilians-Universität München. Sie studierte Slawistik, Europäische Ethnologie und Interkulturelle Kommunikation und promovierte über die Lebenswelten von politisch verfolgten Intellektuellen in der Tschechoslowakei. Derzeit arbeitet sie an ihrer Habilitation zum Thema »Ethnografien erinnerungskultureller Inszenierungspraktiken im Prager Stadtraum«.

Steiger, Petra (MSc.) studierte Politikwissenschaften und Anthropologie in London. Sie ist Doktorandin am Institut für Volkskunde/Europäische Ethnologie der LMU München. In ihrem Promotionsprojekt befasst sie sich mit nationalen Identitäten in der Slowakei nach dem Jahr 1993.

Świder, Małgorzata (Dr. habil., apl. Prof.) lehrt Geschichte an der Universität in Opole mit den Schwerpunkten Neueste Geschichte sowie deutsch-polnische Beziehungen. Sie habilitierte über »Stanowisko Socjaldemokratycznej Partii Niemiec wobec Polski w latach 1989–1989« [Die Haltung der Sozialdemokratischen Partei Deutschlands gegenüber Polen in den Jahren 1980–1989], Opole 2015.

Politikwissenschaft

Torben Lütjen
Partei der Extreme: Die Republikaner
Über die Implosion des amerikanischen Konservativismus

2016, 148 S., kart.
14,99 € (DE), 978-3-8376-3609-3
E-Book
PDF: 12,99 € (DE), ISBN 978-3-8394-3609-7
EPUB: 12,99 € (DE), ISBN 978-3-7328-3609-3

Lars Geiges, Stine Marg, Franz Walter
Pegida
Die schmutzige Seite der Zivilgesellschaft?

2015, 208 S., kart., farb. Abb.
19,99 € (DE), 978-3-8376-3192-0
E-Book
PDF: 14,99 € (DE), ISBN 978-3-8394-3192-4
EPUB: 14,99 € (DE), ISBN 978-3-7328-3192-0

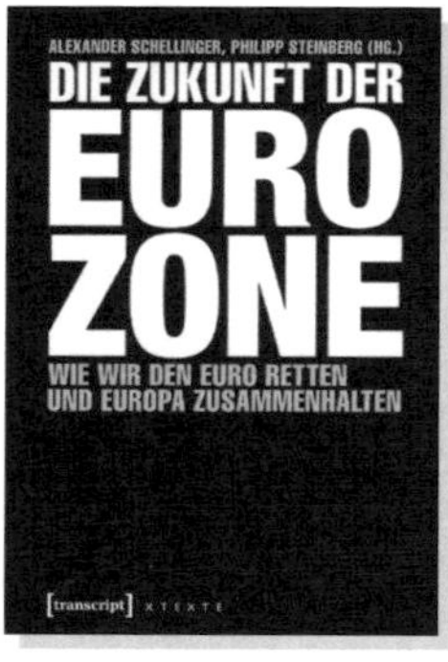

Alexander Schellinger, Philipp Steinberg (Hg.)
Die Zukunft der Eurozone
Wie wir den Euro retten und Europa zusammenhalten

2016, 222 S., kart.
19,99 € (DE), 978-3-8376-3636-9
E-Book
PDF: 17,99 € (DE), ISBN 978-3-8394-3636-3
EPUB: 17,99 € (DE), ISBN 978-3-7328-3636-9

Leseproben, weitere Informationen und Bestellmöglichkeiten finden Sie unter www.transcript-verlag.de

Politikwissenschaft

Karl-Siegbert Rehberg, Franziska Kunz, Tino Schlinzig (Hg.)
PEGIDA – Rechtspopulismus zwischen Fremdenangst und »Wende«-Enttäuschung?
Analysen im Überblick

2016, 384 S., kart.
29,99 € (DE), 978-3-8376-3658-1
E-Book
PDF: 26,99 € (DE), ISBN 978-3-8394-3658-5
EPUB: 26,99 € (DE), ISBN 978-3-7328-3658-1

Stine Marg, Katharina Trittel,
Christopher Schmitz, Julia Kopp, Franz Walter
NoPegida
Die helle Seite der Zivilgesellschaft?

2016, 168 S., kart.
19,99 € (DE), 978-3-8376-3506-5
E-Book
PDF: 17,99 € (DE), ISBN 978-3-8394-3506-9
EPUB: 17,99 € (DE), ISBN 978-3-7328-3506-5

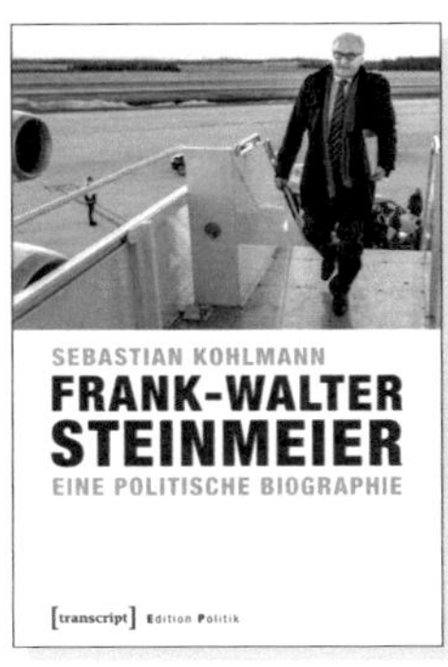

Sebastian Kohlmann
Frank-Walter Steinmeier
Eine politische Biographie

März 2017, 648 S., Hardcover
39,99 € (DE), 978-3-8376-3951-3
E-Book
PDF: 39,99 € (DE), ISBN 978-3-8394-3951-7
EPUB: 39,99 € (DE), ISBN 978-3-7328-3951-3

Leseproben, weitere Informationen und Bestellmöglichkeiten finden Sie unter www.transcript-verlag.de